Wolfgang Kraushaar

LINKE GEISTERFAHRER

Denkanstöße für eine antitotalitäre Linke

Mit einer Einleitung von Daniel Cohn-Bendit

Verlag Neue Kritik

Die Deutsche Bibliothek-CIP-Einheitsaufnahme
Ein Titelsatz für diese Publikation ist bei
Der Deutschen Bibliothek erhältlich.

© Verlag Neue Kritik Frankfurt am Main 2001
Druck Interpress Budapest
ISBN 3-8015-0320-8

Inhalt

Daniel Cohn-Bendit

Wer vom Totalitarismus schweigt, sollte auch nicht über die Freiheit reden

Einleitung

Die heftigen Reaktionen auf das »Schwarzbuch des Kommunismus«[1] haben gezeigt, wie unterschiedlich dieses Thema in Frankreich und Deutschland rezipiert wurde. Im Gegensatz zu den Spekulationen des Verlags Editions Robert Laffont ist das Buch in Frankreich auch von Linken gekauft worden, insbesondere von Kommunisten. Die Erwartung, daß man mit der Untersuchung der kommunistischen Verbrechen in erster Linie die politische Rechte ansprechen würde, war trügerisch. Statt dessen haben sich die französischen Kommunisten endlich der eigenen Vergangenheit gestellt. Die Kommunistische Partei Frankreichs hat ihre jahrzehntelangen Vorbehalte aufgegeben und dieses nicht nur für ihre Geschichte, sondern auch für ihre Glaubwürdigkeit zentrale Thema aufgegriffen. Trotz einiger nur schwer zu übersehender Fehler im »Schwarzbuch« hat sich die Überzeugung durchgesetzt, daß es sich bei der Studie um eine im Kern zutreffende Analyse verschiedener kommunistischer Regime handelt.

Im Vergleich dazu spielen hierzulande die linken Intellektuellen in der Auseinandersetzung mit dem Totalitarismus meistens immer noch das alte Spiel, und die Linksliberalen bilden dabei keineswegs eine Ausnahme. Man verhält sich so, als befände man sich immer noch in der Zeit des Kalten Krieges und als hätte das »Schwarzbuch« im wesentlichen die Aufgabe, jegliche Alternative zum Kapitalismus zu delegitimieren und von dessen Verbrechen abzu-

---

1 Stéphane Courtois / Nicolas Werth / Jean-Louis Panné / Andrzej Paczkowski / Karel Bartosek / Jean-Louis Margolin, *Le livre noir du communisme. Crimes, terreur, répression*, Paris 1997. Dt. Ausgabe: *Das Schwarzbuch des Kommunismus. Unterdrückung, Verbrechen und Terror*, München / Zürich 1999.

lenken. Im Grunde genommen verwechseln sie den Überbringer der Botschaft mit der Botschaft. Diese ideologische Folie existiert in Deutschland immer noch, während sie in Frankreich, von wenigen Ausnahmen abgesehen, nunmehr der Vergangenheit anzugehören scheint. Der Kommunismus mit seinem verheerenden Totalitarismus delegitimiert den Antikapitalismus, und nur wer nachweisen kann, daß er den totalitären Kommunismus überwunden hat, kann, sofern er das für notwendig hält, eine antikapitalistische Position wieder relegitimieren.

Eine besondere Rolle bei der Abwehr des »Schwarzbuch« spielt dabei der Verweis auf angebliche Parallelen zwischen Ernst Nolte[2] und François Furet[3]. Allein die Tatsache, daß die beiden einen Briefwechsel miteinander geführt haben, stellt für einen erheblichen Teil des aufgeklärten deutschen Publikums bereits eine Provokation dar.[4] Diese Idiosynkrasie läßt sich nicht erklären, ohne auf die fünfziger Jahre, die Hochzeit des Kalten Krieges, zu rekurrieren. Die bundesdeutsche Linke mußte sich gegen die antikommunistische, restaurativ-autoritäre Rhetorik des Adenauer-Regimes behaupten. Und in dieser Zeit der radikalen Konfrontation zwischen Ost und West hat sie eine ihrer größten Niederlagen erlitten. Sie hat sich damals als unfähig erwiesen, die von ihrer Ideologie her antikommunistische und ihrer Praxis nach restaurative Politik der damaligen Bundesregierung anzugreifen und gleichzeitig eine radikale Opposition zum real existierenden Sozialismus, der Sowjetunion, der DDR und den anderen kommunistischen Staaten, zu formulieren. Das war eine der schwersten und folgenreichsten Niederlagen der bundesdeutschen Linken.

Besonders aufschlußreich war in dieser Hinsicht das Gespräch zwischen Adam Michnik und Jürgen Habermas, das 1993 in der *Zeit* veröffentlicht wurde.[5] Der listige Michnik macht darin Habermas zunächst ein Kompliment, dann aber schiebt er die Frage nach,

---

2 Ernst Nolte, *Der europäische Bürgerkrieg 1917-1945. Nationalsozialismus und Bolschewismus*, Frankfurt am Main / West-Berlin 1987.
3 François Furet, *Das Ende der Illusion. Der Kommunismus im 20. Jahrhundert*, München / Zürich 1996.
4 François Furet / Ernst Nolte, *»Feindliche Nähe«. Kommunismus und Faschismus im 20. Jahrhundert. Ein Briefwechsel*, München 1998.
5 *Die Zeit*, Nr. 53/1993.

warum dieser sich nie zum Kommunismus bzw. Stalinismus geäußert habe. Daraufhin erklärt Habermas, er habe nie geglaubt, daß es wichtig gewesen wäre, darüber zu schreiben. In diesem Bekenntnis manifestiert sich die gesamte Schwäche der Linken. Habermas bringt sie unfreiwillig auf exemplarische Weise zum Ausdruck.

Die deutsche Linke hat im Grunde genommen nur eine moralische Position gegen das Böse, und das absolut Böse ist der Faschismus. Ihr Kernbekenntnis ist das Horkheimer-Diktum: »Wer aber vom Kapitalismus nicht reden will, sollte auch vom Faschismus schweigen.«[6] Dem ist die Maxime eines Mannes entgegenzuhalten, der zur Résistance gehörte, die KZ-Haft in Buchenwald überlebt und sich zwei Jahrzehnte später vom Kommunismus abgewandt hat: »Wer vom Stalinismus nicht reden will, sollte auch vom Faschismus schweigen.« Das Wort stammt von dem Schriftsteller und ehemaligen spanischen Kulturminister Jorge Semprun.[7]

Die ganze Debatte über den konstitutiven Zusammenhang zwischen Marxismus und Stalinismus hat in der deutschen Linken nie wirklich eine Rolle gespielt. Und wenn irgendein Ansatz dahingehend auftauchte, wurde darauf zumeist nur denunziatorisch reagiert. So ist es ganz typisch, daß ein französischer Intellektueller wie Furet, der im Grunde in der Fortsetzung von Hannah Arendt nichts anderes gemacht hat, als die klassische Revolutionstheorie, die in der Französischen Revolution ihren Ursprung hat, in Frage zu stellen, per se als Verräter hingestellt wird. Weil er die Legitimität des revolutionären Ansatzes in Zweifel gezogen und einen Diskurs mit Nolte aufgenommen hat, gilt er weithin als persona non grata.

Eine entscheidende Weichenstellung hat die öffentliche Debatte 1986 durch den Historikerstreit erhalten, der während der Römerberggespräche in Frankfurt am Main ausgelöst wurde.[8] Habermas hat damals sicher zu Recht die Gefahr gespürt, daß Nolte in seiner

6 Max Horkheimer, »Die Juden und Europa«, in: ders., *Gesammelte Schriften* Bd. 4: Schriften 1939–1941, hg. von Alfred Schmidt, Frankfurt am Main 1988, S. 308f.
7 Jorge Semprun,»Stalinismus und Faschismus«, in: Hilmar Hoffmann (Hg.), *Gegen den Versuch, Vergangenheit zu verbiegen. Eine Diskussion um politische Kultur in der Bundesrepublik aus Anlaß der Frankfurter Römerberggespräche 1986*, Frankfurt am Main 1987, S. 49.
8 Hilmar Hoffmann (Hg.), a.a.O.

historischen Forschung die Totalitarismustheorie funktionalisiert, indem er die Möglichkeit einer historischen Relegitimation des Faschismus schafft und damit den Holocaust zu normalisieren versucht. Zugleich aber hat Habermas in autoritärer Weise einen Deckel über die ausbrechende Kontroverse gestülpt und durch die Reaktivierung moralischer Tabus eine wirkliche Auseinandersetzung verhindert.

Habermas und die deutsche Linke haben in der gesamten Auseinandersetzung um die Nolte-Position ein absolut autoritäres Politikverständnis an den Tag gelegt. Danach gab es nur noch die Frage, ob jemand Feind oder Freund von Nolte bzw. von Habermas war. Die Öffentlichkeit teilte sich genau entlang der Grenzen, die ihr in den ideologischen Lagerblöcken vorgezeichnet waren. Und damit war eine Klärung der spannenden Frage, wo irrt Nolte, was klagt er zu Recht ein, wo hat Habermas recht und wo irrt er, von vornherein unmöglich. Die deutsche Linke und die deutsche Rechte leben beide von einer wechselseitigen Verweigerungshaltung, letztlich von der Negativposition: sie diskutieren nicht miteinander.

Die undogmatische Linke, und das weiß ich nur zu genau aus meiner eigenen Geschichte, hat bekanntlich die antikapitalistische Grundposition eingenommen, für die die Marktwirtschaft an und für sich menschenverachtend ist. Wenn nun eine Debatte über den Totalitarismus einsetzt, die nicht nur den Kommunismus als moderne Diktatur durchleuchtet, sondern auch danach fragt, ob nicht bereits in den Strukturen eines revolutionären Prozesses, in dem eine Klasse über die andere Macht erringt, Fundamente für neue totalitäre Herrschaftsformen gelegt werden, dann wird damit zugleich die Prämisse der eigenen Position, die Kritik am Kapitalismus, in Frage gestellt. Wenn diese Barriere überwunden wird, gerät auf seiten der Linken auch alles andere ins Rutschen.

Die Grünen stehen in vielerlei Hinsicht im Widerspruch zur traditionellen Theorie der Linken. Das müssen beide Seiten endlich zur Kenntnis nehmen. Die Grünen sind von ihrem theoretischen Anspruch her keine sozialistische Partei. Zweifellos gibt es eine Sehnsucht nach einer radikalen sozialistischen Partei, nach einer antikapitalistischen Partei. Das Problem der Grünen jedoch ist nicht der Antikapitalismus, ihr Problem ist die industrielle Gesellschaft. Die Aufgabe der Grünen ist die Reform der Industriegesellschaft und nicht, ein neues sozialistisches Experiment zu wagen. Diese Sehnsucht wird heute von der PDS ausgebeutet. Die Stärke der PDS in den neuen Bundesländern bedarf jedoch auch einer anderen Erklärung. In großen Bevölkerungskreisen der ehemaligen DDR manifestiert sich die Enttäuschung über eine historische Entwicklung, die nicht hat halten können, was man sich anfänglich von ihr versprochen hatte. Dieser Teil identifiziert sich mit der PDS. Im Westen gibt es hingegen eine weitverbreitete Nostalgie, die Sehnsucht nach einer radikalen antikapitalistischen und sozialistischen Rhetorik.

Solange eine Gesellschaft existiert, in der es möglich ist, daß ein Unternehmen mit seiner Entscheidung, Tausende von Arbeitsplätzen zu vernichten, zugleich die Börsenkurse nach oben jagt, wird es den historisch überholten Antikapitalismus einer traditionellen Linken geben. Die Empörung über diese Ungerechtigkeit ist das Ferment einer antikapitalistischen Emotion; das ist nur zu verständlich. Solange diese antisoziale Unternehmerlogik nicht verschwindet, wird es das traditionelle antikapitalistische Denken geben, ganz einfach deshalb, weil es diese schreienden Ungerechtigkeiten gibt.

Jeglicher Antitotalitarismus, der im Grunde nichts anderes nachweisen will, als daß der eine Totalitarismus schlimmer ist als der andere, macht sich angreifbar. Wenn auf der einen Seite der Antitotalitarismus von links behauptet, im Endeffekt sei der Kapitalismus das Grundübel und deshalb schlimmer noch als der Faschismus, und auf der anderen Seite der Antitotalitarismus von rechts verharmlosend erklärt, der Faschismus sei lediglich eine historische Parenthese zum Kommunismus gewesen, dann haben wir es mit einer Verdoppelung des Ausgangsproblems, dem der antitotalitären Haltung insgesamt zu tun. In gewisser Weise versucht jeder, indem er über die Singularität der Verbrechen des anderen spricht, den Sieg über das absolut Böse für sich zu beanspruchen. Um das zu vermeiden, muß hier, wie Gerd Koenen es in seinem Buch »Utopie der Säuberung« vorgeschlagen hat,[9] von zwei Singularitä-

9 Gerd Koenen, *Utopie der Säuberung*, Berlin 1998, S. 271ff.

ten, zwei verschieden einmaligen Formen totalitärer Herrschaft, gesprochen werden.

Damit haben wir zwei theoretische Aufgabenstellungen. Der eine Ansatz fragt danach, was Totalitarismus ist, wie er funktioniert, was er außer Kraft setzt, wie er Demokratie zerstört, die freie Entscheidung der Bürger unterbindet und mit welchen Mitteln er dies durchsetzt. Wir haben in der Geschichte ganz unterschiedliche Formen faschistischer Herrschaft kennengelernt. So sind z.B. der spanische und der italienische Faschismus ohne Antisemitismus ausgekommen. Man kann also keineswegs behaupten, der Faschismus sei, wie im Fall des Nationalsozialismus, mit dem Antisemitismus gleichzusetzen. Das bedeutet, daß unterschiedliche Stufen und Formen des Totalitarismus, auch die totalitäre Dimension in demokratischen Regierungen wie etwa im McCarthyismus in den USA, untersucht werden müssen. In der Theorie des Totalitarismus gilt es genau zu unterscheiden, worin die jeweilige Singularität besteht.

Der andere Ansatz wirft das Problem Deutschland auf. Hier gibt es eine andere Form der Singularität. Die Deutschen sind in der Tat das einzige Volk, das den Faschismus demokratisch ermöglicht hat. Sie haben Hitler und die NSDAP auf parlamentarische Weise an die Macht gebracht. Sie haben die Ausschaltung des Parlaments und die Etablierung einer Einparteienherrschaft akzeptiert, sie waren zum Teil bereits antisemitisch und zum Teil haben sie den Antisemitismus übernommen. Das heißt nichts anderes, als daß die Debatte über die Singularität des Nationalsozialismus bedeutet, daß eine Bevölkerung, in diesem Fall die deutsche, die Verantwortung für ihre Geschichte übernehmen muß.

Eine ähnliche Debatte müssen auch die Franzosen führen – über ihre Verantwortung für die Kollaboration, über die nicht zu leugnende Tatsache, daß die französische Polizei Juden ohne deutschen Befehl verhaftet hat. Zum einen hat sich die französische Rechte mit den deutschen Besatzern identifiziert und deren Positionen und Anschauungen übernommen, zum anderen ist aber im affirmativen Verhalten der Bevölkerung auch etwas genuin Französisches zum Ausdruck gekommen. Das Drama der Franzosen besteht darin, zu entdecken, daß es nicht die Wehrmacht war, die ihnen etwas aufoktroyierte, sondern daß sie vieles, was damals geschah, selbst gewollt haben.

Die Deutschen sind verantwortlich für das Schlimmste, was die an Schrecken gewiß nicht arme Weltgeschichte kennt, den Versuch, ganze Völker wie Juden, Roma und Sinti oder verschiedene Minderheiten wie Homosexuelle zu vernichten. Und das hat, so schrecklich das ist, gesellschaftlich funktioniert. Im Zentrum jeglicher Totalitarismustheorie hätte die Frage zu stehen, wie es möglich ist, daß Antisemitismus, Rassismus, Fremdenfeindlichkeit in einer Gesellschaft zum Mehrheitsfaktor werden und mit allen schrecklichen Mechanismen von Ausgrenzung, Verfolgung und Vernichtung funktionieren kann. Wie in einem Mikrokosmos läßt sich heute in einigen der neuen Bundesländer, in denen man von »national befreiten Zonen« spricht, beobachten, wie Gruppen der neuen Rechten ein minderheitenfeindliches Mehrheitsgefühl artikulieren. Dort hat man im Kleinen eine real funktionierende autoritär-faschistische Volksgemeinschaft vor Augen.

In Rußland wiederum bestand das Problem darin zu erklären, wie im Laufe eines revolutionären Prozesses, in dem Armut und soziale Ungleichheit überwunden werden sollten, Kräfte der Befreiung in solche der Unterdrückung umschlagen konnten. Während sich in der Revolution zunächst ein starkes emanzipatives Ethos entfaltete, machten sich in der Gesellschaft innerhalb kürzester Zeit Denunziantentum und Verfolgung breit. Auch dort sind in einem ganz ähnlichen Mechanismus Massenloyalitäten entstanden, Millionen und Abermillionen von Menschen waren am Prozeß des Denunzierens beteiligt, haben die Augen verschlossen, die Verfolgung und letzlich die Vernichtung von Parteigenossen und Mitbürgern akzeptiert. Im Falle der Sowjetunion war es kein Volk, das eliminiert werden sollte, sondern hier waren es vor allem die sogenannten Kleinbürger, die Kulaken, die Anarchisten oder vermeintliche innerparteiliche Gegner wie Trotzkisten, Bucharinisten und Rätekommunisten. Von dem Moment an, in dem zwischen diesen Fraktionierungen unterschieden wurde, setzten bereits die Funktionsmechanismen im Vorhof der gesellschaftlichen Vernichtung ein. Man mußte nur jemanden denunzieren und schon verschwanden die Betreffenden in den Konzentrationslagern.

Der entscheidende Punkt in der selbstkritischen Analyse besteht darin, die Frage aufzuwerfen, wieso Revolutionen nicht funktionieren können. Auch bei unterschiedlichsten Ausgangsbedingungen zeigen die Erfahrungen: Revolutionen sind in aller Regel zwar gut gemeint, wollen notwendige gesellschaftliche Reformprozesse beschleunigen, schlagen aber immer ins Gegenteil dessen um, was sie zu verwirklichen vorgeben. Warum haben sich auch bei uns, die wir als undogmatische Linke doch wirklich eine andere Gesellschaft wollten, so rasch autoritäre und im Kern auch totalitäre Strukturen durchgesetzt? Eine der großen Tragödien von Massenbewegungen besteht darin, daß sie ihre selbstgesteckten emanzipatorischen Ziele gar nicht aufrechterhalten können, weil sich in ihnen auf naturwüchsige Weise Strukturen entwickeln, die im Ansatz undemokratisch sind. Der große Trugschluß liegt darin zu glauben, durch ein legitimes Ziel sei zugleich eine bestimmte Radikalität von Politik gerechtfertigt. Da sich diese Radikalität nur außerhalb von demokratischen Strukturen realisieren läßt, entgleitet einem letztlich jede Kontrolle über das eigene Handeln, insbesondere über die Frage nach der Zulässigkeit gewaltsamer Mittel. Es ist bezeichnend, daß aus einer bestimmten Krisenerfahrung heraus eine zentrale Debatte über die Legitimität von Gewalt und das Gewaltmonopol des Staates resultierte. Damit begann ja innerhalb unserer Bewegung die gesamte Demokratiedebatte. Unseren Verfassungspatriotismus haben wir in gewisser Weise erst in der Auseinandersetzung mit der RAF gefunden. Dort mußten wir Farbe bekennen.

Nach 1990 sind eine Reihe von Arbeiten erschienen – wie die von Antonia Grunenberg etwa[10] –, in denen sich Linke an einer Entmystifizierung des Antifaschismus abgearbeitet haben. Dieser Ort in der politischen Auseinandersetzung, die Bekämpfung von Rassismus, Antisemitismus und Fremdenfeindlichkeit, ist ja nicht verwaist, sondern nur terminologisch offengeblieben. Seitdem existiert eine gewisse Unsicherheit, welcher Terminus anstelle des historisch verschlissenen und diskreditierten Begriffs Antifaschismus gebraucht werden sollte.

10 Antonia Grunenberg, *Antifaschismus - ein deutscher Mythos*, Reinbek 1993.

Der einzige Begriff, der seine Legitimationsfähigkeit unter Beweis stellen kann, ist meines Erachtens der einer demokratischen Solidargesellschaft. Der Begriff Antifaschismus spiegelt dagegen immer noch das Dilemma des Totalitarismus. Das Ziel besteht also nicht darin, einen antifaschistischen Abwehrkampf zu organisieren, sondern für eine demokratische Solidargesellschaft einzutreten, eine Solidargesellschaft, die die Menschen nicht gleichmachen, sondern ihnen die Möglichkeit zu gleichen Entwicklungschancen bieten soll. Der Kampf um eine demokratische Solidargesellschaft, die Unterschiede akzeptiert, ist eine Verpflichtung, nicht nur nach außen, sondern auch nach innen. Die Mystifizierung des Antifaschismus ist dagegen ganz sicher eines der verheerendsten Probleme der linken Geschichte, und zwar nicht nur in Deutschland, sondern auch in Frankreich. Es handelt sich um eine echte Beziehungsfalle.

So wurden z.B. in Frankreich unmittelbar nach der Befreiung 1944 Frauen, die mit Deutschen ein Verhältnis hatten, kahlgeschoren und in der Öffentlichkeit an den Pranger gestellt. Darin kam ganz ohne Zweifel eine faschistoide oder totalitäre Struktur zum Vorschein. Die Kommunisten haben gegen Kriegsende nur sagen müssen, dieser oder jener sei ein Kollaborateur oder ein Hitlero-Trotzkist gewesen. Das reichte völlig aus, um so jemanden zu erschießen.

Die Beziehungsfalle Faschismus / Antifaschismus zeigt auf eine absurde Weise, wie verheerend Ideologien sein können. Die Geschichte der Kommunisten, die im Gefängnis saßen, 1939/40 durch den Hitler-Stalin-Pakt plötzlich zu Bündnispartnern der Nazis gemacht wurden und dies zum Teil auch noch als historische Notwendigkeit akzeptiert haben, diese Geschichte ist für mich eines der größten Dramen dieses Jahrhunderts. Diese Tragik ist immer noch nicht richtig ergründet – eine Ausnahme bilden Autoren wie Manès Sperber und einige andere.

Beim Vergleich von Sowjetkommunismus und NS-System verweisen linke Kritiker immer wieder gern auf den Partikularismus im nationalsozialistischen Herrschaftsanpruch und den Universalismus im kommunistischen Anspruch, der durch die Diktatur des Proletariats angestrebten klassenlosen Gesellschaft. Diese Unterscheidung ist zwar zutreffend, jedoch werden daraus meistens verkehrte Schlußfolgerungen gezogen.

Der Faschismus ist partikular auf die Vernichtung von Minderheiten und die Herrschaft einer Rasse ausgerichtet. Das ist schlimm, aber evident. Daß jedoch ein universalistischer Ansatz genauso verbrecherisch sein kann wie der faschistische, das ist im Grunde noch viel schlimmer. Die verheerendste Folge besteht darin, daß damit den Menschen letztlich der Glaube an den Menschen geraubt wird. Ihre Grundlagen für eine Vertrauensbasis werden zerstört. Wenn sich ein Faschist wie ein Faschist verhält, sagt man, klar, das ist ein Faschist; man erwartet nichts anderes. Wenn jedoch ein Kommunist, ein Mensch, der eine bessere, eine gerechte Gesellschaft will, sich wie ein Faschist verhält, dann zweifelt man an den Menschen überhaupt. Und in diesem Sinne ist das, was unter kommunistischen Vorzeichen geschehen ist, noch schlimmer und hat zu noch fataleren Folgen geführt.

Die Kritik am weitgehend untergegangenen kommunistischen System ist eine Sache, die am Marxismus zumeist eine völlig andere. Für Hannah Arendt war die Frage nach den totalitären Wurzeln im Marxismus der Titel eines Forschungsprojekts, das aus finanziellen Gründen nicht realisiert werden konnte. Für die meisten deutschen Linksintellektuellen bleibt die Herrschaftskritik am Marxismus weitgehend tabu. Man stellt eine überaus künstliche und deshalb anfechtbare Trennung zwischen dem Marxismus als Theorie sowie dem Kommunismus als Idee auf der einen und dem kommunistischen Totalitarismus und der in seinem Namen begangenen Verbrechen auf der anderen Seite her.

Es gibt eine lange Tradition in Deutschland, die Theoretiker von dem freizusprechen, was sie schreiben. Das gilt für Jünger, das gilt für Heidegger, und das gilt auch für Marx. Mit anderen Worten, das Problem existiert für die Linke ebenso wie für die Rechte. Die Behauptung, daß Marx im Kern auch für eine autoritäre, totalitäre Ideologie mitverantwortlich ist, bedeutet natürlich nicht zugleich, daß alles, was Marx gesagt hat, falsch ist. Das gleiche gilt allerdings auch für Heidegger als ideologischen Stützpfeiler des Nationalsozialismus. Damit muß nicht zugleich auch seine Technologiekritik absurd sein.

16

Die auch in den Debatten von Linksliberalen immer wieder auftauchende Position, daß die Marxsche Kritik am Kapitalismus dennoch gestimmt habe, ist falsch. Die zentrale Aussage, mit der Marx die Notwendigkeit der Revolution postuliert hat, ist doch, daß der Kapitalismus durch seine Organisationsform die Entfaltung der Produktivkräfte behindere und dies zum tendenziellen Fall der Profitrate, zu ökonomischen Krisen und zur Verelendung der Gesellschaft führe. Das ist jedoch nicht der Fall. Im Kapitalismus gibt es zwar Armut und Ungerechtigkeit, aber es gibt auch einen schier unermeßlichen Reichtum. Man kann dem Kapitalismus alles vorwerfen, aber daß er die Produktivkräfte nicht entwickle, stimmt einfach nicht. Wenn Marx sagt, daß die Industrialisierung die Umwelt zerstöre, verwechselt er die ökologische Kritik mit der an der Entwicklung der Produktivkräfte. Und das war für Marx schließlich die einzige Legitimation für eine Revolution: Man muß die Revolution machen, damit eine andere Herrschaftsform die Gesellschaft in den Segen der industriellen Produktion bringt, um dieses Potential auszuschöpfen, anstatt es in Kolonialismus und Krieg umschlagen und sich als Destruktionskraft entfalten zu lassen. In dieser Mission haben Marxisten der ganzen Welt ihre historische Pflicht gesehen, sie waren mit ihren revolutionären Ideen angetreten, um den Menschen zu helfen. Und in dem Moment, in dem sich die Kritik am Kapitalismus als unwahr herausstellt, bricht der Marxismus als Revolutionsideologie in sich zusammen. Der Marxismus als Gesellschaftskritik hat unzweifelhaft seine Meriten, nicht aber als Revolutionstheorie; in dieser Hinsicht ist er im Kern gescheitert. Das Fatale am Marxismus war und ist jedoch, daß er mit seiner Revolutionstheorie, das heißt, mit dem Postulat, er formuliere mit der historischen Notwendigkeit der Revolution zugleich eine wissenschaftliche Erkenntnis, die ideologische Basis für eine Parteidiktatur geschaffen hat. Der Glaube, er sei Agent einer historischen Notwendigkeit, die die Massen nur noch nicht verstehen könnten, stellt den totalitären Kern in der marxistischen Revolutionstheorie dar. Gut gemeint, aber mit verheerenden historischen Folgen.

Hannah Arendt, die von vielen meiner Freunde lange Zeit als Rechte apostrophiert worden ist, hat einmal, Faulkner zitierend, gesagt: »Das Vergangene ist niemals tot, es ist nicht einmal vergangen«.[11] Und zwar aus dem einfachen Grund, weil die Welt, in der wir leben, in jedem Augenblick auch die Welt der Vergangenheit ist. Sie besteht aus den Zeugnissen und Überresten dessen, was Menschen im Guten wie im Schlechten getan haben. Ihre Fakten sind immer das, was geworden ist. Mit anderen Worten, es ist wahrhaftig so, daß uns die Vergangenheit heimsucht. Es ist die Funktion der Vergangenheit, uns Lebende nicht loszulassen, die wir in der Welt, so wie sie wirklich ist, leben wollen, das heißt, in einer Welt, die zu dem was sie ist, geworden ist. Weil dem so ist, kann die Auseinandersetzung mit den Totalitarismen unterschiedlichster Couleur nicht einfach eine Frage akademischer Geschichtsaufarbeitung bleiben. Nur wer sich des fatalen Erbes zweier totalitärer Regime gewiß ist, wird eine Chance haben, die demokratischen Herausforderungen der näheren Zukunft zu bestehen.

---

11 Hannah Arendt, »200 Jahre Amerikanische Revolution«, in: dies., *Zur Zeit. Politische Essays,* hg. von Marie Luise Knott, Hamburg 1999, S. 173.

Linke Geisterfahrer

Die Linke im Spiegel des Bahro-Kongresses (1978)

Polemischer Bericht über einen vom Solidaritätskomitee Rudolf Bahro für die Freilassung des seinerzeit in der DDR inhaftierten Regimekritikers vom 16.-19. November 1978 in West-Berlin organisierten Kongreß.

> Soziologen müssen sich die Frage stellen lassen:
> Wo ist das Proletariat?
>
> Theodor W. Adorno

Man stelle sich vor: in der Bundesrepublik gäbe es eine große Kommunistische Partei, mindestens ebensogroß wie die Schwesterparteien in Italien und Frankreich, »in der Arbeiterklasse fest verankert«, wie es so schön heißt, mit einem Zentralkomitee und einer Garde profilierter Parteiintellektueller. Und dann würde diese Partei mit einigen auserwählten Köpfen eine Solidaritäts- sprich Repräsentationsveranstaltung der Solidarität organisieren für einen ihr nahestehenden Genossen, der ungerechterweise von einer ehemaligen Schwesterpartei, mit der man sich schon seit Jahren in unkittbaren verwandtschaftlichen Zwistigkeiten befindet, in den Knast gesteckt worden ist, in den ja eigentlich nur die Klassenfeinde gehören.

Etwa dermaßen fiktiv und real zugleich hat sich der Bahro-Kongreß abgespielt; so als würde eine erste gemeinsame Propagandaveranstaltung für den Eurokommunismus nun auch in der Bundesrepublik bzw. West-Berlin stattfinden. Es war tatsächlich ein großer Bahnhof, auf dem sowjetische Dissidenten, offizielle Vertreter von KPI und KPF, Sozialisten und Sozialdemokraten, DDR-Abhauer und -Abgeschobene, Gewerkschafter und linke Professoren, sozialistische Christen und liberale Radikaldemokraten einfuhren. Es war eine lange Namenskette mit Nachhalleffekten: Ossip K. Flechtheim, Helmut Gollwitzer, Wolf-Dieter Narr, Elmar Altvater, Ernest Mandel, Rudi Dutschke, Bernd Rabehl, Peter von Oertzen, Heinz

Brandt, Rossana Rossanda, Jiři Pelikan, Boris Weil usw. Und es war ein ungeheuer ermüdendes Nacheinander von Statement auf Statement. Zumeist wurde nicht etwas gesagt, weil man etwas zu sagen gehabt hätte, sondern damit man sich nicht hinterher zu sagen lassen brauchte, daß man doch nichts gesagt hätte: Es waren vor allem Reden um der Repräsentation willen, sozusagen Reden an sich. Jeder drängelte sich darum, seine Solidaritätsbekundung für Bahro möglichst schnell loszuwerden, um sich ja nicht inhaltlich auf ihn einlassen zu müssen. Man hatte seine Pflicht und Schuldigkeit getan. Was sollte man mehr erwarten? Die Grundstimmung war, bis auf ein paar Seitenhiebe, brüderlich verbunden, kaum jemand fiel aus der Rolle. Insofern war das dann doch ein kleiner Vorgriff auf den »real existierenden Sozialismus« oder wie auch immer.

Doch alles der Reihe nach. Es gab nicht weniger als fünf große Plenumsveranstaltungen; neben der zur Eröffnung und zum Abschluß drei Podiumsdiskussionen, die den eigentlichen Höhepunkt des Kongresses ausmachen sollten. Die Auseinandersetzung am ersten Abend wurde über »Die Oktoberrevolution und ihre Bedeutung für die heutige Linke« geführt, die am zweiten Abend über die Rolle des »Prager Frühlings«, und die dritte Runde trug den markanten Titel »Produktionsziel: Reich entwickelte Persönlichkeit«. Allein die Themenstellungen hätten schon eine Vorwarnung sein müssen, insbesondere die sprachliche Wendung für die dritte Podiumsdiskussion. Die Vorstellung nämlich, daß »Persönlichkeiten« als vorausgeplantes Produkt von Fünfjahresplänen ausgestoßen werden sollten, ist verräterisch genug.

Das Stichwort »Oktoberrevolution« löste – wie nicht anders zu erwarten, wenn Trotzkisten, Eurokommunisten, Sozialdemokraten und Sowjetdissidenten gemeinsam an einem Tisch sitzen – unmittelbar einen großen Dogmenstreit aus. So als sei der neue Papst schon wieder gestorben und es gäbe keine allseits anerkannte Auslegung der Heiligen Schriften und Taten mehr, stürzten die einzelnen Variantenkünstler wie wildgewordene Konzilsbrüder übereinander her. Ist die Sowjetunion als historisches Produkt der Oktoberrevolution, als Staatssozialismus, als real existierender Sozialismus, als sozialistische Übergangsgesellschaft, als verratener

Sozialismus, als asiatische Despotie, als deformierter Kommunismus oder gar als Staatskapitalismus zu bezeichnen? Ja nun, als was denn? Doch lassen wir das. Stellen wir uns nur umgekehrt einmal vor, die Podiumsdiskussion hätte nicht zu diesem fürchterlichen Hickhack geführt und statt dessen wäre es nach harter und intensiver, aber aufrichtiger Diskussion geglückt, sich, wenn auch nicht völlig einstimmig, so doch mit der sogenannten »überwältigenden Mehrheit«, auf eine Definition zu einigen. Sagen wir einmal, die Teilnehmer des Bahro-Kongresses hätten bei nur wenigen Gegenstimmen die Sowjetunion verbindlich als zwar real existierendes, aber deformiert sozialistisches Gesellschaftssystem definiert. So eine Einigkeit, schön, was? Doch was wäre damit gewonnen? Nichts, rein gar nichts, außer vielleicht ein Trugschluß mehr. Wenn der traditionellen Logik zufolge ein Begriff die Merkmalseinheit sämtlicher unter diesen Ausdruck faßbaren Gegenstände darstellt, dann setzt das eine Eindeutigkeit im Vorgang dieses Begreifens voraus, die beim politischen Oberbegriff »Sozialismus« allemal nicht mehr gegeben ist. Angesichts des historischen Verlaufs, den dieses Jahrhundert bisher genommen hat, kann nicht einfach so getan werden, als sei die katastrophische Geschichte völlig spurlos an dieser Leitidee einer befreiten Gesellschaft vorübergegangen. Kaum eines der wesentlichen Probleme unserer Gegenwart, die in ihrer umfassenden Bedrohlichkeit nicht nur den politischen Gruppen auf den Nägeln brennen, sondern durch die man ohne übertriebenes Pathos die Existenz des Gattungswesens Mensch in Frage gestellt sehen kann, läßt sich noch sinnvoll unter dem von den Klassikern tradierten Terminus als lösbar vorstellen. Weder die globale Krise des Ökosystems noch der rasante Zerfall von Sozial- und Charakterstrukturen lassen sich im Ernst noch auf der Folie einer Vergesellschaftung der Produktionsmittel und Abschaffung der Lohnarbeit diskutieren. Damit ist nicht gesagt, daß diese Zielsetzungen einfach ad acta zu legen seien, nein, lediglich daß sie als »Lösungsstrategien« nicht mehr an die Wurzeln der wirklichen Probleme heranreichen. Wenn Marx die Revolution als eine radikale Umwälzung der Gesellschaft verstanden hat, dann kann es sich dabei gegenwärtig unmöglich noch um eine sozialistische im Sinne der Konnotationen des üblichen Sprachgebrauchs drehen, das pfeifen mittlerweile schon die Spatzen von den Dächern. Mit einem solch ungeklärten Sammel-, Haupt- oder Oberbegriff in einer Diskussion nun aber als Kriterium dafür zu arbeiten, welchen Status eine andere Gesellschaft einnimmt, um dann das dadurch gewonnene Urteil möglicherweise als Maßstab für die Veränderung der eigenen Gesellschaft zu benutzen, ist selbst im immanenten Sinne der traditionellen Logik als äußerst verwegen zu bezeichnen. Daher kann man eigentlich noch von Glück reden, daß es nicht zu einer fiktiven Einigkeit auf diesem Festival der Begriffsscholastiker gekommen ist und sich die Kontrahenten wenigstens noch heftig zerstritten haben. Denn so ermüdend oder vielleicht auch ermutigend diese Streitereien auch immer gewesen sein mögen, viel suspekter ist die konzeptionelle Vorstellung, die hinter der so thematisierten Diskussion gesteckt hat und die die Podiumsteilnehmer allesamt erst einmal in Kauf genommen haben. Der Gedanke allein, sich nach dieser nun schon sechzigjährigen Folgegeschichte ernsthaft noch darüber auseinanderzusetzen, ob der »Rote Oktober« auf unsere Verhältnisse übertragbar sei und wenn ja, in welcher Form dies zu geschehen habe, ist schon eine finstere Zumutung. Solche gedanklichen Irrläufer waren vielleicht noch in der Not des Zusammenbruchs der APO zu verstehen, wenn auch nicht zu entschuldigen, heute jedoch und angesichts der Trostlosigkeit der letzten zehn Jahre, die fast alle Diskutanten selber sehr direkt miterlebt haben, muß das ganz und gar unverständlich bleiben. Um es aber doch noch einmal festzuhalten: 1. Die Oktoberrevolution hat nicht das gehalten, was sie versprochen hat, und 2. selbst, wenn sie es gehalten hätte, dann würde uns das jetzt auch nicht sonderlich weiterhelfen, weil wir in einem anderen Land leben, in einer völlig anderen historischen Situation und so weiter und so fort.

Man kommt diesem absurden, völlig irrealen, doch augenscheinlich auch irgendwie wirklichen Phänomen erst dann genauer auf die Spur, wenn man einzelne Personen mit den jeweiligen Debatten verknüpft, ihren Redewendungen und Gesten. Ernest Mandel beispielsweise faßt in fünf markigen Stichpunkten wieder einmal das Credo der »IV. Internationale« zusammen, beklagt den Verrat der Russischen Revolution durch Stalin und den der Deut-

schen Revolution durch Noske, um damit erneut völlig geschichts-
blind und kritiklos Trotzki als den wirklichen, den unrepressiven
Revolutionär hochleben zu lassen, als hätte nicht gerade dieser die
Niederschlagung des Kronstädter Aufstandes und die Zerschlagung der Machno-Bewegung zu verantworten gehabt. Das alles ist
schon Hunderte von Malen gesagt worden. Mandel jedoch meint,
dies alles schlichtweg ignorieren zu dürfen. Noch erschreckender
ist aber, wenn er mit erhobener Faust und großem Pathos vom
»internationalen Weltproletariat« spricht – so als würde jemand
Shakespeare, vielleicht den berühmten Wahnsinnsdialog, dekla-
mieren – und den Anschein erweckt, die Proleten warteten weltweit nur noch auf die entsprechende Parole, um endlich losschla-
gen zu können; und das in West-Berlin und bei einer Diskussion,
die an einer Universität stattfindet. Mit solch gespenstischen Sze-
nen verwandeln sich Kongreßveranstaltungen endgültig in Gei-
sterstunden. Damit aber nicht der Eindruck entsteht, daß Mandel
ein verschrobener Einzelfall, gar Außenseiter sei, braucht man sich
bloß einmal zu vergegenwärtigen, was Elmar Altvater an so einem
Abend alles zusammenbraut. Als linker FU-Professor redet er
ähnlich ungehemmt von der »internationalen Arbeiterbewegung«,
mit dem einzigen Unterschied, daß er den pathetischen Duktus
noch nicht so richtig beherrscht. Dafür ist er aber ein wirkliches
Paradebeispiel, wie wirklichkeitsfremd und versponnen die Neue
Linke unseres Landes auch dann noch ist, wenn sie nicht gleich in
eine der unzähligen ML-Organisationen gegangen ist. Für Altvater, der über die entsprechenden Kontakte zur KPI verfügt, ist
dieser Bahro-Kongreß sicherlich die Erfüllung eines langgehegten
Wunschtraumes gewesen, endlich einmal auch die italienischen
Genossen auf eine Westberliner Großveranstaltung einladen zu
dürfen. Nur daß hier das Wetterleuchten des Eurokommunismus
eine Frage des Kongreßmanagements ist, während dieser in einigen
anderen Ländern sicher auch ein Stück weit soziale Realitäten
politisch vermittelt. In Berlin jedenfalls mutete schon die erste
große Podiumsdiskussion wie ein Sturm im Wasserglas an: abge-
standen, schal und wirklichkeitsfremd.

Wer jedoch gemeint hatte, daß man in der zweiten Diskussion
über den »Prager Frühling« der Gegenwart ein Stück näher käme

23

– in Gedanken schrieb man jetzt ja immerhin das Jahr 1968 und nicht mehr 1917 – der sah sich erneut getäuscht. Auch hier herrschte die gegenseitige Verkündung einzelner Statements vor, die kaum etwas miteinander zu tun hatten. Angesichts derart verhackstückter Redebeiträge konnte man nur den Eindruck gewinnen, daß es ein einziges stillschweigendes Einverständnis gab, nämlich das, nur nichts anderes als Mißverständnisse aufkommen zu lassen. Da eine gemeinsame Diskussion schon von vornherein so gut wie ausgeschlossen war, gipfelten denn auch einzelne Problemstellungen in Fragen wie der, ob sich das ZK der KPČ auf der Konferenz von Bratislava nicht doch geirrt habe. Besonders enttäuschend war dabei die Rolle Rossana Rossandas, die ihren vorbereiteten Redebeitrag halb unwillig, halb pflichterfüllt vorlas und zu keinem Zeitpunkt einen Versuch unternahm, die immer weiter ausufernden Konfusionen aufzulösen. Einzige Lichtblicke in diesen Stunden der allgemeinen Verwirrung waren Jiři Pelikan und Sibylle Plogstedt, die es immerhin schafften, ihre politischen Einschätzungen anhand eigener Erfahrungen plausibel darzustellen.

Daß dann die dritte Diskussionsrunde immerhin nur noch den durchschnittlichen Grad an Konfusion linker Podiumsveranstaltungen widerspiegelte, war in Relation zu den beiden vorangegangenen fast schon ein Fortschritt. Dies lag sicher nicht an der völlig danebengreifenden Themenstellung, indirekt aber doch an dem Gegenstand; denn der hatte wenigstens den Vorteil, daß sich historische Sprünge in die Vergangenheit völlig vermeiden ließen und so über den Umweg der »reich entwickelten Persönlichkeit« noch ein Hauch von Gegenwartsnähe auf dem Bahro-Kongreß zu verspüren war. Dennoch aber trat auch hier letztendlich ein, was sich aufgrund der konzeptionellen Ungereimtheiten der Organisatoren wohl kaum vermeiden ließ. Da das Thema zudem völlig unspezifiziert und in keiner Weise vorgegliedert war, wurden einzelne durchaus diskussionswürdige Beiträge in einem Gewimmel wild durcheinanderschießender Randbemerkungen, die von der psychosozialen Emanzipation des Menschen über die Forderung nach Lohn für Hausarbeit bis hin zur 35-Stunden-Woche reichten, wieder zerfleddert. Zur unfreiwilligen Karikatur machte sich dabei Rudi Dutschke, der nach zwei verpatzten Abenden das Richtige ahnte, dann aber doch auch selber das Falsche tat. Anstatt die Diskussion inhaltlich zu strukturieren, versuchte er ständig, sie zeitlich zu straffen. Sich wie ein Oberschiedsrichter aufspielend, der ständig nervös mit seiner Stoppuhr herumspielt, begann er meist schon nach einer Minute Rededauer ungeduldig auf seinem Sitz herumzurutschen, um dann endgültig nach einer halben Minute Zugabe zu den beiden offiziell gewährten abzupfeifen. Das gab dem ganzen dann noch den Rest. Denn selbst wenn es einen bedenkenswerten Beitrag gegeben hätte, so wäre dieser schon aus rein zeitlichen Gründen unmöglich auszuführen gewesen.

Wer nun nach diesen drei desillusionierenden Berichten vielleicht der Meinung ist, daß es ohnehin nicht das Richtige sei, sich bei Kongressen zu sehr auf Podiumsdiskussionen zu kaprizieren, und man statt dessen sein Glück eher in einer der vielzähligen Arbeitsgruppen suchen solle, dem muß man leider entgegenhalten, daß sich wahrscheinlich sogar einige profunde Diskussionen in der einen oder anderen Gruppe abgespielt haben mögen, nur war leider davon kaum etwas auf den plenaren Veranstaltungen mitzubekommen. Auf dem Bahro-Kongreß entledigte man sich der sogenannten »Arbeitsgruppenergebnisse« am Sonntagmorgen in einer Manier, als ginge es darum, einen lästig gewordenen Bittsteller möglichst schnell wieder abzuschütteln. Im Geschwindschritt wurden zwei Tage andauernde Diskussionen auf platte Formeln reduziert und zusammenfassend durchgehechelt, daß einem Hören und Sehen vergehen konnte. Kaum noch jemand der Organisatoren scheint das entsprechende Vertrauen gegenüber den von ihnen selber initiierten Diskussionsprozessen aufzubringen und überhaupt zu erwarten, daß es vielleicht doch einige ungeplante und nicht genauer vorherzusehende Beiträge geben könnte, die von Leuten gehalten werden, die man nicht kennt und die Reden halten, die man nicht erwartet hätte, von denen vielleicht sogar die Redner selbst überrascht gewesen wären. Kurzum, die Möglichkeit, daß sich auf solchen Treffen etwas von selbst entwickelt, aus der Situation heraus, wurde organisatorisch schon so gut wie verhindert – alles übrige ist mehr oder weniger eine Frage des Veranstaltungsmanagements: Welche Gruppen, welche Namen, welche Beiträge, was für Effekte?

Noch drei Beobachtungen, die auf dem Kongreß zu machen waren, sollen hier festgehalten werden.

1. Wenn Hans-Jochen Noack von der *Frankfurter Rundschau* schreibt, daß sich mancher Redner in bezug auf Bahro so verhalten habe, als bewege er sich in einem Gelände, das »vermint« sei, dann ist das der einzige Gedankenblitz, der in diesen völlig deplacierten Jubelartikel – à la »Bahro versammelt nach zehn Jahren das APO-Milieu wieder« – eingeschlagen hat. Die Redner sind in der Tat, bis auf einige belanglos unverbindliche Solidaritätserklärungen, Bahro, sowohl was seine Person als auch was sein Werk anbetrifft, aus dem Weg gegangen. Den ganzen Kongreß über hat sich eine Berührungsangst gegenüber dem eigentlichen Thema der Diskussion durchgehalten. Bahro war immer nur Anlaß, niemals aber wirklicher »Gegenstand« der Debatte. Weder hat es eine zusammenhängende Diskussion über den Fortgang der praktischen Solidarisierungsmöglichkeiten mit ihm gegeben, noch eine, die über wenige Marginalien hinaus den systematischen Gehalt seines Werkes auch nur gestreift hätte. Der Bahro-Kongreß hat zwar manches bewegt, die bei Bahro angeschnittenen Probleme jedoch beileibe nicht; die hat er sich tunlichst vom Leibe gehalten. Und wenn man nur eine seiner gar nicht so neuen, aber über den Transit durch die DDR sich doch als provokativ entpuppenden Thesen anschaut, dann weiß man auch, warum. So konstatiert er beispielsweise – eine entscheidende Stelle seiner politischen »Alternative« – die Untauglichkeit des Begriffes »Arbeiterklasse« und spricht in diesem Zusammenhang von einer »Pseudolegitimation der Macht«. Daß eine solche Aussage natürlich Gift für die Vorstellungen eines Altvaters oder Mandels wäre, liegt auf der Hand. Im übrigen hätte nur ein Satz aus einem seiner Vorträge genügt, um die gesamte erste Podiumsdiskussion über die »Oktoberrevolution« gar nicht erst in Gang kommen zu lassen: »Ich bin entschieden der Ansicht, daß es höchste Zeit ist, unter revolutionären Marxisten mit aller Deformationstheorie Schluß zu machen, Schluß mit der alten Empörung über entstellten und über verratenen Sozialismus, so begreiflich sie einmal war. Wenn man das historische Drama auf ein Problem schlechter Verwirklichung reduziert, geht man von irrealen Voraussetzungen aus und führt das theoretisch-politische Denken in die Irre.«

2. Wenn Günther Maschke von der *Frankfurter Allgemeinen Zeitung* schreibt, daß es in Berlin nur einen radikalen Kritiker der Oktoberrevolution gegeben habe, nämlich den jahrelang inhaftierten Sowjetrussen Boris Weil, der sich nicht scheute, auch Lenin massiv anzugreifen, dann trifft er einen überaus wichtigen Punkt. Während sich der traditionelle Teil der westdeutschen Linken unablässig bemüht, sich in der Geschichte von 1917 einzugraben und sich in den Maulwurfsgängen der Oktoberrevolution zurechtzufinden, beginnen die sowjetischen Dissidenten, die sich immer noch von einem revolutionären Impetus beflügelt fühlen, immerhin die radikale Kritik am marxistischen Dogmatismus für sich zu entdecken. Sie stehen damit im übrigen auch Rudolf Bahro sehr viel näher, der – man kann das wohl ruhig behaupten – in vieler Hinsicht das westeuropäische Diskussionsniveau von 1968 gerade für die DDR und damit den Staatssozialismus im allgemeinen eingeholt hat, indem er die Triftigkeit entscheidender damaliger Theoreme auch für diesen Teil Europas in geradezu verblüffender Weise nachgewiesen hat. Wie sagte noch in Anspielung auf den Pariser Mai ein russischer Genosse von Boris Weil auf der Abschlußveranstaltung, zu der kaum noch jemand gekommen war: »Seid realistisch, verlangt das Unmögliche!«

3. Die Geisterfahrer sind in letzter Zeit fast schon zum Massenphänomen geworden. Man muß auf bundesdeutschen Schnellstraßen ständig damit rechnen, auf einen zu treffen. Mit dem Bahro-Kongreß ist nun endlich die traditionelle Linke, die schon immer ihre direkte Massenverbundenheit besonders hervorgehoben hat, so weit, daß man von ihr sagen kann, sie habe den Kontakt zu den Massen wieder aufgenommen. In Berlin konnte man sie in voller Aktion erleben, die linken Geisterfahrer, die sich, ohne es zu merken, nicht nur auf der falschen Spur der Geschichte befinden, sondern sich obendrein auch noch alle auf der vermeintlich linken Überholspur drängelten.

Der Bahro-Kongreß war also ein entschlossener Schritt nach hinten. Anstatt die Mythen der Linken dieses Landes in Frage zu stellen und ihre Nebelbildungen aufzulösen, hat man einmal mehr auf das ideologische Rüstgepäck der Vergangenheit zurückgegriffen. Ängstlich klammerte man sich an das, was einem gewohnt und sicherheitsversprechend vorkam und mußte gerade deshalb völlig ins Leere greifen. Manche Podiumsteilnehmer muteten einem dabei wie linke Generäle an, die sich auf der vergeblichen Suche nach ihren Armeen befanden. Für jeden eine politische Losung im Mund, nur findet sich niemand mehr, der sie noch hören will.

Wie so oft bei Treffen, die völlig unter der Übermacht des Gesprochenen stehen, drückte sich etwas, was in keinem Kommentar zur Sprache kam, in einer kleinen symbolischen Begebenheit aus: Ein älterer Redner, blind und mit einem weißen Krückstock versehen, legt nach seinem Beitrag das Mikrophon zur Seite und versucht, sich langsam vorwärtstastend, das Podium wieder zu verlassen. Als er kurz vor dem Rand angelangt ist, an dem es fast zwei Meter tief hinuntergeht, hält der ganze Saal den Atem an. Schließlich nimmt eine junge Frau ihn bei der Hand und führt ihn behutsam die Seitentreppe hinunter.

Was hätte nun ein »Kongreß für und über Rudolf Bahro«, wie es so schön auf der Wandzeitung stand, wirklich sein können?

Man kann sicherlich ohne Umschweife und ohne damit etwas von seiner Bedeutung zu mindern sagen, daß Bahro keineswegs ein origineller Denker ist. Es gibt, von einigen Formulierungen einmal abgesehen, kaum ein Moment in seiner Theorie, das nicht schon an anderer Stelle von einem anderen Theoretiker expliziert worden wäre. Dennoch aber wäre es verfehlt, ihn deshalb als einen eklektizistischen Theoretiker zu bezeichnen, weil seine originäre Leistung erst auf einer anderen Ebene wirklich zum Ausdruck kommt. Zum einen ist dies eine seltene integrative Fähigkeit, heterogene Problemkomplexe so weit zu durchdenken, daß in ersten Ansätzen ihre gemeinsame theoretische Erklärungsbasis deutlich wird. Zum anderen ist es eine außerordentliche Rezeptions- und Vermittlungsleistung, die er als DDR-Theoretiker im Laufe von nur wenigen Jahren vollzogen hat. Wie kein zweites Werk zeigt seine »Alternative«, wie produktiv viele der theoretischen Arbeiten des undogmatischen westeuropäischen Marxismus auch in der Interpretation von Phänomenen der staatssozialistischen Länder zur Geltung gebracht werden können. Doch die Frage ist, ob es wirklich eine »Alternative« ist, was uns Bahro hier vor Augen führt.

Deshalb die folgenden Breitseiten, die die Richtung einer möglichen Auseinandersetzung andeuten sollen:

– Die entscheidende Rolle der Arbeitsteilung auch in vor- und nachkapitalistischen Gesellschaftsverhältnissen ist unmöglich zu übersehen; aber wie könnte, wenn darin eine zentrale Struktur von Herrschaftsformen begründet ist, die Aufhebung einer solchen Arbeitsteilung konkret aussehen, ohne immer wieder auf das literarisierende Beispiel aus der »Deutschen Ideologie« verweisen zu müssen?

– Gerät man nicht in einen unhaltbaren Widerspruch, wenn man einerseits die konstitutive Rolle der Trennung von Hand- und Kopfarbeit bei der Entstehung von Herrschaftsverhältnissen betont und andererseits aber das Modell Gramscis vom »kollektiven Intellektuellen« wieder aus der Tasche zieht? Oder andersherum gefragt: Wie soll eine politische Avantgarde, die das Produkt eben jener Arbeitsteilung ist, gerade die Abschaffung dieses Zwangsverhältnisses bewirken können?

– Wenn Bahro im positiven Sinne »von der ideologischen Schlacht um den Einfluß auf die Massen« spricht, dann kann man daraus schon gar keine Frage mehr ableiten, sondern muß umgekehrt die Feststellung machen, daß er damit nicht nur vom Vokabular, sondern von seiner gesamten Vorstellung her, die sich als Dichotomie von Avantgarde und Massen das ganze Buch über durchhält, in eben jene Herrschaftswelt der SED-Funktionäre zurückfällt, die er ansonsten so trefflich kritisiert.

– Das gerade in den höchstindustrialisierten Staaten immer problematischer werdende Verhältnis von Natur und Gesellschaft, mit den sich herauskristallisierenden Problemzonen Ökologie, Feminismus etc., wird von Bahro zwar mitreflektiert, jedoch nur als Außenfaktor, der auf die entscheidenden Passagen seiner ökonomiekritischen Position kaum einen Einfluß hat. Werden damit nicht entscheidende Widersprüche, die nur deshalb, weil es keinen theoretisch genau fixierten Platz für sie gibt, bloß einfach phänomenologisch verortet, anstatt daß sie auch substantiell erfaßt würden?

Gleichwohl wie solche Diskussionsrouten im einzelnen auch immer ausgehen mögen, so ist festzuhalten, daß auf dem Weg der

Lektüre Bahros die traditionelle Linke auf jeden Fall die Chance hätte, einige ihrer politischen Fiktionen nun endlich als Ballast über Bord zu werfen. Indem sich jetzt auch der sogenannte Staatssozialismus als eine von den grundlegend gleichen Problemen affizierte Gesellschaftsformation herausstellt, zersetzt sich der letzte historische Fluchtpunkt für die linken Geisterfahrer. Bislang hatten die Traditionalisten immer noch die, zweifelsohne fiktive, Möglichkeit, über den Umweg DDR bzw. UdSSR alle alten Mythen der kommunistischen Arbeiterbewegung aufleben lassen zu können. Mehr als je zuvor ist es jetzt damit aus und vorbei. Was sich in Westeuropa schon seit Jahrzehnten als Fiktion erwies, wird nun auch endgültig – das zumindest hat Bahro aufgezeigt – von der osteuropäischen Realität eingeholt.

So wie laut Bahro die staatssozialistische Propagandamaschine »völlig machtlos sein wird gegen den bloßen Augenschein der Wohlstandsgesellschaft«, so wird es umgekehrt auch mit den politischen Illusionen der traditionellen Linken sein, wenn sie eines Tages mit den neuen subversiven Realitäten aus Prag, Warschau, Budapest, Ost-Berlin, Moskau und anderswo konfrontiert werden wird. Die beiden sowjetrussischen Dissidenten haben auf dem Bahro-Kongreß davon einen kleinen Vorgeschmack vermittelt.

Hirngespinst, Du bist umzingelt. Es gibt keinen Ausweg mehr für Dich.

Sonnenuntergang
Das Verhältnis europäischer Intellektueller
zum Kommunismus im Spiegel dreier Prozesse (1993)

Vortrag im Rahmen des vom Verein zur Erforschung der Geistesgeschichte in Deutschland 1945-1950 organisierten Frankfurter Historik-Vorlesungen zum Thema »Denken im Zwiespalt. Intellektuelle und Macht im 20. Jahrhundert« am 10. November 1993 im Frankfurter Philantropin.

Jules: Der sowjetische Innenminister ist verschwunden.
Périgord: Nekrassow? Ist er im Knast?
Jules: Noch viel komischer: Er soll die Freiheit gewählt haben.
Périgord: Was weiß man denn?
Jules: Fast nichts, das ist ja das Blöde. Er war letzten Dienstag nicht in der Oper, und seitdem hat ihn niemand gesehen.
Tavernier: Woher kommt die Nachricht?
Jules: Von Reuter und AFP.
Tavernier: Und TASS?
Jules: Kein Wort.
Tavernier: Hm![1]

Der Wortwechsel entstammt einem Gespräch von zwei Redakteuren der fiktiven Zeitung *Soir à Paris* mit ihrem Chefredakteur. Der Dialog kommt in der Szene eines Schauspiels vor, das sich um den Hochstapler Georges de Valéra dreht, der sich für den angeblich geflohenen sowjetischen Minister Nekrassow ausgibt. Sein einziger Mitwisser ist der Redakteur Sibilot. Dieser befürchtet, seine Stelle zu verlieren, wenn er die Lügengeschichte nicht als Zugnummer einer antikommunistischen Kampagne benutzen kann.

In einer anderen Szene dieses Stücks, das in der Hochzeit des Kalten Krieges spielt, versucht der Pseudo-Minister den Journalisten davon abzuhalten, seine wahre Identität aufzudecken. Der Hochstapler führt ihm vor Augen, welch außergewöhnliche inter-

---

1 Jean Paul Sartre, *Nekrassow. Stück in neun Bildern*, Reinbek 1989, S. 39f.

nationale Resonanz die bisherige Presseberichterstattung über seine vermeintliche Flucht aus Moskau hatte.

> *Georges:* Hier, lies dieses Telegramm! Es ist von McCarthy, der mir ein Engagement als permanenter Belastungszeuge anbietet. Hier die Glückwünsche von Franco, von der Fruit Company, ein herzlicher Gruß von Adenauer, ein handgeschriebener Brief von Senator Borgeaud. In New York haben meine Enthüllungen die Börsenkurse in die Höhe getrieben; überall erlebt die Rüstungsindustrie einen Boom. Große Interessen sind im Spiel; Nekrassow, das bin nicht nur ich: das ist ein Begriff für die Dividenden, die die Aktionäre der Rüstungsfabriken einstreichen. Das ist die Objektivität, mein Lieber, das ist die Realität![2]

Das Stück, aus dem diese beiden Sequenzen stammen, heißt »Nekrassow«, ist am 8. Juni 1955 in Paris uraufgeführt worden und stammt von Jean-Paul Sartre. Es ist eine Farce, eine Satire auf die Presse. Es geht Sartre darum, die Manipulation der öffentlichen Meinung durch eine einflußreiche antikommunistische Zeitung darzustellen. Das Stück wurde nach seiner Uraufführung vom Publikum beinahe ebenso vehement abgelehnt wie von der Kritik. Es war ein Mißerfolg, vielleicht der größte in Sartres Karriere als Theaterautor. Ganz anders war dagegen die Resonanz in einem anderen Land, in der DDR. Dort wurde »Nekrassow« nicht nur an vielen Bühnen aufgeführt, sondern auch im Fernsehen gezeigt.

Die Hauptfigur des Hochstaplers ist keineswegs reine Fiktion. Sie ist einer Person abgewonnen, die heute kaum noch jemand kennt, die aber auf dem Höhepunkt des Kalten Krieges für mehrere Wochen nicht nur im Rampenlicht der französischen, sondern der gesamten internationalen Presse stand. Ihr Name wird von Sartre sogar an einer Stelle genannt,[3] ganz so, als wolle er über den wahren historischen Hintergrund seiner Satire keinen Zweifel aufkommen

---

2 A.a.O., S. 121f.
3 Der Chefredakteur Jules Palotin zu seinem Redakteur Sibilot, der die wahre Identität Nekrassows kennt: »Weißt Du, wie viele sowjetische Beamte, die seit Krawtschenko die Freiheit gewählt haben, hier aufgetaucht sind? Hundertzweiundzwanzig, mein Freund, echte oder unechte. Wir haben Botschaftschauffeure, Kindermädchen, einen Klempner, siebzehn Friseure empfangen, und ich habe mir angewöhnt, sie meinem Kollegen vom Figaro zu schicken, der solche Alltagsinformationen keineswegs verschmäht. Resultat: allgemeine Baisse für Krawtschenko.« A.a.O., S. 90.

lassen. Das Theaterstück »Nekrassow« ist die Karikatur eines Prozesses.

Es ist evident, daß in Gerichtsverfahren weder Gerechtigkeit noch historische Wahrheit als solche angestrebt werden. In jedem Prozeß stehen sich zwei Parteien und damit unterschiedliche Interessen gegenüber. Und die Suche nach Recht, um die es dem Gericht geht, ist nicht identisch mit der nach historischer Wahrheit. Jeder Prozeß unterliegt ganz bestimmten juridischen Regeln und kaum ein Urteil kann verbergen, daß hier mehr als bloß optische Brechungen zutage treten. Und dennoch sind Prozesse mit ihren festgelegten Rollen und Ritualen Modellsituationen, an denen der Soziologe vieles über den Stand einer Gesellschaft, der Politologe manches über den Stand eines politischen Systems und der Historiker nicht weniges an Erkenntnissen über geschichtliche Sachverhalte gewinnen kann.

Wenn es im folgenden um drei Prozesse geht, die ineinander verhakt sind, dann dürfen sie nicht in einem unmittelbaren Sinne als Medium historischer Erkenntnis betrachtet werden, sondern als öffentliche Inszenierungen, in denen sich etwas Spezifisches vom politischen Zeitgeist auf je eigene Weise verdichtet. Die Gerichte sind hier eher Bühnen, auf denen um die Durchsetzung von Interessen gerungen, denn Orte, an denen die Historie aufgehellt wird.

Ich muß Sie dabei ganz um Ihre Aufmerksamkeit bitten für eine ineinanderverschachtelte Geschichte. Auch wenn dabei ein Sprung um mehr als vier Jahrzehnte zurück und in ein anderes Land gemacht wird, so kann ich Ihnen doch versprechen, daß wir bis in die Gegenwart und bis in diese Stadt kommen, in der wir uns befinden. Ja, mehr noch. Die Geschichte, um die es hierbei geht, ist in einer bestimmten Hinsicht immer noch nicht zu Ende, ihr historischer Glutkern ist noch nicht erkaltet.

I. Der Prozeß Krawtschenko gegen die kommunistische Zeitschrift »Les Lettres Françaises« 1949 in Paris

Wir schreiben den 4. April 1949. Vor der siebzehnten Strafkammer des Département Seine in Paris soll nach 25 Verhandlungstagen das Urteil in einem Zivilverfahren gesprochen werden. Die beiden

Redakteure der kommunistischen Wochenzeitschrift *Les Lettres françaises*, André Wurmser und Claude Morgan, sind beschuldigt worden, den Autor des antikommunistischen Bestsellers »I chose freedom«[4], Victor Andrejewitsch Krawtschenko, verleumdet zu haben.

In dem Prozeß, der unter den Augen der internationalen Presse stattfindet, geht es nur vordergründig um einen Schadenersatz in Höhe von drei Millionen Francs, den der ehemalige Beamte bei der sowjetischen Botschaft in Washington für die in einer monatelangen Kampagne von der Zeitschrift verbreitete Behauptung fordert, er sei gar nicht Autor des in den USA wie in Frankreich und zahlreichen anderen Ländern so überaus erfolgreichen Buches. In Wirklichkeit verbirgt sich hinter der Frage nach der Autorenschaft die nach dem Wahrheitsgehalt von »Ich wählte die Freiheit«, genauer die nach dem Wahrheitsgehalt der Behauptung, es gebe in der Sowjetunion riesige Lager, in denen Millionen von Bürgern eingesperrt und mißhandelt würden. Für die zahlreichen Pariser Linksintellektuellen, die sich auf den Bänken des Gerichtssaales drücken, geht es letzlich um die Frage, welchen politischen Charakter die Sowjetunion hat, ob es das Land ist, das sich seit der Oktoberrevolution trotz aller Rückschläge auf dem Weg zum Kommunismus befindet oder ob es unter Stalin ein, wie von Krawtschenko auf über 600 Seiten dargelegt, Terrorregime geworden ist, das die gesamte Gesellschaft im Griff hat.

Diese Frage hat innen- wie außenpolitische Brisanz. Denn unter Federführung der USA wird am selben Tag in Washington von zwölf westlichen Staaten ein Militärbündnis, die NATO, gegründet, und am 20. April soll in der französischen Hauptstadt der erste Weltfriedenskongreß stattfinden, auf dem die prominentesten Künstler, Schriftsteller und Wissenschaftler ihre Solidarität mit dem »Friedenslager« – und das soll heißen: der Sowjetunion und den anderen in ihrem Machtbereich befindlichen Staaten – unter Beweis stellen können.

Um den Beginn des Prozesses überhaupt zu ermöglichen, hatte Krawtschenko an das Gericht eine Kaution in Höhe von zwei Millio-

---

4 New York 1946.

34

nen Francs zu entrichten. Der in den USA lebende, aus Sicherheits-gründen unter dem Decknamen »Paul Kedrin« nach Frankreich gereiste Autor ist das außerordentlich hohe finanzielle Risiko eingegangen, das im Falle einer Niederlage den Großteil seiner Tantiemen zunichte machen würde. Noch größer ist für ihn allerdings die Gefahr, verschleppt, ganz offiziell ausgeliefert oder auf irgendeine Weise umgebracht zu werden. Und in der Tat, kurz nach Beginn des Prozesses hat die Sowjetunion ein Ersuchen an die französische Regierung gestellt, den Mann, der in der internationalen Presse häufig als »Sowjetrußlands Staatsfeind Nr. 1« bezeichnet wird, zu überstellen. Krawtschenko, so die Behauptung der Moskauer Regierung, habe sich während des Krieges zahlreicher Verbrechen schuldig gemacht. Doch die französische Regierung hat abgelehnt.

Der »Monster-Prozeß Krawtschenko« (*Der Spiegel*), der auch von Angehörigen des diplomatischen Corps genau verfolgt wird, hat eine an Komplexitäten nicht gerade arme Vorgeschichte, die mehrere Jahre zurückreicht.

Der 1905 in Jekaterinoslaw als Sohn eines Eisenbahnarbeiters geborene Krawtschenko, der in Charkow Technik studiert hatte, seit 1934 Direktor verschiedener Fabriken in der Metallindustrie war und 1942 zum Chef der Abteilung Kriegsrüstung im Rat der Volksbeauftragten aufstieg, geht als Beamter der sowjetischen Einkaufskommission am 19. August 1943 nach Washington. Hinter dieser eher harmlosen Bezeichnung verbirgt sich – auf dem Höhepunkt des Zweiten Weltkrieges und der amerikanischen Waren- bzw. Waffenlieferungen an die UdSSR – eine überaus wichtige Funktion.

Am 1. April 1944 verläßt er seine Dienststelle, nicht ohne sich zuvor sein Gehalt auszahlen zu lassen, reist nach New York und trifft sich dort mit dem Journalisten Josef Chaplin und informiert ihn über die Beweggründe seiner Flucht.

Drei Tage später, am 4. April, erscheint auf der Titelseite der *New York Times* eine ausführliche Erklärung Krawtschenkos. Darin bekundet er, daß er jahrelang für seine Regierung gearbeitet habe, nun aber im Interesse seines Volkes nicht mehr länger über deren Politik schweigen könne. »Obwohl die Sowjetregierung darauf besteht, in den vom Faschismus befreiten Ländern eine demokratische Ordnung einzuführen,« heißt es dort, »hat sie in ihrem eigenen Land bisher nichts getan, um dem russischen Volk die elementaren Freiheiten zu garantieren. Das russische Volk befindet sich nach wie vor im Zustand extremer Unterdrückung und ist allen möglichen Grausamkeiten ausgesetzt, während das NKWD die uneingeschränkte Macht über die Völker Rußlands besitzt. In den von den Nazi-Okkupanten befreiten Ländern errichtet die sowjetische Regierung ihr politisches Regime der Rechtlosigkeit und der Gewalt; Gefängnisse und Lager bestehen weiter wie bisher … Da mir die Methoden, die zur Bekämpfung politischer Gegner angewendet werden, bekannt sind, zweifle ich nicht, daß diese Methoden – Verleumdung, Provokation und womöglich Schlimmeres – jetzt gegen mich angewendet werden.«[5] Schließlich verkündet Krawtschenko, er begebe sich »unter den Schutz der amerikanischen öffentlichen Meinung«.

Der Text stellt eine Sensation dar. Er löst heftige Reaktionen unter den Lesern aus. Schließlich ist die Sowjetunion nicht nur der von Stalin beherrschte Staat, sondern auch der Verbündete, mit dem die USA hoffen, Nazi-Deutschland schlagen zu können. Ein Angebot des FBI, Informationen über das NKWD preiszugeben und dann selbst in der Auslandsabteilung eine Agententätigkeit wahrzunehmen, lehnt Krawtschenko ab. Er habe nicht mit der Sowjetunion, die sich in der Gewalt der Geheimpolizei befinde, gebrochen, um selbst Geheimpolizist zu werden.

Nur einen Tag später erscheint in der kommunistischen Tageszeitung *Daily Worker* ein Artikel mit der Überschrift »Der Fall eines kleinen Deserteurs: Hier wendet sich Hitler an seine letzten Reserven«: »Solche Verräter, ob es sich um Trotzki oder um eine Null wie Krawtschenko handelt«, heißt es darin offen drohend, »werden die Welt nicht lange täuschen können … Die wachsame Hand und die Rache der zum Fortschritt drängenden Menschheit werden sie früher oder später fassen und vertilgen.«[6]

In der Folgezeit arbeitet Krawtschenko an einem geheimgehaltenen Ort daran, seine Erfahrungen mit dem Stalin-Regime zu

---

5 Zit. nach Boris Nossik, *Der seltsame Prozeß oder Ein Moskauer Überläufer in Paris*, Berlin 1992, S. 109f.
6 Zit. nach Boris Nossik, a.a.O., S. 112.

Papier zu bringen. Er beendet das Manuskript am 11. Februar 1946 in New York mit einer Widmung für das russische Volk und dem Andenken der Millionen von Unschuldigen, die »im Kampfe gegen den Sowjetabsolutismus« ihr Leben ließen. Kurze Zeit später erscheint es unter dem Titel »I chose freedom« im Verlag Carl Scribner's Sons.

Nicht nur in den USA, auch in den westeuropäischen Ländern erregt das Buch, in dessen Mittelpunkt das stalinistische Lagersystem steht, großes Aufsehen.[7] In Frankreich, wo innerhalb kurzer Zeit 400 000 Exemplare abgesetzt werden können, wird der Band am 27. Juni 1947 mit dem angesehenen »Prix Saint-Beuve« ausgezeichnet. In dem Preisverleihungskomitee hatte es allerdings einen harten Kampf um die Auszeichnung gegeben. Manche seiner Mitglieder wollten sie mit Rücksicht auf die KPF verhindern.

Die Tatsache, daß der Band unter Kritikern ebenso wie im Publikum Erfolg hat, läßt den der KPF nahestehenden Publizisten offenbar keine Ruhe. Am 13. November 1947 erscheint unter der Überschrift »Die Wahrheit über Krawtschenko« in der kommunistischen Wochenzeitschrift Les Lettres françaises ein vermeintlicher Enthüllungsartikel, der mit »Sim Thomas« unterzeichnet ist. Darin wird die Behauptung aufgestellt, die Bekenntnisse Krawtschenkos seien im Auftrag des US-Geheimdienstes »Office of Strategic Services« (OSS) verfaßt worden und ihr angeblicher Autor habe kaum eine Zeile davon selbst verfaßt. Der Artikel ist der Startschuß zu einer regelrechten Pressekampagne gegen Krawtschenko. Besonders hervor tut sich dabei André Wurmser, ein Redakteur der Lettres françaises.

Als Krawtschenko in den USA Kenntnis von diesen Angriffen erhält, stellt er gegen die französische Zeitschrift Strafanzeige wegen Verleumdung und fordert Schadenersatz. Daraufhin erscheint in den Lettres françaises eine an die vierzig Namen umfassende Liste von Personen aus den USA und der Sowjetunion, die bereit seien, gegen den Autor vor Gericht auszusagen. Doch der für den Juli 1948 in Paris angesetzte Prozeß kommt nicht zustande. Der Hauptangeklagte »Sim Thomas« ist trotz aller Bemühungen nicht

7 Dt. Übersetzung: *Ich wählte die Freiheit*, Zürich 1947.

aufzutreiben. In der Öffentlichkeit werden erste Zweifel an seiner Existenz laut. An seiner Stelle sollen nun André Wurmser und der Chefredakteur Claude Morgan auf die Anklagebank. Morgan hatte *Les Lettres françaises* während der deutschen Besatzung zusammen mit Kampfgefährten der Résistance gegründet und zunächst heimlich herausgegeben. Der Prozeßbeginn wird auf Januar verschoben.

Obwohl Krawtschenko bereits angereist ist und in der Öffentlichkeit große Erwartungen über den Verlauf des Verfahrens gehegt werden, versuchen die Anwälte der Zeitschrift, den Prozeß mit der Begründung, die vom Kläger zu stellende Kaution sei zu spät überwiesen worden, erneut zu vertagen. Doch Krawtschenko läßt sich nicht verunsichern. Er setzt eine Pressekonferenz an und geht in die Offensive. Er sei nicht bereit, erklärt er den Journalisten, den Prozeß ein weiteres Mal hinauszuschieben.

Nachdem die französischen Behörden allen ausländischen Zeugen Einreisevisa ausgestellt haben, kann der Prozeß am 24. Januar in Paris endlich beginnen. Bereits Stunden zuvor drängen sich Hunderte von Photographen, Journalisten und Besuchern vor dem Eingang des Gerichtsgebäudes. Etwa die Hälfte der 300 Plätze sind für die Presse aus dem In- und Ausland, die Dolmetscher, Angehörigen, Diplomaten, die fünfzig Anwälte und Assistenten reserviert. Zehn uniformierte Polizisten – die Anzahl der Beamten in Zivil soll wesentlich höher liegen – demonstrieren, daß es umfangreiche Sicherheitsvorkehrungen gibt. Der Kläger hat zahlreiche Drohungen erhalten. Krawtschenko wird von Maître Georges Izard verteidigt, einem früheren sozialistischen Abgeordneten in der Nationalversammlung und hochdekorierten Kämpfer in der Résistance; ihm wird assistiert von seinem jüngeren Kollegen Maître Gilbert Heiszmann. Auf der Gegenseite werden Morgan und Wurmser von Maître Joe Nordmann und drei anderen Anwälten verteidigt.

Als Zeugen sind auf der Seite der *Lettres françaises* bereits der Hochkommissar für Atomenergie, Professsor Frédéric Joliot-Curie, der Schriftsteller Vercors (d.i. Jean Bruller), Autor des berühmten Widerstandsromanes »Das Schweigen des Meeres«, und eine Reihe von Kollegen vertreten; allein durch ihre Anwesenheit signalisieren sie, daß anerkannte Repräsentanten der Résistance hinter Morgan und Wurmser stehen. Auf Krawtschenkos Seite ist nur eine Gruppe sowjetischer Emigranten zu sehen, die meisten von ihnen sind »Displaced persons«, die sich noch in Lagern der Alliierten in den deutschen Besatzungszonen aufhalten. Der Kontrast zwischen den beiden Zeugenbänken könnte kaum größer sein. Bürgerlich gekleidete Wissenschaftler und Intellektuelle auf der einen und in Lumpen gehüllte Flüchtlinge auf der anderen Seite. Unter den Zuhörern befinden sich an den nächsten Verhandlungstagen prominente Wissenschaftler, Künstler und Schriftsteller, darunter Autoren wie Louis Aragon, André Gide und Francois Mauriac.

Am 1. Februar erscheint in der *Prawda* ein von einem Konstantin Simonow verfaßter Artikel, der gröbstes Geschütz gegen den Kläger auffährt. Krawtschenko, heißt es dort, sei: »Ein heimatloser Entarteter, ein ehrloser Lump, ein treubrüchiger Verräter. Gorki hat einmal treffend gesagt: Ein Verräter ist mit nichts und niemandem zu vergleichen. Ich glaube sogar für eine Typhuslaus wäre der Vergleich mit einem Verräter eine Beleidigung. Dasselbe kann man von Krawtschenko sagen, diesem Lakaien, der schon den vierten Tag in einem Pariser Gerichtssaal den Hanswurst spielt.«[8]

Einen Tag später erklärt der als Zeuge für Morgan und Wurmser auftretende britische Unterhausabgeordnete Konni Zilliacus, ein als KP-freundlich eingestufter Politiker der Labour-Partei, auf die Frage, ob er sich vorstellen könne, daß ein solcher Prozeß wie der gegen Krawtschenko in Moskau stattfinden könne, spöttisch: »Wenn meine Großmutter Räder hätte, wäre sie ein Fahrrad.«[9] Als sich das Gelächter unter den Zuhörern gelegt hat, fügt er hinzu, daß die Auffassungen vom Zivilrecht und der Freiheit in der Sowjetunion »natürlich« nicht dieselben wie in Frankreich seien. Am Abend darauf tritt er als Hauptredner einer von der »Französisch-Sowjetischen Freundschaftsgesellschaft« organisierten Großveranstaltung in der Mutualité auf, die den Titel »Krawtschenko gegen Frankreich« trägt.

Von den ursprünglich 16 angekündigten Zeugen, die aus der Sowjetunion kommen sollten, um für *Les Lettres françaises* auszusagen, sind nur fünf erschienen, darunter die frühere Ehefrau

---

8 Zit. nach Boris Nossik, a.a.O., S. 148.
9 *Der Spiegel* vom 26. Februar 1949, 3. Jg., Nr. 9, S. 9.

Krawtschenkos, Sinaida Gorlowa, und sein ehemaliger Vorgesetzter in Washington, General Leonid Rudenko, der Bruder des sowjetischen Chefanklägers bei den Nürnberger Prozessen. Doch nicht sie hinterlassen den glaubwürdigsten Eindruck bei den Zuhörern, sondern die aus Stockholm angereiste Witwe des in der Sowjetunion ermordeten KPD-Funktionärs Heinz Neumann. Margarete Buber-Neumann, die ihre Leidenserfahrungen »Als Gefangene bei Stalin und Hitler« ebenfalls in einem Buch zusammengefaßt hat, ist die einzige intellektuelle Stimme, die während des über zwei Monate sich hinziehenden Verfahrens für den Kläger Partei ergreift.

Ausführlich und differenziert schildert sie mit leiser Stimme in deutscher Sprache, was sie nach der Verhaftung ihres Mannes 1936 in Moskau erlebte. Aus ihrer Wohnung geworfen, ohne Arbeit und ohne Geld fristete sie zunächst ein Dasein wie eine Ausgestoßene, dann wurde sie vom NKWD verhaftet, in die Lubjanka und andere Gefängnisse gesteckt, um schließlich nach der Verurteilung durch ein Sondergericht in ein riesiges Lager, das so groß wie Dänemark sei, nach Karaganda deportiert zu werden. Nach Ausbruch des Krieges wurde sie 1940 zusammen mit dreißig anderen deutschen und österreichischen Häftlingen völlig überraschend nach Brest-Litowsk transportiert. Dort übergab ein NKWD-Offizier sie an der deutsch-polnischen Grenze an eine Gruppe von SS-Leuten. Nachdem der jüdische Gefangene Hans Bloch aus der Gruppe geholt und mißhandelt worden war, kam sie mit den anderen zusammen in das Gestapo-Gefängnis nach Berlin und schließlich ins Konzentrationslager Ravensbrück, wo sie im April 1945 ihre Befreiung erlebte. Die Auslieferung deutscher Häftlinge aus sowjetischen Lagern und Gefängnissen war, wie Margarete Buber-Neumann erst später erfuhr, eine der Vereinbarungen im Hitler-Stalin-Pakt.

Am 1. März wird, nachdem Schrift- und Sprachsachverständige im Auftrag der *Lettres françaises* die Authentizität des Textes angezweifelt haben, dem Gericht das russische Original-Manuskript, das der amerikanischen Übersetzung »I chose freedom« zugrunde lag, vorgelegt, inklusive der Satzfahnen und aller Korrekturen des Autors und des Übersetzers. Unter den Zuhörern befinden sich an diesem Tag Simone de Beauvoir, Jean-Paul Sartre, Arthur Koestler, Elsa Triolet und andere prominente Intellektuelle.

Am 7. März tritt der, was seinen Ruf anbelangt, wohl wichtigste Zeuge für Morgan und Wurmser auf. Doch der Atomphysiker, Nobelpreisträger, Hochkommissar und Kommunist Frédéric Joliot-Curie hinterläßt einen schwachen Eindruck. Er berichtet zwar von drei Reisen in die UdSSR, wo er sich mit vielen Menschen unterhalten habe, muß aber auf Nachfragen eingestehen, daß er kein Russisch spricht und insofern immer vom Informationsfluß seiner offiziellen Reisebegleiter abhängig war. Nicht viel anders ist es mit prominenten Zeugen wie den kommunistischen Abgeordneten Roger Garaudy und Emmanuel d'Astier de la Vigerie oder den der KPF nahestehenden Schriftstellern Vladimir Pozner und Vercors. Sie alle können nichts Konkretes zur Aufklärung der in Krawtschenkos Buch geschilderten Sachverhalte beitragen und weisen nur in pauschaler Weise die erhobenen Vorwürfe als ungerechtfertigte und verleumderische Angriffe auf die Sowjetunion und das »Weltfriedenslager« zurück.

In seinem selbstbewußt und kämpferisch vorgetragenen Schlußwort richtet Krawtschenko am 22. März seine Angriffe in nahezu derselben Schärfe gegen die französischen Linksintellektuellen wie gegen die Sowjetunion selbst. »Millionen von Menschen aus allen Lebensbereichen haben die Sowjetunion, das Land des falschen Sozialismus und der falschen Demokratie, verlassen. Sie haben neben der schrecklichen Kreml-Herrschaft und ihres modernen Dschingis Khan zugleich deren bittere Kenntnis mit in den Westen gebracht. Diejenigen, die die Wahrheit sehen und hören wollen, so unangenehm sie auch sein mag, können sie in ihrer ganzen Vielfalt kennenlernen: Nichts bleibt ihnen verborgen, weder das unglückliche Schicksal der Völker Rußlands noch die Machenschaften der Sowjetdiktatur und ihrer Organe, noch deren Ziele.«[10]

Am 4. April, nachdem sich unter allen Beteiligten des Prozesses, der nach den Worten eines *Spiegel*-Redakteurs »als eine wahre Kakophonie des politischen Hasses« in die Justizgeschichte eingehen werde, deutliche Ermüdungserscheinungen abgezeichnet haben, wird das Urteil gesprochen. »Da die Angeklagten«, führt der Gerichtsvorsitzende Durkheim aus, »weder ein einziges Dokument

10 Zit. nach Nina Berberova, *Die Affäre Krawtschenko*, Hildesheim 1991, S. 273.

noch eine Zeugenaussage vorgewiesen haben, die beweisen könnten, daß Krawtschenkos Behauptungen oder Schilderungen wirklich ungenau sind… Da das Verhalten Krawtschenkos im Verlaufe
der zahlreichen Sitzungen, seine häufigen Interventionen, seine
Reden und seine improvisierten Entgegnungen klar erweisen, daß
er… ganz bestimmt fähig ist, ein Buch wie ›Ich wählte die Freiheit‹
zu schreiben…«, aus diesen und anderen Gründen werden Claude
Morgan und André Wurmser der Verleumdung für schuldig be-
funden und dazu verpflichtet, das Urteil auf der Titelseite der
nächsten Ausgabe von *Les Lettres françaises* abzudrucken. Morgan
wird zu 105 000 Francs Geldstrafe und 100 000 Francs Schadenersatz verurteilt, Wurmser zu 5000 Francs Geldstrafe und 50 000
Francs Schadenersatz. Beide Angeklagten müssen außerdem die
Gerichtskosten in Höhe von sechs Millionen Francs tragen.

Mit diesem Urteilsspruch ist jedoch weder der juristische noch
der öffentliche Streit über Krawtschenkos Buch zu Ende. David
Rousset, Exponent der unabhängigen Linken, nimmt den Anstoß
des sowjetischen Dissidenten auf und publiziert am 12. November
1949 im *Figaro Littéraire* einen »Appell an die Deportierten aus
den Nazilagern: Helft den Deportierten in den sowjetischen Lagern«
– wie das konservative Blatt als Schlagzeile verkündet. Um nicht
weiter bestreitbare Zeugenaussagen anführen zu müssen, zitiert
er aus einem sowjetischen Gesetzbuch mehrere Paragraphen, aus
denen hervorgeht, daß eine Deportierung sowjetischer Bürger
ohne Gerichtsurteil und ohne zeitliche Einschränkung völlig
legal ist.

Gegen den Aufruf ihres früheren Weggefährten Rousset, mit
dem sie gemeinsam im »Rassemblement Démocratique Révolutio-
naire« (RDR) aktiv waren, nehmen Maurice Merleau-Ponty und
Jean-Paul Sartre im Januar 1950 in einem Artikel ihrer Zeitschrift
Les Temps Modernes Stellung. Sie bestreiten zwar nicht den Objek-
tivitätsgehalt von Roussets Ausführungen, werfen ihm jedoch mit
Vehemenz vor, daß er sich von der bürgerlichen Presse vor ihren
Karren habe spannen lassen. Auf der einen Seite heißt es bei ihnen:
»Wenn sich zehn Millionen Menschen in Konzentrationslagern
befinden…, dann schlägt die Quantität in Qualität um, dann kehrt
sich das ganze System um und bekommt einen anderen Sinn, und

trotz der Verstaatlichung der Produktionsmittel und obwohl in der UdSSR die private Ausbeutung des Menschen durch den Menschen sowie die Arbeitslosigkeit ausgeschlossen sind, muß man sich fragen, was uns noch dazu berechtigt, in bezug auf dieses Land von Sozialismus zu reden.«[11] Auf der anderen Seite glauben sie jedoch daran festhalten zu können, daß die Sowjetunion, jedenfalls was die politischen Auseinandersetzungen im eigenen Lande anbetreffe, auf der richtigen Seite stehe. Mit Krawtschenko hätten sie wenig zu tun. Kommunismus und Faschismus dürften nicht gleichgesetzt werden. Während die Sowjets mit den Lagern, wenn auch zu Unrecht, die Gesellschaft umerziehen wollten, so hätten die Nazis, spätestens von dem Moment an, in dem sie die Gaskammern einsetzten, ihre Lager zur Vernichtung bestimmter Menschengruppen gebraucht. Außerdem solle man sich in Frankreich und England vor Augen halten, daß auch sie als bürgerliche Staaten in ihrem Herrschaftsbereich über Lager verfügten. Die Kolonien seien die »Arbeitslager der Demokratien«. Die »heilige Allianz« gegen die Sowjetunion, werfen sie Rousset vor, nehme die Kritik an den Lagern nur zum Anlaß, um damit »jede sozialistische Tendenz« zu diskreditieren.[12]

Im Monat darauf geht vor der zweiten Strafkammer des Gerichts im Département Seine in Paris nach sechs Verhandlungstagen ein am 20. Dezember 1949 begonnener Berufungsprozeß der beiden verurteilten Redakteure von *Les Lettres françaises* zu Ende. Die Berufung von Claude Morgan und André Wurmser wird zurückgewiesen, auch diesmal wird den Ausführungen Krawtschenkos, der zur selben Zeit die amerikanische Staatsbürgerschaft annimmt, mehr Glauben geschenkt als der Beweisführung der beiden Redakteure und ihrer Anwälte.

Auch in einem zweiten Berufungsverfahren wird das ursprüngliche Urteil bestätigt. Derweil bekommen die freundschaftlich-kollegialen Beziehungen von Jean-Paul Sartre zu Maurice Merleau-Ponty auf der einen und zu Albert Camus auf der anderen Seite

11 Maurice Merleau-Ponty / Jean-Paul Sartre, »Die Tage unseres Lebens«, in: J.-P. Sartre, *Krieg im Frieden 1,* Reinbek 1982, S. 22.
12 Vgl. zum Konflikt über die sowjetischen Lager auch die Darstellung in: Simone de Beauvoir, *Der Lauf der Dinge,* Reinbek 1970, S. 198f.

Risse. Der Krawtschenko-Prozeß zeigt Tiefenwirkung. Im Anschluß an ihn ist unter Intellektuellen, die nicht an die KPF gebunden sind, die Frage nach der Existenz von Lagern in der Sowjetunion überflüssig – weil bereits beantwortet – geworden. Es geht nur noch darum, welche Rückschlüsse aus ihrem Vorhandensein auf die Sowjetunion als politisches System zu ziehen sind. Während Sartre, der im August 1948 auf einem Internationalen Friedenskongreß in Breslau von dem sowjetischen Schriftsteller Alexander Fadejew noch als »Schreibtischhyäne«, als ein »mit einem Füllfederhalter bewaffneter Schakal« beschimpft worden ist, auf Großveranstaltungen der kommunistischen Weltfriedensbewegung als Starredner auftritt und demonstrativ ein von Loyalität geprägtes Verhältnis zur KPF und zur Sowjetunion an den Tag legt, rücken Camus und Merleau-Ponty von ihrem einstigen philosophischen Weggefährten immer weiter ab. Schließlich kommt es aus unterschiedlichen Anlässen, im Kern aber wegen der unvereinbaren Haltung zum Staatskommunismus und seinen Lagern, im August 1952 zum Bruch mit Camus und im Mai 1953 zum Bruch mit Merleau-Ponty. Letzterer bezichtigt Sartre wegen seines taktischen Verhältnisses gegenüber den kommunistischen Parteien in dem im Juni 1955 erscheinenden Buch »Die Abenteuer der Dialektik« des »Ultrabolschewismus«.

Als zur selben Zeit im Théatre Antoine in Paris Sartres Komödie »Nekrassow« uraufgeführt wird, zeigt sich noch kompromißloser als zuvor, wie sich der einflußreichste französische Gegenwartsphilosoph definiert. Indem er in dem Stück auf amüsante Weise den Antikommunismus ad absurdum führt, stellt er sich noch bedingungsloser als bisher auf die Seite der KPF und der Sowjetunion. In vielen Zügen des Hochstaplers, der die Rolle des sowjetischen Ministers Nekrassow angenommen hat, sind Verhaltensweisen wiederzuerkennen, die Krawtschenko in seinem Prozeß an den Tag gelegt hat. Auch die scharfen Attacken auf die französische Presse, die sich jeder Gelegenheit bedient, um ihre antisowjetischen Ressentiments zu pflegen, sind kaum ohne den Anschauungsunterricht während des Prozesses gegen *Les Lettres françaises* zu verstehen. Obwohl die Glossen gegenüber der Presse gut ankommen, wird das Stück bald wieder vom Spielplan abgesetzt.

Erst unter dem Eindruck der Niederwalzung des ungarischen Volksaufstandes durch sowjetische Panzer zeichnet sich bei Sartre eine Kehrtwendung in seinem Verhältnis zum Kommunismus ab. In dem vom November 1956 bis Januar 1957 in drei Ausgaben von *Les Temps Modernes* erscheinenden Aufsatz »Das Gespenst Stalins« kommt er zu dem Schluß, daß man sich nun, anstatt die KPF als unabhängiger Intellektueller weiter zu unterstützen, wohl um ihre Entstalinisierung kümmern müsse.

Im Jahr 1979, also mehr als 30 Jahre nach dem Startschuß zur Anti-Krawtschenko-Kampagne, lüftet Claude Morgan in seinen im Verlag Guy Roblot erscheinenden Erinnerungen »Don Quichotte et les autres« das sorgfältig gehütete Geheimnis um die Autorenschaft des Artikels »Die Wahrheit über Krawtschenko«. Es sei André Ullmann, ein ihm bereits aus der Résistance bekannter Kampfgefährte, gewesen, der ihm 1947 den Artikel mit dem Hinweis überreichte, er solle ihn unter dem Namen »Sim Thomas« publizieren.

Ein Jahr darauf erscheint Krawtschenkos Buch »Ich wählte die Freiheit« in einer Neuauflage in französischer Sprache. Unter der Überschrift »Betrug und Rausch« hat Pierre Daix, der seinerzeit in der Auseinandersetzung mit Rousset die Lager als »eines der größten Ruhmesblätter des sowjetischen Regimes« gefeiert hatte, ein Vorwort verfaßt, in dem er sich noch einmal zur Frage der Autorenschaft von André Ullmann äußert: »Ich bin sicher,« schreibt der inzwischen vom Stalinismus Geläuterte, »daß er von einer Quelle manipuliert wurde, so wie er selbst Morgan manipulierte. Morgan vertraute André Ullmann ganz. André Ullmann hatte volles Vertrauen zu der amerikanischen Quelle, die ohne Zweifel antifaschistisch und fortschrittlich war und vielleicht selbst jemandem restlos vertraute... Am Anfang dieser Kette stand ein Betrüger. Ein Agent Moskaus, geradeheraus gesagt, der diese Beschuldigung im Auftrag von Stalins Geheimdiensten lancieren sollte, um den unliebsamen Zeugen zu beseitigen, zumindest moralisch zu erledigen.«[13]

13 Zit. nach Boris Nossik, a.a.O., S. 44.

II. Der Prozeß Buber-Neumann gegen Carlebach 1951/52 in Frankfurt

Zurück in das Jahr 1949. Das Echo, das der Krawtschenko-Prozeß ausgelöst hat, ist nicht ohne Folgen für das innenpolitische Klima in der sich gerade konstituierenden Bundesrepublik geblieben. Die KPD ist eine der am besten organisierten Parteien, mit Max Reimann an der Spitze im Parlamentarischen Rat vertreten und verfügt nicht nur im Ruhrgebiet über eine erhebliche Anhängerschaft. Noch vor der Urteilsverkündung schreibt das in München erscheinende *Echo der Woche* über den Pariser Prozeß: »Die eigentliche Sensation, die auch in der Auslandspresse unter stärksten Schlagzeilen hervorgehoben wurde, bildet aber die Aussage von Frau Buber-Neumann ... Eine Pariser Zeitung brachte ihren Bericht unter dem Kennwort ›Der Gnadenstoß‹ und hat damit wohl die Situation am besten beleuchtet ... Die Aussagen der Frau Buber-Neumann sollten all denen Stoff zum Nachdenken geben, die heute glauben, um einer Idee oder um persönlicher Vorteile willen für den Sieg der kommunistischen Diktatur kämpfen zu müssen.«[14]

Es ist klar, daß die KPD vor den ersten Bundestagswahlen im August das in der Öffentlichkeit kolportierte Bild, sie sei die Agentur einer Macht, die sich nicht prinzipiell, sondern nur graduell vom NS-Regime unterscheide, korrigieren will. Ein Anlaß bietet sich, als der Mechaniker Heinrich Schulmeyer, ein ehemaliger Kommunist, von einer Frankfurter Spruchkammer im Juli wegen Denunziation von Kollegen verurteilt wird. Schulmeyer war 1933 in die Sowjetunion emigriert und dort Opfer der stalinistischen Säuberungen geworden; 1941 hatte man ihn dann an die Nazis ausgeliefert. Die wiederum erpreßten ihn, so daß er zum Schein darauf einging, für die Gestapo Spitzeldienste zu leisten.[15] In den *Informationen der KPD* heißt es dazu weit ausholend: »Seine Verurteilung als V-Mann hat jetzt die Legende von der Auslieferung durch die GPU zerstört und die Trotzkistin Grete Buber, die heute

---

14 *Echo der Woche* vom 4. März 1949.
15 Ich folge in diesem Kapitel wesentlich der Darstellung in: Hans Schafranek, *Zwischen NKWD und Gestapo. Die Auslieferung deutscher und österreichischer Antifaschisten aus der Sowjetunion an Nazideutschland 1937-1941*, Frankfurt am Main 1990, S. 110ff.

als amerikanische Agentin arbeitet, wird gut daran tun, in Zukunft andere Romane zu erzählen.«[16] Wegen dieses Satzes erhebt Margarete Buber-Neumann am 1. August vor dem Amtsgericht Frankfurt-Höchst gegen den verantwortlichen Redakteur Ernst Eichelsdörfer Privatklage wegen Beleidigung und übler Nachrede.

Als die Hauptverhandlung am 25. Mai 1950 beginnt, stellt sich heraus, daß nicht Eichelsdörfer, sondern der KPD-Funktionär Emil Carlebach Verfasser des Artikels ist. Am selben Tag erscheint ein ebenfalls von Carlebach verfaßter Schmähtext in der *Sozialistischen Volkszeitung*, einer in Frankfurt erscheinenden Tageszeitung der KPD. Darin heißt es unter der Überschrift »Trotzkisten und Unternehmervertreter – die USA-Propagandaaktion gegen die Werktätigen – Frau Faust, alias Buber-Neumann möchte von sich reden machen« in ebenso höhnischer wie drohender Weise: »Aber das größte Pech hat die Dame Buber damit, daß sie in ihrem Buch ... offen für die Clique um Tuchatschewski, Jakir usw. Stellung nimmt, die als Spione und Putschisten für die Hitler-Spionage vor Gericht gestellt, verurteilt und erschossen wurden. Frau Faust, die sich als unschuldig Verfolgte hinstellen möchte, begibt sich selbst mit der Tuchatschewski-Clique auf diese Plattform und verteidigt sie noch heute. Damit spricht sie das Urteil über sich selbst ... Die Sowjetregierung hat diese Bande und ihren gesamten Anhang unschädlich gemacht. Die Rädelsführer und Hauptverbrecher wurden an die Wand gestellt, der Rest dahin geschickt, wo er hingehörte.«[17] Der Kommunist jüdischer Herkunft, der ehemalige Buchenwald-Häftling, der frühere Mitherausgeber der *Frankfurter Rundschau* und KPD-Landtagsabgeordnete Carlebach verteidigt seine Vorwürfe, Unterstellungen und Verleumdungen im Gericht. Als die Verhandlung vertagt wird, reicht der Verteidiger Buber-Neumanns, der frühere preußische Justizminister Otto Klepper, gegen den bekennenden Stalinisten Privatklage ein.

16 Informationen der KPD vom 17. Juli 1949; in Wirklichkeit war Heinrich Schulmeyer völlig unschuldig. Die KPD benutzte seinen Fall offensichtlich nur, um sich für ihre Kampagne gegen Buber-Neumann einen Anlaß zu verschaffen. Vgl. dazu auch Hans Schafranek, *Die Betrogenen. Österreicher als Opfer stalinistischen Terrors in der Sowjetunion*, Wien 1991, S. 13, Anmerkung 9.
17 *Sozialistische Volkszeitung* vom 25. Mai 1950.

Ein halbes Jahr später, am 16. Januar 1951, findet die Verhandlung vor dem Amtsgericht Frankfurt-Höchst statt. Die Argumentation der Klägerin wird untermauert durch Zeugenaussagen des Physikers Alexander Weissberg-Cybulski und des Diplomingenieurs Hans Metzger, die ausführlich darlegen, wie sie nach ihrer Haft in sowjetischen Gefängnissen vom NKWD 1940 über die Brücke von Brest-Litowsk an die Nazis ausgeliefert worden sind. Ihre Angaben werden bestätigt von dem Diplomaten Gebhard von Walter, der von 1936 bis 1941 als Botschaftsrat an der deutschen Botschaft in Moskau tätig war. Seinen Kenntnissen zufolge sind nach dem Hitler-Stalin-Pakt zwischen 200 und 300 deutsche Kommunisten ausgeliefert worden.

Carlebachs Argumentation folgt dagegen einem bestimmten, leicht zu durchschauenden Schema: »Wer irgendwann in irgendeiner Form beschuldigt wurde, der Parteilinie zuwidergehandelt zu haben, ist ein Konterrevolutionär; ein Konterrevolutionär ist eo ipso ein Gestapo-Agent.«[18] Das Amtsgericht, das die Auffassung vertritt, daß es bei dem Streit »um ein Verfahren zwischen zwei Privatpersonen« geht und ein öffentliches Interesse daran verneint werden müsse, verurteilt den 36jährigen Angeklagten wegen übler Nachrede in Tateinheit mit Beleidigung zu einer Geldstrafe von 200 DM. Der Vorsitzende Amtsgerichtsrat billigt Carlebach dabei mildernde Umstände zu. Dieser sei zwar ein »Fanatiker«, habe jedoch seine beleidigenden Äußerungen im Glauben an die kommunistische Idee und nicht wider besseres Wissen vorgebracht. Kommentar der einen Tag später erscheinenden *Sozialistischen Volkszeitung*: »Moralisch und politisch gewonnen«[19] – so die Schlagzeile. Buber-Neumann wie Carlebach legen gegen das Urteil Berufung ein.

Vor der nächsten Verhandlungsrunde trifft bei Margarete Buber-Neumann ein Schreiben von Benedikt Kautsky ein. Der Sohn des SPD-Theoretikers Karl Kautsky, der SPÖ-Funktionär und Leiter einer Gewerkschaftsschule in Graz ist, war selbst Buchenwald-Häftling. Er hatte Carlebach dort 1938 kennengelernt und sein Verhalten als Funktionshäftling bis zu seiner eigenen Deportation nach Auschwitz 1942 genau beobachtet. »Carlebach war«, schreibt

18 Hans Schafranek, *Zwischen NKWD und Gestapo,* a.a.O., S. 112.
19 *Sozialistische Volkszeitung* vom 17. Januar 1951.

Kautsky, »zweifellos Mitglied der kommunistischen Lagerleitung, die wir richtiger als die Lagerferne bezeichneten. In deren Hand lag es, Menschen umzulegen, auf Himmelfahrtstransporte zu schicken oder mit Hilfe des berüchtigten Dr. Hoven abspritzen zu lassen.«[20] Kautsky erklärt aber zugleich, daß er Skrupel habe, einen »Feldzug gegen die Kommunisten« zu beginnen. Die Aufdeckung dieser Vorgänge gebe nicht nur der amerikanischen Presse Gelegenheit, mit neuen Schlagzeilen aufzuwarten, sondern liefere der Verteidigung von NS-Tätern Material, um ihre Verbrechen zu relativieren. Trotz dieser Befürchtung, einen Anlaß für die »Entlastung der Nazis« zu liefern, ist Kautsky schließlich bereit, vor Gericht auszusagen.

Doch die Berufungsverhandlung vor der 5. Strafkammer des Landgerichts Frankfurt verläuft in einer ähnlich bedenklichen Form wie das erste Verfahren. Das Gericht lehnt es nicht nur ab, die frühere KPD-Vorsitzende und Stalinismus-Expertin Ruth Fischer als sachverständige Zeugin vorzuladen, sondern auch Benedikt Kautsky, von dem eine eidesstattliche Erklärung vorliegt, in der die Vorwürfe gegen Carlebach substantiiert werden. Begründung: Die Frage nach einer eventuellen Mitschuld des Beklagten an einer Tötung von Mithäftlingen im KZ Buchenwald sei »für das Beweisthema« unerheblich.

Diese Linie, das Verfahren als einen reinen Privatstreit ohne politische Dimension abzuhandeln, führt im Falle eines Zeugen beinahe zum Eklat. Als der SPD-Bundestagsabgeordnete Hermann Brill, der von 1943 bis 1945 ebenfalls Buchenwald-Häftling war, bestätigt, daß Carlebach Häftlinge geschlagen habe und auf Befehl der KPD-Untergrundleitung auch Häftlinge getötet worden seien, versucht der Angeklagte, die Glaubwürdigkeit Brills durch die Behauptung zu erschüttern, daß dieser für OMGUS, die amerikanische Militärregierung, gearbeitet habe und insofern ein »bezahlter« US-Agent sein müsse. Auf die Aufforderung des Gerichtsvorsitzenden, der Politiker solle sich zu seiner Tätigkeit für OMGUS äußern, kontert Brill mit der Frage, ob er hier eigentlich »vor einem sowjetischen Kriegstribunal« stehe.

20 Brief Benedikt Kautskys an Margarete Buber-Neumann vom 22. März 1951; zit. nach Hans Schafranek, a.a.O., S. 118.

Das Verfahren endet am 8. Mai 1951 mit der Bestätigung des Urteils aus erster Instanz. Doch sowohl Carlebach als auch Buber-Neumann stellen erneut Revisionsanträge. Der Bundesgerichtshof in Karlsruhe kommt zu dem Schluß, daß dieser Fall von öffentlichem Interesse sei, hebt das Urteil auf und verweist die Sache zur erneuten Verhandlung an das Landgericht Frankfurt zurück.

Doch die 5. Strafkammer schränkt auch in der Neuaufnahme des Prozesses im Oktober 1952 das Verfahren im entscheidenden Punkt ein. Zwar kann Benedikt Kautsky diesmal als Zeuge der Anklage gehört werden, jedoch wird ihm mit der Begründung, daß gegen Carlebach bereits in Düsseldorf ein Ermittlungsverfahren wegen des Verdachts auf Teilnahme an einem Mordfall eingeleitet worden sei, jede Äußerung zum Vorwurf der Tötung von Mithäftlingen untersagt. Am 30. Oktober 1952 verurteilt das Gericht schließlich Carlebach wegen Beleidigung und übler Nachrede zu einer Gefängnisstrafe von einem Monat.

Es gibt ein »Postscriptum« zu dem Frankfurter Prozeß seitens des Angeklagten, das erst kürzlich in einem Archiv aufgefunden worden ist. Es handelt sich dabei um eine als »Vertrauliche Verschlußsache« klassifizierte, eigenhändig unterzeichnete Stellungnahme, mit der Emil Carlebach der Aufforderung des KPD-Parteivorstands vom 9. Dezember 1953 nachkommt und sich ausführlich zu seiner Tätigkeit in der illegalen Parteileitung im KZ Buchenwald und seiner Rolle als Funktionshäftling äußert. Er gibt darin zu, daß der »Kampf gegen Brotdiebe, erpresserische Vorarbeiter und ähnliche Subjekte« dazu geführt habe, daß er »solche Elemente ohrfeigte«, da sie in irgendeiner Weise hätten bestraft werden müssen. Weiter räumt er ein, daß er einen Kampf gegen »jüdische Parteifeinde« wie Kurt Hirsch, Jakob Ihr und August Cohn geführt und erfolglos die »Entfernung« des Häftlings Ihr aus dem Lager durchzusetzen versucht habe. Unter »PS« heißt es dann zu Vorwürfen in der Nachkriegszeit: »Die Auseinandersetzungen während der Lagerzeit hatten zur Folge, daß eine ganze Reihe Parteifeinde nach der Befreiung versuchten, mich als Kriegsverbrecher zu verleumden. Der erste in dieser Reihe war Dr. Eugen Kogon, der mich schon im Mai 1945 bei den Amerikanern denunzierte, als ich kaum wieder in Frankfurt angekommen war. Die Folge davon war, daß

die Amerikaner nicht nur in Frankfurt, sondern auch in Buchenwald selbst umfassende Verhöre anstellten, bei denen sich allerdings ergab, daß die befragten ehemaligen Häftlinge nicht bereit
waren, Kogons Denunziation zu unterstützen ...[21] Der nächste
Schuß kam von dem nach den USA ausgewanderten Wiener Trotzkisten Ernst Federn, der in der amerikanischen Zeitschrift *Harper's
Magazine* die Beschuldigung gegen mich erhob, ich hätte als fana-
tischer Kommunist andersdenkende Häftlinge ermorden lassen.[22]
Nach längerem Hin und Her sah sich die Zeitschrift gezwungen,

21 Der Politikwissenschaftler und Publizist Professor Eugen Kogon (1903-1987),
der nach dem Einmarsch der Nazis in Österreich verhaftet wurde und bis zur
Befreiung im April 1945 Buchenwald-Häftling war, hat als einer der ersten die
landläufige Schwarz-Weiß-Vorstellung von Tätern und Opfern korrigiert und
differenziert. In seinem 1946 erschienenen Standardwerk *Der SS-Staat* beschreibt er in einer Reihe von Details den »unterirdischen Kampf« zwischen SS
und Antifaschisten ebenso wie den zwischen kommunistischen und kriminellen
Häftlingen um die Vorherrschaft in der unterirdischen Machtstruktur. Über die
KPD-Häftlinge schreibt er: »In ihren eigenen Reihen waren sie durchaus nicht
einheitlich, hielten aber die Gegensätze eisern nieder, gelegentlich sogar durch
Mord an opponierenden Genossen. Jedem Andersgesinnten gegenüber voll
Mißtrauen, waren sie darauf bedacht, nur die bedingungslosen Gefolgsleute der
herrschenden KP-Linie zu fördern.« (Eugen Kogon, *Der SS-Staat. Das System
der deutschen Konzentrationslager,* München 1974, S. 311) Das »Verdienst der
Kommunisten um die KL-Gefangenen« könne einerseits kaum hoch genug
eingeschätzt werden, es könne ihnen jedoch andererseits nicht der Vorwurf
erspart werden, daß sie »jederzeit rasch bei der Hand« gewesen seien, wenn es
darum ging, »Andersgesinnte auszuschalten«.
22 Der Sozialtherapeut Professor Ernst Federn (*1914), Sohn des Psychoanalyti-
kers Paul Federn, der ja bereits 1919 Mitscherlichs These von der »vaterlosen
Gesellschaft« vorweggenommen hat, war von 1938 bis 1945 Buchenwald-Häftling. Als jüdischer Trotzkist lebte er im KZ in ständiger Furcht, entweder von
der SS oder von der illegalen KPD umgebracht zu werden. Nach der Befreiung
kehrte er aus Angst, in die Hände der KPÖ oder der sowjetischen Besatzungsmacht zu fallen, nicht nach Wien zurück, sondern ging zunächst nach Brüssel
und dann in die USA. Er wurde in New York Vorsitzender einer Vereinigung
von KZ-Opfern. Vom österreichischen Bundesjustizministerium 1972 nach
Wien geholt, war er bis 1987 als Sozialtherapeut und Konsulent im Strafvollzug
tätig. In einer von ihm am 11. April 1991 abgegebenen eidesstattlichen Erklärung heißt es, Carlebach sei »als Blockältester Herr über Leben und Tod« in
einem Lager gewesen, in dem »das Gesetz des Dschungels« geherrscht habe:
»Die illegale politische Organisation war mit wenigen Ausnahmen in den
Händen stalinistischer Parteifunktionäre. Es war Bestandteil der Politik dieser
Lagerorganisation, unliebsame oder die Gemeinschaft schädigende Gefangene
zu beseitigen.« (Erklärung von Ernst Federn, 11. April 1991, in: *Dokumentationsarchiv des Österreichischen Widerstands,* Jahrbuch 1992, S.105) Das Dokument,

meine Richtigstellung abzudrucken. Die Verleumdungen des Trotzkisten Federn wurden dennoch von der Hamburger Illustrierten *Der Stern* aufgegriffen, die mich im Rahmen einer Artikelserie zugunsten der verurteilten Faschisten erneut angriff. Meine Klage beim Hamburger Amtsgericht führte dazu, daß der Verfasser dieses Artikels seine Behauptung offiziell zurücknahm, während der Prozeß mit dem Chefredakteur sich noch immer hinzieht, da dieser sich weigert, die Ehrenerklärung, die der Verfasser abgegeben hat, zu drucken. Ein dritter Versuch wurde gemacht während des Prozesses, den die Trotzkistin Faust-Buber-Neumann gegen mich angestrengt hat. Der amerikanische Agent Hermann Brill (damals Mitglied des Bundestages), der österreichische SPÖ-Funktionär Benedikt Kautsky (Sohn des Renegaten Karl K.)[23] und … August Cohn aus Kassel wurden aufgeboten, um mich wegen meiner Tätigkeit in Buchenwald zu belasten. Ihre Behauptungen

das in einer Einvernahme Federns vor dem Bezirksgericht der Inneren Stadt Wien am 15. Februar 1993 unter Eid bekräftigt worden ist, endet mit der Bemerkung: »Es ist eigentlich unverständlich, warum sich Emil Carlebach nicht zur Politik der Liquidierung politischer Gegner oder parteischädlicher Elemente bekennt, da diese Politik des kommunistischen Apparats – auch im Rahmen der deutschen Konzentrationslager – inzwischen historisch belegt und rechtsnotorisch geworden ist.« (A.a.O., S. 106)

23 In seinem 1946 in Zürich erschienenen Band *Teufel und Verdammte. Erfahrungen und Erkenntnisse aus sieben Jahren in deutschen Konzentrationslagern* hat Benedikt Kautsky unter der Überschrift »Die Lagerfeme« eine Form von Untergrundgerichtsbarkeit beschrieben, die »nach Art der mittelalterlichen Feme« funktioniert und ganz in den Händen der illegalen KPD gelegen haben soll. Sie sei das Resultat eines Kampfes der »Roten« mit den »Grünen«, den Kriminellen, gewesen, die 1939 kommunistische Kapos und Blockälteste im Steinbruch erschlagen oder in die Postenkette und damit in den sicheren Tod gejagt hatten. Für die Kommunisten sei dies eine der größten Niederlagen gewesen; sie hätten dann im Gegenzug ihre Machtposition Schritt für Schritt zurückerobern und ausbauen können. Dabei habe es viele »Möglichkeiten der Rache« gegeben: »Von der einfachen Vorladung ins Revier, die unter diesen Umständen stets tödlich endete, bis zur Verschickung auf einen Himmelfahrtstransport in eine Gaskammer oder zur Auswahl für medizinische Experimente (Fleckfieberstation auf dem berüchtigten Block 46), bestand eine ganze Kette von Gelegenheiten, den Verurteilten mehr oder minder unauffällig vom Leben zum Tod zu befördern. Es war eine ungeheure Macht über Leben und Tod ihrer Kameraden, die da völlig unkontrollierbar und unbeeinflußbar in die Hand einiger weniger gelegt wurde.« (Benedikt Kautsky, *Teufel und Verdammte*, Zürich 1946, S. 201.)

erwiesen sich jedoch als so unglaubhaft, daß selbst das Frankfurter Landgericht sie zurückwies.«[24]

Doch wer nun erwartet, daß es mit dem Rechtsstreit, der in seinem Kern ja ein historischer Streit im Kontext eines extrem polarisierten politischen Klimas ist, sein Bewenden hat, der muß enttäuscht werden.

III. Der Prozeß Carlebach gegen Schafranek 1991-93 in Frankfurt

Fast vierzig Jahre später versucht der Altstalinist Emil Carlebach seine – wenn auch glimpflich ausgefallene – Scharte im Rechts-streit mit Margarete Buber-Neumann, die am 6. November 1989 gestorben ist, auszuwetzen.

Als 1990 in dem trotzkistisch orientierten Frankfurter Verlag »Internationale Sozialistische Publikationen« (ISP) ein Buch des österreichischen Historikers Hans Schafranek erscheint, in dem unter dem Titel »Zwischen NKWD und Gestapo – Die Auslieferung deutscher und österreichischer Antifaschisten aus der Sowjetunion an Nazideutschland 1937-1941« noch einmal die Geschichte des Buber-Neumann/Carlebach-Prozesses aufgerollt wird, strengt nun umgekehrt Emil Carlebach ein Strafverfahren und nach dessen Einstellung im Vorfeld der Ermittlungen eine Zivilklage gegen den Autor des Textes an.

Der in Wien lebende Historiker Hans Schafranek (*1951) ist Mitarbeiter am »Dokumentationsarchiv des Österreichischen Widerstandes« (DÖW), des »Vereins für Geschichte der Arbeiterbewegung« und Mitbegründer der österreichischen »Memorial«-Gruppe, der es nach Vorbild der russischen um die Rehabilitierung der Opfer stalinistischen Terrors geht. In seinem Hauptwerk »Das kurze Leben des Kurt Landau«[25] hat er die Biographie eines österreichischen Kommunisten dargestellt, der 1937 verschwunden und aller Wahrscheinlichkeit nach Opfer der stalinistischen Säuberungen geworden ist. Mit zwei Kollegen zusammen hat er

24 Emil Carlebach, *Betr.: KL Buchenwald*, Bericht an den Parteivorstand der KPD vom 23. Februar 1954, S. 6f.
25 Hans Schafranek, *Das kurze Leben des Kurt Landau. Ein österreichischer Kommunist als Opfer der stalinistischen Geheimpolizei*, Wien 1988.

außerdem einen Band über den Hitler-Stalin-Pakt herausgegeben.[26]

Auf der Grundlage neuerer Dokumente, die er vor allen Dingen im »Politischen Archiv« des Auswärtigen Amtes in Bonn ausfindig gemacht hat, schildert er in »Zwischen NKWD und Gestapo« nicht nur, wie deutsche und österreichische Nazi-Gegner von der Sowjetunion an das Hitler-Regime ausgeliefert wurden, sondern wie weit die Kollaboration zwischen den Polizeistellen der beiden totalitären Staaten ging, um sich Linker zu entledigen. Im Gefolge dieses Zusammenhangs beschreibt er die kommunistische Medienkampagne gegen die Autorin des international Aufsehen erregenden Werkes »Als Gefangene bei Stalin und Hitler«, Margarete Buber-Neumann. Dabei zitiert er aus einem Brief Kautskys, weist auf dessen eidesstattliche Erklärung im Zivilverfahren gegen Carlebach hin, in der es geheißen hatte, daß dieser für den Tod zweier polnischer Juden persönlich verantwortlich sei, und druckt sie zusammen mit einem anderen Dokument im Anhang seines Buches ab.

Zur allgemeinen Überraschung hat Carlebachs Intervention Erfolg: Am 29. August 1991 verurteilt die 3. Zivilkammer des Landgerichts Frankfurt den österreichischen Historiker wegen »übler Nachrede« des früheren KPD- und jetzigen DKP-Mitglieds Emil Carlebach zu einem Schmerzensgeld, dessen Höhe noch nicht feststeht. Die Restauflage des beanstandeten Buches darf nur noch mit Schwärzungen jener Textpassagen ausgeliefert werden, in denen der als »ehrenrührig« angesehene, angebliche »Mordvorwurf« gegen den Kläger erhoben wird. Sollte der Autor diese Behauptungen »wörtlich oder sinngemäß in irgendeiner Form« verbreiten, so droht ihm die Zahlung eines Bußgeldes von maximal 500 000 DM oder ersatzweise bis zu sechs Monaten Haft.

In der Urteilsbegründung heißt es: »Das legitime Recht eines Autors im Rahmen von geschichtlichen Darlegungen, die Aussagen Dritter zu zitieren, für deren Wahrheitsgehalt ihm keine Nachweismöglichkeit zur Verfügung steht, findet jedoch nach einhelliger Auffassung in Rechtsprechung und Literatur seine

26 Gerhard Bisovsky / Hans Schafranek / Robert Streibel (Hg.), *Der Hitler-Stalin-Pakt. Voraussetzungen, Hintergründe, Auswirkungen*, Wien 1990.

Einschränkung dort, wo der Zitierende eine Auseinandersetzung mit den Zitaten Dritter vermissen läßt, ja sich direkt oder indirekt mit der Aussage des Dritten identifiziert und sie hierdurch zu seiner eigenen macht... In derartigen Fällen, in denen der Autor ehrverletzende Zitate in seinem Text verwertet, um hierdurch quasi seine eigene Auffassung zu untermauern, ist er in der Verfassung des Textes selbst Störer und kann nicht zur Rechtfertigung auf das Informationsinteresse Dritter sowie darauf, daß er ja nur zitiert habe, verweisen. So aber verhält es sich im vorliegenden Fall.«[27]

Diese Begründung steht im Widerspruch zu der, die die Staatsanwaltschaft Frankfurt kurz zuvor, am 13. Juni 1991, gegeben hat, um die Einstellung des von Carlebach angestrengten strafrechtlichen Ermittlungsverfahrens zu rechtfertigen: »Es ist gerade Aufgabe eines Historikers«, heißt es dort, »Zeitgeschichte aufgrund von Äußerungen dritter Personen, die zum Teil Personen der Zeitgeschichte sind, wiederzugeben, darzustellen und sogar zu werten und zu würdigen. An keiner Stelle des entsprechenden Abschnittes des Buches wird erkennbar, daß der Beschuldigte Schafranek sich mit den auf Carlebach beziehenden Ausführungen der Zeitgenossen identifiziert und sich diese etwa gar zu eigen machen will.«[28] Der Verurteilte, der überhaupt bestreitet, einen »Mordvorwurf« gegen Carlebach erhoben zu haben, legt gegen das Urteil vom 29. August Berufung beim Oberlandesgericht ein.

In einem Zeitungskommentar beklagt sich Schafranek, der auf der Zitierung historischer Dokumente aus allgemein zugänglichen Quellen besteht, vor allem über die Verschiebung des eigentlichen Themas, der Auseinandersetzung mit dem Stalinismus, auf einen Nebenschauplatz: »Die Vorgänge in Buchenwald sind nicht das zentrale Thema des Buches, sondern die Komplizenschaft zweier Diktaturen und die Geschichtsklitterung der Kommunisten nach dem Krieg. Die Diskussion wird durch den Prozeß von diesem wichtigen Thema abgelenkt.«[29]

27 Landgericht Frankfurt am Main, Az: 2/3 044/91, S. 9.
28 Zit. nach: Richard Mitten, »Im Gericht die Geschichte«, in: *Österreichische Zeitschrift für Geschichtswissenschaft,* Heft 1/1992, S. 9.
29 *Tagesspiegel* vom 16. Juli 1992.

Bereits vor dem Urteil des Frankfurter Landgerichts haben drei Wissenschaftler eine Solidaritätserklärung mit Schafranek abgegeben. In dem Text der Professoren Helmut Dahmer, Iring Fetscher und Hermann Weber heißt es an die Adresse Carlebachs gerichtet: »Gegen diesen dreisten Versuch, ein bundesrepublikanisches Gericht dazu zu veranlassen, die Veröffentlichung von Dokumenten, die stalinistische Verbrechen belegen, zu zensieren, wenden wir uns aus zwei Gründen: 1. Emil Carlebach und seine Gesinnungsfreunde müssen – nach fünfzig Jahren – akzeptieren, daß sie, selbst Gegner und Opfer des SS-Staats, Komplizen des mörderischen Stalin-Regimes gewesen sind. 2. Die Freiheit des Historikers und Publizisten, aus Dokumenten zu zitieren, muß gegenüber den Zensurwünschen von Interessenten, die ihren persönlichen Ruf oder den ihrer Organisationen wahren möchten, verteidigt werden.«[30] Diese Erklärung ist inzwischen von rund 400 Historikern, Publizisten, Politik- und Sozialwissenschaftlern aus einer ganzen Reihe europäischer Länder unterzeichnet worden. Unter ihnen befinden sich Freimut Duve, Lew Kopelew, Wolfgang Leonhard, Hans Mommsen und Simon Wiesenthal. Unter französischen Historikern kursiert ein ähnlicher Aufruf, zu dessen Erstunterzeichnern Jacques Droz, Jacques Le Goff und Pierre Vidal-Naquet zählen.

Das DKP-Blatt Unsere Zeit hat sich bereits zu Beginn der sich abzeichnenden Solidarisierungswelle mit der Behauptung hinter Carlebach gestellt, es könne sich bei den Unterzeichnern nur um »rechtsextreme Historiker und antikommunistische Politiker« handeln.

Wie weit Altstalinisten zusammen mit ehemaligen KZ-Häftlingen zu gehen bereit sind, wenn das vermeintlich ungetrübte Bild von Antifaschisten verteidigt werden soll, zeigt sich dann am 4. Dezember 1991 auf einer Veranstaltung der Technischen Universität in Wien. Unter dem Titel »Der Historiker und sein Richter – Stalinistische Zensur gegen zeitgeschichtliche Forschung« wollen Historiker und Publizisten mit Hans Schafranek über seinen Fall diskutieren. Nachdem bereits im Vorfeld versucht worden ist, den Diskussionsleiter vom ORF dazu zu bewegen, seine Zusage zurück-

30 *Österreichische Zeitschrift für Geschichtswissenschaft*, Heft 4/1991, S. 1.

zuziehen und der wissenschaftliche Leiter des DÖW von einem Kuratoriumsmitglied – ebenso erfolglos – unter Druck gesetzt wurde, kommt es während der Veranstaltung zu tumultartigen Zwischenfällen. Handgreiflichkeiten zwischen den Kontrahenten können gerade noch vermieden werden. Es geht dabei weniger um die Person Carlebachs als um die Verwendung des Begriffs »stalinistische Lagerfeme«.

Ein Kollege Schafraneks, der sich ausführlich mit dem Urteil des Frankfurter Landgerichts auseinandergesetzt hat, um die daraus resultierenden Folgen für die Freiheit der Geschichtswissenschaft in Deutschland abzuschätzen, ist zu dem Schluß gekommen: »Das Frankfurter Gericht hat sich also angemaßt, über ein historisches Werk... zu urteilen. Sollte das Urteil unverändert bleiben, hindert dies Schafranek nicht nur daran, jemals über die Lagerfeme ernsthaft zu forschen, sondern bedeutet auch eine gravierende berufliche Behinderung.«[31] Die Berufungsverhandlung vor dem Oberlandesgericht Frankfurt wird in zwei Wochen, am 25. November, stattfinden.[32]

Es ist sicherlich ein Glücksfall, wenn sich ein historischer Streit so auflöst, wie das im Falle des Krawtschenko-Prozesses geschehen ist. Auch ohne letzte Gewißheit über die Inszenierung der damaligen Verleumdungskampagne zu haben – eine Gewißheit, die wohl nur durch entsprechende Aktenfunde im KGB- oder im Komintern-Archiv in Moskau zu gewinnen wäre – sind einige der Beteiligten

31 Richard Mitten, »Im Gericht die Geschichte«, in: *Österreichische Zeitschrift für Geschichtswissenschaft,* Heft 1/1992, S. 8.
32 Nachtrag: Der Rechtsstreit endet erst am 30. Juni 1994. Das Urteil stellt einen Achtungserfolg für den Beklagten dar. Der 16. Strafsenat des Frankfurter Oberlandesgerichts entscheidet, daß die Streichung zweier Passagen in Schafraneks Buch zwar rechtmäßig gewesen sei, eine jedoch, die den »Fall Ihr« betrifft, nicht. Der Wiener Historiker darf zu Recht behaupten, daß der ehemalige Buchenwald-Häftling Carlebach »ein skrupelloser Apparatschik« gewesen sei, der »einen ihm mißliebigen politischen Häftling auf Block 46 (Flecktyphus-Versuchsanstalt) zu bringen« versucht habe. Das Gericht stützt sich dabei auf die Aussage des Zeugen Ernst Federn, der die Darstellung Schafraneks bestätigt hat. Mit dem Urteil wird außerdem eine Schmerzensgeldforderung Carlebachs ebenso abgewiesen wie dessen Forderung, der Beklagte solle in drei überregionalen Tageszeitungen der österreichischen und deutschen Presse eine Art »Ehrenerklärung« für den Kläger abgeben. Die Gerichtskosten werden zwischen den beiden Parteien jeweils zur Hälfte geteilt.

Jahrzehnte später selbst zu der Einsicht gekommen, daß sie wohl nur ein Rädchen innerhalb eines monströsen Apparates waren, dem es um Denunziation und anderes mehr gegangen ist. Sie ließen sich, zumeist durch ihre Fixierung auf ein antifaschistisches Freund-Feind-Bild blind geworden, benutzen, um einen, der bereits frühzeitig ausgeschert war, mit allen zur Verfügung stehenden Mitteln des Rufmords fertigzumachen. In Paris wollte man Krawtschenko in gewisser Weise auch einen Schauprozeß machen. Man verfügte dabei jedoch nicht über die Mittel und Methoden, die in Moskau vorhanden waren und die im selben Jahr noch in Budapest gegen László Rajk ausgespielt wurden.

Sartre ist zu dieser Zeit die klassische Figur des fellow-travellers. Ja, es ist richtig, »Nekrassow« ist eine Farce, aber eine ganz andere als die von ihrem Autor intendierte. Sicher, die konservative bürgerliche Presse war in Frankreich wie in fast allen anderen westlichen Ländern antikommunistisch eingestellt und hat sich in ihren Publikationsstrategien oftmals Methoden bedient, die nicht zu rechtfertigen sind. Aber: »Nekrassow« war vor allem eine Farce des politischen Autors Jean-Paul Sartre. Der Mann, der für die europäischen Intellektuellen einer, wenn nicht zweier Generationen eine Art moralischer Instanz war, hat selten in seiner politischen Wahrnehmungs- und Urteilsfähigkeit so versagt wie in der Frage der sowjetischen Lager. Es hat ein Vierteljahrhundert gebraucht, bis die französische Linksintelligenz, mit dem »Archipel Gulag« von Solschenizyn konfrontiert, begann, sich an den Blindstellen ihres politischen Denkens abzuarbeiten. Was das Thema Sowjetunion und Stalinismus anbetrifft, waren das verschenkte Jahre.

Die Tatsache, daß mit Margarete Buber-Neumann die Frau, die wie keine andere das Dilemma dieses Jahrhunderts – mit Stalin nicht Hitler bekämpfen zu können – artikuliert hat, vierzig Jahre isoliert in Frankfurt gelebt hat, ist eine Schande für all jene, die sich einer Linken zurechneten oder immer noch zurechnen, die nie dogmatisch sein wollte. Margarete Buber-Neumann war ebenso wie Hannah Arendt als Rechte stigmatisiert. Man hat beiden, der antitotalitären Biographin wie der antitotalitären Theoretikerin nicht nur persönlich Unrecht getan. Man hat sich dabei, politisch wie theoretisch, selbst geschadet.

Sich aufs Eis wagen
Plädoyer für eine Reaktualisierung
der Totalitarismustheorie (1992)

Positionspapier zu dem vom Hamburger Institut für Sozialforschung 1995 vorgestellten Ausstellungs- und Veranstaltungsprojekt »200 Tage und ein Jahrhundert«, in dem die im 20. Jahrhundert begangenen Makroverbrechen am Beispiel der zwischen der Befreiung von Auschwitz und dem Abwurf der ersten Atombombe auf Hiroshima verstrichenen Zeitspanne gedeutet wurden.

Die Trias der Makroverbrechen

Ausgangspunkt aller unserer Überlegungen zum Verhältnis von Zivilisation und Barbarei im 20. Jahrhundert, der zentralen Frage des »Projekts 1995«, sollte immer wieder aufs neue der Versuch sein, sich an den drei ins Zentrum gestellten Makroverbrechen zu orientieren. Die Phänomenologie macht bereits eine völlig unterschiedliche Signatur dieser von Nationalstaaten begangenen Verbrechen deutlich:

Auschwitz war eine ideologisch angekündigte, sukzessive geplante, bürokratisch betriebene und industriell umgesetzte Massenvernichtung; Opfer waren die durch den Rassenbegriff ausgegrenzten Gesellschaftsmitglieder und die durch Krieg, Opposition und Widerstand definierten Gegner;

der *Archipel Gulag* war ein ideologisch ungeplanter, bürokratisch betriebener und in paranoider Logik durchgeführter Vernichtungsfeldzug; Opfer waren nicht nur Kulaken und andere »Klassenfeinde«, sondern potentiell alle Mitglieder der eigenen Gesellschaft, insbesondere solche, die innerhalb von Partei und Militär als Machtkonkurrenten angesehen wurden;

Hiroshima war eine anonyme, hocheffiziente, punktuelle Vernichtungsmethode auf der Basis einer technisch-wissenschaftlichen Großapparatur; Opfer war die Zivilbevölkerung eines Kriegsgegners.

Diese Trias zeitlich und/oder phänomenologisch in einen plausiblen Zusammenhang zu stellen, bereitet allerdings erhebliche Schwierigkeiten. Entweder lassen sich zwei Makroverbrechen nur historisch miteinander verbinden – die Befreiung der Auschwitz-Überlebenden und der Abwurf der Atombombe auf Hiroshima als Focus für das Jahr 1945 – oder nur phänomenologisch – Auschwitz und Gulag als zwei Lagersysteme mit unterschiedlichen Vernichtungsrationalitäten. Diese Schwierigkeit war und ist eine ständige Quelle der Irritation.

Die Begrenztheit der Zivilisationstheorie

Die Hoffnung, mit der Zivilisationstheorie einen systematischen Zugang zu den Makroverbrechen dieses Jahrhunderts gewinnen zu können, resultiert nicht zuletzt aus der produktiven Leseerfahrung von Norbert Elias' »Studien über die Deutschen«[1]. Einige seiner Aufsätze verschaffen die Möglichkeit, die eruptionsartigen Vorgänge im Zuge der deutschen Einigung aus einer anderen Perspektive zu betrachten und den Umschlag einer Bürgerrechts- in eine nationale Erweckungsbewegung unter einer Reihe neuartiger Gesichtspunkte zu interpretieren.

Der Versuch jedoch, die Schlüsselereignisse des Jahres 1945 mit Eliasschen Kategorien zu begreifen, erweist sich als schwierig. Immer wieder verfestigt sich der Eindruck, daß es an Begriffen mangelt, um zwischen historischen Ereignissen, politischen Entscheidungsträgern und den in der Bevölkerung sedimentierten Mentalitäten und Einstellungen ausreichend vermitteln zu können. Der Grund dafür dürfte nicht zuletzt darin liegen, daß es im Rahmen der Zivilisationstheorie keine Theorie des Politischen gibt. Zwar lassen sich mit ihr alltägliche Verhaltensweisen und Gewohnheiten, die sich über einen längeren Zeitraum konfigurieren, hervorragend aufschlüsseln, jedoch nur schwer Entscheidungsprozesse, Umbrüche und gesellschaftliche Reaktionsweisen, die einer anderen Zeitstruktur unterworfen sind. Es mangelt vor allem an einem Instrumentarium, das es erlaubt, das Zusammenspiel von politi-

---

1 Norbert Elias, *Studien über die Deutschen. Machtkämpfe und Habitusentwicklung im 19. und 20. Jahrhundert*, Frankfurt am Main 1989.

schen Eliten und gesellschaftlichen Trägern zu analysieren und auf die Gesamtheit eines politischen Systems hin abzubilden.

Mit Hilfe der Zivilisationstheorie kann es zwar gelingen, Normen und Werte zu definieren, die im Sinne eines menschenrechtlichen Rahmens zur Markierung von Grenzen politischen Handelns taugen, nicht jedoch, Prozesse zu analysieren, die sich in Gesellschaften unter krisenhaften Zuspitzungen abspielen. Daher dürfte es kaum möglich sein, mit ihr für die disparaten Themen des Gesamtprojekts »1995« einen theoretischen Konnex zu entwickeln.

Aus dieser Schwäche entsteht die Gefahr, daß die Trias der Makroverbrechen lediglich eine Suggestivkraft entfaltet, daß Auschwitz, der Archipel Gulag und Hiroshima ausschließlich moralisch gewichtet werden.

Etwas anderes kommt noch hinzu. Für die Zivilisationstheorie gilt das gleiche wie für die Modernisierungstheorie. Bei beiden handelt es sich um Parallelbegriffe zu dem des Fortschritts, beide bewegen sich im selben Problemfeld.[2] Indem sie die säkulare Utopie der Aufklärung prolongieren, unterliegen sie auch denselben Einwänden. Krasser formuliert: Gerade das 20. Jahrhundert hat gezeigt, daß mit diesen Kategorien, in die sich die ungestillten Hoffnungen des Bürgertums zurückgezogen haben, die politischen Katastrophen nicht mehr hinreichend begriffen werden können. Die »Dialektik der Aufklärung« ist ein Musterbeispiel dafür. Die analytische Potenz bleibt gefangen im Modell eines negativ gewendeten Hegelianismus. Horkheimer und Adorno, aber auch Freud und Elias verharren in den Ruinen der bürgerlichen Denkgebilde und geben unfreiwillig Zeugnis davon ab, daß ein Denken, das in seiner selbstkritischen Wendung immer noch unverändert an den Postulaten der Aufklärung glaubt festhalten zu können, *nach* den Katastrophen zum Scheitern verurteilt ist. Es ist mehr als bloßer Zufall, daß es sich bei den vier Genannten um Gesellschafts-, Kultur- und Zivilisationskritiker handelt, die im Kern unpolitisch waren. Allesamt waren sie enttäuschte Liberale, die zu keiner Zeit einen ernsthaften Versuch unternommen haben, eine Theorie des Politischen zu entwickeln.

2 Vgl. dazu Jean Starobinski, »Das Wort Zivilisation«, in: ders., *Das Rettende in der Gefahr. Kunstgriffe der Aufklärung,* Frankfurt am Main 1990, S. 9-64.

Der Staats- und Verfassungsrechtler Gerhard Leibholz hat im November 1946 in einem Rundfunkvortrag für die BBC den totalen Staat als »*das* politische Phänomen des 20. Jahrhunderts«[3] bezeichnet. Und wer ein Buch wie Karl Dietrich Brachers über »Die totalitäre Erfahrung«[4] liest, dem drängt sich der Eindruck auf, daß er exakt jene Frage-, Problem- und Aufgabenstellungen vor Augen hat, die im Zentrum von »1995« stehen. Das gesamte erste Kapitel, in dem es um eine übergreifende »Betrachtung des Jahrhunderts« geht, liest sich wie eine Einführung in »1995«. Im Kontrast zu Nadeshda Mandelstams 1971 gebrauchter Formel vom »Jahrhundert der Wölfe« spricht Bracher vom »Jahrhundert des Totalitarismus«. Eine Formel, deren Evidenzkraft zumindest überprüft werden sollte.

Nun wurde im »Projekt 1995« durch die Wahl des Jahres 1945 und die Thematisierung der genannten Makroverbrechen eine Präferenz geschaffen. Auch wenn es nicht beabsichtigt oder nicht von Anfang an klar war: Eine Auseinandersetzung mit der Totalitarismustheorie müssen wir uns gar nicht erst vornehmen, wir stehen bereits mitten in ihr drin, am sichtbarsten sicherlich mit dem Vergleich der nationalsozialistischen und der stalinistischen Bürokratien. Daß es im Vorstellungspapier des Gesamtprojekts dazu heißt, eine solche komparative Studie solle »jenseits der alten Kontroversen um Reichweite und Aussagekraft der Totalitarismustheorien« durchgeführt werden, zeigt nur, wie nah wir bereits in das Deutungsfeld jener Tradition geraten sind, die in ihrer Verzweigtheit und Vielschichtigkeit vermutlich kaum allgemein bekannt ist.

Wenn die Behauptung richtig sein sollte, daß wir durch die Nennung von Auschwitz und Archipel Gulag in einem Zug bereits in einen Zusammenhang involviert sind, in dem die hinter diesen Massenverbrechen stehenden politischen Systeme verglichen werden, dann wäre es allerdings gut, sich diesen Sachverhalt bewußt zu

---

3 Gerhard Leibholz, »Das Phänomen des totalen Staates«, in: Bruno Seidel / Siegfried Jenkner (Hg.), *Wege der Totalitarismus-Forschung*, Darmstadt 1974, S. 123.
4 Karl Dietrich Bracher, *Die totalitäre Erfahrung*, München 1987.

machen. Deshalb ist es an der Zeit, zu überlegen, wie wir unser Verhältnis zu dieser umstrittenen, zu einem erheblichen Teil diskreditierten theoretischen Tradition klären.

An dieser Stelle sollte nicht unerwähnt bleiben, daß vom Anspruch her die Totalitarismustheorie mit *dem* zentralen Desiderat der Institutsarbeit koinzidiert. Der Akzent der hier in Gang gesetzten Forschungsarbeiten ist von Anfang an auf die Frage gelegt worden, welcher Beitrag damit zu einer zeitgenössischen Form der *Herrschaftskritik* geleistet werden kann. Der Totalitarismustheorie geht es nun einmal im wesentlichen um eine Analyse von autoritären, diktatorischen und totalen Herrschaftsformen in diesem Jahrhundert und ihre Systematisierung zu genuinen Herrschaftstypen.

Zur Frage der Vergleichbarkeit

Aus zwei verschiedenen Richtungen ist in der Vergangenheit ein Vergleich zwischen Nationalsozialismus und Stalinismus sabotiert worden. Auf der einen Seite ging es darum, die Singularität des Holocaust durch eine moralisch begründete Weigerung jeglichen Vergleichs herauszustellen, auf der anderen Seite, die Sowjetunion durch eine politisch begründete Abwehrhaltung von gegnerischen Angriffen freizuhalten. Beides ist prekär.

Wer sich weigert, einen Vergleich zwischen den beiden Herrschaftssystemen anzustellen, der erweckt den Eindruck, daß er etwas zu verbergen hat oder etwas zu schützen versucht. Auf der einen Seite, so muß vermutet werden, soll eine moralische Identität vor Beschädigungen bewahrt werden und auf der anderen Seite eine politische. Wenn eine Gegenüberstellung der NS-Massenvernichtung mit den stalinistischen »Säuberungen« vermieden wird, dann offenbar deshalb, weil man dem Singularitätspostulat nicht traut und eine Relativierung der nazistischen Verbrechen befürchtet. Wenn einer Einbeziehung des Stalinismus und Post-Stalinismus in den totalitarismustheoretischen Kontext ausgewichen wird, dann offenbar um die eigene, vermeintlich linke Identität vor einer Konfrontation zu bewahren, die sie vermutlich nicht unbeschadet überstehen würde.

Sicher, es kann nicht darum gehen, vordergründige Analogien zwischen den Verbrechen Hitlers und Stalins aufzustellen. Ebensowenig kann eine Reduktion des Vergleichsverfahrens auf eine quantitative Gegenüberstellung der Opfer statthaft sein. Das »Gegeneinanderaufrechnen« ist ein hinlänglich bekannter Versuch, sich dadurch psychische Entlastung zu verschaffen, daß ein »noch grausameres« Regime angeklagt wird.

Worum es geht, das ist ein Vergleich aus der Einsicht in die Unterschiedlichkeit oder – anders formuliert – auf der Basis der Differenz. Erst wer vergleicht, kann auch die Qualität der Unterschiede genauer bestimmen. Es kann nicht die Aufgabe sein, Disparates auf einen Nenner zu bringen und verschiedene Phänomene unter eine idealtypische Kategorie zu subsumieren. Vergleichen kann nur, wer sich der Bedingungen und der Grenzen seines Verfahrens bewußt ist.[5] Vergleichen heißt nicht unbedingt gleichsetzen, es kann auch heißen, sich der Unterschiede gewiß zu werden.

Die naheliegenden Bedenken

Es ist nicht nur richtig, sondern notwendig, auf die Risiken zu verweisen, die einer erneuten Beschäftigung mit der Totalitarismustheorie inhärent sind. Es ist mehr als nur ein Wortspiel, daran zu erinnern, daß in der Vergangenheit im antitotalitären Diskurs selbst totalitäre Gefahren in Erscheinung getreten sind.

Die klassische Totalitarismustheorie (Friedrich / Brzezinski) ist ein Fall idealtypischer Begriffsbildung, bei der das wertende Urteil Priorität gegenüber dem feststellenden besitzt. Häufig werden Analogiebildungen verwandt, wo es um den Nachweis von Kausalbeziehungen gehen müßte. Als Sammelbezeichnung für in ihrer Genese wie in ihrer Funktion heterogene Herrschaftssysteme wird Totalitarismus schnell zu einem unkritisch verwandten Typusbegriff mit normativem Anspruch. Gerade diese Gefahr prädestiniert

---

5 Dazu jüngst Dan Diner: »Das Projekt des Vergleichs der Massenverbrechen dieses Jahrhunderts – von Nationalsozialismus und Stalinismus – jedenfalls umgibt eine Aura des Anrüchigen. Dennoch gilt es allen widerstrebenden Empfindungen zum Trotz, diesen Vergleich zu unternehmen.« Dan Diner, »Nationalsozialismus und Stalinismus. Über Gedächtnis, Willkür, Arbeit und Tod«, in: *Babylon*, Heft 10-11, Oktober 1992, S. 112.

ihn andererseits dazu, ideologische Funktionen zu erfüllen. Der Begriff Totalitarismus wird zum bloßen Schlagwort, das sich propagandistisch einsetzen läßt. In diesem Sinne wurde er zur Parole der westlichen Staaten, um alle kommunistischen und sozialistischen Staaten a priori zu diskreditieren. Er wurde zum Kampfruf der als »freiheitlich« charakterisierten parlamentarischen Demokratie nach westlichem Verfassungsverständnis. Die hohe Suggestivkraft des Terminus prädestiniert den Begriff zur Dämonisierung des politischen Gegners, aber auch zur Projektion von eigenen Schwächen auf dessen als feindlich erlebtes Gesellschaftssystem. Indem die eigenen, die westlichen Staaten sich immer schon außerhalb des totalitären Geltungsbereichs befinden, wird die gefährliche Nähe zu einem manichäischen Weltbild deutlich. Noch in den achtziger Jahren sprach Ronald Reagan vom »Reich des Bösen«, wenn er die Sowjetunion meinte.

Die ideologischen Instrumentalisierungen

Es darf und soll nicht übersehen werden, daß die klassische Totalitarismustheorie für bestimmte politische Zwecke operationalisiert worden ist. Sie diente: erstens einer *antikommunistischen Funktionalisierung* durch das westliche Bündnissystem, den Staat Bundesrepublik und fast alle im Bundestag vertretenen Parteien. Durch die außerstaatliche Feinderklärung konnte vor allem jeder innenpolitische Ansatz zu einer linken Alternative als »fünfte Kolonne« stigmatisiert werden; zweitens einer *Immunisierung des westlichen Wertesystems* durch das antithetische Klischee: »Totalitäre Staaten« – »Freiheitliche Demokratien«; drittens einer *Neutralisierung und Relativierung der NS-Vergangenheit* durch starke kontinuitätsbewahrende oder -stiftende Kräfte in der Bundesrepublik. Mit dem Verweis auf ein vor und nach dem NS-Staat existierendes totalitäres System glaubte die wirtschaftliche, kulturelle und bildungsbürgerliche Elite ihre Involviertheit in das verbrecherische System von 1933-45 kaschieren zu können. Dadurch gelang es ihr besser, sich ein legitimatorisches Mäntelchen zu verschaffen und zu einem erheblichen Teil ihre alten Positionen wieder einzunehmen. Viertens diente die Totalitarismustheorie als *Quasi-Welt-*

anschauung. Der antitotalitäre Reflex, mit dem zwei Jahrzehnte lang nahezu jeder oppositionelle Ansatz ausgegrenzt wurde, lautete »links gleich rechts«. Die Totalitarismustheorie war in ihrer vulgarisierten Form ein »Negativkorrelat abendländischer Wertpositionen«.

Eine begriffsgeschichtliche Skizze

Der Totalitarismusbegriff ist also ein Doppeltes: ein herrschaftstheoretischer Terminus und ein politischer Kampf- und Gegenbegriff. Er ist keineswegs das ideologische Resultat des Kalten Krieges, wenngleich er in dieser Zeit seinen wohl markantesten Stempel erhielt. Es gibt keinen in der Politikwissenschaft als gültig anerkannten idealtypischen Begriff. Die Rede von *der* Totalitarismustheorie ist ein Klischee. Ihre Geschichte läßt sich nicht auf Ideologie reduzieren. Sie ist komplex, vielschichtig, facettenreich und in vieler Hinsicht überraschend kontrovers und selbstkritisch. Die historische Genese des Terminus zeigt deutlich, daß seine Semantik in einem erheblichen Maße von der jeweiligen politischen Situation beeinflußt worden ist. Nur um besonders charakteristische Wendungen, Weichenstellungen und Veränderungen zu markieren, seien hier einige Phasen nachgezeichnet. Ich stütze mich dabei im wesentlichen auf Martin Jänickes Habilitationsschrift zur Totalitarismustheorie,[6] die im deutschen Sprachraum nach wie vor die gründlichste Begriffsanalyse enthält.
– Erstmals wird der Begriff von den italienischen Liberalen Giovanni Amendola und Piero Gobetti im Jahre 1923 benutzt, um die im Vorjahr mit dem Marsch auf Rom erfolgte Machtergreifung der Faschisten als »totalitär« zu kennzeichnen.
– Von Mussolini wird 1925 der Begriff des »stato totalitario« aufgegriffen, um mit der Machtvollkommenheit des faschistischen Staates zu prahlen. Seine in einer Rede gebrauchte Formel lautet: »Alles im Staate, nichts außerhalb des Staates, nichts gegen den Staat«. Sie ist weniger Kennzeichnung einer neuen Staatsform als politische Rhetorik.

6 Martin Jänicke, *Totalitäre Herrschaft. Anatomie eines politischen Begriffes,* West-Berlin 1971.

– Im angelsächsischen Sprachraum taucht der Ausdruck »totalitarian« erstmals 1928 in einem Aufsatz des italienischen Philosophen
Giovanni Gentile, des bekannten Hegel-Spezialisten, der auch Minister Mussolinis war, in der renommierten Zeitschrift *Foreign
Affairs* zur Charakterisierung des faschistischen Regimes auf.[7] Bereits wenige Monate darauf ist dann in der englischen Zeitschrift
Contemporary Review vom italienischen Faschismus als einem
»totalitarian regime« die Rede.[8]
– Am Ende der Weimarer Republik übernimmt die deutsche Staatslehre den Begriff des »totalen Staates«, gebraucht ihn jedoch in
ganz spezifischer Weise. Zunächst verwendet ihn Carl Schmitt
1931[9] im Sinne eines uneingeschränkten Zuständigkeitsstaates, der
als bloßer Versorgungsstaat seine Herrschaftsbefugnis quantitativ
ausdehnt, jedoch keine qualitative Stärkung der Macht und Festi-
gung seiner Autorität anstrebt. Er wird paradoxerweise als totaler
Staat aus Schwäche gesehen. Erst 1933 spricht Ernst Forsthoff vom
»autoritären totalen Staat«.[10] NS-Ideologen wie Alfred Rosenberg
distanzieren sich jedoch schon bald von dem Begriff, weil er ihrer
Ansicht von der Vorherrschaft der nationalsozialistischen Bewegung gegenüber dem Staat widerspricht.
– Von deutschen Emigranten wird dann ab 1934 der Begriff des
»totalitarian state« in den USA gebraucht, um den nationalsozialistischen Staat unter Verwendung des Totalstaatsbegriffs aus der rechts-
konservativen deutschen Staatslehre zu kritisieren.[11]
– Erst ab 1936 findet der Begriff »totalitär« eine Verwendung im
Sinne der späteren Totalitarismustheorie. Er subsumiert gleichermaßen Merkmalseinheiten des italienischen Faschismus, des deutschen Nationalsozialismus und des Sowjetkommunismus. Zugleich

7 Giovanni Gentile, »The Philosophic Basis of Fascism«, in: *Foreign Affairs* Bd.
   VI, Nr. 2, Januar 1928, S. 299.
8 *Contemporary Review,* April 1928, S. 453.
9 Carl Schmitt, »Die Wendung zum totalen Staat«, in: ders., *Positionen und
   Begriffe im Kampf mit Weimar-Genf-Versailles 1923-1939,* Hamburg 1940,
   S. 186.
10 Ernst Forsthoff, *Der totale Staat,* Hamburg 1933, S. 10.
11 Paul Tillich, »The Totalitarian State and the Claims of the Church«, in: *Social
   Research,* Bd. I, 1934, Nr. 4, S. 405-433; Herbert Marcuse, »Der Kampf gegen
   den Liberalismus in der totalitären Staatsauffassung«, in: *Zeitschrift für Sozialforschung,* Bd. III, 1934, Nr. 2, S. 161-195.

erhält er immer mehr Konturen im Sinne eines unkontrollierbaren Terror-Regimes. Ausschlaggebend für die Identifizierung unterschiedlicher politischer Systeme und die Zuspitzung des Terminus dürfte die zeitliche Koinzidenz der Annexion Abessiniens durch das faschistische Italien, der Rheinland-Besetzung der Nazis, des Ausbruchs des Spanischen Bürgerkrieges und der Moskauer Prozesse sein. 1937 veranstalten die Herausgeber der amerikanischen Zeitschrift *Social Research* eine Konferenz über Probleme intellektueller Freiheit,[12] die sich auf die europäischen Diktaturen bezieht und in deren Zusammenhang der Begriff totalitärer Herrschaft gebraucht wird.

– Unter dem Eindruck des 1939 abgeschlossenen Hitler-Stalin-Paktes findet in den USA die erste wissenschaftliche Konferenz – das »Symposium on the Totalitarian State. From the Standpoints of History, Political Science, Economics and Sociology«[13] – statt, die sich explizit mit der Totalitarismustheorie befaßt. Die polare Verwendung des Totalitarismusbegriffs tritt am deutlichsten bei Franz Borkenau in dessen 1940 erschienenen Schrift »The Totalitarian Enemy«[14] hervor. Für den ehemaligen Mitarbeiter des Frankfurter Instituts für Sozialforschung, den früheren Spanienkämpfer und Ex-Kommunisten sind Kommunismus und Faschismus wesensgleiche Erscheinungen. Den liberalen Staaten werden die totalitären Großmächte Deutschland und Sowjetunion gegenübergestellt.

– Eine rapide Unterbrechung erfährt die »Karriere« der Totalitarismustheorie 1941 nach dem Überfall der Deutschen Wehrmacht auf die Sowjetunion, der Japaner auf Pearl Harbour und den dadurch ausgelösten Kriegseintritt der Vereinigten Staaten. Angesichts der militärischen Allianz zwischen den USA, der UdSSR und Großbritannien verschwindet der Totalitarismusbegriff von 1942 bis 1945 in der Versenkung.

12 Das Protokoll ist abgedruckt in: *Social Research,* Bd. IV, Nr. 3, September 1937; zu den Teilnehmern zählen Max Ascoli, Arnold Brecht, Arthur Feiler, Eduard Heimann, Sidney Hook, Harold D. Lasswell, Emil Lederer, Max Lerner, Thomas Mann, Hans Speier, Paul Tillich u.a.
13 Das Protokoll ist abgedruckt in: *Proceedings of the American Philosophical Society,* Bd. 82, Nr. 1, Philadelphia 1940; der wichtigste Beitrag ist darin das Referat von Hans Kohn, das sich unter der Überschrift »The Totalitarian Philosophy of War« ausschließlich mit dem Nationalsozialismus befaßt.
14 Franz Borkenau, *The Totalitarian Enemy,* London 1940.

– Erst nach den Konferenzen von Jalta und Potsdam und der darauffolgenden Aufkündigung des Bündnisses erlebt er ab 1946 im Zuge des ausbrechenden Kalten Krieges eine Renaissance, deren Hochzeit bis 1956 anhält. Von herausragender Bedeutung ist dabei, daß die kaum vorstellbare Vernichtungsdimension der NS-Lager wahrgenommen, analysiert und in die Totalitarismustheorie eingearbeitet werden kann. In dem 1951 erschienenen Standardwerk Hannah Arendts über »Elemente und Ursprünge totaler Herrschaft« wird der Terror zum konstitutiven Merkmal des Totalitarismus.[15] Das empirische Material ist hauptsächlich dem NS-System abgewonnen. Die Rolle der stalinistischen Lager bleibt weitgehend unterbelichtet. Zufällig an Stalins Todestag am 5. März 1953 beginnt in Boston die maßgebliche Konferenz »Totalitarianism«[16], an der auch der Diplomat und Historiker George F. Kennan teilnimmt, der 1947 mit einem unter Pseudonym gezeichneten Artikel in *Foreign Affairs* die »Containment«-Politik gegenüber den Ostblock-Staaten begründete. Den zentralen Beitrag hält Carl J. Friedrich, der hier erstmals seinen Fünf-, später Sechs-Punkte-Katalog zur Totalitarismus-Definition vorstellt.[17] 1956 erscheint dann Friedrichs mit Zbigniew K. Brzezinski gemeinsam verfaßtes Werk »Totalitäre Diktatur«[18], das zum idealtypischen Modell der Totalitarismustheorie wird.

– Im Anschluß an den XX. Parteitag der KPdSU, den polnischen Reformkommunismus, den Volksaufstand in Ungarn und die Politik der friedlichen Koexistenz in den Jahren darauf treten Zweifel an der Haltbarkeit einer extremen Totalitarismus-Deutung

15 Hannah Arendt, *Elemente und Ursprünge totaler Herrschaft*, Frankfurt am Main 1955; darin insbesondere das Kapitel »Ideologie und Terror: Eine neue Staatsform«, S. 672-699.
16 Carl J. Friedrich (Hg.), *Totalitarianism. Proceedings of a Conference held at the American Academy of Arts and Sciences, March 1953*, Cambridge, Mass. 1954; zu den Teilnehmern zählten u.a.: Hannah Arendt, Karl W. Deutsch, Erik H. Eriksen, Merle Fainsod, Else Frenkel-Brunswik, Carl J. Friedrich, Waldemar Gurian, Alex Inkeles, Marie Jahoda, Harold D. Lasswell, Leo Löwenthal, Peter Nettl, Sigmund Neumann, David Riesman, Adam Ulam und Bertram D. Wolfe.
17 Carl J. Friedrich, »Der einzigartige Charakter der totalitären Gesellschaft«, in: Bruno Seidel / Siegfried Jenkner (Hg.), *Wege der Totalitarismus-Forschung*, Darmstadt 1974, S. 179-196.
18 Carl J. Friedrich / Zbigniew K. Brzezinski, *Totalitäre Diktatur*, Stuttgart 1957.

auf und schlagen sich in einer Fülle kritischer Arbeiten nieder. Insbesondere an der »Freien Universität« in West-Berlin werden die erkenntnistheoretischen Prämissen der Totalitarismustheorie einer Überprüfung unterzogen.[19] Soziologen und Politikwissenschaftler wie Hans-Joachim Lieber, Otto Stammer, Richard Löwenthal und insbesondere Christian Peter Ludz gehen sehr viel behutsamer mit der klassischen Totalitarismustheorie um, grenzen ihren Geltungsbereich stärker ein und streben eine empirische Überprüfung maßgeblicher Elemente an. Diese selbstkritische Phase, die bis zur grundlegenden Infragestellung der identifizierenden Totalitarismustheorie reicht, läuft etwa parallel zur Ära Chruschtschow in der Sowjetunion, genauer von 1956 bis 1964.

In der Geschichte der Totalitarismustheorie ist der Anteil von Renegaten, von deutschen, polnischen und russischen Emigranten besonders auffällig. Es kann kein Zweifel bestehen, daß die Totalitarismustheorie in erheblichen Zügen den Versuch darstellt, eine doppelte Niederlage zu verarbeiten – gegenüber dem Nationalsozialismus und gegenüber dem Stalinismus. Das Erschrecken darüber, daß sich im Kampf mit den Nazis die Sowjetunion und die kommunistischen Parteien selbst als gefährliche Gegner entpuppen konnten, verleiht einer Reihe von Texten eine geradezu existentielle Signatur. Sicher ist es auch kein Zufall, daß sich nach dem Höhepunkt des Kalten Krieges besonders in West-Berlin Ex-Kommunisten und antistalinistische Linke darum bemühen, die Totalitarismustheorie so zu modifizieren, daß sie nicht mehr antikommunistisch zu instrumentalisieren ist.

Es lassen sich drei Gruppen von Theoretikern des Totalitarismusphänomens unterscheiden:

---

19 Insbesondere Martin Drath, »Totalitarismus in der Volksdemokratie«, Einleitung zu Ernst Richert, *Macht ohne Mandat,* Köln / Opladen 1958, S. IX-XXXIV; darin wird das für die weiteren Debatten folgenreiche »Primärphänomen des Totalitarismus« herausgearbeitet, das totalitäre Ziel, ein neuartiges gesellschaftliches Wertesystem durchzusetzen, das bis in die Metaphysik hineinreichen soll.

70

a) Theoretiker bzw. Ideologen des totalen Staates
Hans Barth, Über den totalen Staat und seine ideologischen Vor-
aussetzungen; *Ernst Forsthoff,* Der totale Staat; *Gerhard Leibholz,*
Das Phänomen des totalen Staates; *Ernst Jünger,* Die totale Mobil-
machung; *Sergio Panunzio,* Teorìa generale dello Stato fascista;
Hermann Rauschning, Die Revolution des Nihilismus; *Carl Schmitt,*
Totaler Feind, totaler Krieg, totaler Staat; *Erich Voegelin,* Der
autoritäre Staat.

b) Theoretiker der klassischen Totalitarismuskonzeption
Hannah Arendt, Elemente und Ursprünge totalitärer Herrschaft;
Raymond Aron, Opium für Intellektuelle; *Franz Borkenau,* The
Totalitarian Enemy; *Zbigniew K. Brzezinski,* Die permanente Säu-
berung; *James Burnham,* Das Regime der Manager; *Norman Cohn,*
Das Ringen um das Tausendjährige Reich; *William Ebenstein,* The
Nazi State; *Ernst Fraenkel,* Der Doppelstaat; *Carl J. Friedrich,*
Totalitäre Diktatur; *Waldemar Gurian,* Der Bolschewismus; *Arkadij
R.L. Gurland,* Marxismus und Diktatur; *Rudolf Hilferding,* The
Modern Totalitarian State; *Hans Kohn,* Communist and Fascist
Dictatorship; *Emil Lederer,* State of the Masses; *Bronislaw Mali-
nowski,* Freedom and Civilization; *Herbert Marcuse,* Der Kampf
gegen den Liberalismus in der totalitären Staatsauffassung; *Ludwig
von Mises,* Omnipotent Government; *Jules Monnerot,* Soziologie
des Kommunismus; *Barrington Moore,* Soziale Ursprünge von
Diktatur und Demokratie; *Franz L. Neumann,* Behemoth; *Sigmund
Neumann,* Permanent Revolution; *Karl R. Popper,* Die offene Gesellschaft und ihre Feinde; *Arnold Reifer,* Design for Terror; *Paul
Sering* (d.i. Richard Löwenthal), Jenseits des Kapitalismus; *Pitirim
A. Sorokin,* Die Krise unserer Zeit; *Hans Speier,* Social Order and
the Risks of War; *J.L. Talmon,* Die Ursprünge der totalitären
Demokratie; *Karl A. Wittfogel,* Die orientalische Despotie; *Ber-
tram D. Wolfe,* Communist Totalitarianism.

c) Kritiker bzw. gemäßigte Befürworter der Totalitarismustheorie
Karl Dietrich Bracher, Die deutsche Diktatur; *Martin Drath,*
Totalitarismus in der Volksdemokratie; *Martin Greiffenhagen,*
Totalitarismus rechts und links; *Herbert Jäger,* Verbrechen unter

71

totalitärer Herrschaft; *Martin Jänicke,* Totalitäre Herrschaft; *Max Gustav Lange,* Totalitäre Erziehung; *Hans-Joachim Lieber,* Totalitarismus: Aspekte eines Begriffs; *Robert Jay Lifton,* Thought Reform and the Psychology of Totalism: A Study of Brainwashing in China; *Christian Peter Ludz,* Entwurf einer soziologischen Theorie totalitär verfaßter Gesellschaften; *Karl J. Newman,* Zerstörung und Selbstzerstörung der Demokratie; *Gert Schäfer,* Demokratie und Totalitarismus; *Otto Stammer,* Demokratie und Diktatur; *Robert C. Tucker,* On Revolutionary Mass-Movement Regimes.

Die Renegaten-Literatur

Die Figur des Renegaten wird während des Spanischen Bürgerkrieges geboren. Prototypisch dafür sind Erfahrungen, wie sie George Orwell in seinem Band »Mein Katalonien« geschildert hat. Er schließt sich der trotzkistischen POUM an, um auf seiten der Republikaner gegen Francos Truppen zu kämpfen. Zu seiner Überraschung stellt er fest, daß es neben der militärischen Front noch eine zweite innerhalb der Internationalen Brigaden gibt. Bereits nach den ersten Waffenlieferungen aus der Sowjetunion greift die »Säuberungswelle« von Moskau aus auf Spanien über. Anarchisten, Syndikalisten, Trotzkisten und Rätekommunisten werden als Feinde des Sowjetkommunismus stigmatisiert und verfolgt. Die *Prawda* schreibt am 17. Dezember 1936, daß die »Säuberungen« unter den Spanienkämpfern mit der gleichen Energie durchgeführt werden müßten, wie sie schon im eigenen Land vollzogen worden seien. Die von der Kommunistischen Partei Spaniens abgespaltene POUM wird als ein Organ der Gestapo bezeichnet. Während es Orwell nach dramatischen Verfolgungssituationen in Barcelona gerade noch gelingt, die iberische Halbinsel zu verlassen, wird der POUM-Vorsitzende Andres Nin in einem GPU-Gefängnis gefoltert und umgebracht. Wenn auch die später von dem sowjetischen Historiker Roy Medwedew geäußerte Vermutung, daß Stalin mehr Spanienkämpfer habe erschießen lassen, als durch die Kugeln der Faschisten in Spanien gefallen seien, als übertrieben gelten muß, so hat sich doch diese Erfahrung mit Nachdruck ins Gedächtnis der überlebenden Nicht-Stalinisten eingeprägt. Es entsteht, wie Michael Rohrwasser in einer bemerkenswerten Studie nachgezeichnet hat,[20] der Renegat als ein neuartiger Typus des politischen Schriftstellers. Als bekannteste Namen sind hier zu nennen: Franz Borkenau, El Campesino (d.i. Valentin Gonzalez), Julian Gorkin, Alfred Kantorowicz, Arthur Koestler, André Malraux, Gustav Regler und Stephen Spender. Sie erheben mit ihren autobiographischen Zeugnissen Einspruch gegen die Bedingungslosigkeit der prokommunistischen Einstellung, die Franz Dahlem 1938 in die bezeichnenden Worte gefaßt hat: »Wer gegen die Sowjetunion ist, hilft dem Faschismus.« Sie weigern sich, die »Falle des Entweder-Oder« (M. Rohrwasser) zu akzeptieren. Und sie werfen die Frage auf, die Victor Serge bereits 1936 in einem Brief an André Gide gerichtet hat: »Wir bekämpfen den Faschismus. Wie aber können wir ihm mit so vielen Konzentrationslagern im Rücken den Weg verstellen?«

Wie aus ins Kollektiv eingebundenen kommunistischen Antifaschisten isolierte, eingeschüchterte und verängstigte Antistalinisten bzw. Antikommunisten werden, das ist eines der signifikantesten Dramen dieses Jahrhunderts. Das Totalitarismus-Thema gewinnt hier physiognomische Züge. Zu den analytischen Mustern der Totalitarismustheorie treten Gesichter hinzu. In gewisser Weise stellt die Renegatenliteratur eine Embryonalform der Totalitarismustheorie dar. Die Schwierigkeit, objektivierbare Informationen über die Repressionen in der Sowjetunion zu erhalten, kann jedoch auch nicht annähernd durch die Erfahrungsberichte von Ex-Kommunisten kompensiert werden. Die Darstellungen sind in der Regel nicht verallgemeinerungsfähig, bilden fast immer nur einen winzigen Ausschnitt ab und können deshalb in keine objektivierbare Bewertung des stalinistischen Systems einfließen. Zudem werden alle prominenten Zeugnisse von der Gegenpropaganda in die Zange genommen, ihre Autoren als Agenten denunziert und einer Aura von Verdacht und Verrat ausgesetzt. Was Renegaten wie Koestler, Silone, Sperber und Valtin zu schildern wissen, besitzt deshalb nur eine irritierende Funktion. Das Politische ihrer Erinnerungen wird systematisch privatisiert, abgedrängt, stigmati-

20 Michael Rohrwasser, *Der Stalinismus und die Renegaten. Die Literatur der Ex-Kommunisten*, Stuttgart 1991, S. 70.

siert, relativiert und abgeleugnet. Der Effekt dieser Manipulation ist in der Regel eine Neutralisierung des politischen Erfahrungsgehalts. Dies ist umso leichter möglich, je eindeutiger der betreffende Renegat bereit ist, sich auf die Seite des einstigen Klassenfeindes zu stellen und sich vielleicht sogar zum antikommunistischen Propagandisten funktionalisieren zu lassen.

Die Produktion und Rezeption der meisten Werke der Renegatenliteratur ist durch den Kalten Krieg bedingt. Ein typisches Beispiel dafür sind »Die Roten Weißbücher«. Die Reihe wird vom US-Hochkommissariat begründet und vermutlich auch zu einem erheblichen Teil finanziert, vom Kölner Verlag Kiepenheuer & Witsch produziert und vom Ostbüro der SPD in der SBZ bzw. DDR vertrieben. Charakteristisch für diese Reihe sind Autoren wie Margarete Buber-Neumann, El Campesino, Wolfgang Leonhard, Carola Stern, Leo Trotzki und der berühmte, von Franz Borkenau herausgegebene Sammelband »Ein Gott der keiner war«, den Kantorowicz später einmal als »das antikommunistische Manifest« bezeichnet.[21] Da die zwar zündend geschriebenen Konversionserfahrungen in einem durch Denunziation und Propaganda beiderseits vergifteten Klima verbreitet werden, verpufft ihre aufklärende Wirkung. Bei den politischen Aktivisten seitens der Linken fallen diese Darstellungen zudem in ein theoretisches Vakuum, das es ihnen verunmöglicht, die irritierenden Berichte in einem Zusammenhang zu reflektieren, in dem die Sowjetunion, die DDR und die Kommunistischen Parteien etwas anderes als idealisierte antifaschistische Bastionen sind.

Um einen Eindruck zu vermitteln, wie breit, vielschichtig und facettenreich auch die *Literatur der Renegaten* ist, führe ich einige ihrer wichtigsten Autoren auf:
Franz Borkenau, Der europäische Kommunismus; *Heinz Brandt*, Ein Traum, der nicht entführbar ist; *Wanda Bronska-Pampuch*, Ohne Maß und ohne Ende; *Margarete Buber-Neumann*, Als Gefangene bei Stalin und Hitler; *El Campesino*, Die große Illusion;

---

21 Vgl. dazu die Studie von Hermann Kuhn, *Bruch mit dem Kommunismus. Über autobiographische Schriften von Ex-Kommunisten im geteilten Deutschland*, Münster 1990.

Milovan Djilas, Die neue Klasse; *Howard Fast,* The Naked God – The Writer and the Communist Party; *Ruth Fischer,* Stalin und der deutsche Kommunismus; *Ralph Giordano,* Die Partei hat immer recht; *Georg K. Glaser,* Geheimnis und Gewalt; *Julius Hay,* Geboren 1900. Aufzeichnungen eines Revolutionärs; *Alfred Kantorowicz,* Deutsches Tagebuch; *Arthur Koestler,* Sonnenfinsternis; *Leszek Kołakowski,* Der Mensch ohne Alternative; *Victor Krawtschenko,* Ich wählte die Freiheit; *Susanne Leonhard,* Gestohlenes Leben; *Wolfgang Leonhard,* Die Revolution entläßt ihre Kinder; *Doris Lessing,* Das goldene Notizbuch; *Erich Loest,* Durch die Erde ein Riß; *Hede Massing,* Die große Täuschung. Geschichte einer Sowjetagentin; *Ruth von Mayenburg,* Hotel Lux; *Czesław Miłosz,* Verführtes Denken; *George Orwell,* Mein Katalonien; *Theodor Plivier,* Moskau; *Gustav Regler,* Das Ohr des Malchus; *Jürgen Rühle,* Literatur und Revolution. Die Schriftsteller und der Kommunismus; *Hans Sahl,* Das Exil im Exil; *Willi Schlamm,* Diktatur der Lüge. Eine Abrechnung; *Jorge Semprun,* Frederico Sanchez. Eine Autobiographie; *Victor Serge,* Beruf Revolutionär; *Ignazio Silone,* Die Schule der Diktatoren; *Alexander Solschenizyn,* Der Archipel Gulag; *Stephen Spender,* Welt zwischen Welten; *Manès Sperber,* Wie eine Träne im Ozean; *Carola Stern,* Bilanz; *Leopold Trepper,* Die Wahrheit; *Jan Valtin (d.i. Richard Krebs),* Tagebuch der Hölle; *Herbert Wehner,* Zeugnis; *Alexander Weißberg-Cybulski,* Hexensabbat. Rußland im Schmelztiegel der Säuberungen; *Gerhard Zwerenz,* Der Widerspruch.

Viele dieser Autoren sind erstmals in der antikommunistischen Kulturzeitschrift *Der Monat* in Erscheinung getreten. Das 1948 in West-Berlin gegründete, von Melvin J. Lasky herausgegebene und von der CIA finanzierte Blatt[22] erlaubt einen Einblick in die wichtigsten Debatten, die in den ersten Nachkriegsjahren unter den Renegaten geführt wurden. Bereits die erste Ausgabe im Oktober 1948 zeigt, um welche zentralen Problemstellungen es hier geht: um die Analyse des Nationalsozialismus, des Stalinismus, die Rolle

---

22 Zum politischen Hintergrund: Peter Coleman, *The Liberal Conspiracy. The Congress for Cultural Freedom and the Struggle for the Mind of Postwar Europe,* New York 1989; darin wird die Gründung von *Der Monat* (West-Berlin), *Preuves* (Paris), *Encounter* (London), *Forum* (Wien) und einer Reihe

der Intellektuellen und die Frage, welche Rolle die Vereinten Nationen spielen müssen, um das Ausbrechen kriegerischer Konflikte zu verhindern. Bertrand Russell schreibt unter dem Titel »Der Weg zum Weltstaat« genau darüber, Franz Borkenau skizziert die Lage »Nach der Atombombe«, Arnold J. Toynbee fordert die »Bewährung des Westens«, Drew Middleton versucht »Sowjet-Rußland ohne Propaganda« zu zeigen und Jean-Paul Sartre diskutiert »Die Intellektuellen in der Krise der Gegenwart«. Fast will es scheinen, als hätten wir uns mit dem Projekt »1995« 44 Jahre später der Themen des *Monat*, dieses von der CIA »gesponserten« Renegaten-Organs, angenommen.

Die Problematisierung und Tabuisierung der Totalitarismustheorie in den sechziger Jahren

Die Infragestellung der klassischen Totalitarismustheorie schreitet zu Beginn der sechziger Jahre weiter voran. Mehr und mehr setzt sich unter vielen ihrer Befürworter die Einsicht durch, daß wichtige Definitionskriterien zur Analyse des kommunistischen Systems in der nachstalinistischen Zeit nicht mehr taugen. Der Terror als totalitarismustypisches Phänomen hat in der Ära Chruschtschow offensichtlich nicht mehr denselben Stellenwert wie in den dreißiger und vierziger Jahren. Das Erkenntnisinteresse verschiebt sich von der Ausdifferenzierung einer Idealtypologie zu stärker empirisch ausgerichteten und methodologisch abgesicherten Untersuchungen.

Prototypisch für diese Umorientierung ist die wissenschaftliche Entwicklung von Peter Christian Ludz. In einer Festschrift für Otto Stammer rubriziert er 1961 »Offene Fragen in der Totalitarismus-Forschung«.[23] Darin konstatiert er, daß sich das sowjetische System doch wandlungsfähiger als erwartet gezeigt habe, der Terror »entscheidend zurückgegangen« sei und wichtige Werke der Totalitarismustheorie wie die Arbeiten von Arendt und Brzezinski einer Revision unterzogen werden müßten. Er fordert nichts weni-

anderer antikommunistischer Zeitschriften in ihrem organisatorischen Zusammenhang aufgezeigt.
23 Peter Christian Ludz, »Offene Fragen in der Totalitarismus-Forschung«, in: *Politische Vierteljahresschrift*, 2. Jg., Heft 4, 1961, S. 319-384.

ger als eine »Neuformulierung der Theorie des Totalitarismus«. Drei Jahre später legt er den »Entwurf einer soziologischen Theorie totalitär verfaßter Gesellschaft«[24] vor, in der die Kritik an der tradierten Form der Totalitarismustheorie noch einmal verschärft und die These aufgestellt wird, daß »ein bolschewistisches System unter den Bedingungen der Industriegesellschaft ... eher zu einer autoritären als zu einer totalitären Verfassung«[25] tendiere. Ludz skizziert den veränderten Herrschaftscharakter der SED im Zusammenhang mit dem sozialistischen Wandel der DDR-Gesellschaft und kündigt implizit eine methodisch abgesicherte Überprüfung seiner These an diesem Beispiel an. Als Ergebnis legt er 1968 unter dem Titel »Parteienelite im Wandel« eine große »empirisch-systematische Untersuchung« der SED-Führung vor, die er als Form autoritärer Herrschaft charakterisiert.

Parallel zu dieser exemplarischen Soziologisierung der Totalitarismustheorie vollzieht sich ein vorsichtiger, aber folgenreicher Wandel in den Ost-West-Beziehungen im allgemeinen und im deutsch-deutschen Verhältnis im besonderen. Nach dem Bau der Berliner Mauer ist die Empörung in der Bevölkerung groß, doch die Blockkonfrontation verliert in der Folge an Spannung. Unter dem Motto »Wandel durch Annäherung« fordert Egon Bahr 1963 in Tutzing eine Normalisierung der Beziehungen zur DDR, der Rat der EKD verlangt 1965 in einer Denkschrift eine Aussöhnung mit den osteuropäischen Nachbarn und der aus der SPD ausgeschlossene SDS spricht sich explizit für eine Anerkennung der DDR aus. In dieser Zeit werden drei Passierscheinabkommen zwischen der DDR und dem West-Berliner Senat unterzeichnet, die auch von der Bundesregierung befürwortet werden. Erste Umrisse einer Politik werden erkennbar, die die sozialliberale Koalition dann zu Beginn der siebziger Jahre als neue Ostpolitik in die Tat umsetzt.

Mitte der sechziger Jahre emanzipieren sich die SDS-Studenten an der »Freien Universität« in West-Berlin Schritt für Schritt von ihren soziologischen und politologischen Lehrern, den Totalitaris-

---

24 Peter Christian Ludz, »Entwurf einer soziologischen Theorie totalitär verfaßter Gesellschaft«, in: Bruno Seidel / Siegfried Jenkner (Hg.), a.a.O., S. 532-599.
25 A.a.O., S. 549.

mus-Experten Lieber, Stammer und Löwenthal. Sie wenden sich statt dessen neomarxistischen Theoretikern wie Baran, Sweezy und Marcuse oder Klassikern des westlichen Marxismus wie Lukács und Korsch zu, bei denen sie den revolutionären Anspruch aufgehoben und zum Teil aktualisiert sehen. In der Revolte der Jahre 1967/68 vollziehen sie dann einen vollständigen Bruch mit dem Erbe der Totalitarismustheorie.

Ein prinzipieller Vergleich zwischen Faschismus und Stalinismus erscheint ihnen als Sakrileg. Die Totalitarismustheorie wird als ideologischer Ballast aus der Hochphase des Kalten Krieges angesehen, den es abzuwerfen gilt. Die Haltung ist anti-antikommunistisch. Dominant ist eine oppositionelle Einstellung gegenüber jeglicher Form westorientierter Politik. Unter dem Eindruck des Vietnamkrieges werden die USA als imperialistische Großmacht angegriffen und die Bundesrepublik als ihre loyalste europäische Gefolgsmacht. Eine kritische Einstellung gegenüber der Sowjetunion und der DDR tritt dagegen völlig in den Hintergrund. China und Kuba geraten zu Objekten einer unmittelbaren politischen Identifikation und werden in einer geradezu emphatischen Weise idealisiert.

Obwohl im Falle der gewaltsamen Beendigung des Prager Frühlings von einigen Gruppen und Fraktionen auch offene Kritik am Verhalten der Sowjetunion geübt wird, geraten die als »real existierend« qualifizierten sozialistischen Staaten aus dem analytischen Blickfeld. Oktoberrevolution, Bolschewismus und Sowjetkommunismus gelten als traditionssetzend. Wenn es überhaupt noch Kritik an den Staaten dieses Machtbereichs gibt, dann setzt sie zumeist immanent ein, weil sie glaubt, von denselben Voraussetzungen ausgehen zu können – der Idee der proletarischen Revolution.

An die Stelle der Totalitarismustheorie tritt eine Faschismustheorie, die einer Reduktion auf ökonomische und soziale Faktoren Vorschub leistet, die Spezifika des Nationalsozialismus einebnet und der Vernichtung der europäischen Juden keinen ausschlaggebenden Stellenwert beimißt. Da nach orthodox marxistischer Lehre nur der Kapitalismus den Faschismus hervorbringen kann, wird der Kommunismus als Gefahrenpotential ausgeblendet oder – wie

78

insbesondere unter trotzkistischen Vorzeichen üblich – bürokratie-theoretisch verharmlost. Wie ein zeitgemäßer Nachruf auf die Totalitarismustheorie liest sich der 1972 erscheinende Sammelband »Totalitarismus. Zur Problematik eines politischen Begriffs«.[26]

Theoretiker, deren Werk unter Totalitarismuskritik und Pluralismus rubriziert wird, spielen so gut wie keine Rolle mehr. Hannah Arendt, Franz Borkenau, Ernst Fraenkel und Sigmund Neumann etwa kommen in der Rezeption der 68er-Generation nicht vor. Selbst ein Mann wie Franz Neumann, der mit dem »Behemoth« eine der fundiertesten marxistischen Analysen des NS-Staats vorgelegt hat, wird verspätet und eher am Rande wahrgenommen.

Am stärksten drückt sich die Kehrtwendung in der Formierung leninistischer, stalinistischer und maoistischer Organisationen im Zuge der auseinanderfallenden Studentenbewegung aus. Die sich zumeist als »Vorhut des Proletariats« gerierenden Miniparteien scheuen sich nicht, mit den totalitären Konzepten und ihren Symbolen zu kokettieren. Gegen jede politische Erfahrung immunisiert, lassen sie die historisch falsifizierten Projekte als Mythen wieder aufleben.

Erst Mitte der siebziger Jahre, als diese Gruppen ihren Höhepunkt bereits überschritten haben, setzt eine Lektüre der als antikommunistisch stigmatisierten Renegaten-Literatur ein. In dem zumeist auch persönlich als krisenhaft erlebten Zerfallsprozeß der ML-Organisationen spielen Autoren wie Koestler, Sperber und Silone eine gewisse Rolle. Da diese Lektüre auf den Privatbereich beschränkt ist, bleibt sie aber politisch völlig folgenlos.

Trotz des Vordringens marxistisch orientierter Wissenschaftler an den Universitäten, die das einseitige Koordinatensystem, in dem die Faschismustheorie den Platz der Totalitarismustheorie eingenommen hat, unter den politisierten Studenten verbreiten, darf jedoch nicht übersehen werden, daß der mainstream in der Politologie und Soziologie kaum modifiziert am klassischen Totalitarismus-Verständnis und dessen Weltbild festhält.

---

26 Martin Greiffenhagen / Reinhard Kühnl / Johann Baptist Müller, *Totalitarismus. Zur Problematik eines politischen Begriffs*, München 1972.

Totalitarismusgeschichte

Im Schatten der in der Bundesrepublik in Frage gestellten Totalitarismustheorie hat sich der Aufstieg einer eigenen, von ihr herrührenden Disziplin vollzogen: der Totalitarismusgeschichte. Dies ist insbesondere das Resultat der Forschungsarbeiten von Ernst Nolte. Nachdem es vor zwanzig Jahren nur noch wenige, wenngleich prominente Politikwissenschaftler gab, die an der Totalitarismustheorie in der einen oder anderen Form festzuhalten bereit waren, arbeitete er sich nach der Fertigstellung des auch von der Linken ausführlich und zumeist zustimmend rezipierten Standardwerkes »Der Faschismus in seiner Epoche« (1963), mit den »Theorien über den Faschismus« (1967) und dem Band über »Die Krise des liberalen Systems und die faschistischen Bewegungen« (1968) über eine Auseinandersetzung mit der Phase des Ost-West-Konflikts – Zwischenresultate waren »Deutschland und der Kalte Krieg« (1974) und die in der ideologischen Generalisierung und Rangordnung bereits typische Aufsatzsammlung »Marxismus, Faschismus, Kalter Krieg« – immer mehr in eine vergleichende Darstellung und Interpretation der beiden Herrschaftsphänomene ein. Wichtigstes Resultat seiner Bemühungen, der Totalitarismustheorie »eine historisch-genetische Dimension« geben zu wollen, die bislang nicht ausreichend entwickelt worden sei oder vollständig gefehlt habe, ist das 1987 erschienene Schlüsselwerk »Der europäische Bürgerkrieg 1917-1945. Nationalsozialismus und Bolschewismus«. Der Titel ist übrigens auf Druck des Propyläen Verlages zustande gekommen; ursprünglich hätte das Buch »Schreckbild und Vorbild. Der Nationalsozialismus und die Sowjetunion« heißen sollen. Von der These ausgehend, daß es sich bei den Ereignissen zwischen 1917 und 1945 um einen europäischen Bürgerkrieg handle, der zwischen »Bolschewismus und Faschismus« ausgetragen worden sei und schließlich in einen Staatenkrieg einmündete, denkt er die beiden Antagonisten in ein und demselben historischen Kraftfeld. Seine Begriffspaare für die Wechselbeziehungen zwischen den beiden Regimen lauten: »Herausforderung und Antwort«, »Ursprung und Kopie«, »Entsprechung und Überentsprechung« sowie »Schreckbild und Vorbild«. Sein Ziel besteht darin, den »Bolschewismus«

als den ursprünglich Schuldigen für die politischen Massenverbrechen hinzustellen und den »Faschismus« nur als die reaktive
Kraft, als den defensiven Gegner, der sich erst im Abwehrkampf
die Hände schmutzig gemacht habe. Indem so die Priorität in der
Täterschaft definiert wird, verschiebt sich die gesamte Sichtweise
für den Nationalsozialismus. Er wird in einen Rahmen gestellt, in
dem der »Marxismus« als ideologisches System die Welt erobern
will. Dadurch erscheint selbst Auschwitz als Element eines anti-
marxistischen Abwehrkampfes. Offenbar kannte Nolte, der sich
ansonsten nicht zu schade ist, noch die entlegensten und abstruse-
sten Belege anzuführen, um seine Sicht zu untermauern,[27] nicht
den Text zweier wegen ihrer antistalinistischen Haltung oft ge-
rühmter Philosophen, die bereits 1950 einen wichtigen Teil seiner
Argumentation vorwegnahmen.[28] Durch diese revisionistische
Geschichtsdeutung ist, aus Noltes publizistischer Perspektive sicher unabsichtlich, aus der Intention seines Werkes jedoch alles
andere als zufällig 1986 der Historikerstreit ausgelöst worden. Als
Vorgriff auf das erst im Jahr darauf erscheinende Buch wollte er im

27 So zitiert er z.B. mehrmals aus Alfons Paquets 1919 unter dem Titel »Im
kommunistischen Rußland« erschienenen Moskauer Briefen, um aus dessen
Redeweise vom »revolutionären Totalismus Lenins« (nicht Totalitarismus!) auf
den spezifischen Herrschaftscharakter der Oktoberrevolution und ihren vermeintlichen, bereits lange vor der NS-Bewegung existierenden totalitären Charakter verweisen zu können.

28 »Bevor es die Gaskammern gab,« heißt es in einem Heft von *Les Temps
Modernes*, »waren die deutschen Lager eine Kopie der russischen Lager und ihre
Losungen eine Kopie der sozialistischen Lager, so wie die Partei im faschistischen Sinn nach der Partei im bolschewistischen Sinn kopiert worden ist und
der Faschismus vom Bolschewismus die Idee der Propaganda übernommen hat.
Der Faschismus ist die Angst vor dem Bolschewismus, dessen äußere Form er
übernimmt, um seinen Inhalt um so sicherer zerstören zu können: die interna-
tionalistische und proletarische Stimmung.« Der Text, der den Titel »Die Tage
unseres Lebens« trägt und sich gegen eine Kampagne richtet, mit der der
Trotzkist David Rousset die Überlebenden der deutschen Konzentrationslager
aufruft, sich für die Freilassung der Häftlinge aus den sowjetischen Lagern
einzusetzen, ist von Maurice Merleau-Ponty verfaßt und von ihm gemeinsam
mit Jean-Paul Sartre unterzeichnet worden. (Siehe J.-P. Sartre, *Krieg im Frieden
1*, Reinbek 1982, S. 26) Zur Ehrenrettung der beiden sollte nicht unerwähnt
bleiben, daß sie mit ihrer Argumentation, die eine solch enge Beziehung zwischen den beiden totalitären Systemen unterstreicht, gerade die Differenzen
und die kategoriale Unmöglichkeit der Identifizierung des einen mit dem
anderen herausarbeiten wollen.

Rahmen der Frankfurter »Römerberggespräche« eine Rede über »Die Vergangenheit, die nicht vergehen will« halten. Nachdem die Veranstalter es abgelehnt hatten, eine Plattform für seine These abzugeben, Hitler und die Nazis hätten sich als potentielle oder wirkliche Opfer einer »asiatischen Tat« gesehen, veröffentlichte Nolte seine abwegigen Ansichten dann bekanntlich in der *FAZ*.[29] Erst durch eine Lektüre seines Buches wird deutlich, warum seine Prioritätenordnung der totalitären Systeme, die seit langem vorhandene, tiefsitzende und immer noch wirksame Ideologeme anspricht, so eminent gefährlich ist. Sie ist dort keineswegs hypothetisch formuliert, sondern als das Ergebnis einer differenzierten und materialgesättigten historischen Analyse. Um sie zu entkräften, muß man sich sowohl auf die historischen Details als auch auf den strukturtheoretischen Vergleich der beiden Systeme einlassen. Das aber ist ein anderes, sehr viel anspruchsvolleres Unterfangen. In der Historikerdebatte hat sich meines Wissens keiner der Nolte-Gegner dieser Anstrengung unterzogen und seine Kritik am Stoff entwickelt und ausreichend abgesichert. Zu wenig oder gar nicht wurde erkannt, daß es in diesem Streit zugleich auch immer um eine Auseinandersetzung mit der Totalitarismustheorie ging. Diese Verkürzung hat nicht unerheblich dazu beigetragen, den öffentlichen Konflikt als quasi-moralischen Schlagabtausch auszutragen.

Die aktuellen Chancen

– Nach dem Zusammenbruch der Sowjetunion und ihrer Satellitenstaaten bietet sich zum ersten Mal die Möglichkeit, ein empirisch zuverlässigeres Bild vom Funktionieren des kommunistischen Herrschaftsapparates zu gewinnen. Der von Bracher bereits vor drei Jahrzehnten geäußerte Anspruch, daß erst auf dem empirischen Wege einer historisch differenzierten Bestandsaufnahme, insbesondere der Analyse konkreter Erscheinungsformen, Grundelemente einer Theorie totaler Herrschaft gewonnen werden könnten, mit deren Hilfe Aussagen über Bedingungen, Struktur,

29 Ernst Nolte, »Vergangenheit, die nicht vergehen will«, in: *Frankfurter Allgemeine Zeitung* vom 6. Juni 1986.

82

Grenzen und Ambivalenzen des Totalitarismusphänomens zu erzielen sind, wäre jetzt erst zu realisieren. Mit der sukzessiven Öffnung der Archive könnte die theoretische Schlagseite, wie sie z.B. ein so elementares Werk wie Hannah Arendts »Elemente und Ursprünge totalitärer Herrschaft« aufweist, behoben und damit auch die typisierende Stilisierung der Totalitarismustheorie, die eine Voraussetzung für ihre ideologische Funktionalisierung darstellt, überwunden werden.

– Nach dem Ende des Kalten Krieges ist der Kurswert des propagandistischen Totalitarismusbegriffs ins Bodenlose gesunken. Es gibt kaum noch eine Möglichkeit, ihn als antikommunistische Kampfparole zu verwenden. Der Kommunismus sowjetischer Prägung hat sich selbst so sehr desavouiert, daß es keiner Gegenpropaganda mehr bedarf, um seine Ausstrahlung auf soziale und politische Konflikte zu unterbinden.

– Der Einwand, daß mit der Totalitarismustheorie nur Regime kritisiert werden könnten, die terroristischer Natur sind, und dies indirekt zur Selbststilisierung des westlichen Systems und zur Verschleierung seiner eigenen undemokratischen Verhaltensweisen beitrage, ist zu entkräften. Die indirekte Legitimation parlamentarischer Demokratien durch den Totalitarismusbegriff, die Immunisierung ihrer innenpolitischen Kritiker, könnte durch den Verzicht auf eine dichotomisierende Herangehensweise, in der das eigene System durch die Selbstetikettierung »freiheitlich« immer schon aus dem Schneider ist, vermieden werden. Diese Staaten müssen mit den ihnen zweifelsohne innewohnenden totalitären Tendenzen ebenfalls Gegenstand der Untersuchung sein. Einer der Gesellschaftstheoretiker, der neben Carl J. Friedrich[30] und Pitirim A. Sorokin z.B. immer wieder auf der Einbeziehung des westlichen Systems bestand, ist Herbert Marcuse.[31]

---

30 »Der Totalitarismus ist nur Verfallserscheinung oder Perversion der Demokratie.« Carl J. Friedrich, *Demokratie als Herrschafts- und Lebensform*, Heidelberg 1959.

31 Vgl. insbesondere Herbert Marcuse, »Über das Ideologieproblem in der hochentwickelten Industriegesellschaft«, in: Kurt Lenk (Hg.), *Ideologie*, Neuwied / Berlin 1964, S. 334-358; aber auch dessen Hauptwerk *Der eindimensionale Mensch*, Neuwied / Berlin 1967.

Einige unabdingbare Voraussetzungen

Aus den unterschiedlichsten Gründen verbietet es sich, unmittelbar an die klassische Totalitarismustheorie anknüpfen zu wollen. Nicht die Übernahme der Totalitarismustheorie oder die umstandslose Aufnahme einzelner ihrer Elemente steht zur Diskussion, sondern ihre Überprüfung am historischen Material. Um eine solche Arbeit leisten zu können, sind einige Voraussetzungen unbedingt notwendig:

1. *Ein differenziertes Bild der Begriffsgeschichte* und die Referierung des aktuellen Diskussionsstandes; letzteres nach Möglichkeit länderspezifisch für die USA, Frankreich und die Bundesrepublik.
2. Für eine erneute Auseinandersetzung mit der Totalitarismustheorie ist nichts so wichtig wie die sorgfältige *Überprüfung der methodologischen Voraussetzungen* jedes einzelnen Arbeitsschrittes. Dies gebietet vor allem der hohe Grad an Wertgebundenheit, der durch den Gebrauch des Terminus Totalitarismus immer noch signalisiert wird. Das Verhältnis von normativen und deskriptiven Aspekten ist immer wieder neu zu thematisieren. Zu untersuchen ist, ob eine Unterscheidung zwischen statisch-strukturtheoretischen und dynamisch-konflikttheoretischen Aspekten, wie sie von jüngeren Verfechtern der Totalitarismustheorie gefordert wird, möglich ist und als grundlegende Vorentscheidung für eine bestimmte Perspektive, mit der diese Arbeit unternommen werden kann, zu nutzen ist. Um zu vermeiden, daß eine solche Beschäftigung erneut in einen undurchschaubaren Strudel ideologisch besetzter Positionen gerät, ist eine scharfe Trennung zwischen wissenschaftlichen, politischen und moralisch-ethischen Überlegungen notwendig.
3. Es bedarf einer theoretischen *Vorklärung, was das Verhältnis von Totalitarismus und Demokratie anbetrifft.* Wenn es auch evident ist, daß ein Dualismus unhaltbar ist und es letztlich keinen prinzipiellen, sondern nur einen graduellen Unterschied zwischen beiden Herrschaftsformen gibt, so bleiben dabei dennoch eine Reihe von Fragen offen. Klärungsbedürftig ist vor allem, ob demokratietheoretisch abgesicherte Kriterien denkbar sind, mit deren

Hilfe der Punkt zu bestimmen ist, von dem aus eine Herrschaftsform oder -technik als totalitär charakterisiert werden kann.

4. Der Mangel der bisherigen Totalitarismustheorie liegt vor allem
darin, daß sie in erster Linie als eine Theorie politischer Ordnung
ausbuchstabiert worden ist. Nun wäre es aber an der Zeit, *die
Totalitarismustheorie als Gesellschaftstheorie,* wofür es in der bisherigen Literatur natürlich bereits eine Reihe bedenkenswerter
Ansätze gibt, zu reformulieren. Im Zentrum hätte die Frage zu
stehen, was eine totalitär verfaßte Gesellschaft zusammenhält, was
ihren soziopsychischen Kitt ausmacht. Eine revidierte Totalitarismustheorie scheint mir nicht mehr in erster Linie als eine Herrschaftstypologie, sondern vor allem als eine historisch fundierte
Gesellschaftstheorie nötig zu sein. Da es bei diesem Jahrhundert-
phänomen nicht mehr um den klassischen Typus der Diktatur
geht, ist insbesondere die erschreckend hohe Akzeptanz totalitärer
Herrschaft klärungsbedürftig, ihre soziopsychische Verankerung
in den Individuen. Vermittelt über einen dergestalt erneuerten
Begründungszusammenhang müßte dann die Zivilisationstheorie
auch wieder ein größeres Gewicht erhalten. Vielleicht könnte sie in
einem solchen Kontext auch in politischer Hinsicht stärkere Konturen gewinnen. Max Lerner schrieb bereits 1935, daß der Totalitarismus die »Absturzstelle der Zivilisation« sei.

5. Eine solche Arbeit scheint mir nur als *ein empirisch orientiertes,
komparatives und interdisziplinär organisiertes Vorhaben* möglich
zu sein. Den Zirkelschlüssen der idealtypisch orientierten Modell-
annahmen läßt sich letztlich nur in einer solchen Weise entgehen.
Bereits das 1939 veranstaltete »Symposium on the Totalitarian
State« beanspruchte, »Standpoints of History, Political Science,
Economics and Sociology« miteinander zu konfrontieren. Welche
Dimensionen und Disziplinen in einer neuerlichen Beschäftigung
eine Rolle spielen könnten, sei nur kurz rubriziert:

– *Soziologie* / der Klassen / der Eliten / der Parteien / des sozialen
Wandels / Konflikttheorie / Zivilisationstheorie
– *Politikwissenschaft* / Theorie internationaler Beziehungen / Staats-
theorie / Demokratietheorie
– *Geschichte* / Zeitgeschichte / Mentalitätsgeschichte
– *Nationalökonomie*

- *Sozialpsychologie*
- *Kulturethnologie*
- *Theorie der Massenmedien*

Kein Zweifel: Wer sich auf die Totalitarismustheorie einläßt, der begibt sich aufs Glatteis. Dieses heißt jedoch nicht, diesen Schritt tunlichst zu vermeiden, sondern – das etwas alberne Bild sei entschuldigt – Schlittschuhe anzuziehen und sich im Eislaufen zu üben.

Zivilisationsbruch Auschwitz
Singularität versus Universalität
der Judenvernichtung (1995)

Referat auf der von Matthias Heyl und Helmut Schreier organisierten Konferenz »Das Echo des Holocaust. Erkenntnisse und Ansprüche« anläßlich des 50. Jahrestags der Befreiung der Auschwitz-Überlebenden vom 25.-26. Januar 1995 im Hamburger Curio-Haus.

Für einen Historiker, der die Massenvernichtung der Juden zu begreifen sucht, besteht die größte Schwierigkeit in der absoluten Einmaligkeit dieses schrecklichen Geschehens. Es wird niemals nur eine Frage der Zeit und der historischen Perspektive sein. Ich glaube, daß die Menschen auch in tausend Jahren Hitler, Auschwitz, Majdanek und Treblinka kaum besser verstehen werden als unsere Generation. Kann man denn von ihnen einen besseren historischen Überblick erwarten? Für die Nachwelt wird alles vielleicht noch schwerer zu verstehen sein als für uns ... Die bedingungslose Versessenheit des Nazismus, jeden Juden in seinem Herrschaftsbereich auszurotten – ob Mann, Frau oder Kind –, übersteigt das Fassungsvermögen eines Historikers, der sich bemüht, die Beweggründe menschlichen Handelns zu ermitteln und die Interessen hinter diesen Beweggründen aufzuspüren. Wer traut sich zu, die Beweggründe und Interessen zu analysieren, die sich hinter den Ungeheuerlichkeiten von Auschwitz verbergen? Daß ich auch jetzt nicht in der Lage bin, als Historiker objektiv über die jüdische Katastrophe zu schreiben, liegt – dessen bin ich sicher – nicht an meiner persönlichen Betroffenheit. Es liegt weit eher daran, daß wir es hier mit einer ungeheuerlichen, verhängnisvollen und unheimlichen Degeneration des menschlichen Charakters zu tun haben, die der Menschheit immer ein Rätsel bleiben und ihr immer wieder Angst und Schrecken einjagen wird.

Isaac Deutscher, Die jüdische Tragödie und der Historiker

I. Erinnerung und Erkenntnis

1. Grundparadoxien der Auschwitz-Thematisierung

Wer sich mit Auschwitz über einen längeren Zeitraum hinweg befaßt, der hat es mit zwei Grundparadoxien zu tun:

Erstens, je weiter Auschwitz rein zeitlich betrachtet in die Ferne gerückt ist, desto präsenter ist es – und wenn auch nur als Chiffre

– in der Öffentlichkeit geworden. Wir alle sind Zeugen einer medialen Allgegenwärtigkeit eines lange Zeit abgedrängten, weggesperrten, zum Teil auch tabuisierten Topos. Diese eigenartige Paradoxie von Nähe und Ferne scheint jedoch weder eine gegenläufig lineare Gesetzmäßigkeit noch eine dialektische Figur zu sein. Denn, wenn nicht alles täuscht, dann wird diese konträre Entwicklung von Geschichte und öffentlichem Bewußtsein 1995 ihren Höhepunkt erreichen und als paradoxe Figur wieder in sich zusammenstürzen.

Zweitens, je mehr wir über Auschwitz erfahren, je weiter unser Faktenwissen über den Vernichtungszusammenhang wächst, desto unergründlicher, desto unfaßbarer scheint der Holocaust in seiner Tiefendimension zu werden. Man muß ein relativ großes Detailwissen akkumuliert haben, um sich der Vorläufigkeit des Gewußten, des vermutlich nie ganz aufzulösenden Erklärungsdefizits bewußt zu werden. (Ich verzichte in diesem Zusammenhang ausdrücklich auf die Verwendung des Ausdrucks Rätselhaftigkeit, weil dieser im deutschen Sprachraum romantisch konnotiert ist und die Redeweise von einem »Rätsel Auschwitz« Gefahr liefe, einer unfreiwillig ästhetisierenden, ja insgeheim poetisierenden Tendenz anheimzufallen.)

2. Beschädigungen der Überlieferung

Die Überlieferung dessen, was in Auschwitz geschah, ist aus den unterschiedlichsten Gründen beschädigt, entstellt, verzerrt und blockiert.

Es begann damit, daß die sechs großen Vernichtungslager im Schatten des Krieges als »Geheime Kommandosache« in Teilen des eroberten Polens eingerichtet und in Gang gesetzt wurden. Obwohl es den meisten beteiligten Tätern bewußt gewesen sein muß, daß die Verbreitung von Kenntnissen darüber nicht völlig zu verhindern sein würde, so ist doch nahezu alles unternommen worden, um die Spuren der Massenvernichtung zu verwischen. Als die sowjetischen Truppen immer näher kamen, wurden im November 1944 die Krematorien gesprengt, Akten beiseite geschafft und anderes mehr. Daß die SS ihr Ziel nicht erreicht hat, ein Wissen von Auschwitz vollständig zu unterbinden, lag jedoch nicht nur an den gigantischen Ausmaßen von Auschwitz-Birkenau, dem eigentlichen Vernichtungslager, dessen monströse Anlage sich unmöglich noch rasch vor der näher rückenden Front beseitigen ließ, sondern vor allem am Zeugnis, das die Überlebenden abzugeben vermochten: Die 7600 im Lager zurückgelassenen Häftlinge und diejenigen der 58 000, die die Todesmärsche überstanden.

Sicher, jeder Bericht, jede Information ist ein kleiner nachträglicher Sieg über den Vollkommenheitsanspruch im Vernichtungswahn der Nazis. Auch noch das winzigste Zeugnis hat mit dazu beigetragen, die Vollendung der Vernichtung in Bewußtseinslöschung und Amnesie zu verhindern.

Doch die Vermittlung des Geschehenen, die Überlieferung des Unvorstellbaren war von vornherein in einer vielfältigen Weise beschädigt. Das, was dem einzelnen Häftling zuvor als Erfahrung, als Erinnerung, als Wissensform wie selbstverständlich gegeben war, das erschien nun wie das Echo aus einer vergangenen Zeit, als Ansammlung von Hülsen eines Wahrnehmungsvermögens, das außer Kraft gesetzt worden war und nun wie ein faktisch nicht mehr einzulösender Euphemismus wirkte.

Es hat sicherlich ganz verschiedene Gründe, warum ein Wissen um Auschwitz so lange gebraucht hat, um im öffentlichen Bewußtsein den Platz zu erlangen, den es heute einnimmt. Doch ganz bestimmt ist dieser unter allen in Frage kommenden Faktoren einer der bedeutsamsten: Die Erfahrungsfähigkeit der Überlebenden wurde bis auf ihr Innerstes beschädigt, wenn nicht gar zerstört. Dafür stehen die Äußerungen von Jean Améry, Primo Levi, Elie Wiesel und anderen Überlebenden. Das aber, die Beschädigung bzw. Zerstörung von Erfahrung, tangiert jede Form der Überlieferung und damit auch das, was mit dem ebenso schwerfälligen wie inadäquaten deutschen Ausdruck als wissenschaftliche Verarbeitung bezeichnet wird.

Zu dieser Erfahrungsblockade der unmittelbaren Opfer kam bei den jüdischen Wissenschaftlern, die sich durch Emigration retten konnten und von denen die Hauptanstöße zur Erforschung des Holocaust ausgingen, eine Traumatisierung der Theoretiker hinzu. Leo Löwenthal, der mit »Individuum und Terror« bereits 1945 eine der wichtigsten Abhandlungen über den Lagerterror vorgelegt hat,[1] schilderte in den letzten Jahren vor seinem Tod wiederholt, daß er häufig von dem Alptraum gequält worden sei, er befände sich zusammen mit anderen Deportierten in einem Güterwagen, der in Richtung Auschwitz führe.[2] Und Theodor W. Adorno beschreibt in einem Schlüsselabschnitt seiner »Negativen Dialektik«, wie ein Überlebender, vermutlich er selbst, von dem Alptraum heimgesucht wird, er sei 1944 vergast worden, führe seine Existenz seitdem lediglich in der Einbildung und glaube, bei seinen Werken handle es sich um Emanationen eines bereits vor zwanzig Jahren Umgebrachten.[3] Diese Selbstqual, für die Psychoanalytiker den Begriff der Überlebensschuld gefunden haben, wirft ein Licht auf die traumatische Grundierung bei den wichtigsten Gesellschaftstheoretikern, Historikern und Psychologen, die sich der existentiellen Herausforderung, Auschwitz zu thematisieren, gestellt haben.

Ein anderes kommt bei der Schwierigkeit der Überlieferung noch hinzu: die jahrzehntelange Sperrung des öffentlichen Bewußtseins, sich dem Faktum der Judenvernichtung vorbehaltlos zu stellen. Was Stephan Hermlin bereits unmittelbar nach Kriegsende in Frankfurt beobachtet hat, nämlich wie Deutsche, die sich KZ-Dokumentarfilme ansehen mußten, bevor sie ihre Lebensmittelkarten erhielten, vom Anfang bis zum Ende der Vorstellung ihr Gesicht abwandten,[4] dies – »das abgewandte Gesicht« – ist in der Tat die bestimmende Haltung in der Gesellschaft der Täter gewesen und vielleicht trotz aller anderen Bekundungen immer noch geblieben.

Welche Schwierigkeiten, Widerstände und Blockierungen es nicht nur in Deutschland, sondern – freilich in höchst unterschiedlicher Weise – auch in den USA und selbst in Israel gegeben hat, das Standardwerk der Holocaust-Historiographie auf den Weg zu bringen, das hat Raul Hilberg in seinem kürzlich erschienenen Band »Unerbetene Erinnerung« auf eindrucksvolle Weise beschrie-

1 Leo Löwenthal, Individuum und Terror, in: Dan Diner (Hg.), *Zivilisationsbruch. Denken nach Auschwitz,* Frankfurt am Main 1988, S. 15-25.
2 Siehe Dan Diner (Hg.), *Zivilisationsbruch. Denken nach Auschwitz,* Frankfurt am Main 1988, S. 9.
3 Theodor W. Adorno, Negative Dialektik, *Gesammelte Schriften* Bd. 6, Frankfurt am Main 1973, S. 356.
4 Stephan Hermlin, *Bestimmungsorte,* Ost-Berlin 1985, S. 46.

ben.[5] Noch die Durchführung des Auschwitz-Prozesses zwischen 1963 und 1965 litt in einem ganz elementaren Sinne am Mangel an Informationen. Dem Frankfurter Gericht war es aufgrund des damals vorhandenen Wissensstandes nur schwer möglich, sich ein angemessenes Bild von der Funktion der Angeklagten im Lager und den von ihnen begangenen Verbrechen zu machen.

3. Partikularismus der Erinnerung

Erinnern verläuft bekanntlich weder linear, kausallogisch noch abbildrealistisch. Vermutlich jeder hat einmal die Erfahrung gemacht, daß das eigene Gedächtnis einem einen Streich spielt und unvorhersehbare Tücken aufweist. Erinnern vollzieht sich im Rahmen einer eigenen Grammatik, die ihren Trägern weitgehend unbewußt ist. Mehr noch als individuellen gehorcht es kollektiven Regeln, die im Zuge bestimmter soziokultureller Traditionsmuster ausgebildet und weitergegeben worden sind.

Kein anderer hat so gründlich über »Das Gedächtnis und seine sozialen Bedingungen« nachgedacht wie der Bergson- und Durkheim-Schüler Maurice Halbwachs.[6] Er ist den unterschiedlichen Konfigurationen des Erinnerns nachgegangen; wie das Gedächtnis variiert von Gesellschaft zu Gesellschaft, von Klasse zu Klasse und von Gruppe zu Gruppe. Im Juli 1944 wurde Halbwachs, der Professor für Sozialpsychologie am Collège de France war, in Paris seiner Söhne wegen, die der Résistance angehörten, von der Gestapo verhaftet und anschließend deportiert. Am 16. März 1945, kurz vor seinem 68. Geburtstag und unmittelbar vor der Befreiung, ist er in Buchenwald ermordet worden. Posthum ist sein Werk über »Das kollektive Gedächtnis« erschienen,[7] in dem er auch die Diskontinuitätserscheinungen und die Selektivität der Erinnerungen untersucht. James E. Young hat am Beispiel der Holocaust-Gedenkstätten untersucht, wie höchst unterschiedlich in Ländern wie Israel, den USA, Polen, der Sowjetunion und der Bundesrepublik der

---

5 Raul Hilberg, *Unerbetene Erinnerung. Der Weg eines Holocaust-Forschers,* Frankfurt am Main 1994.
6 Maurice Halbwachs, *Das Gedächtnis und seine sozialen Bedingungen,* West-Berlin / Neuwied 1966.
7 Maurice Halbwachs, *Das kollektive Gedächtnis,* Frankfurt am Main 1985.

Opfer der nationalsozialistischen Massenvernichtung gedacht wird.[8] Die Textur des kollektiven Gedächtnisses ist jeweils spezifisch; religiöse, mentalitätsgeschichtliche, sprachliche und andere Strömungen sind in sie einverwoben und bestimmen ihre Interpunktionen, ihre Auslassungen und Akzentsetzungen. Die Erinnerung läßt sich nicht auf verbindliche Gesetzmäßigkeiten zurückführen. Es gibt keine allgemeine Grammatik des Gedächtnisses. Kurzum, die Modi des Erinnerns sind nicht universalisierbar. Die Erinnerung ist nicht universalistisch, sondern partikularistisch. Sie führt, der Unterschiedlichkeit der Sprachen ähnlich, ein Eigenleben und läßt sich nicht über einen Leisten schlagen.

4. Universalismus der Theorie
Eine Wissenschaft dagegen, die auf ihren Universalitätsanspruch verzichten würde, gäbe sich selbst auf. Die Produktion wissenschaftlicher Erkenntnis bedarf objektivierbarer Kriterien, die unabhängig vom Standpunkt des jeweiligen Betrachters sind und den Ansprüchen einer methodischen Selbstreflexion standhalten. Obgleich es keine zwingende Überzeugung von Normen für unterschiedliche Kulturen gibt, so gibt es jedoch zumindest in der eurozentrischen Rationalitätstradition einen explizit und nicht nur immanent gesetzten Universalitätsanspruch. Ich verzichte an dieser Stelle darauf, den nicht zuletzt durch die Beiträge von Richard Rorty vertieften Streit um die Geltung universalistischer Normen in meine Überlegungen mit einzubeziehen. Solche erkenntnistheoretisch-methodologischen Debatten gewinnen rasch eine Eigendynamik, die hier vielleicht zu weit vom Thema wegführen könnte.

II. Vergleichen, gleichsetzen und unterscheiden

1. Abwehr des Vergleichens
Jeder Vergleich mit Auschwitz ist von einer »Aura des Anrüchigen« (Dan Diner) umgeben. Die Kommensurabilität mit anderen Ereignissen, Topoi und Chiffren legt den Verdacht nahe, daß mit

8 James E. Young, *Beschreiben des Holocaust. Darstellung und Folgen der Interpretation*, Frankfurt am Main 1992.

einem solchen Schritt etwas Entscheidendes preisgegeben, das Vernichtungsextrem nivelliert oder verraten werden soll.

Bereits die Subsumption unter Kategorien einer systematisch angelegten Theorie wie der des Faschismus erweckt Verdacht. Es ist beileibe alles andere als Zufall, daß die Judenvernichtung in den Faschismustheorien unterschiedlichster Provenienz nicht im Zentrum steht, sondern eher den Charakter einer Belegstelle für den ins Absolute gesteigerten Machtanspruch der Nazis oder die Destruktionskraft des Kapitals und seiner unterschiedlichen Agenturen einnimmt. Die Subordination des Nationalsozialismus unter einen Oberbegriff, der einem italienischen Herrschaftssystem abgewonnen worden ist, das nicht auf die Vernichtung des jüdischen Volkes abgezielt hat, ist eine arglistige Täuschung qua Theoriebildung. Wenn auch die Vernichtung des europäischen Judentums nicht geleugnet wurde, so wurde sie doch durch die Ein- und Unterordnung in ein abstraktifiziertes Herrschaftssystem relativiert und – zumeist gegen die Interessen ihrer eigenen Verfechter – bagatellisiert. Zwar wurden die Juden als »Opfer des Faschismus« anerkannt, sie rangierten jedoch nur unter vielen anderen Völkern und Nationen.

Hinter der Vergleichsabsicht ist oftmals nicht zu Unrecht die Gleichsetzung als das insgeheime Interesse gewittert worden: das Einebnen der Differenz, die Nivellierung des Extremen, die Subordination des Absoluten. Im Alltag wie in der Politik diente das Vergleichen des Inkommensurablen der Schuldabwehr, der Entlastung durch Projektion, einer Exkulpierung auf leisen Sohlen, der dreisten Abstufung und der offenen Revision. Die Geschichte der Bundesrepublik ist gepflastert mit dubiosen und unzulässigen NS-Vergleichen. Wer sich die große sozialpsychologische Studie über das Nachkriegsbewußtsein der Deutschen vornimmt, die vom Frankfurter Institut für Sozialforschung 1955 herausgegebene empirische Untersuchung »Gruppenexperiment«[9], der kann darin blättern wie in einem Katalog der Vorurteilsstereotypen, in denen sich immer wieder bestimmter Gleichsetzungsmuster bedient wird. In kaum einem anderen Punkt ihrer Kultur hat die Bevölkerung, aber

9 Institut für Sozialforschung (Hg.), *Gruppenexperiment. Ein Studienbericht*, Frankfurt am Main 1955.

auch die politische Klasse eine solche Phantasie an den Tag gelegt, wie dem, den Vorwurf zu entkräften, sie sei an der Begehung einer unvergleichbaren Tat beteiligt gewesen und müsse sich dieser Schuld nun stellen. Der theoretische, von Adorno verfaßte Teil der Studie heißt bezeichnenderweise »Schuld und Abwehr«.

Wie zu sehen ist, scheinen die Affekte, die sich gegen ein Vergleichen von oder mit Auschwitz richten, nur zu gut zu belegen zu sein. Eine andere Frage ist jedoch, ob aufgrund dieser theoretischen, alltagspraktischen und in zahllosen Fällen auch politischen Dimension das Vergleichen a priori diskreditiert ist. Richtig, jeder Vergleich mit Auschwitz ist – womit ich meine Eingangsformulierung noch einmal aufgreife – mit einer »Aura des Anrüchigen« umgeben; es kommt jedoch darauf an, ob und wenn ja, wie diese Aura durchstoßen und das Anrüchige abgeschüttelt werden kann.

2. Zur Legitimität des Vergleichs

Lassen Sie es mich vorwegnehmen: Trotz dieser beschämenden Erfahrungen bin ich der Überzeugung, daß ein Vergleichen von und mit Auschwitz dann legitim ist, wenn es in einer begründeten und kontrollierten Form geschieht. Ja, ich glaube, daß der Vergleich sogar notwendig ist, um die Unvergleichlichkeit der Shoah erst richtig herausstellen zu können.

Dabei ist mir das Argument, daß jeder, der die Singularitätsthese vertritt, bereits einen Vergleich unternommen haben muß, um diese These überhaupt formulieren zu können, zu spitzfindig. Sie mag logisch korrekt erscheinen, sie bildet jedoch vermutlich den Vorgang nicht angemessen ab, der auch Unbeteiligte spontan dazu bewogen hat, von der negativen Einzigartigkeit der Judenvernichtung zu sprechen. Im Grunde stellt sich ja die Behauptung, Auschwitz sei unvergleichbar gewesen, als Reaktion auf einen Schock ein und nicht als ein üblicher rationaler Vorgang. Daß sich diese Reaktion dann neuen Berichten, Bildern, Untersuchungen und Einzelinformationen stellen mußte, um sich auch als Urteil bestätigen zu können, ist selbstverständlich. Doch handelt es sich dabei in der Regel wohl eher um einen sekundären Prozeß der Vergewisserung.

Nun geht es aber bei einem theoretischen Vergleich im Unterschied zu alltäglichen Gedankenoperationen um ein Verfahren, das sich der Universalisierbarkeit von Normen und der methodologischen Überprüfung zu stellen hat. Ein Vergleichsverfahren in diesem Rahmen und unter zuvor geklärten Bedingungen geht zwar grundsätzlich von den Alternativen einer strukturtypologischen Identität oder Differenz aus, stellt jedoch nur einen Zwischenschritt im Prozeß wissenschaftlicher Erkenntnis dar. Das Vergleichen ist ein modus operandi, eines der wichtigsten Elemente in einem heuristischen Verfahren.

Es geht dabei also nicht um den einseitigen Versuch, Disparates auf einen Nenner zu bringen und verschiedene Phänomene zwanghaft unter eine idealtypische Kategorie zu subsumieren, sondern darum, unter der Voraussetzung universeller Normen das Spezifische eines Gegenstandes, hier eines monströsen historischen Ereignisses, zu bestimmen.

Verantwortlich vergleichen kann nur der, der sich der Bedingungen ebenso wie der Grenzen des von ihm in Anspruch genommenen Verfahrens bewußt ist. Vergleichen heißt in diesem Sinne also nicht gleichzusetzen, sondern im vorläufigen Bewußtsein einer Ähnlichkeit die Unterschiede genauer zu bestimmen und sich auf diesem Wege einer möglichen qualitativen Differenz erst gewiß zu werden.

Das Vergleichen ist eine erkenntnistheoretische, eine alltagspraktische und eine allgemein klassifikatorische Praxis. Sie hat logische und ideologische, politische und pragmatische, aber auch moralisch-ethische Aspekte.

Im Abstraktionsverfahren wissenschaftlicher Erkenntnis ist der Vergleich eine theoretische Notwendigkeit. Er darf jedoch nicht überbewertet werden; denn er stellt in der Regel nur einen Zwischenschritt dar, der ein Urteil vorbereiten, dieses jedoch keineswegs vorwegnehmen kann.

3. Mißbrauchsformen des Vergleichens

Es ist evident, daß es eine ganze Reihe von Mißbrauchsformen des Vergleichens gibt. Am häufigsten anzutreffen und am einfachsten zu durchschauen ist die *emblematische Gleichsetzung*: die Redeweise vom »atomaren Holocaust«, vom »Holocaust der Tiere«, vom »ökologischen Holocaust«, einer »Endlösung der Deutschen«, von der 1983 im Zusammenhang mit dem Raketen-Nachrüstungsbeschluß öfters die Rede war, und einem »Holocaust in den Seelen«, den 17 Millionen Ostdeutsche nach Aussage eines regimekritischen Schriftstellers angeblich vier Jahrzehnte in der DDR durchgemacht hätten.

Gefährlicher und folgenreicher ist jedoch die *strukturidentifikatorische Gleichsetzung* wie sie in der umstandslosen Identifizierung verschiedener Diktaturen zum Ausdruck kommt: der Formel »Hitler=Stalin«, »Hitler=Pinochet«, »Saddam Hussein=Hitler« oder der wieder in Mode gekommenen Ergänzung der »Hitler-« durch eine »Ulbricht-Diktatur«. Am prägnantesten hat der CDU-Politiker Rainer Barzel dieser Ideologie Ausdruck verliehen, als er 1965 während der Verjährungsdebatte im Bundestag lapidar erklärte: »Hitler ist tot, aber Ulbricht lebt.« Hinter der faktischen Differenz zwischen der Vergangenheit des einen und der Gegenwart des anderen Regimes konnte sich so das Kontinuitätsbegehren einer antikommunistischen bzw. antibolschewistischen Ausrichtung verbergen, die bereits zu den konstitutiven Elementen der NS-Ideologie gehört hatte.

Nicht weniger gefährlich scheint mir der Versuch zu sein, Auschwitz so weit zu entschärfen, daß es seine Sperrfunktion gegenüber erneuten Restitutionsversuchen einer deutschen Historie als Nationalgeschichte verlieren könnte. Wovon ich spreche ist die *Integration in ein Kontinuum,* der Versuch, den historischen Bruch zu entschärfen und ihn nachträglich in ein bestimmtes Entwicklungsschema einzubetten. Bereits alle Versuche, eine Evolutions- und Modernisierungsgeschichte weiter, über Auschwitz hinaus zu denken, müssen deshalb a priori als ambivalent, wenn nicht gefährlich gelten. Am bedenklichsten aber ist die Vorstellung, mit dem Mauerfall am Deckdatum des 9. Novembers und der deutschen Einigung im Gefolge habe sich nicht nur eine geopolitische Zusammenfügung, sondern auch ein unterbrochenes und mit der alten Bundesrepublik nur provisorisch geflicktes Kontinuum deutscher Geschichte wieder hergestellt. Indem ein Davor und ein Danach wieder zusammengefügt würden, erschiene der Abgrund der Nazi-Barbarei mit einem Mal doch wieder als überbrückbar. Das Terrorsystem würde, gleichgültig ob als Unglück, Tragödie oder auch als logische Folge dargestellt, eingebunden und zwangsläufig verharmlost. Es erschiene in einem Atemzug mit Namen, die, nationalistisch aufgeladen, Siege und Niederlagen deutscher Historie verkündend, schicksalsträchtig ein ewiges Auf und Ab von Nationalgeschichte überhaupt suggerierten. Auf Jena und Auerstädt folgte Leipzig, auf Königgrätz und Sedan Versailles, auf Langemarck und Verdun erneut Versailles, auf Weimar und Potsdam Berlin, auf Moskau und Stalingrad Auschwitz und auf Auschwitz Potsdam und darauf Bonn und schließlich wieder Berlin. Im Strudel nationalhistorischer Nivellierung erschiene selbst das Negativste noch so, als käme ihm eine kritische, das Positive befördernde, vielleicht sogar kathartische Funktion zu. Eine solch subkutane Sinnstiftung aber, die die Logik des Grauens vielleicht noch didaktisch in die geschichtliche Entwicklung mit einbezöge, könnte nicht einmal mehr als bitterer Zynismus der Geschichte bezeichnet werden.

Angesichts einer solchen Gefahr historischer Nivellierung wäre es naheliegend, auch über die politisch maßgeblich veränderten Rahmenbedingungen hinweg über die *Relativierung als Signum der Postmoderne* insgesamt nachzudenken. Da dies das gestellte, ohnehin komplexe Thema jedoch möglicherweise nur entgrenzen würde, möchte ich es dabei belassen, diesen Punkt lediglich benannt zu haben.

4. Der Historikerstreit als Menetekel

Die letzte große innenpolitische Kontroverse um die symbolische Auseinandersetzung mit der NS-Vergangenheit begann vor zehn Jahren mit dem Streit um den Besuch von Ronald Reagan und Helmut Kohl auf dem Soldatenfriedhof in Bitburg, auf dem auch Angehörige der SS beerdigt sind. Wie als Kompensationsangebot für die Öffentlichkeit wurde damals noch ein Besuch auf dem Gelände des ehemaligen Konzentrationslagers Bergen-Belsen nachgeschoben. Und als dann Bundespräsident Richard von Weizsäcker im Bundestag seine Rede zum 8. Mai hielt und der Opfer gedachte, meinte man, die Republik habe ihre Einstellung zur Vergangenheit gefunden und vertrete Positionen, die in Israel wie in Polen, in der Sowjetunion wie in den USA, in Frankreich wie in Italien zumindest als diskutabel aufgenommen werden könnten.

Doch was folgte, war der Historikerstreit, die Debatte über den bislang kühnsten Revisionismusvorstoß, der von deutschen Nachkriegshistorikern unternommen wurde. Im Zentrum des Historikerstreits stand die Infragestellung der Singularitätsthese.

Der bis zu diesem Zeitpunkt über die Grenzen der politischen Fraktionierungen hinweg anerkannte Faschismusforscher Ernst Nolte machte sich jedoch nicht einfach eine Gleichsetzung des sowjetischen Gulag- mit dem nationalsozialistischen KZ-System zu eigen, sondern ging dabei noch ein wesentliches Stück weiter. Indem er behauptete, daß die bolschewistischen Greueltaten eine »logische und faktische« Priorität gegenüber denen der Nazis beanspruchten, konstruierte er aus einem zeitlichen Nacheinander eine kausallogische Folge und stellte die »These von einem Präventivmord« auf.[10] Der Völkermord der Nazis erschien nun plötzlich nicht mehr als ein Akt der Vernichtung, sondern als einer der Verteidigung. Im Grunde genommen insinuierte er, die Judenvernichtung müsse als eine Art Putativnotwehr der Deutschen gegenüber den Expansionsbestrebungen der bolschewistischen Sowjetunion verstanden werden.

So unglaublich diese Verdrehung und so zahlreich auch die Legion von Wissenschaftlern und Intellektuellen war, die dagegen zu Felde gezogen sind, das revisionistische Menetekel steht seitdem im öffentlichen Raum: Ein lange Zeit als seriös geltender Historiker hatte sich hervorgewagt und etwas ausgesprochen, was nicht wenige seiner Kollegen und ein erheblicher Teil der Bevölkerung schon immer gedacht haben: Die Deutschen gehören nicht auf die Anklagebank der jüngsten Geschichte, sondern zu den Klägern. Was sie taten, darin herrscht insgeheim Einigkeit, sollte im Lichte eines Abwehrkampfes gegenüber einem Regime verstanden werden, das vor und nach dem Nationalsozialismus existierte und in der DDR schließlich sogar eine Dependance auf deutschem Boden besaß. Durch Nolte glaubt man, sich, von einem Experten der Zeitgeschichte legitimiert, im nachhinein unter die Opfer mogeln zu können.

Trotz aller Kritik und Aufgeregtheit: Diese Richtung hat, von Mauerfall und deutscher Einigung beflügelt, deutlich an Boden

---

10 Ernst Nolte, »Vergangenheit, die nicht vergehen will«, in: *Frankfurter Allgemeine Zeitung* vom 6. Juni 1986.

gewonnen. Im Laufe der letzten Jahre ist in Publikationen und öffentlichen Auseinandersetzungen eine Diskursstrategie von Neo-Revisionisten so deutlich hervorgetreten, daß man wohl von einer Gramsci-Adaption von rechts sprechen muß. Ganz offensichtlich wird das Ziel verfolgt, die linksliberale Deutungshegemonie in bestimmten Teilen der Öffentlichkeit zu durchbrechen, Schlüsselbegriffe zu delegitimieren, aufzulösen und durch eigene zu ersetzen. In welchen Schritten dies beabsichtigt wird, läßt sich auf exemplarische Weise an der Editionspraxis von Rainer Zitelmann im Ullstein-Verlag erkennen. Bereits die Titelabfolge der Sammelbände gibt an, wohin der Weg führen soll. 1991: »Nationalsozialismus und Modernisierung«[11] – 1992: »Die Schatten der Vergangenheit – Impulse zur Historisierung des Nationalsozialismus«[12] – 1993: »Westbindung – Chancen und Risiken für Deutschland«[13] – 1994: »Die selbstbewußte Nation«[14]. Ihr jeweiliger Tenor ergibt eine Argumentationskette; sie lautet: Zuerst werden die Modernisierungsleistungen des NS-Regimes gewürdigt, dann dessen Geschichte auf Möglichkeiten zu seiner Historisierung überprüft, danach die Westbindung der Bundesrepublik kritisiert und schließlich mit unverkennbarem Stolz die Nation gefeiert. Und im Begleitprogramm wird in der Reihe Ullstein-Report mit Knütters Band »Die Faschismus-Keule«[15] der Antifaschismus verworfen, mit Röhls Buch »Linke Lebenslügen«[16] die 68er-Bewegung diskreditiert und unter dem Signum der »89er-Generation« ein Formierungsversuch unternommen, um die langen Schatten der Vergangenheit wie ein lästiges Gespenst abzuschütteln.

11 Michael Prinz / Rainer Zitelmann (Hg.), *Nationalsozialismus und Modernisierung*, Darmstadt 1991.
12 Uwe Backes / Eckhard Jesse / Rainer Zitelmann (Hg.), *Die Schatten der Vergangenheit. Impulse zur Historisierung des Nationalsozialismus*, Berlin 1992.
13 Rainer Zitelmann / Karlheinz Weißmann / Michael Großheim (Hg.), *Westbindung. Chancen und Risiken für Deutschland*, Berlin 1993.
14 Heimo Schwilk / Ulrich Schacht (Hg.), *Die selbstbewußte Nation. »Anschwellender Bocksgesang« und weitere Beiträge zu einer westdeutschen Debatte*, Berlin 1994.
15 Hans-Helmuth Knütter, *Die Faschismus-Keule. Das letzte Aufgebot der deutschen Linken*, Frankfurt am Main / Berlin 1993.
16 Klaus Rainer Röhl, *Linke Lebenslügen. Eine überfällige Abrechnung*, Frankfurt am Main / Berlin 1994.

Im Zentrum all dieser Angriffe steht insgeheim Auschwitz. Anstatt das Faktum der Judenvernichtung aber einfach zu leugnen, wie es die Verfechter der diversen »Auschwitz-Lüge«-Kampagnen versucht haben, wird hier die Revisionsabsicht in verschiedene Schritte unterteilt und strategisch angegangen. Wie in einem diskursiven Gefechtszug, bei dem durch die Mitberücksichtigung von Sozialdemokraten, Gewerkschaftlern und Ex-Linken Pluralismus demonstriert wird, werden die vom ideologischen Gegner vermeintlich besetzten Gipfelpunkte der Geschichtsinterpretation angegangen und zu erstürmen versucht. Nolte war der Rammbock, durch die von ihm geschlagene Bresche im Deutungsmuster folgen ihm nun scharenweise Jungrevisionisten.

5. Singularität als Resultat des Vergleichs

In Reaktion auf Noltes Relativierung und Umpolung hatte 1986 Eberhard Jäckel zu Recht festgestellt: »Ich behaupte dagegen, daß der nationalsozialistische Mord an den Juden deswegen einzigartig war, weil noch nie zuvor ein Staat mit der Autorität seines verantwortlichen Führers beschlossen und angekündigt hatte, eine bestimmte Menschengruppe einschließlich der Alten, der Frauen, der Kinder und der Säuglinge möglichst restlos zu töten und diesen Beschluß mit allen nur möglichen staatlichen Machtmitteln in die Tat umsetzte.«[17] Es ist nur zu evident, daß hier die Singularitätsthese das Resultat eines Vergleichs ist.

Es ist aus naheliegenden epochengeschichtlichen Gründen mit der Zäsur von 1989/90 in der Öffentlichkeit üblich geworden, den Nationalsozialismus und den Stalinismus als eine Art »Wahlverwandtschaft« zu betrachten, wenn nicht sogar beide Regime im Typus totalitärer Herrschaft ineinanderfließen zu lassen. Ohne an dieser Stelle den Diskurs über die umstrittene Totalitarismustheorie aufnehmen zu wollen, bietet es sich an, die Differenzpunkte zu benennen, die beide Systeme unterscheiden und die Singularität von Auschwitz konfigurieren.

Es sind dies im Kern vier Punkte, die eine qualitative Differenz ausmachen:

17 Eberhard Jäckel, »Die elende Praxis der Untersteller«, in: *Die Zeit* vom 12. September 1986.

Erstens, *die exterministische Absicht*, ein Volk in seiner Gesamtheit ausrotten und die Spuren dieses Vernichtungsaktes vollständig beseitigen zu wollen;

zweitens, *die selektive Wahl der Opfer*, die Auswahl nach rassischen und anderen ideologischen Kriterien;

drittens, die *Schaffung eigener Todeslager* mit ihrer quasi-industriellen Organisationsform der Massenvernichtung und

viertens, *die Vernichtung um der Vernichtung willen*[18] und damit die Aufgabe einer rational begründ- und nachvollziehbaren Teleologie.

Keiner dieser Punkte trifft auf den Stalinismus und sein System der Arbeitslager, den Archipel Gulag, zu. Es ist also keine numerische Frage, worin die Außerordentlichkeit des mit Auschwitz vollzogenen zivilisatorischen Bruches liegt, sondern eine qualitative.

Nach dem Bericht der Schatunowskaja-Kommission, die 1960 auf Initiative Chruschtschows vom ZK der KPdSU eingerichtet wurde und deren Ergebnisse nie offiziell bekanntgegeben wurden, sind allein vom Januar 1935 bis zum Juli 1940 19 840 000 Sowjetbürger verhaftet worden. Rund 7 Millionen von ihnen sind erschossen worden und die Mehrzahl der Übriggebliebenen in den Lagern umgekommen. Auch wenn sich wegen der unterschiedlichen Zeitdauer der beiden Regime die Opferzahlen nicht ohne weiteres hochrechnen lassen, so ist unbestreitbar, daß unter kommunistischen Vorzeichen in diesem Jahrhundert mindestens viermal so viele Menschen umgekommen sind wie unter nationalsozialistischen. Dieses Faktum muß zur Kenntnis genommen werden. Es tangiert jedoch in keiner Weise die Singularität des Holocaust.

Ich fasse die qualitative Differenz beider Systeme noch einmal im Hinblick auf ihre Lager zusammen:

Auschwitz war eine ideologisch angekündigte, sukzessive geplante, bürokratisch betriebene und quasi-industriell umgesetzte Massenvernichtung; Opfer waren die durch den Rassenbegriff ausgegrenzten Gesellschaftsmitglieder: Juden, Sinti und Roma;

der *Archipel Gulag* war ein ideologisch ungeplanter, bürokratisch betriebener und in paranoider Logik durchgeführter Feldzug

---

18 Die Formulierung stammt von Hannah Arendt. Siehe ihren Aufsatz »Die vollendete Sinnlosigkeit«, in: Hannah Arendt, *Nach Auschwitz*, West-Berlin 1989, S. 7-30

gegen angebliche »Klassenfeinde«; Opfer waren nicht nur Kulaken und andere Gruppierungen, sondern potentiell alle Mitglieder der eigenen Gesellschaft, insbesondere solche, die innerhalb von Partei und Militär als Machtkonkurrenten angesehen wurden.

Nicht vergessen werden sollte in diesem Zusammenhang, daß in einem der größten Länder der Erde immer noch ein kommunistisches Regime an der Macht ist, in dem ein bislang fast unbekannt gebliebenes riesiges Gefängnis- und Lagersystem existiert. In diesen Tagen erscheint unter dem Titel »Der vergessene Archipel« ein von Jean-Luc Domenach verfaßtes umfangreiches Werk über die Geschichte und Struktur der Lager in der Volksrepublik China.[19]

III. Zivilisationsbruch Auschwitz

1. Singularität als moralisches Postulat

Es hat in Deutschland nach 1949 zwei unterschiedliche Formen der Gedenkkultur gegeben:

In der *DDR* einen staatlich verordneten Antifaschismus mit einer außerordentlichen Betonung des Nationalen, einer Akzentsetzung auf einem anderes, angeblich besseres Deutschland;

in der *Bundesrepublik* einen in der Verfassung verankerten, aber auch staatlich inszenierten Antitotalitarismus mit einem nur unzureichend getarnten Nebenbedeutung. Unter dem Anschein einer sich universell gebenden Herrschaftskritik sollten die Kontinuitätsbezüge in einem doppelten Sinn gepflegt werden: zum einen als Verlängerung des antibolschewistischen Kampfes und zum anderen als nur symbolische Distanzierung vom Nationalsozialismus.

Beide Formen, die antifaschistische wie die antitotalitaristische, sind verzerrte Ansätze des Eingedenkens, die als solche nicht umstandslos wieder reaktiviert werden sollten.

Meine Vermutung, um es vorsichtig zu formulieren, ist die, daß die bloß moralisch postulierte Singularitätsthese in der Bundesrepublik eng verbunden ist mit der in ihrer Ambivalenz oft beschriebenen Strömung des Philosemitismus.

In der Adenauer-Ära hat sich ein eigener Kanon von Gedenk-

---

19 Jean-Luc Domenach, *Der vergessene Archipel. Gefängnisse und Lager in der Volksrepublik China*, Hamburg 1995.

inszenierungen, eine Art Grammatik der Pseudo-Thematisierungen, entwickelt. Die Wiedergutmachungspolitik gegenüber Israel, das darf nicht vergessen werden, kam wesentlich auf Druck der amerikanischen Besatzungsmacht zustande und nicht etwa, wie uns heute einige der CDU nahestehende Historiker weismachen wollen,[20] aus eigenem Antrieb. Die als Staatsakte begangenen Gedenkfeiern für die Opfer des 20. Juli hatten von Anfang an den Nebensinn, einen Teil der deutschen Wehrmacht zu rehabilitieren, um damit eine ideologische und personalpolitische Voraussetzung für die Wiederbewaffnung zu schaffen.

Die Etablierung einer bloß symbolisch angelegten Gedenkkultur – wie z.B. mit der Woche der Brüderlichkeit – bei gleichzeitiger Nichtauseinandersetzung mit den Nachfolgekarrieren von großen Teilen der NS-Elite, dem Zulassen starker personalpolitischer Kontinuitäten in den staatlichen Führungsetagen – zu nennen ist hier neben den oft zitierten Fällen Globke, Oberländer und Krüger vor allem das in die Judenvernichtung verstrickte Personal des Auswärtigen Amts[21] – hat zu einer merkwürdigen Verpuppung der Vergangenheit geführt. Mit der durch die Gedenkkultur beförderten Abkapselung des Geschehenen gegenüber dem Gegenwärtigen ist eine regelrechte Strategie der historischen Immunisierung verfolgt worden, eine über lange Zeit hinweg erfolgreiche Neutralisierung der durch die sukzessive Aufdeckung von NS-Verbrechen ausgelösten Herrschaftskritik.

Die Reverenzerweisungen staatlicher Funktionsträger gegenüber den wenigen Überlebenden der Judenvernichtung ließen sich durchaus in Einklang bringen mit einer Einsicht in den verbrecherischen Charakter des NS-Systems, die über den Charakter eines Lippenbekenntnisses kaum hinausging.

In einem überaus zynischen Sinne ließ sich sogar die Anerkennung der Einzigartigkeit des Massenmordes am jüdischen Volk als Mittel zur Entlastung funktionalisieren. Was einmalig ist, kann sich, streng genommen, nicht wiederholen; es bleibt abgesperrt gegenüber der Zukunft.

20 Wie z.B. der Münchener Historiker Michael Wolffsohn.
21 Vgl. dazu Hans-Jürgen Döscher, *Verschworene Gesellschaft. Das Auswärtige Amt unter Adenauer zwischen Neubeginn und Kontinuität*, Berlin 1995.

Mit anderen Worten: Indem die politisch abgeschnittene und bloß auf ihre symbolisch-sakrale Funktion beschränkte Singularitätsthese gesellschaftsfähig wurde, unterminierte sie ihre kritische Aufgabe, es nicht beim Gedenken zu belassen, sondern durch das Gedenken hindurch Schlußfolgerungen zu ziehen und in einer ganz unpathetischen Weise Ernst zu machen mit der oft verkündeten und schließlich zur Phrase verkommenen Aufarbeitung der Vergangenheit.

2. Zivilisationsbruch

Einer der produktivsten und anregendsten Denker im Zusammenhang mit dem Holocaust ist ein Wissenschaftler der jüngeren, inzwischen wohl eher mittleren Generation. Dan Diner, Professor für neuere und außereuropäische Geschichte an der Universität von Tel Aviv und der Gesamthochschule Essen, hat sich vor allem als scharfsinniger Kritiker der konventionellen Historik und überholter epochengeschichtlicher Deutungsmuster einen Namen gemacht. Von ihm sind Herausforderungen ausgegangen wie die, historische Prozesse aus der Perspektive der unmittelbaren Opfer zu rekonstruieren, in der Darstellung des Geschehenen die Grenzen des Nicht-Darstellbaren zu markieren und Auschwitz als kognitive Referenz einer abstrakten Tat zu begreifen, anstatt es als abbildrealistisches Ereignis zu bewerten, das vermeintlich für sich selbst sprechen könnte.

Einen besonderen Stellenwert nehmen dabei seine Bemühungen ein, aus der Opferperspektive einen Begriff von Gegenrationalität auszuformulieren, mit dem Auschwitz als Zivilisationsbruch charakterisiert werden kann. Franz Neumann, der mit seinem bereits 1941 erschienenen »Behemoth« eine der bedeutsamsten Analysen des NS-Staates vorgelegt hat, wird von Diner vorgeworfen, er habe sich geweigert, die »Handlungsfalle« wahrzunehmen, in die die jüdischen Opfer angesichts ihrer bevorstehenden Vernichtung geraten seien. Diner schreibt: »Der konventionellen Lebenswelt entliehenen rationalen Annahme verhaftet, durch antizipierendes Verhalten vermeintlich materieller Interessen der Nazis entsprechen zu können, um so ihr Schicksal in Richtung Überleben zu beeinflussen, wurden sie zu Agenten ihrer eigenen Vernichtung. Ihr auf

Überleben gerichtetes rationales und konventionelles Verhalten wurde angesichts bloße Vernichtung anvisierenden und damit an gesellschaftlichem Verhalten gemessenen gegen-rationalen Absicht der Nazis ins tödliche Gegenteil verkehrt. Und indem Menschen der bloßen Vernichtung wegen vernichtet werden konnten, wurden auch im Bewußtsein verankerte Grundfesten unserer Zivilisation tiefgreifend erschüttert – ja gleichsam dementiert. Dennoch: Obwohl ein gesellschaftlich konstitutives Grundvertrauen erschüttert, annulliert worden ist, wird Leben nach Auschwitz so fortgeführt, als habe sich das Ereignis nicht zugetragen ... Nicht die wirklichkeitsgetreue Rekonstruktion des Menschheitsverbrechens, sondern anhand des eingetretenen Dementis von auf Selbsterhaltung und Überleben gerichteten Denk- und Handlungsformen wird der Bruch offenbar, den Auschwitz zivilisatorisch bedeutet.«[22] Unschwer ist zu erkennen, daß Diner darauf insistiert, daß der Zivilisationsbruch Auschwitz auch methodische Konsequenzen für die historische Interpretation und Darstellung haben müsse. Dieser Forderung, die »kognitiv nicht integrierbare gegenrationale Handlungslogik der Nazis« ins Zentrum methodologischer Neuüberlegungen zu stellen, ist durchaus zu folgen.

Der nächste von Diner anvisierte Schritt jedoch scheint mir problematisch zu sein. An anderer Stelle erhebt er die Forderung, Auschwitz müsse aus der Geschichte herausgelöst und als extrahistorisches Ereignis definiert werden. Er schreibt: »Eine Anerkennung des Geschehens in seiner ganzen Bedeutung verunmöglichte ansonsten die weiterhin zu lebende Annahme fortschreitender vergesellschafteter menschlicher Existenz. Gerade durch das Fortwirken säkularer Sinnbezüge nimmt die Sinnlosigkeit einer Vernichtung um ihrer selbst willen für das Bewußtsein außerhistorische Ausmaße an.«[23] Das mache zwar die historiographischen Anstrengungen, den Vernichtungszusammenhang zu rekonstruieren, in keiner Weise überflüssig, reklamiere jedoch von vornherein ein Bewußtsein der Grenzen der abstrakten Tat, die im Kern selbst von Erklärung freibleiben müsse. Und an wiederum anderer Stelle ver-

22 Dan Diner (Hg.), *Zivilisationsbruch. Denken nach Auschwitz*, Frankfurt am Main 1988, S. 8f.
23 Dan Diner, »Aufklärung. Nach Auschwitz«, in: *links*, Februar 1988, S. 43.

sucht er diesen Punkt mit der Metapher der »black box« zu charakterisieren.[24] Funktionalistische und strukturalistische Historiker wähnten sich zwar in dem Glauben, diese Dunkelkammer ausleuchten zu können, müßten dabei jedoch zwangsläufig die Diskrepanz zwischen intentionalen Anteilen und nicht-intendierten Folgen der Vernichtungstat aus den Augen verlieren.

Mir scheint, daß Diner sich mit diesen Überlegungen auf einen Scheitelpunkt in der methodischen Selbstreflexion der Holocaust-Historiographie begibt, die sich als kontraproduktiv erweisen könnte. Sein dezidiertes Interesse, die Singularität von Auschwitz vor Ritualisierung, Sakralisierung und Theologisierung durch ein säkularen Traditionen verpflichtetes Bewußtsein zu bewahren, könnte hier in sein Gegenteil umschlagen. Indem er unter Reklamierung der Opferperspektive ein theoretisch begründetes Erkenntnistabu zu verhängen versucht, läuft er Gefahr, aus einer in ihrer kritischen Substanz kaum zu überschätzenden Einsicht selbst wiederum mystifizierende Schlußfolgerungen zu ziehen.

Aus der Erkenntnis absoluter Negativität läßt sich kein säkulares Gebot formulieren, an einem bestimmten Punkt der historiographischen Rekonstruktionsbemühungen abzubrechen. Die Verhängung eines historischen »noli me tangere« verrät selbst eine theologische Signatur.

Jeder Versuch, die Unbegreifbarkeit von Auschwitz festzuschreiben und sie normativ zu fixieren, tendiert zu einer negativen Ontologisierung des Holocaust. Nur solange von der Möglichkeit einer Deutung – und sei sie noch so unwahrscheinlich – ausgegangen wird, entgeht die Historik ihrer eigenen Negation, in ein außergeschichtliches factum brutum umzuschlagen und die Form eines gesellschaftlich nicht mehr tangierbaren Seienden anzunehmen. Geschichtsforschung bedarf eines offenen Horizonts, wenn sie sich nicht zur Geißel ihrer einmal fixierten, aber selbst historisch grundierten Einsichten machen will.

Trotz dieser Einwände bin ich mir sicher, daß über diesen Punkt keineswegs das letzte Wort gesprochen ist und die historiographi-

---

24 Dan Diner, »Erwägungen zu einer Historik des Nationalsozialismus«, in: Siegfried Blasche u.a. (Hg.), *Zerstörung des moralischen Selbstbewußtseins: Chance oder Gefährdung?*, Frankfurt am Main 1988, S. 54.

schen Überlegungen ebenso wie die methodischen Selbstreflexionen sicher noch oft darauf zurückkommen werden.

Lassen Sie mich mit einem Versuch enden, den bislang sichtbaren Fixpunkt in der Faßbarkeit des Unfaßbaren zu formulieren.

In Auschwitz, das zum Synonym für die Wirklichkeit der Vernichtungslager geworden ist, hat sich ein Gesellschaftszusammenhang von einer ungekannten Destruktivität offenbart. Auch wenn es richtig sein sollte, das, was dort während des Zweiten Weltkriegs geschehen ist, als staatlich organisierten, industriell fabrizierten Massenmord zu bezeichnen, der vor allem die Vernichtung des europäischen Judentums zum Ziel hatte, so wird man kaum umhin können, auch diese Definition als einen mehr oder weniger hilflosen Versuch zu bezeichnen, die Monstrosität dieses Makroverbrechens sprachlich zu bannen. Auschwitz läßt sich nicht auf einen Nenner bringen. Auch ohne jegliche Mythologie wird ihm wohl so lange etwas Unbegreifbares anhaften wie Menschen sprechen, fühlen, denken, als Menschen leben werden. Die Schwierigkeit des Verstehens drückt sich schon in dem gewöhnlich einfachen Vorgang des Benennens und der damit verbundenen Unsicherheit aus. Massenmord, Völkermord, Menschenvernichtung, Genozid, Holocaust, Shoah – ein Ausdruck nach dem anderen ist entwertet, verbraucht, trifft etwas und geht doch vorbei. Es hängt wohl mit dieser Überforderung eines Wortes im einzelnen und der Sprache im ganzen zusammen, daß Auschwitz, der deutsche Name eines polnischen Ortes für die Vernichtung der europäischen Juden, zum gebräuchlichsten Ausdruck geworden ist. Doch ebensowenig wie heute mit Auschwitz nur ein einziger Ort gemeint ist, trifft er auf die Summe der Konzentrations- und Vernichtungslager zu. Als Synonym für ein das Wahrnehmungs- wie das Erkenntnisvermögen überschreitendes Geschehen ist es zugleich Reflex einer Struktur. Es steht für ein infrastrukturelles Geflecht, in dem Staat und Militär, Industrie und Bürokratie, Banken und Behörden, Justiz und Medizin, Chemie und Biologie, die Reichsbahn, der Straßenbau usw. aufeinander bezogen, miteinander verwickelt und ineinander verstrickt sind. Die Monstrosität des Vernichtungskomplexes, seine kapillare Verästelung ins soziale Gewebe, die einerseits nichts an grausamster Konkretion ermangelnde, andererseits aber auch nur schwer zu durchblickende Abstraktheit der Mordmaschinerie lassen die überlebenden Opfer wie die Ankläger, die Berichterstatter wie die bloßen Beobachter, die Psychologen wie die Soziologen und die Politik- wie die Geschichtswissenschaftler ratlos zurück. In jeder Hinsicht fällt es schwer, vor dem negativen Ganzen nicht zu kapitulieren.

IV. Zusammenfassung

1. Die bloß moralisch hypostasierte Singularitätsthese tendiert zur Sakralität. Indem sie den Tatzusammenhang abkapselt, verträgt sie sich mit einer Politik, die auf Folgenlosigkeit setzt.
2. Jeder Vergleich begibt sich auf ein problematisches Gelände. Das Risiko ist jedoch unvermeidlich, wenn die sozialwissenschaftliche Theoriebildung Auschwitz nicht zum Tabu machen soll.
3. Das Vergleichen ist ein modus operandi. Richtig verstanden bedeutet es nicht, gleichzusetzen, sondern zu unterscheiden. Nur wer vergleicht, hat auch die Möglichkeit, Einsicht in die Differenz zu gewinnen.
4. Die Singularität von Auschwitz ist das Resultat und nicht die Voraussetzung eines Urteils. Die Radikalität des Singulären tritt erst im Vergleich hervor.
5. Die größte Gefahr besteht in der Relativierung von Auschwitz durch seine Einbettung in eine Nationalgeschichte, seine Integration in ein vermeintliches Kontinuum deutscher Geschichte.

Spuren eines Paradigmenwechsels
Von der Totalitarismus- zur Faschismustheorie (1994)

Referat auf der von Alfons Söllner vom 8.-9. Juli 1994 am Hamburger Institut für Sozialforschung organisierten Tagung »Totalitarismustheorie und Modernitätskritik«.

> Wer aber vom Stalinismus nicht reden will, der sollte auch vom Faschismus schweigen.
>
> Jorge Semprun (1987)

Die Studentenbewegung war bekanntlich keine homogene politische Strömung, sondern setzte sich aus zum Teil sehr unterschiedlichen Gruppierungen und Fraktionierungen zusammen. Das galt auch und ganz besonders für den Sozialistischen Deutschen Studentenbund (SDS). Die größte Spannung trat auf dem Höhepunkt der Studentenrevolte 1968 zwischen den sogenannten Traditionalisten und den Antiautoritären, dem der illegalen KPD nahestehenden und dem politisch eher heimatlosen, vor allem von Ideen der Kritischen Theorie inspirierten Flügel auf. Da die Differenzen zwischen – idealtypisch gesprochen – alter und neuer Linker, die sich in verdeckter oder auch offener politischer Gegnerschaft manifestierten, für die Ablösung der Totalitarismus- durch die Faschismustheorie von erheblicher Bedeutung sind, skizziere ich den Vorgang in zwei getrennten Strängen.

Auf der einen Seite anhand einer Gruppe, die um eine Zeitschrift in West-Berlin zentriert war und auf der anderen Seite anhand eines Schlüsselbegriffs, der eng mit dem Selbstverständnis jener unorthodoxen Fraktion verbunden war, die im Zuge des Linienkonflikts schließlich eine Mehrheit im SDS auf sich vereinigen konnte.

109

1. »Das Argument« als theoriepolitische Schleusenstation

Die Zeitschrift *Das Argument* ist ein Produkt der 1958 gescheiterten Massenbewegung gegen die Atombewaffnung der Bundeswehr, genauer des studentischen Aktionsausschusses gegen Atomrüstung in West-Berlin.

Initialzünder für die Thematisierung der NS-Vergangenheit ist die durch eine Hakenkreuzschmiererei an der jüdischen Synagoge in Köln am Heiligabend 1959 ausgelöste antisemitische Welle, in deren Verlauf binnen weniger Wochen mehr als 700 Friedhofsschändungen, Anschläge und Schmieraktionen verübt werden. Nach einer Tagung im Kasino des Kreuzberger Rathauses im Februar 1960, auf der unter dem Titel »Die Überwindung des Antisemitismus« Vorträge von Alfred Wiener, Axel Eggebrecht, Ossip K. Flechtheim, Heinz Galinski, Helmut Gollwitzer, Wilhelm Weischedel u.a. gehalten werden, erscheint im Mai ein *Argument*-Heft zum selben Thema.[1]

Aus einer Arbeitsgruppe, in der über das Fortwirken der NS-Vergangenheit Material gesammelt und ausgewertet wird, entwickelt sich im Oktober 1960 am Philosophischen Seminar eine Übung zum Thema »Antisemitismus und Gesellschaft«, die von Margherita von Brentano und Peter Furth geleitet wird, der sich als Mitautor einer Monographie über die rechtsradikale SRP einen Namen gemacht hat.[2] Aus dieser Veranstaltung, in der mit dem Begriff des »totalitären Antisemitismus« operiert wird, gehen nicht nur Untersuchungen über die Geschichte des Antisemitismus in Deutschland hervor, sondern auch mehrere Wortführer des SDS wie etwa Wolfgang Lefèvre, Jürgen Werth und Reimut Reiche.

Brentano und Furth zählen danach jahrelang zu den Mitherausgebern und Autoren der Zeitschrift. Die meisten Themenhefte in der Geschichte von *Das Argument* – insgesamt sieben – ste-

---

1 »Die Überwindung des Antisemitismus mit Beiträgen von Dietrich Goldschmidt, Hanno Kremer und Gerhard Schönberner«, in: *Das Argument*, 2. Jg., Heft 16, Mai / Juni 1960.
2 Otto Büsch / Peter Furth, *Rechtsradikalismus im Nachkriegsdeutschland. Studien über die »Sozialistische Reichspartei«*, West-Berlin / Frankfurt am Main 1957.

hen unter dem Titel »Faschismus-Theorien«. Diese Reihe beginnt im Mai 1964 mit dem Abdruck von Walter Benjamins Aufsatz »Theorien des deutschen Faschismus«[3] und endet im November 1974 mit dem Text »Faschismus-Theorie in antifaschistischer Perspektive« von Wolfgang Fritz Haug[4] zusammen mit weiteren Beiträgen von Reinhard Opitz, Friedrich Tomberg und Wolfgang Abendroth.[5]

Einer der wenigen Texte, der sich explizit mit der Totalitarismustheorie auseinandersetzt, stammt von Bernhard Blanke. Im Mai 1965 schreibt er im Rahmen einer Textsammlung über »Ideologische Komponenten in den Theorien über den Faschismus« unter der Überschrift »Rot gleich Braun«, daß die Subsumption von Faschismus und Bolschewismus unter ein und denselben Oberbegriff wegen des fundamentalen Unterschieds ihrer regimepolitischen Zielsetzungen abzulehnen sei.[6] Während es dem Faschismus um eine »Repression um jeden Preis« gegangen sei, bestehe das Ziel des Sowjetkommunismus in der »Emanzipation der Massen«. Der nicht zu verleugnende Terror in der Hochphase des Stalinismus sei durch eine »gesellschaftliche Transformation im Innern« und eine »tödliche Bedrohung von außen« bestimmt gewesen. Im Totalitätsanspruch beider Systeme müsse ein gravierender Unterschied konstatiert werden: »Im Faschismus«, heißt es, »setzte sich ein partikulares Interesse total durch, im Bolschewismus soll sich erstmals in der Geschichte das Interesse der Allgemeinheit total ... durchsetzen.«[7] Diese »substantielle Rationalität des Marxismus« werde von den Totalitarismustheoretikern geleugnet.[8]

---

3 Walter Benjamin, »Theorien des deutschen Faschismus«, in: *Das Argument*, 6. Jg., Heft 30, Oktober 1964, S. 129-137.
4 Wolfgang Fritz Haug, »Faschismus-Theorie in antifaschistischer Perspektive«, in: *Das Argument*, 16. Jg., Heft 87, November 1974, S. 537-542.
5 Reinhard Opitz, »Über die Entstehung und Verhinderung von Faschismus«, in: *Das Argument*, 16. Jg., Heft 87, November 1974, S. 543-603; Friedrich Tomberg, »Konservative Wegbereitung des Faschismus«, a.a.O., S. 604-633; Wolfgang Abendroth, »Zur Rolle des Antikommunismus heute«, a.a.O., S. 634-645.
6 Bernhard Blanke, »Rot gleich Braun«, in: *Das Argument*, 7. Jg., Heft 33, Mai 1965, S. 27-31.
7 A.a.O., S. 30.
8 A.a.O.

Im selben Heft erscheint ein von Blanke, Reiche und Werth verfaßter Aufsatz über »Faschismus-Theorien in der DDR«.[9] Die westliche Totalitarismustheorie, heißt es darin explizit, werde erst dann »endgültig widerlegt« sein, wenn sich eine andere Theorie »als richtig« erwiesen habe.[10] Es sei nicht geklärt, ob die Umkehrung der Totalitarismustheorie, daß der Faschismus nach der berühmten Komintern-Formel aus dem Jahre 1933 nur als die Herrschaft des Monopolkapitals zu begreifen sei, dessen System auch wirklich treffe. Eine Überprüfung dieser Theorie sei aber unabdingbar, wenn man ein begründetes Urteil darüber abgeben wolle, ob sich die Bundesrepublik erneut in einem »Stadium der Faschisierung« befinde. Die drei SDS-Autoren kommen in bezug auf die Faschismustheorien in der DDR zu einem überaus kritischen Schluß: Für einen historischen Vergleich von Faschismus und Bundesrepublik reiche die Hinzuziehung von Personalakten und Dokumentationen sowie »ein formalisiertes System von Klassenherrschaft und Hauptwidersprüchen« nicht aus. In diesen Gleichsetzungen entpuppe sich die sowjetmarxistische Faschismustheorie »fast als östliches Gegenstück zur westlichen Totalitarismustheorie«.[11]

Die Etablierung einer marxistischen Faschismustheorie vollzieht sich dennoch aber mehr oder weniger reibungslos. Im Themenheft vom Juli 1968 steht dann in der Kontroverse zwischen Eberhard Czichon und Tim Mason nur noch die Frage nach dem Primat der Ökonomie bzw. dem der Politik im Mittelpunkt.[12]

Und im Oktober-Heft desselben Jahres wird die Totalitarismustheorie endgültig verabschiedet. In den von Dieter Hirschfeld verfaßten »Umrissen einer Theorie des Antikommunismus« wird die Totalitarismustheorie als ideologisches Kampfinstrument bezeichnet, dessen sich die imperialistischen Staaten bedienten, um den

---

9 Bernhard Blanke / Reimut Reiche / Jürgen Werth, »Die Faschismus-Theorie der DDR«, in: *Das Argument*, 7. Jg., Heft 33, Mai 1965, S. 35-48.
10 A.a.O., S. 36.
11 A.a.O., S. 48.
12 Eberhard Czichon, »Der Primat der Industrie im Kartell der nationalsozialistischen Macht«, in: *Das Argument,* 10. Jg., Heft 3, Juli 1968, S. 168-192; Tim Mason, »Primat der Industrie? Eine Erwiderung«, a.a.O., S. 193-209.

Kommunismus zu diskreditieren.[13] Im Editorial desselben Heftes findet sich unter der Überschrift »ČSSR und Kalter Krieg« eine kaum verhüllte Rechtfertigung der Niederschlagung des »Prager Frühling«.[14] Autoren sind Wolfgang Fritz Haug und Friedrich Tomberg. Und in einer redaktionellen Nachbemerkung zu Hirschfelds Aufsatz wird vor einem »womöglich heraufkommenden linken Antikommunismus« und einer »Aktualisierung des Anti-Sowjetismus der anti-institutionellen und anti-autoritären Kräfte« gewarnt.[15]

Und fast so, als sei nach einem Jahrzehnt das Thema »Faschismus-Theorien« erschöpfend behandelt, beschwört Haug im Editorial des Heftes vom November 1974 noch einmal den Anti-Antikommunismus als unverzichtbare Grundhaltung.[16]

Eine Nachbetrachtung zu der skizzierten Entwicklung findet sich in dem 1988 erschienenen Interviewband »30 Jahre Argument«.[17] Darin werden die wichtigsten Punkte des Paradigmenwechsels zwar angesprochen, jedoch nicht wirklich ausgelotet. Der ehemalige Verlags- und Vertriebsleiter Christof Müller-Wirth erklärt, daß in all den Jahren keinerlei Diskussion über den Stalinismus möglich gewesen sei und die für die redaktionelle Ausrichtung maßgeblichen Leute immer darauf bedacht gewesen seien, einen großen Bogen um die DDR zu machen.[18] Am aufschlußreichsten ist das Gespräch mit Peter Furth, der von einer »opportunistischen und apologetischen Funktion des epigonalen Antifaschismus« im Argument spricht.[19] Es sei offenbar eine Illusion gewesen, zu glauben, man hätte »einen orthodoxen Marxismus ohne Partei« haben

13 Dieter Hirschfeld, »Umrisse einer Theorie des Antikommunismus«, in: Das Argument, 10. Jg., Heft 48, Oktober 1968, S. 335-347.
14 F.T. (d.i. Friedrich Tomberg) »Editorial: ČSSR und Kalter Krieg«, in: Das Argument, 10. Jg., Heft 48, Oktober 1968, S. 261-265 .
15 Das Argument, 10. Jg., Heft 48, Oktober 1968, S. 347.
16 Wolfgang Fritz Haug, »Faschismus-Theorie in antifaschistischer Perspektive«, in: Das Argument, 16. Jg., Heft 87, November 1974, S. 541f.
17 Peter Körte (Hg.), 30 Jahre Argument – Erfahrungen und Perspektiven. Interviews zu einem Jubiläum, West-Berlin 1988.
18 Christof Müller-Wirth, »Ich habe sehr viel lernen wollen und habe dann auch viel gelernt«, in: Peter Körte (Hg.), a.a.O., S. 31.
19 Peter Furth, »Es war ein epigonaler Antifaschismus«, in: Peter Körte (Hg.), a.a.O., S. 114.

können. »Allesbeherrschend«, erklärt er, »war dabei das Problem des Faschismus; zuvörderst ging es um die Rolle des Marxismus bei der Entwicklung einer vernünftigen Theorie des Faschismus. Aber gerade in diesem Punkt ist ... am wenigsten passiert; im wesentlichen kam es zur Wiederauferstehung der alten linken Antworten und Lösungen. Haug hat sehr früh über den hilflosen Antifaschismus geschrieben – und wir ahnten gar nicht, wie sehr *Das Argument* darunter fiel ... Er ist hilflos deshalb, weil ihm das Phänomen des Totalitarismus unzugänglich geblieben ist. Es wurde als Phänomen abgeleugnet. Das bedeutet, daß wir nicht erkennen wollten oder konnten, daß die Komplexität dessen, was mit Faschismus anzugehen war, viel weiter reichte und Traditionen in sich hineinzog, die wir für unbeschädigt und unberührbar hielten. Wir haben mit diesem epigonalen Antifaschismus die Komplexität des Faschismus reduziert.«[20]

Der einzige, der in dem Jubiläumsband nicht zu einem Interview bereit ist und lediglich einen nichtssagenden höflichen Brief beisteuert, ist Tomberg.[21] Der Philosoph war im Februar 1979 unter Spionageverdacht geraten und hatte sich Hals über Kopf in die DDR abgesetzt, wo er bald darauf eine Professur an der Universität Jena übernahm.

Eine in ihren Grundzügen ähnliche Entwicklung ließe sich am Beispiel der sogenannten Abendroth-Schule in Marburg durchdeklinieren. Der Politikwissenschaftler Reinhard Kühnl, der mit einer Dissertation über »Die nationalsozialistische Linke« begann,[22] war dann in den siebziger Jahren mit seinem Band »Formen bürgerlicher Herrschaft« für die populär-marxistische Faschismusdiskussion prägend geworden.[23]

---

20 A.a.O., S. 115.
21 Friedrich Tomberg, »An die hohe Zeit des Arguments erinnere ich mich gern zurück«, in: Peter Körte (Hg.), a.a.O., S. 170f.
22 Reinhard Kühnl, *Die nationalsozialistische Linke 1925-1930,* Meisenheim am Glan 1966.
23 Reinhard Kühnl, *Formen bürgerlicher Herrschaft. Liberalismus und Faschismus,* Reinbek 1971.

2. Der Begriff des Autoritären Staates als Transformationsterminus

Das Horkheimer-Diktum »Wer aber vom Kapitalismus nicht reden will, sollte auch vom Faschismus schweigen« steht wie ein unfreiwillig tragischer Portalspruch über der Theorieentwicklung der Studentenbewegung. Das Zitat stammt aus dem bei Ausbruch des Zweiten Weltkriegs verfaßten Aufsatz »Die Juden und Europa«, einem Text, in dem es zentral um den Antisemitismus und den Nationalsozialismus geht.[24] Horkheimer warnt darin inständig davor, der Vergangenheit des liberalen Bürgertums nachzutrauern. Gegen den Faschismus könne man sich nicht auf Kräfte berufen, durch die er überhaupt erst habe siegen können.

Drei Jahre später schreibt er in Kalifornien den Aufsatz »Autoritärer Staat«, der zu einem Schlüsseltext der Studentenbewegung werden soll.[25] Der darin explizierte Begriff des »integralen Etatismus« impliziert eine Form totalitärer Herrschaft und soll sowohl für den Staatskapitalismus wie auch für den Staatssozialismus Geltung besitzen.

Voraussetzung seiner Analyse ist die von seinem Freund Friedrich Pollock entwickelte Theorie des Staatskapitalismus, in der die ökonomischen Voraussetzungen für das Funktionssystem des autoritären Staates entwickelt werden.[26] Pollock, der ja bereits 1929 eine Studie über »Die planwirtschaftlichen Versuche in der Sowjetunion« publiziert hat,[27] sieht im Staatskapitalismus den Nachfolger für den Privatkapitalismus. Der Staat selbst übernimmt danach zentrale Funktionen des Kapitalisten, der mehr oder weniger auf die Rolle eines Rentenempfängers zurückgeworfen wird. Der Markt als Ausgleichsmedium zwischen Angebot und Nachfrage wird durch

---

24 Max Horkheimer, »Die Juden und Europa«, in: ders., *Gesammelte Schriften* Bd. 4: Schriften 1936-1941, hg. von Alfred Schmidt, Frankfurt am Main 1988, S. 308f.

25 Max Horkheimer, »Autoritärer Staat«, in: ders., *Gesammelte Schriften* Bd. 5: Dialektik der Aufklärung und Schriften 1940-1950, hg. von Gunzelin Schmid Noerr, Frankfurt am Main 1987, S. 293-319.

26 Friedrich Pollock, »Staatskapitalismus«, in: ders., *Stadien des Kapitalismus*, hg. von Helmut Dubiel, München 1975.

27 Friedrich Pollock, *Die planwirtschaftlichen Versuche in der Sowjetunion 1917-1927*, Leipzig 1929 (Reprint Frankfurt am Main 1971).

ein Plansystem ersetzt. Preise und Profite sind zwar nicht abgeschafft, müssen sich jedoch in den Gesamtplan integrieren. In allen Bereichen der Politik und der Administration gelten die Prinzipien wissenschaftlichen Managements.

Entscheidender Punkt in Horkheimers Vorstellung vom »integralen Etatismus« ist die Ersetzung von Terror durch Manipulation. »Die konsequenteste Art des autoritären Staates, die aus jeder Abhängigkeit vom privaten Kapital sich befreit hat«, schreibt er, »ist der integrale Etatismus oder Staatssozialismus. Im integralen Etatismus ist die Vergesellschaftung dekretiert ... Der integrale Etatismus bedeutet keinen Rückfall, sondern Steigerung der Kräfte, er kann leben ohne Rassenhaß.«[28]

Auf dem Höhepunkt der Studentenbewegung im September 1967 wird Horkheimers Theorie vom autoritären Staat auf einer SDS-Delegiertenkonferenz in Frankfurt als analytischer Rahmen benutzt, um antiautoritäre Politik begründen zu können. In dem von Rudi Dutschke und Hans-Jürgen Krahl gemeinsam verfaßten »Organisationsreferat« – so der unauffällige Titel – wird die Bundesrepublik als System des integralen Etatismus interpretiert: Große Koalition, Konzertierte Aktion und Formierte Gesellschaft sind die Stichworte.[29] Die beiden Wortführer der antiautoritären Fraktion fordern eine existentielle Wendung im politischen Kampf, die von der antiinstitutionellen Auseinandersetzung in den Hochschulen bis zum bewaffneten Kampf von Stadtguerilleros reichen soll.

Ebenso wie im Begriff des autoritären Staates ist der des Totalitarismus impliziert in einem anderen Schlüsselwerk der Studentenbewegung – in Herbert Marcuses Buch »Der eindimensionale Mensch«.[30] Der Wohlfahrtsstaat, schreibt Marcuse, sei eine Mißgeburt zwischen organisiertem Kapitalismus und Sozialismus; die Industriegesellschaft als Ganzes tendiere zum Totalitären. Totali-

---

28 Max Horkheimer, »Autoritärer Staat«, a.a.O., S. 300f.
29 Rudi Dutschke / Hans-Jürgen Krahl, »Das Sich-Verweigern erfordert Guerilla-Mentalität. Organisationsreferat auf der 22. Delegiertenkonferenz des SDS, September 1967«, in: Rudi Dutschke, *Geschichte ist machbar. Texte über das herrschende Falsche und die Radikalität des Friedens*, hg. von Jürgen Miermeister, West-Berlin 1980, S. 89-95.
30 Herbert Marcuse, *Der eindimensionale Mensch. Studien zur fortgeschrittenen Industriegesellschaft*, Neuwied / Berlin 1967.

tär sei nicht nur die politische Gleichschaltung der Gesellschaft durch Terror, sondern auch eine ökonomisch-technische durch die Manipulation von Bedürfnissen. »Nicht nur eine besondere Regierungsform oder Parteiherrschaft bewirkt Totalitarismus, sondern auch ein besonderes Produktions- und Verteilungssystem, das sich mit einem Pluralismus von Parteien, Zeitungen, ausgleichenden Mächten durchaus verträgt.«[31] Technik ist ihm kein neutrales Mittel zur Steigerung gesellschaftlicher Produktivität, sondern ein Medium von gegenständlich vermittelten Herrschaftsbeziehungen. Die vielgerühmte technokratische Rationalität sei in Wirklichkeit Ausdruck von Willkür, der bloße Schein von Neutralität.

Die Verabschiedung der Notstandsgesetze ist die folgenreichste Niederlage der Außerparlamentarischen Opposition (APO). Danach treten tiefgreifende Dissoziierungsprozesse auf, die die antiautoritäre Bewegung pulverisieren und schließlich auch zur Auflösung des SDS führen. Ein Teil seiner Mitglieder wird von DKP und SPD aufgesogen, ein anderer flüchtet sich in den Aufbau neoleninistischer bzw. maoistischer Kaderorganisationen.

Entscheidend ist dabei der umgekehrt reziproke Zusammenhang von Demokratie und Diktatur: Einerseits vollzieht sich eine Delegitimierung der parlamentarischen Demokratie und andererseits eine Relegitimierung der Idee der proletarischen Diktatur. Voraussetzung für diese gegenläufige Verschiebung ist die Behauptung, Kapitalismus und Demokratie schlössen sich aus. Wichtigster Verfechter dieser Ansicht ist Johannes Agnoli, der in seinem Buch zwar ebenso listig wie vorsichtig von »Fundamentalopposition« spricht,[32] damit jedoch, wie aus späteren Schriften hervorgeht, eine Form meint, die auf Klassenkampf abzielt.

Im Hintergrund der Parlamentarismuskritik im SDS, das sollte dabei nicht übersehen werden, steht die radikale Liberalismuskritik der Kritischen Theorie aus der Zeit des amerikanischen Exils.

---

31 A.a.O., S. 23.
32 Johannes Agnoli / Peter Brückner, *Die Transformation der Demokratie*, Frankfurt am Main 1968.

3. Zur Möglichkeit der Manipulation und Instrumentalisierung politischer Schlüsselbegriffe

Begriffe zu besetzen ist bekanntlich ein für die Politik überaus relevanter Vorgang. Bei der Etablierung bestimmter Schlüsselbegriffe wird mitunter nachgeholfen. Das war in den fünfziger Jahren bei der Durchsetzung des Totalitarismusbegriffs zu beobachten und das ist möglicherweise auch gegenwärtig bei seiner sich abzeichnenden Renaissance nicht auszuschließen. Die Tatsache jedenfalls, daß in einem CDU-regierten Bundesland der Ex-DDR, in Sachsen, genauer in Dresden, ein Hannah-Arendt-Institut gegründet worden ist, könnte dafür symptomatisch sein.

Meine Hypothese, um die es mir im Zusammenhang mit der Studentenbewegung geht, lautet:

Auch bei der Ablösung der Totalitarismus- durch die Faschismustheorie könnte unter Umständen »nachgeholfen« worden sein. Zu den bislang wenig durchleuchteten Kapiteln der jüngeren Geschichte gehört die Frage nach Formen und Ergebnissen einer operativen Einflußnahme der SED auf die Neue Linke, insbesondere auf den SDS. Viele Indizien sprechen dafür, daß Teile des SDS instrumentalisiert und manipuliert worden sind und andere dagegen diskreditiert, isoliert und geschwächt. Nach dem Unvereinbarkeitsbeschluß der SPD war die kleine Studentenorganisation für die SED eine durchaus wichtige Gruppierung. Mit ihr sollte die deutschlandpolitische Isolation der DDR nach dem Mauerbau durchbrochen, die Hallstein-Doktrin durchlöchert und die Anerkennungspolitik eingeleitet werden. Und in der Tat: Rückbetrachtend war der SDS – dieses verstoßene Kind der SPD – in vielerlei Hinsicht Vorreiter der späteren Ostpolitik der sozialliberalen Koalition.

Wenn man die Propagandapolitik der SED gegenüber der Bundesrepublik im Zusammenhang sieht, dann war der Ausschuß für Deutsche Einheit sicher eine der wichtigsten Einrichtungen. Auf internationalen Pressekonferenzen in Ost-Berlin wurden zumeist unter Leitung von Albert Norden jahrelang bundesdeutsche Politiker als Ex-Nazis zu enttarnen versucht: Die Fälle Globke, Oberländer, Krüger, Lübke u.a. stehen dafür. Eine Reihe der dabei vorgelegten Dokumente wurde in Form von Kopien nach West-Berlin oder in die Bundesrepublik weitergegeben. So führte z.B. das Berliner SDS-Mitglied Reinhard Strecker im Anschluß an eine Pressekampagne Nordens Ende 1959 in Karlsruhe die Ausstellung »Ungesühnte Nazi-Justiz« durch, in der zahlreiche bundesdeutsche Richter und Staatsanwälte wegen ihrer Vergangenheit schwer belastet wurden.[33] Inzwischen ist bekannt, daß der Ausschuß für Deutsche Einheit eine eigene Fälscherwerkstatt betrieb, in der Dokumente bisweilen auch manipuliert oder – wie ein ehemaliger Mitarbeiter es einmal formuliert hat – »angespitzt« wurden.

Wichtiger jedoch als die Steuerung und Manipulation von Informationsflüssen könnte noch die Beeinflussung des intellektuellen und politischen Diskurses gewesen sein. Es gibt jedenfalls eine Reihe von Hinweisen, die besagen, daß verschiedene linke Zeitschriften nicht nur finanzielle Unterstützung durch die SED erfahren haben und die Möglichkeit nicht auszuschließen ist, daß in einzelnen Redaktionen Mitarbeiter plaziert werden konnten, die für die Kontrolle der ideologischen Grundlinie bzw. – um in der Terminologie der DDR zu sprechen – als regelrechte Diversanten tätig waren. Für diese Vermutung nur drei Beispiele:

Das erste betrifft die Zeitschrift Konkret, deren ehemaliger Chefredakteur Klaus Rainer Röhl ja bereits vor zwanzig Jahren seine Mitgliedschaft in der illegalen KPD und eine sich über Jahre erstreckende finanzielle Unterstützung durch die DDR zugegeben hat.[34] Auf dem »Studentenkongreß gegen Atomrüstung« im Januar 1959 in West-Berlin kommt es zu einem politischen Eklat wegen der Verabschiedung einer Resolution zur Deutschlandpolitik, die von zwei Konkret-Redakteuren verfaßt worden ist. Die Mehrheit der Teilnehmer fordert danach Verhandlungen zwischen beiden Teilen Deutschlands, den Verzicht auf eine Diskreditierung der DDR und die Überprüfung einer »interimistischen Konföderation« zwischen beiden deutschen Staaten.[35] Dieser Vorschlag liegt ganz

33 Vgl. Willy Albrecht, *Der Sozialistische Deutsche Studentenbund (SDS). Vom parteikonformen Studentenverband zum Repräsentanten der Neuen Linken,* Bonn 1994, S. 356-359.
34 Klaus Rainer Röhl, *Fünf Finger sind keine Faust,* Köln 1974.
35 Zitiert nach Hans Karl Rupp, *Außerparlamentarische Opposition in der Ära*

auf der Linie der seitens der SED seinerzeit propagierten Deutsch-landpolitik. Hans Stern, der zusammen mit Reinhard Opitz den Anstoß zu der Resolution gegeben hat, stammt aus der DDR, arbeitet mehrere Jahre für *Konkret* und geht 1967 wieder in die DDR zurück.

Das zweite Beispiel betrifft *Das Argument*. Es ist ja bereits erwähnt worden, daß Friedrich Tomberg sich 1978 unter ungeklär-ten Umständen in die DDR abgesetzt hat. Nicht nur nach Aussage von Peter Furth ist er maßgeblich dafür verantwortlich gewesen, daß sich das einflußreiche Blatt zu einem orthodox marxistischen Organ entwickelte, dessen Grundpositionen nicht mit den in der DDR vertretenen in Konflikt gerieten.

Und als drittes sei der *Berliner Extra-Dienst* erwähnt. Das im Mai 1967 in West-Berlin gegründete Blatt für politische Gegen-informationen wurde von Carl L. Guggomos geleitet, der 1993 als ehemaliger Mitarbeiter des MfS enttarnt worden ist.

Bedeutsam und für den hier angeschnittenen Zusammenhang besonders relevant sind aber auch Diversionskampagnen gegen exponierte Theoretiker bzw. Sprecher der antiautoritären Linken:

Im Mai 1969 wird in der *Prawda* der Startschuß zu einer Anti-Marcuse-Kampagne gegeben.[36] Der diskriminierende Artikel wird kurz darauf in zahlreichen anderen Zentralorganen verschiedener Ostblockstaaten weiterverbreitet. Anfang Juni erscheint zuerst im Bulletin des Fränkischen Kreises und dann im *Berliner Extra-Dienst* ein umfangreicher Artikel, in dem der Vorwurf erhoben wird, Herbert Marcuse sei – so wörtlich – »eine der einfluß-reichsten Persönlichkeiten des amerikanischen Geheimdienstes« gewesen.[37] Im Office of Strategic Services (OSS), einem Vorläufer der Central Intelligence Agency (CIA), habe er den Auftrag über-nommen, nach dem Krieg in Frankfurt eine gegen die Sowjetunion gerichtete Spionagezentrale aufzubauen; diese habe eng mit der

---

Adenauer. Der Kampf gegen die Atombewaffnung in den fünfziger Jahren, Köln 1980, S. 255.

36 Jurij Shukow, »Werwölfe. Der Pseudoprophet Marcuse und seine lärmenden Schüler«, in: *Prawda* vom 30. Mai 1969; dt. Übersetzung in: Klaus Mehnert, *Moskau und die Neue Linke,* Stuttgart 1973, S. 133-138.

37 *Berliner Extra-Dienst* vom 4. Juni 1969, 3. Jg., Nr. 44, S. 10f.

Organisation Gehlen kooperiert. Als Folge geistert in der zu diesem Zeitpunkt ohnehin im Zerfall begriffenen APO das Gerücht umher, Marcuse sei »CIA-Agent« gewesen.[38]

Zur selben Zeit mehren sich auch publizistische Angriffe von DKP-nahen Publikationsorganen gegen Rudi Dutschke und Daniel Cohn-Bendit, die beiden prominentesten Sprecher der Studentenbewegung, die zugleich aus ihrer antisowjetischen Haltung nie einen Hehl gemacht haben.

Und im September 1969 spielt sich im Rowohlt Verlag die bis heute ungeklärte Ballon-Affäre ab.[39] Dieser Skandal hat zur Folge, daß der Herausgeber der einflußreichen und auflagenstarken Aktuell-Reihe, Fritz J. Raddatz, seinen Hut nehmen muß. In der Reihe waren Taschenbücher erschienen, die als Aushängeschilder der antiautoritären Bewegung galten und in denen zum Teil massive Kritik an der Sowjetunion und den kommunistischen Parteien Ost- und Westeuropas geübt wurde; z.B. von Daniel und Gabriel Cohn-Bendit in ihrem Linksradikalismus-Band.[40] Raddatz war übrigens im Herbst 1956, zur Zeit des ungarischen Volksaufstandes, Mitglied des Donnerstags-Kreises,[41] einer regimekritischen Gruppe an der Ost-Berliner Humboldt-Universität, und hatte sich wegen einer drohenden Verhaftung im Dezember 1958 in den Westen abgesetzt.

Die genannten Vorgänge, die den Verdacht nähren, daß bei der Regression der Neuen Linken zu einer orthodox marxistischen alten Linken die SED ihre Finger im Spiel hatte, sind noch weitgehend unerforscht.

---

38 Die Stellungnahme Marcuses lautete lapidar: »Ich war niemals beim CIA und kenne auch keinen Herrn Gehlen«; zitiert nach *Der Spiegel* vom 30. Juni 1969, 23. Jg., Nr. 27, S. 109.
39 Vgl. Agnes Hüfner / Nicolaus Neumann / Bernt Richter (Hg.), *Rowohlt zum Beispiel. Dokumentation im Auftrag der Hamburger Gruppe der Literaturproduzenten*, Hamburg 1969 (Typoskript).
40 Gabriel und Daniel Cohn-Bendit, *Linksradikalismus. Gewaltkur gegen die Alterskrankheit des Kommunismus*, Reinbek 1968.
41 Vgl. Armin Mitter / Stefan Wolle, *Untergang auf Raten. Unbekannte Kapitel der DDR-Geschichte*, München 1993, S. 291.

4. Ursachen des Paradigmenwechsels

Der Paradigmenwechsel von der Totalitarismus- zur Faschismustheorie ist nicht zu verstehen, wenn für ihn ausschließlich theoretische Gründe ins Feld geführt werden. Die Studentenbewegung verfolgte ja nicht etwa die Absicht, eine möglichst stringente Metatheorie zur Herrschaftskritik zu entwickeln.

Um den doppelten Positionswechsel vom Antikommunismus zum Anti-Antikommunismus und vom Antitotalitarismus zum Antifaschismus begreifen zu können, ist es notwendig, eine Prämisse zu explizieren, die mehr oder weniger für alle Fraktionen der 67/68er-Studentenbewegung Geltung besaß.

Die Prämisse lautet: Nur unter der Voraussetzung einer nachholenden antinazistischen Opposition können der rasante Aufstieg der marxistischen Faschismustheorie, die Ausgrenzung der Totalitarismustheorie und die zunehmende Identifikation mit autoritären und verkappten bzw. offen totalitären Herrschaftsmodellen verstanden werden. Selbstverständlich heißt verstehen nicht zugleich auch entschuldigen.

Die Inflationierung des Faschismusbegriffs und die Diskreditierung des Totalitarismusbegriffs waren Resultate von reziprok verlaufenden Entwicklungen. Zu ihrer Spezifik gehörte, daß die Renaissance marxistischer Faschismustheorien in einem öffentlichen Diskurs stattfand, während sich die Ausgrenzung der Totalitarismustheorie nahezu geräuschlos vollzog. Sie wurde einfach zum Anathema. Insofern muß hier von einem schleichenden Paradigmenwechsel gesprochen werden, einem Positionswechsel in den Schlüsselbegriffen, dessen Gründe kaum irgendwo expliziert worden sind.

Ich habe den Übergang anhand von zwei Entwicklungssträngen skizziert, die zwar für unterschiedliche politische Optionen stehen, jedoch nicht ohne weiteres kommensurabel sind: dem *Argument* als einer theoriepolitischen Schleusenstation für die Umpolung vom Antitotalitarismus auf den Antifaschismus und dem Begriff des Autoritären Staates als Transformationsterminus für das Ausklinken der totalitarismustheoretischen Implikationen und die folgenreiche Entgrenzung des Faschismusbegriffs.

Von außen betrachtet scheint das Ergebnis des Transformationsprozesses sehr ähnlich zu sein. Doch dieser Eindruck täuscht. Noch im Faschismusbegriff der orthodoxen und der unorthodoxen Linken sind qualitative Differenzen vorhanden geblieben; während es dem einen auf eine ökonomische Begründung ankam, zielte der andere auf eine gesellschaftliche bzw. politische ab.

Die unterschiedliche Besetzung von Schlüsselbegriffen kann nicht verwundern, wenn man bedenkt, wie groß die politischen Spannungen innerhalb des SDS auf dem Höhepunkt der APO waren. Im SDS waren ja nicht nur enttäuschte Sozialdemokraten und Anhänger bzw. Mitglieder der illegalen KPD, sondern auch Verfechter eines offenen Antisowjetismus und in Grenzbereichen auch eines – freilich kokettierenden – Antikommunismus. Ich nenne nur einige Namen:

Rudi Dutschke und Bernd Rabehl stammten beide aus der DDR, versuchten sich zeitweilig als Mauerstürmer und Fluchthelfer, wurden der sogenannten »Abhauer«-Fraktion zugerechnet und blieben erklärte Gegner des SED-Regimes. Daniel Cohn-Bendit definierte seine politische Grundposition 1968 als Einheit von Antikapitalismus und Antikommunismus.[42] Auch wenn sich diese eher periphere Position für die Nichttraditionalisten im SDS nicht verallgemeinern läßt, so besteht doch kein Zweifel daran, daß das Grundverständnis der Mehrheitsfraktion negativ von einem Faschismus- und positiv von einem Sozialismusverständnis geprägt war, das weder stalinistisch noch sozialdemokratisch sein wollte. Es entsprach einem Verständnis, das sich am Ende der fünfziger Jahre unter dem Begriff »new left« in den USA und Großbritannien zu etablieren begonnen hatte. Dieser wurde maßgeblich von Theoretikern wie E.P. Thompson, Perry Anderson und C. Wright Mills geprägt und setzte sich im SDS nach dem Hinauswurf aus der SPD durch.[43] Neue Linke bedeutete eine doppelte Abgrenzung gegenüber den beiden dominierenden Kräften der alten Linken, dem Sowjetkommunismus und der Sozialdemokratie. In dieser Konfiguration stand der Antitotalitarismus zwar

42 Vgl. Gabriel und Daniel Cohn-Bendit, a.a.O.
43 Vgl. Jürgen Seifert, Die Neue Linke. Abgrenzung und Selbstanalyse, in: *Frankfurter Hefte,* 18. Jg., Nr. 1, Januar 1963, S. 30-40.

nicht im Vordergrund, ließ sich jedoch unschwer mit ihr in Einklang bringen.

Als dann im Sommer 1968 der SDS als formaler Organisationszusammenhang bereits durch die eruptive Massenwirkung seiner Aktionen überrollt war, brach die Spaltung der beiden Grundlinien offen auf:

– Während die einen vor sowjetischen Konsulaten gegen die militärische Intervention in der ČSSR protestierten, vollführten die anderen einen Eiertanz an Resolutionen. Deren Tenor lautete: Man dürfe sich nicht erneut in einen Kalten Krieg hineinziehen lassen und müsse den Sozialismus, wenn er in Gefahr geriete, notfalls auch mit Waffengewalt verteidigen.

– Heute erscheint es als historische Groteske, daß nicht einmal vier Wochen nach dem Einmarsch der Warschauer Paktstaaten in die ČSSR am 16. September 1968 in Offenbach die DKP gegründet wurde und zum wohl größten Auffangbecken für die frei flottierenden Protestpotentiale der APO werden konnte.

– Am selben Tag wurden auf einer SDS-Delegiertenkonferenz in Frankfurt fünf Mitglieder des KP-Flügels ausgeschlossen, weil sie sich bei den Weltjugendfestspielen in Sofia kurz zuvor daran beteiligt hatten, den SDS-Bundesvorsitzenden K.D. Wolff mit Angehörigen des bulgarischen Geheimdienstes zu verprügeln.

– Im Januar 1969 gründeten die Ausgeschlossenen dann zusammen mit anderen Traditionalisten in Westhofen an der Ruhr den Marxistischen Studentenbund Spartakus (MSB).

– Wer die verzweigte Geschichte der aus dem SDS hervorgegangenen Gruppierungen studiert, der wird nicht umhin kommen, zu konzedieren, daß im Unterschied zu DKP und MSB Spartakus auf der einen und den diversen neoleninistischen und maoistischen Splittergruppen auf der anderen Seite in der undogmatischen Linken eine grundsätzliche Ablehnung der DDR, ein manifester Antistalinismus und zuweilen auch ein militanter Antisowjetismus erhalten geblieben sind. Das galt nicht nur für anarchistische und trotzkistische Gruppierungen, sondern auch für Strömungen, die im Sozialistischen Büro zusammenarbeiteten und verschiedene, sich als linksradikal begreifende Gruppen in Frankfurt, München, Berlin und Hamburg, die später unter dem Stichwort »Autono-

124

mie« – zugleich der Titel einer von Thomas Schmid geprägten programmatischen Zeitschrift – von sich reden machten.

Schlußfolgerung: Auch wenn unbestreitbar ist, daß sich in allen Fraktionen der 68er-Linken der Faschismusbegriff durchzusetzen vermochte und der Totalitarismusbegriff fast spurlos verschwand, so gilt die Gleichung, daß der Antifaschismus zugleich Legitimationsideologie für autoritäre und totalitäre Herrschaftsmodelle war, keineswegs für alle diese Strömungen. Zuvor gab es in den siebziger Jahren keine antitotalitäre Neue Linke vom Begriff, in bestimmten Aspekten jedoch von der Sache her. Dies gilt es in Rechnung zu stellen, wenn nicht unzulässigen Verallgemeinerungen Vorschub geleistet werden soll.

Was sind die Ursachen des Paradigmenwechsels?
1. Die restaurative innenpolitische Entwicklung in der Bundesrepublik Mitte der sechziger Jahre mobilisierte Ängste, die so weit gingen, daß die erneute Etablierung eines autoritären, antidemokratischen, rechtsgerichteten Regimes für möglich gehalten wurde. Zu nennen sind hier neben der Großen Koalition und dem Mangel einer wirksamen parlamentarischen Opposition vor allem die Verabschiedung der Notstandsgesetze und der zeitweilige Aufstieg der Nationaldemokratischen Partei Deutschlands (NPD). Vergessen werden darf auch nicht, daß sich in West-Berlin zu Beginn des Jahres 1968 eine pogromähnliche Stimmung gegenüber protestierenden Studenten entwickelt hatte, für die der sozialdemokratisch regierte Senat und die Zeitungen des Springer-Konzerns in einem erheblichen Maße mitverantwortlich gewesen sind. Und noch weniger vergessen werden darf, daß das Attentat auf Rudi Dutschke am Gründonnerstag 1968 von einem jungen Rechtsradikalen verübt wurde. Die Entwicklung in der Bundesrepublik stand 1969 in der Tat auf Messers Schneide: Wäre die NPD mit 4,3% der Stimmen bei den Bundestagswahlen nicht relativ knapp an der 5%-Hürde gescheitert, dann hätte es ganz sicher keine sozialliberale Koalition gegeben. Adorno hat seinerzeit in einem Briefwechsel mit Günter Grass die Ansicht vertreten, daß bei allen Differenzen über die Einschätzung der Studentenbewegung kaum zu leugnen sei, daß die Studenten – so wörtlich –

»auf der Plattform der deutschen Reaktion die Rolle der Juden übernommen« hätten.[44]

2. Der Poststalinismus mit seinen veränderten Herrschaftsformen, die Abschwächung des Kalten Krieges und die Vorläufer der Entspannungspolitik ließen die Ostblockstaaten wie unter einem Weichzeichner erscheinen. Wichtig ist in diesem Zusammenhang auch, daß sich mit dem von Egon Bahr 1963 erstmals in Tutzing vorgestellten Konzepts »Wandel durch Annäherung« eine Strategie abzuzeichnen begann, die die Anbahnung innerdeutscher Beziehungen aus der Sackgasse der Blockkonfrontation herauszumanövrieren schien und die Hoffnung auf ein konstruktives Binnenverhältnis weckte.

3. Die identifizierende Totalitarismustheorie hatte seit dem XX. Parteitag der KPdSU immer größere Probleme, die Kriterien eines idealtypisch konstruierten Modells totalitärer Herrschaft mit den poststalinistischen Herrschaftsformen in Einklang zu bringen. Insbesondere die Verkoppelung von Ideologie und Terror, wie sie als Spezifikum von Hannah Arendt herausgearbeitet worden ist[45] und das Phänomen der permanenten Säuberung, ein Punkt auf den sich Zbigniew Brzezinski in seiner gleichnamigen Studie fixiert hat,[46] schienen sich in der Chruschtschow- und danach in der Breschnew-Ära nicht mehr oder nur noch höchst ungenügend belegen zu lassen. Nicht zu unterschätzen ist außerdem eine bei verschiedenen Klassikern der Totalitarismustheorie verkappt existierende Übertragungsproblematik, auf die von Kritikern der sechziger Jahre zu Recht hingewiesen worden ist. Ein am empirischen Material des Nationalsozialismus gewonnener Totalitarismusbegriff wurde in der Hochzeit dieser Theorie auf die stalinistische Sowjetunion und ihre Satellitenstaaten übertragen, obwohl über deren Herrschaftstechniken, die Opfergruppen, die sozialen Ausgrenzungsmechanismen und anderes mehr nur rudimentäre Kenntnisse vorhanden waren. Diese empirischen Defizite bezüglich der einen Seite der

---

44 Brief von Theodor W. Adorno an Günter Grass vom 4. November 1968, Adorno-Archiv Frankfurt am Main.
45 Hannah Arendt, *Elemente und Ursprünge totaler Herrschaft*, Frankfurt am Main 1955, S. 724-752.
46 Zbigniew K. Brzezinski, *The Permanent Purge. Politics in Soviet Totalitarianism*, Cambridge, Massachusetts 1956.

Totalitarismustheorie treten bei Hannah Arendt vielleicht am deutlichsten hervor, sind aber auch bei Carl Joachim Friedrich und anderen Exponenten nicht zu übersehen.[47]

4. Diese und andere Einwände mündeten in einen massiven Ideologieverdacht gegenüber der Totalitarismustheorie als solcher.[48] Der Anspruch, zwei als totalitär definierte Herrschaftssysteme unter einen Begriff subsumieren und damit zugleich verwerfen zu wollen, wird ja durch den Umstand konterkariert, daß nach dem Untergang des NS-Regimes aktuell politisch damit im Grunde nur die kommunistischen Regime gemeint sein konnten. Niemand anders als der CDU-Abgeordnete Rainer Barzel hat das 1965 während der Verjährungsdebatte im Bundestag mit dem Diktum »Hitler ist tot, aber Ulbricht lebt« zwingender in Worte gefaßt. Hinter der faktischen Differenz zwischen der Vergangenheit des einen und der Gegenwart des anderen totalitären Regimes konnte sich das Kontinuitätsbegehren einer antikommunistischen bzw. antibolschewistischen Ausrichtung verbergen. Damit wurde es einer konstitutiven NS-Ideologie ermöglicht, sich erneut in einer politischen Relegitimierung zu versuchen. Nach Ausbruch des Koreakrieges im Juni 1950 und der danach einsetzenden Wiederbewaffnung wurde von einer solchen Feindideologie immer häufiger Gebrauch gemacht – insbesondere von ehemaligen Wehrmachtsangehörigen, die nun auf einmal glaubten, den antibolschewistischen Feldzug mit den Amerikanern zusammen fortführen zu können. Die Totalitarismusdoktrin, die ja 1962 durch den Beschluß einer Kultusministerkonferenz zum verpflichtenden Lehrinhalt an bundesdeutschen Schulen gemacht wurde,[49] eignete sich so vorzüglich als »suprakonstitutionelle Verfassungsinterpretation« (Dan Diner), weil sie die Interessen der westlichen Besatzungsmächte mit

47 Vgl. Peter Christian Ludz, »Offene Fragen in der Totalitarismus-Forschung«, in: *Politische Vierteljahresschrift*, 1961, Heft 4, S. 319-348.

48 Z.B. Peter Christian Ludz, »Entwurf einer soziologischen Theorie totalitär verfaßter Gesellschaft«, in: *Studien und Materialien zur Soziologie der DDR*, Sonderheft der Zeitschrift für Soziologie und Sozialpsychologie, Köln / Opladen 1964, S. 11-58.

49 »Richtlinien für die Behandlung des Totalitarismus im Unterricht. Beschluß der Kultusministerkonferenz vom 5. Juli 1962«, in: *Kampf der Verdummung. Materialien der Schulbuch-Konferenz der DKP Hessen am 6. Juni 1971 in Frankfurt*, Frankfurt am Main 1971, S. 75ff.

denen des besetzten Landes auf einen Nenner bringen konnte: Zum einen konnten mit ihr die Prinzipien der parlamentarischen Demokratie und des liberalen Rechtsstaats ex negativo propagiert und zum anderen die gemeinsame Frontstellung gegenüber den Staaten des kommunistischen Ostblocks herausgestellt werden. Die Totalitarismusdoktrin offenbarte so eine augenzwinkernde, wenn nicht gar heuchlerische Dimension: Antifaschistisch war der Antitotalitarismus vor allem der Vergangenheit gegenüber gemeint, antikommunistisch aber vor allem gegenüber der Gegenwart. Die Rechts-Links-Symmetrie wurde mit dem Verbot der Sozialistischen Reichspartei (SRP) 1952 und dem der KPD 1956 scheinbar gewahrt, in Wirklichkeit jedoch hatte, was sich an der Strafverfolgung extremistischer Gruppierungen zeigte, die Totalitarismusdoktrin in der Bundesrepublik Schlagseite: Es war sehr viel riskanter, eine als kommunistisch verdächtigte Position einzunehmen als eine nazistische.[50] Die Tatsache, daß eine verzerrte Form der Herrschaftskritik normatives Postulat der bundesdeutschen Verfassung werden konnte, hat die Verwerfung der Totalitarismustheorie seitens der Linken maßgeblich erleichtert. Und die Abkehr von ihr konnte an der Freien Universität, der Wiege der Studentenbewegung, sogar noch als Emanzipation von den theoretischen Vätern erlebt werden. Denn die akademischen Lehrer der profiliertesten Sprecher des SDS – wie etwa Otto Stammer, Hans-Joachim Lieber und Richard Löwenthal – waren ja exponierte Vertreter der Totalitarismustheorie. Auch dieser eher psychologische Aspekt sollte nicht ganz unberücksichtigt bleiben.

5. Die Attraktivität einer marxistischen Faschismustheorie bestand nicht nur darin, daß sie eine bessere Möglichkeit als die Totalitarismustheorie zur Analyse des politischen Systems in der Bundesrepublik zu bieten schien, sondern vor allem auch in ihrem ökonomischen und sozialen Determinismus, d.h. in der Rationalitätserwartung einer materialistisch begründeten Theorie, deren Gesellschaftsanalyse in der ökonomiekritischen Definition von Klassen fußt. Bezeichnenderweise waren es die in der Totalitarismustheorie und der NS-Historik unterbelichteten Dimensionen, die

---

50 Vgl. Alexander von Brünneck, *Politische Justiz gegen Kommunisten in der Bundesrepublik 1949-1968*, Frankfurt am Main 1978.

hier ins Zentrum gerückt wurden: Finanzkapital, Großindustrie, Klassenherrschaft erschienen als die wichtigsten Kontinuitätsstränge. Dies hätte durchaus zu einer wichtigen Korrektur einer biographisch, phänomenologisch oder bloß ideologiekritisch verfahrenden Faschismusanalyse führen können. Doch der objektivistische Überhang, mit dem die Analyse der Gesellschaftsstruktur auf das Kapitalverhältnis zurückzuführen versucht wurde, ergab nicht nur eine Verengung der Optik, sondern auch verkehrte theoretische Weichenstellungen.

5. Schlußbemerkung

Der Versuch, die Totalitarismustheorie auf ein ideologisches Instrument im Kalten Krieg zu reduzieren und sie zu einer Art Metatheorie des Antikommunismus aufzublasen, wie das in der DDR etwa von Gerhard Lozek[51] und in der Bundesrepublik von Reinhard Kühnl, Reinhard Opitz und anderen unternommen worden ist,[52] stellte nur den Schutzschild dar, hinter dem sich ganz andere Kräfte, nämlich solche, die selbst zum Totalitarismus tendierten, aufbauen konnten. Die orthodox marxistische Kritik an der Totalitarismustheorie war ein trojanisches Pferd, dem die Ideologen eines anderen totalitären Regimes entstiegen sind.

Allerdings, was die Renaissance jener Theorien betrifft, die unter diesem Sammelbegriff zusammengefaßt werden, muß vor zweierlei gewarnt werden:

Eine Reaktualisierung der Totalitarismustheorie in Deutschland ist zum Scheitern verurteilt, wenn sie nicht zwei qualitativen Differenzen zwischen Nationalsozialismus und Kommunismus Rechnung trägt:

51 Autorenkollektiv unter Leitung von Gerhard Lozek, *Die Totalitarismus-Doktrin im Antikommunismus: Kritik einer Grundkomponente bürgerlicher Ideologie*, Ost-Berlin 1985.
52 Reinhard Kühnl, »Zur politischen Funktion der Totalitarismustheorien in der BRD«, in: Martin Greiffenhagen / Reinhard Kühnl / Johann Baptist Müller, *Totalitarismus. Zur Problematik eines politischen Begriffs*, München 1972, S. 7-22; Reinhard Opitz, »Zur Entwicklungsgeschichte der Totalitarismustheorie«, in: Frank Deppe / Willi Gerns / Heinz Jung (Hg.), *Marxismus und Arbeiterbewegung. Josef Schleifstein zum 65. Geburtstag*, Frankfurt am Main 1980, S. 106-122.

1. der Tatsache, daß in Deutschland nicht der Parteikommunismus aus eigener Kraft an die Macht gekommen ist, sondern der Nationalsozialismus und

2. daß es den Holocaust nur im NS-System gegeben hat. Woran letztlich alle marxistischen Faschismustheorien gleichermaßen gescheitert sind, daß die systematische Vernichtung der europäischen Juden schon kategorial in ihren Analysen nicht vorgesehen war, muß eine Lehre bleiben.

Der Antifaschismus als Beziehungsfalle

Plädoyer für die Verwerfung eines
verkappt totalitären Begriffs (1999)

Beitrag auf der Elias-Canetti-Konferenz im Oktober 1999 in Wien.

Drei Idealtypen der Vergangenheitsbewältigung

Wer sich mit der Semantik des Faschismusbegriffs befaßt, der setzt sich, ob gewollt oder ungewollt, zugleich mit einer der tragenden Säulen der Selbstlegitimation jener Staaten auseinander, die nach 1945 aus der Zerschlagung des »Großdeutschen Reiches« hervorgegangen sind.

Auf dem Soziologentag 1988 in Zürich hat sich Mario Rainer Lepsius mit dieser bis auf den heutigen Tag zentralen Legitimationsproblematik auseinandergesetzt und dabei eine ebenso einfache wie triftige Unterscheidung für den spezifischen Umgang mit der NS-Vergangenheit vorgeschlagen.

Während die Bundesrepublik, die sich auf der staatsrechtlichen Ebene dem Rückbezug deshalb nicht vollständig entziehen konnte, weil sie sich als Rechtsnachfolgerin des Deutschen Reiches verstand, den Nationalsozialismus normativ *internalisiert* habe, habe die DDR, deren Begründer sich ja als Gegner des NS-Regimes sahen, ihn als Produkt des Monopolkapitalismus *universalisiert,* und Österreich, das sich als Opfer der Intervention einer externen Macht, also des »Anschlusses« von 1938, begriff, habe ihn *externalisiert.*[1] Internalisierung, Universalisierung und Externalisierung

---

1 M. Rainer Lepsius, »Das Erbe des Nationalsozialismus und die politische Kultur der Nachfolgestaaten des ›Großdeutschen Reiches‹«, in: Max Haller, Hans-Joachim Hoffmann-Nowotny, Wolfgang Zapf (Hg.), *Kultur und Gesellschaft. Verhandlungen des 24. Deutschen Soziologentags, des 11. Österreichischen Soziologentags und des 8. Kongresses der Schweizerischen Gesellschaft für Soziologie in Zürich 1988*, Frankfurt am Main 1989, S. 247-264.

werden seitdem nicht nur innerhalb der Soziologie als die drei Idealtypen der Vergangenheitspolitik bezeichnet.

Auch wenn es durchaus vielversprechend wäre, diese drei Typen mit der gleichen Aufmerksamkeit zu verfolgen, so werde ich mich im wesentlichen auf einen, den der Universalisierung, konzentrieren. Das hat einen einfachen Grund. Nur im SED-Staat DDR hat der Antifaschismus den Rang einer suprakonstitutionellen Grundüberzeugung eingenommen.[2] Im Unterschied zur Bundesrepublik und zu Österreich war der Antifaschismus in der DDR eine Staatsdoktrin. Dennoch aber tangiert die universalistische Perspektive auch die beiden anderen Länder. Es tangiert sie dort, wo von der Linken, der Linken in der Bundesrepublik oder in Österreich, die Rede ist. Denn sie hält zu Recht noch immer einen antinazistischen Anspruch aufrecht, der zumeist aber – blind für die historisch-semantischen Probleme – als Antifaschismus deklariert wird. Auch wenn dieser nicht unbedingt mit der Staatsdoktrin der ehemaligen DDR gleichzusetzen ist, so entstammt er einem gleichen oder zumindest ähnlichen Geschichtsverständnis.

Antifaschistische Kampagnen der DDR

Wenn man die Propagandapolitik der SED gegenüber der Bundesrepublik im Zusammenhang sieht, dann war der Ausschuß für Deutsche Einheit sicher ihre wichtigste Einrichtung.[3] Auf internationalen Pressekonferenzen in Ost-Berlin wurden zumeist unter Leitung von Albert Norden jahrelang bundesdeutsche Politiker als Ex-Nazis zu enttarnen versucht: Die Fälle Globke, Oberländer, Krüger u.a. stehen dafür.[4] Eine Reihe der dabei vorgelegten Dokumente wurde in Form von Kopien nach West-Berlin oder in die

2 Vgl. das Kapitel »Antifaschistischer Stalinismus« in der grundlegenden Arbeit von Sigrid Meuschel, *Legitimation und Parteiherrschaft in der DDR*, Frankfurt am Main 1992, S. 29-122.
3 Vgl. Michael Lemke, Instrumentalisierter Antifaschismus und SED-Kampagnenpolitik im deutschen Sonderkonflikt 1960-1968, in: Jürgen Danyel (Hg.), *Die geteilte Vergangenheit. Zum Umgang mit Nationalsozialismus und Widerstand in beiden deutschen Staaten*, Berlin 1995, S. 61ff.
4 Zu den Aktivitäten des Ausschusses für Deutsche Einheit siehe Wolfgang Kraushaar, *Die Protest-Chronik. Eine illustrierte Geschichte von Bewegung, Widerstand und Utopie, 1949-1959*, Bd. I-III, Hamburg 1996.

Bundesrepublik weitergegeben und später in ganzen Enthüllungsbüchern wie dem »Braunbuch«[5] sowie dem »Graubuch«[6] der Öffentlichkeit vorgestellt.

Die Historikerin Annette Weinke hat kürzlich die Rolle antifaschistischer Kampagnen für die Innen- und Außenpolitik der DDR eingehend untersucht.[7] Ihrer Darstellung nach setzte die operative Nutzung von Akten aus der NS-Zeit Mitte der fünfziger Jahre ein. Ausschlaggebend war dafür zunächst einmal das Scheitern der in den Anfangsjahren auf Gesamtdeutschland ausgelegten SED-Politik. Mit dem Ende der Besatzungsära, der Wiedererlangung der Souveränität, der Wiederbewaffnung und der mit der Gründung des Warschauer Pakts vollzogenen Spaltung in zwei militärische Machtblöcke konnte es seit 1955 keine Aussicht mehr auf eine rasche Wiedervereinigung geben. Hinzu kam die Illegalisierung kommunistischer Politik ein Jahr später durch das vom Bundesverfassungsgericht ausgesprochene KPD-Verbot. Zu diesem Zeitpunkt setzte jedenfalls beim Ministerium für Staatssicherheit eine planstabsmäßig organisierte Auswertung von Aktenmaterial für die »Westarbeit« ein. Die Federführung dieser Aktivitäten, in die auch die Geheimdienste aller anderen Ostblockstaaten einbezogen wurden, habe bei Oberst Alfred Scholz und Oberstleutnant Willi Damm gelegen. Vorrangiges Ziel sei es zunächst einmal gewesen, personenbezogene Akten aus der Zeit vor 1945 länderübergreifend zu erfassen und auszuwerten, um daraus Belastungsdossiers für hochrangige Politiker der Bundesrepublik erstellen zu können. Die Funktion der antifaschistischen Kampagnen habe schlicht und einfach darin bestanden, das eigene System zu legitimieren und das gegnerische zu delegitimieren. Vor den schier übermächtigen Schatten der Vergangenheit sollte im Gegensatz zu der als »postfaschistisch«

5 Nationalrat der Nationalen Front des Demokratischen Deutschland / Dokumentationszentrum der Staatlichen Archivverwaltung der DDR (Hg.), *Braunbuch. Kriegs- und Naziverbrecher in der Bundesrepublik*, Ost-Berlin 1965.
6 Nationalrat der Nationalen Front (Hg.), *Graubuch. Expansionspolitik und Neonazismus in Westdeutschland, Hintergründe, Ziele, Methoden*, Ost-Berlin 1967.
7 Annette Weinke, »Der Kampf um die Akten. Zur Kooperation zwischen MfS und osteuropäischen Sicherheitsorganen bei der Vorbereitung antifaschistischer Kampagnen«, in: *Deutschland Archiv*, 32. Jg., Nr. 4, Juli / August 1999, S. 564-577.

geltenden BRD allein die als »antifaschistisch« glorifizierte DDR als begründungsfähig erscheinen.

Die zentrale Maßnahme wurde, wie inzwischen dank einer wiedergefundenen Diplomarbeit, die an der zum MfS gehörenden Juristischen Hochschule in Potsdam verfaßt worden war,[8] bekannt geworden ist, unter der Bezeichnung »Aktion Nazikamarilla« eingeleitet. In der von dem späteren Stasi-Abteilungsleiter Dieter Skiba verfaßten Arbeit heißt es: »In Fortsetzung der mit der Enthüllung der Verbrechen Oberländers begonnenen Kampagne wurden durch die Organe des MfS polizeilich-operative Maßnahmen … eingeleitet mit dem Ziel, solche führenden Bonner Politiker wie Globke, Lemmer, Seebohm, Schröder und andere zielgerichtet vor der Weltöffentlichkeit zu entlarven.«[9] Der »plakativ herausgestellte Antifaschismus«, kommentiert Annette Weinke das vorgebliche Interesse an der Überführung von NS-Tätern, sei in Wirklichkeit ein »Hebel für blockübergreifende vergangenheitspolitische Aktionen gegen die Bundesrepublik« gewesen.

Die Kampagne gegen Heinrich Lübke

Ein Musterbeispiel für eine derartige Manipulation in Sachen »Antifaschismus« war der »Fall Lübke«. Der CDU-Politiker, der ein Jahrzehnt als Bundespräsident im Amt war, galt vielen protestierenden Jugendlichen geradezu als Lieblingsgegner. Für sie war er eine Projektionsfigur: Sie sahen in dem Repräsentanten mit dem knarrenden Dialekt und dem hölzern-dozierenden Gestus einen provinzialistischen Einfaltspinsel, einen konservativen Tugendwächter, einen dilettantischen Orator, der immer für einen Überraschungsangriff auf das Zwerchfell gut war. Der Sauerländer, der ständig auf Weltreise zu sein schien, verkörperte all das, was man habituell abschütteln wollte: Steifheit, Konventionalität, Engstirnigkeit, Starrsinn. Der höchste Repräsentant des Staates war un-

---

8 Dieter Skiba, *Der Beitrag der Organe des MfS bei der konsequenten Verfolgung von Nazi- und Kriegsverbrechen und Verbrechen gegen die Menschlichkeit*, Diplomarbeit der Juristischen Hochschule Potsdam-Eiche, BStU, ZA, JHS VVS 384/80, K 414, Bl. 45.
9 A.a.O., Bl. 83f.

freiwillig komisch und konnte deshalb nicht mehr als Autorität ernstgenommen werden. Lübkes faktische Nicht-Autorität verhielt sich reziprok zum Antiautoritarismus der Studentenbewegung; auf einer bestimmten Ebene entsprach sich beides.

Lübke war ein kultureller Exponent der Adenauer-Ära. In Reinkultur verkörperte er jene Gesellschaftswerte, die politisch wie kulturell rückwärtsgewandt waren und von denen sich die jüngere Generation zu lösen begonnen hatte. Einerseits eignete er sich in der Protestbewegung zur Persiflage, andererseits aber auch zur Delegitimation. In beiden Fällen bestand das Ziel darin, den Staat selbst zu delegitimieren: zum einen durch den Nachweis der Inkompetenz seines höchsten Würdenträgers, zum anderen durch den vermeintlichen Beweis für dessen Verstrickung in das NS-System bis hin zu seiner Rolle im Rahmen der Judenvernichtung.

Sein größter Förderer war kein Mann aus seiner eigenen Partei, sondern der stellvertretende SPD-Vorsitzende Herbert Wehner, der in ihm nicht zu Unrecht einen Befürworter einer großen Koalition sah. Die Wiederwahl Lübkes am 1. Juli 1964 konnte in dem Moment als gesichert gelten, als Wehner, eine allseits gefürchtete Autorität, den SPD-Parteivorstand davon überzeugt hatte, aus taktischen Gründen der Machteroberung auf einen eigenen Kandidaten zu verzichten und den Amtsinhaber bereits im ersten Wahlgang bestätigen zu wollen. Wie der Historiker Arnulf Baring in seinem Buch »Machtwechsel« später herausgearbeitet hat, war dieser Schachzug ein wichtiger Schritt auf dem Weg zur Großen Koalition ebenso wie ein bedeutsamer Zwischenschritt auf dem Weg zur sozialliberalen Koalition, mit anderen Worten der SPD an die Macht.[10]

Kurz vor Lübkes Wiederwahl war Albert Norden, der Propagandachef der SED, in Ost-Berlin auf einer Pressekonferenz des Nationalrats der Nationalen Front an die Mikrophone getreten und hatte erklärt, daß der Mann, der sich anschickte, ein weiteres Mal Bundespräsident zu werden, 1940 mit der Baugruppe Schlempp in Peenemünde für ein Rüstungsvorhaben gearbeitet habe. Damit setzte eine jahrelange Kampagne der SED ein, die in dem Vorwurf

10 Arnulf Baring, *Machtwechsel. Die Ära Brandt-Scheel,* Stuttgart 1982, S. 27ff.

gipfelte, Lübke habe sich als Architekt am Bau von Konzentrationslagern beteiligt.[11] Diese Beschuldigung fiel unter den Aktivisten der 68er-Bewegung auf fruchtbaren Boden. Im Bild des vermeintlichen KZ-Baumeisters schien der unfreiwillige Komiker an der Staatsspitze seine häßliche Fratze zu offenbaren. Niemand unter den Studenten, die 1967/68 diese Mär in zahlreichen symbolischen Aktionen verbreiteten, konnte wissen, daß das Politbüro der SED am 9. Juni 1964 den Beschluß gefaßt hatte, die Dokumentationsstelle des Innenministeriums der DDR damit zu beauftragen, in den Archiven systematisch nach Belastungsmaterial zur Diskreditierung des Bundespräsidenten zu suchen.

In einer 1992 erschienenen Publikation schildern die beiden ehemaligen für Desinformation zuständigen HVA-Offiziere Günter Bohnsack und Herbert Brehmer, daß die Dokumente der Anti-Lübke-Kampagne zum Teil präpariert und manipuliert worden seien.[12] So habe man echte Baupläne zur Errichtung von Baracken, die die Unterschrift Lübkes trugen, mit Deckblättern versehen, auf denen die Bezeichnung Konzentrationslager hinzugefügt worden sei. Dadurch sei eine Zuordnung der Dokumente zu KZ-Bauten hergestellt worden, die die Zeichnungen selbst nicht zugelassen hätten.

Mit anderen Worten, Lübke, der auf dem Höhepunkt der gegen ihn laufenden Kampagne im März 1968 kaum in der Lage war, sich selbst zu verteidigen, war das Opfer einer von der SED inszenierten politischen Diffamierungskampagne. Im Gegensatz zu den Vorwürfen, die aus den Reihen der außerparlamentarischen Bewegung gegen den damaligen Bundeskanzler Kurt Georg Kiesinger erhoben wurden, der stellvertretender Abteilungsleiter im Propagandaministerium von Joseph Goebbels war, hatte man sich im »Fall Lübke« zum Büttel der SED-Propaganda machen lassen.

---

11 Vgl. Rudolf Morsey, *Heinrich Lübke. Eine politische Biographie*, Paderborn 1996; darin wird detailliert nachgewiesen, wie der Vorwurf, der damalige Bundespräsident sei während der NS-Zeit »KZ-Baumeister« gewesen, auf gefälschten Dokumenten basiert.
12 Günter Bohnsack / Herbert Brehmer, *Auftrag Irreführung. Wie die Stasi Politik im Westen machte*, hg. von Christian von Ditfurth, Hamburg 1992, S. 59f.

Die SED hat in ihrer Vergangenheit demonstriert, wie mit ihrem ostentativ herausgestellten Antifaschismus aus einem Kampfbegriff des Widerstands eine Säule kommunistischer Staatsräson werden konnte. Faschismus und Antifaschismus waren in dieser Terminologie zu Schlüsselbegriffen kommunistischer Propaganda geworden. Im einen wie im anderen Fall diente ihre Verwendung unzweifelhaft der Sicherung von Herrschafts- sowie der Unterdrückung von Freiheitsinteressen. Die Einstufung des Antifaschismus als moralisch grundierten Kampfbegriff ist insofern eine Irreführung, als sie die systematische Legitimations- und Herrschaftsfunktion seiner Verwendung ignoriert oder verkennt.

Andererseits ist das historische Scheitern des Antifaschismus nirgends so drastisch vor Augen getreten wie in der DDR. Es war symptomatisch für das Unvermögen des dortigen Kommunismus, die gesellschaftspolitische Logik der NS-Herrschaft zu erkennen. Der SED-Staat hatte es bekanntlich zu seinen vorrangigen Zielsetzungen gezählt, den »Faschismus« an seinen Wurzeln ausrotten zu wollen. Dieser Versuch jedoch, mit autoritativen Mitteln und auf repressive Weise die sozialen und ökonomischen Voraussetzungen des NS-Regimes zu beseitigen, endete mit einem Desaster.

Die Entnazifizierung reichte in der SBZ und der DDR, wie man inzwischen weiß, auch nicht sehr viel weiter als die von den Westmächten nur halbherzig betriebenen Parallelmaßnahmen in den westlichen Besatzungszonen und der BRD. Nicht einmal drei Prozent der DDR-Bevölkerung sollen direkt von Entnazifizierungsverfahren betroffen gewesen sein. Und mit der Gründung der Nationaldemokratischen Partei Deutschlands (NDPD) hatte man für die nicht abgestraften Ex-NSDAP-Mitglieder zudem noch rasch ein parteipolitisches Integrationsangebot formuliert.

Entscheidender und in seinen Auswirkungen sehr viel fataler dürfte allerdings gewesen sein, daß die SED gerade in ihren Anfangsjahren einen hypertrophen Nationalismus gepflegt hat. Mit aller Macht wollte sie einen besseren deutschen Staat begründen und öffnete sich dazu in Geschichte, Kultur und Politik nahezu ungefiltert allem, was als nationales Erbe galt. Die »Nationale

Front« als Dachorganisation der Blockparteien und Massenorganisationen, der »Nationalrat« als deren oberstes Organ, die »Nationale Volksarmee« (NVA), das SED-Zentralorgan *Neues Deutschland* u.a.m. waren Ausdruck eines politischen Kurses, in dessen Schatten nationale Optionen mehr oder weniger ungebremst florieren konnten.

Der Bankrott des Antifaschismus liegt nach dem Untergang der DDR in der Kontinuität eines völkischen Selbstbewußtseins, das sich nicht nur in fremdenfeindlichen, rassistischen und antisemitischen Anschlägen und Übergriffen gezeigt hat, sondern mittlerweile auch in der Etablierung eigener neonazistischer Subkulturen wie jenen, vor allem in Brandenburg nahe der deutsch-polnischen Grenze verbreiteten, »National befreiten Zonen« vor aller Augen getreten ist. [13]

Zur Neubewertung des italienischen Faschismus

Um einem möglichen Mißverständnis vorzubeugen, sollte betont werden, daß die Kritik am Antifaschismus als einer totalitären Rechtfertigungsfigur nicht gleichzusetzen ist mit einer völligen Verwerfung des Faschismusbegriffs. Dessen Verwendung ist nach wie vor in einer eingeschränkten Weise gerechtfertigt: Zum einen in bezug auf den auf Benito Mussolini zurückgehenden italienischen Herrschaftstypus und zum anderen in bezug auf all jene Bewegungen, die in ihrer aktivistisch-popularistischen Dynamik zugleich national, antidemokratisch und fremdenfeindlich ausgerichtet sind.

Für jeden, der sich auch nur ein wenig mit der politischen Biographie Benito Mussolinis auseinandergesetzt hat, ist offenkundig, daß dieser einen, wenn nicht *den* Paradefall des totalitären Herrschers darstellt. Nicht nur geht der Begriff in seiner affirmativen Wendung auf ihn zurück, sondern seine politische Entwicklung ist von dem ambivalenten Aktivismus geprägt, in dem aus einem radikalen, von Sorel, Lenin und anderen geprägten Soziali-

---

13 Vgl. Helmut Dietrich, »Das Phantom einer homogenen Gesellschaft in der ostdeutschen Grenzregion. Ein Einblick durch Interviews«, in: *Mittelweg 36*, 7. Jg., Oktober / November 1998, S. 53-72.

sten während des Ersten Weltkrieges ein glühender Nationalist und schließlich der Phänotyp eines Faschisten wurde.[14] In Umkehrung des berühmten Buches von Schüddekopf über die Nationalbolschewisten[15] ließe sich bei ihm von einem Musterbeispiel der »Rechten Leute von links« sprechen. Wer sich detaillierter mit der ungewöhnlichen, aber keineswegs völlig atypischen Karriere Mussolinis befassen will, der kommt heute an einer Rezeption des Hauptwerkes von Renzo de Felice nicht mehr vorbei. Der vor wenigen Jahren verstorbene Wissenschaftler gilt als der mit Abstand kompetenteste Mussolini-Forscher und als der vielleicht wichtigste Historiker des italienischen Faschismus. Seine aufsehenerregende Biographie Mussolinis wurde, wenn auch nicht ohne Zeitverzögerung und eine Reihe heftiger Dispute, in Italien zur Grundlage einer veränderten Faschismus-Interpretation.[16]

De Felice ist nicht über die politische Auseinandersetzung, wie in vielen anderen Fällen üblich, sondern als Historiker über seine Disziplin zur Faschismusforschung gelangt. Nach Studien über die italienischen Jakobiner ist er 1961 erstmals mit einer Arbeit über »Die italienischen Juden unter dem Faschismus« hervorgetreten. Als methodisch versierter, strenger Quellenkundler, dem es als erstem gelang, an zentrale Dokumente des faschistischen Staates im Außenministerium in Rom heranzukommen und diese systematisch auszuwerten, ging er Anfang der sechziger Jahre zur Erforschung der faschistischen Bewegung, ihrer Machteroberung und Etablierung als totalitärer Staat über und konzentrierte sich dabei von Anfang an auf die schillernde Biographie Mussolinis. Nach-

---

14 Vgl. Zeev Sternhell / Mario Sznajder / Maia Asheri, *Die Entstehung der faschistischen Ideologie. Von Sorel zu Mussolini,* Hamburg 1999.

15 Otto-Ernst Schüddekopf, *Linke Leute von rechts. Die nationalrevolutionären Minderheiten und der Kommunismus in der Weimarer Republik,* Stuttgart 1960.

16 Renzo de Felice, *Mussolini il revoluzionario, 1883-1920,* Turin 1965; ders., *Mussolini il fascista, I. La conquista del potere: 1921-1925,* Turin 1966; ders., *Mussolini il fascista, II. L'organizzazione dello Stato fascista: 1925-1929,* Turin 1968; ders., *Mussolini il duce, I. Gli anni del consenso: 1929-1936,* Turin 1974; ders., *Mussolini il duce, II. Lo Stato totalitario: 1936-1940,* Turin 1981; ders., *Mussolini l'alleato, I. L'Italia in guerra: 1940-1943,* Teil 1: Dalla guerra »breve« alla guerra lunga, Turin 1990; ders., *Mussolini l'alleato, I. L'Italia in guerra: 1940-1943,* Teil 2: Crisi e agonia del regime, Turin 1990; ders., *Mussolini l'alleato, II. La guerra civile: 1943-1945,* Turin 1997.

dem 1965 mit »Mussolini il revoluzionario« der erste Band über den »Duce« erschienen war, folgten weitere sieben mit einem Umfang von mehreren tausend Seiten. Neben diesem Mammutwerk erschien 1969 noch »Le interpretazioni del fascismo«, in dem die theoretischen Schlußfolgerungen für den Faschismus als System aus der Biographie gezogen werden.

Seine Hauptthesen lauten:

a) Es gibt eine grundlegende Unterscheidung zwischen dem Faschismus als Bewegung und dem Faschismus als Regime. Der Faschismus war insgesamt ein Versuch der Mittelschichten und des aufsteigenden Kleinbürgertums, sich als »neue Klasse« zu etablieren. Er war in der Anfangszeit eine vitale, nach vorn gerichtete, revolutionäre Bewegung, die stark von Modernisierungsbestrebungen geprägt war. Sie war sowohl gegen das Proletariat als auch gegen die Bourgeoisie gerichtet. Erst unter dem Regime wurde der Faschismus zum ideologischen Überbau der Diktatur des »Duce«. Die Anfangsimpulse wurden entweder instrumentalisiert oder ausgeblendet zugunsten eines pragmatisch zielorientierten Machtstrebens Mussolinis.

b) Einen nicht weniger grundlegenden Unterschied gibt es zwischen Faschismus und Nationalsozialismus. Während ersterer ein »Linkstotalitarismus« ist, dessen Wurzeln über Sorel und Babeuf auf die Französische Revolution, insbesondere das von den Jakobinern angestrebte rousseausche Modell der plebiszitären Massendemokratie, zurückverweisen, ist letzterer ein »Rechtstotalitarismus«, der von biologistischen und organizistischen Ideen, insbesondere der Rasseideologie, geprägt ist. Während im Faschismus als Bewegung »linke Werte«, wie Fortschrittsglauben, Zukunftsoptimismus, die Realisierbarkeit von Gesellschaftsentwürfen durch Wissenschaft und Technik, dominierten, war der Nationalsozialismus als Bewegung ebenso wie als Regime rassistisch, terroristisch und rückwärtsgewandt. Für die Massenvernichtung der Juden gibt es im Faschismus kein Pendant. Obwohl auch er von einer starken Affinität zum Einsatz von Gewalt gekennzeichnet ist, so fehlt ihm jedoch weitgehend die staatsterroristische Dimension.

c) Der Faschismus ist von einem weitreichenden Konsens zwischen Regime und Bevölkerung getragen gewesen. Es ist ihm gelungen, breite soziale Schichten in den Nationalstaat zu integrieren. Da er über eine stabile Massenbasis in der Bevölkerung verfügte, entstand ein nennenswerter Widerstand erst verhältnismäßig spät unter dem Eindruck der drohenden militärischen Niederlage. Ohne das Bündnis mit dem Nationalsozialismus und die Involvierung in den Zweiten Weltkrieg hätte es keinen Antifaschismus und keinen Bruch der politischen Kontinuität gegeben, wie ihn die italienische Nachkriegsgesellschaft mit ihrer Vorherrschaft der Christdemokraten dann darstellte. Mit anderen Worten: Ohne die Koalition mit den kriegs- und expansionslüsternen Nazis würde es den Faschismus in seiner originären Form vermutlich heute noch in Italien geben.

Nachdem seine Arbeiten jahrelang weitgehend ignoriert worden waren, gerieten einige seiner Thesen 1975 mit einem Schlag ins Zentrum einer öffentlichen Auseinandersetzung. Der amerikanische Historiker Michael Leeden hatte die wichtigsten seiner Forschungsergebnisse in einem Interview herausgestellt und von de Felice ausführlich kommentieren lassen. In dieser leicht lesbaren Form[17] gerieten seine Thesen unbeabsichtigt zur politischen Provokation. Seine Behauptungen wurden mit Empörung als Blasphemie gegenüber der antifaschistischen Tradition zurückgewiesen. Ein Bombardement an Vorwürfen ging über de Felice hernieder. Sie mündeten darin, daß er eine nachträgliche Rehabilitierung des Faschismus betreibe. Der Streit trug Züge einer italienischen Historikerdebatte – nur zehn Jahre früher als in der Bundesrepublik. Bemerkenswert ist allerdings, daß de Felice schon bald von kommunistischen und sozialistischen Historikern gegen unsachliche Polemiken in Schutz genommen wurde. Dennoch ist eine wissenschaftliche Auseinandersetzung mit seinem Werk nur verspätet in Gang gekommen. Vor einigen Jahren haben römische Studenten eine seiner Vorlesungen mit dem Vorwurf verhindert, er bereite das Feld für den Geschichtsrevisionismus der Neofaschisten. Interessant ist in diesem Zusammenhang auch, daß sich de Felice immer wieder mit Ernst Nolte auseinandergesetzt hat. Dessen These von einer faschistischen Epoche lehnt er wegen der

17 Aus der deutschen Übersetzung beziehe ich auch meine Informationen: Renzo de Felice, *Der Faschismus. Ein Interview von Michael A. Leeden*, Nachwort von Jens Petersen, Stuttgart 1977.

unzureichenden Unterscheidung zwischen Faschismus und Nationalsozialismus ab, in einer Reihe von historischen Details pflichtet er ihm jedoch bei.[18] Er ist kein ausgesprochener Anhänger der in Italien ohnehin kaum rezipierten Totalitarismustheorie. Er fordert jedoch eine ausführliche Rezeption und Auseinandersetzung mit ihr, weil er in einigen ihrer Forschungsansätze, insbesondere den Arbeiten Jacob L. Talmons,[19] eine ideologiekritische Unterstützung seiner eigenen Thesen sieht.[20]

Plädoyer für eine Aufgabe des Antifaschismusbegriffs

1. Es existieren so qualitative Differenzen zwischen dem Faschismus und dem Nationalsozialismus, daß eine terminologische Unterscheidung unverzichtbar ist. Die Herrschaftsform einer italienischen Diktatur, deren erfolgreiche Putschmethode Hitler und Ludendorff 1923 bei ihrem Marsch auf die Feldherrnhalle als Vorbild diente, wird mit dem Faschismus als Gattungsbegriff unzulässigerweise zum Allgemeintypus verallgemeinert, unter den schließlich auch der Nationalsozialismus subsumiert wird. Durch diese Übertragung bzw. Unterordnung werden entscheidende Merkmale der NS-Herrschaft geglättet oder gar eliminiert.

2. Der marxistische Faschismusbegriff ist in mehrfacher Hinsicht gesellschaftstheoretisch reduziert. Die Attraktivität einer marxistischen Faschismustheorie bestand vor allem in ihrem ökonomischen und sozialen Determinismus, der letztlich auf der Zuordnung von Klassen basiert. Bezeichnenderweise waren es die in der NS-Historik unterbelichteten Dimensionen, die hier ins Zentrum gerückt wurden: Finanzkapital, Großindustrie, Klassenherrschaft erschienen als die wichtigsten Kontinuitätsstränge. Dies hätte durchaus zu einer wichtigen Korrektur einer biographisch, phänomenologisch oder bloß ideologiekritisch verfahrenden Deutung führen können. Doch der objektivistische Überhang, mit dem die Analyse

18 Siehe Renzo de Felice, a.a.O., S. 86-88 und S. 136.
19 J.L. Talmon, *Die Ursprünge der totalitären Demokratie,* Köln / Opladen 1961 und ders., *Politischer Messianismus. Die romantische Phase,* Köln / Opladen 1963.
20 Renzo de Felice, a.a.O., S. 106-108.

der Gesellschaftsstruktur auf das Kapitalverhältnis zurückzuführen versucht wurde, ergab nicht nur eine Verengung der Optik, sondern auch verkehrte theoretische Weichenstellungen. Indem man nach der berüchtigten Komintern-Formel die faschistische Herrschaftsform als ökonomische Funktion des Kapitals begriff, das sich in der Krise terroristischer Mittel zu seiner Kontinuitätssicherung bedient,[21] wird die soziale und soziopsychische Dimension ausgeblendet oder bleibt zumindest unterbelichtet.

3. Die Exkulpierung des Volkes war dabei die entscheidende Konsequenz. Indem die Verantwortlichen bei den Eliten, insbesondere im Großkapital, ausgemacht wurden, konnte der Anschein erweckt werden, als sei das deutsche Volk ebenfalls Opfer der NS-Herrschaft gewesen. Die Psychologin Annette Simon, die Tochter der Schriftstellerin Christa Wolf, beschreibt das ihr während ihrer DDR-Kindheit vermittelte Bild mit den Worten: »Ich konnte mir die Zeit des zwölfjährigen Reiches nur als eine Zeit unsäglicher Greuel vorstellen. Das sehr früh angebotene sozial-ökonomische Erklärungsmodell vom ›Faschismus als höchstentwickelter Form des Monopolkapitalismus‹ und die Projektion, daß diese Verbrecher nun alle im Westen Deutschlands lebten, boten dem Kind Entlastung.«[22] Der Historiker Bernd Faulenbach hat dazu an anderer Stelle einmal bemerkt, daß aus dieser Perspektive Hitler eigentlich nur ein »Westdeutscher« gewesen sein könne.

4. Das antifaschistische Geschichtsbild verhinderte so zugleich, daß in der DDR eine individuelle Auseinandersetzung mit der Frage nach der Schuld an NS-Verbrechen nötig wurde. »Der antifaschistische Gründungsmythos«, schreibt der Berliner Politikwissenschaftler Herfried Münkler, »stellte sicher, daß man selbst zu den Opfern des Faschismus und gleichzeitig zu den Siegern der Geschichte und nicht zu den Tätern und Verlierern gehörte. Was an der Vergangenheit belastend und beschämend war, was daraus an Schuld und Verantwortung für die Gegenwart erwachsen konnte, wurde als etwas Fremdes markiert, das mit der eigenen Identität

---

21 *Protokoll des XIII. Plenums des E.K.K.I.*, Dezember 1933, Moskau / Leningrad 1934, S. 277.
22 Annette Simon, »Antifaschismus als Loyalitätsfalle«, in: *Frankfurter Allgemeine Zeitung* vom 1. Februar 1993.

nichts zu tun hatte.«[23] Die Zustimmung erheblicher Teile der Arbeiterschaft zum NS-System wie die Akzeptanz rassistischer und antisemitischer Einstellungen wurden nicht zum Thema gemacht, sondern waren vielmehr tabuisiert.

5. Die Vernichtung des europäischen Judentums als dem Hauptverbrechen der Nazis wurde zwar nicht geleugnet, aber relativiert und bagatellisiert. Die Juden waren als »Opfer des Faschismus« anerkannt, rangierten aber nur unter vielen anderen Völkern. Mit dieser Rolle vertrug sich, daß der Staat Israel angegriffen, seine Existenzberechtigung bestritten und zeitweilig offen antisemitische Kampagnen durchgeführt werden konnten.

6. Abstraktion und Instrumentalisierbarkeit des Faschismusbegriffs hängen eng miteinander zusammen. Aus dem marxistischen Objektivitätsanspruch resultiert die Möglichkeit zur herrschaftsförmigen Instrumentalisierung, den herrschaftskritischen in einen herrschaftsaffirmativen Begriff zu verwandeln, ja ihn selbst zu einer Legitimationskategorie von Herrschaft zu verfälschen. Die strukturell angelegte Entgrenzung des Faschismusbegriffs, der in erster Linie aus dem Kapitalverhältnis heraus bestimmt wurde, ermöglichte die gnadenlose Instrumentalisierung des Antifaschismus zur Legitimation stalinistischer oder poststalinistischer Herrschaftsformen.

7. Antifaschismus konnte so selbst zu einem totalitären Kampfbegriff werden, der der DDR als Staatsräson diente. Die offen repressive Seite dieser stalinistischen und poststalinistischen Herrschaftsideologie trat – wie bereits aufgezeigt – an zwei historischen Zäsuren hervor: Der Volksaufstand am 17. Juni 1953 wurde als »faschistischer Umsturzversuch« diffamiert, und die am 13. August 1961 in Berlin errichtete Mauer wurde als »antifaschistischer Schutzwall« glorifiziert. Jede Form der Kritik und Opposition lief in der DDR Gefahr, als potentiell faschistisch denunziert, isoliert und ausgelöscht zu werden.

8. Das staatliche Selbstverständnis in DDR und Bundesrepublik divergierten in der Ablehnung vom NS-Staat: Während in der

---

23 Herfried Münkler, »Antifaschismus und antifaschistischer Widerstand als politischer Gründungsmythos der DDR«, in: *Aus Politik und Zeitgeschichte* vom 30. Oktober 1998, S. 23.

DDR der Antifaschismus die von oben verordnete Staatsräson war, so war es in der Bundesrepublik der Antitotalitarismus. Da Antitotalitarismus in gewisser Weise die Subsumption von Antifaschismus und Antikommunismus unter eine Kategorie bedeutete und dies auch in der Rechtsprechung des Bundesverfassungsgerichts (Verbot der »Sozialistischen Reichspartei« (SRP) 1952 und der KPD 1956) nachzuvollziehen ist, konnte der Eindruck entstehen, daß die DDR-Position eine Seite, nämlich ihre eigene, ausgelassen habe. Doch diese Optik täuscht. Beide Positionen können angegriffen und als ideologisch bestimmt verworfen werden. Denn der Antitotalitarismus jener Jahre war zeitweilig eine Kampfkategorie des Kalten Krieges. Damit sollte der Kommunismus delegitimiert und die NS-Vergangenheit nicht angerührt werden. Unter dem Anschein einer sich universell gebenden Herrschaftskritik wurde die Kontinuität zur Vergangenheit in einem doppelten Sinne gepflegt: zum einen als Verlängerung des antibolschewistischen Kampfes und zum anderen als nur indirekte Distanzierung gegenüber dem Nationalsozialismus.

9. Der Antifaschismus war für viele Linke eine tragische Beziehungsfalle. Das ständige Sicheinschwörenlassen war das moralische Klebemittel gegenüber KPD und DKP, DDR und SED, UdSSR und KPdSU. Viele aufrichtige Gegner des NS-Systems wurden oder machten sich auf diesem Wege selbst zu Opfern einer tückischen Selbstdeutung. Im manichäischen Weltbild zwischen Ost und West ließen sie sich immer wieder aufs neue eine Entscheidung für den vermeintlich antifaschistisch-sozialistischen Staat abnötigen.

10. Da es in der DDR einen staatlich verordneten Antifaschismus gab, blieben die gesellschaftlichen Wurzeln der NS-Herrschaft in vieler Hinsicht unangetastet. Die soziopsychischen und mentalitätshistorischen Kontinuitäten setzten sich fort und führten zum Teil ein Eigenleben. Die SED stand, sozialpsychologisch betrachtet, für eine kommunistisch verbrämte Herrschaft des Kleinbürgertums und spezifisch für die Verlängerung eines analsadistischen Preußentums mit der Feier all jener Sekundärtugenden, die schon 1933 ihre herrschaftsdynamisierende wie -stabilisierende Rolle erwiesen hatten.

11. Die eruptiven Formen von Fremdenfeindlichkeit, Chauvinismus und Antisemitismus nach der deutschen Einigung 1990 stellen insofern keine Überraschung dar, eher den nachträglichen Beweis, daß die DDR in ihrem Hauptanspruch, den Faschismus zu eliminieren, gescheitert ist. Dieses Scheitern an der deutschen Geschichte, das Versagen im gesellschaftlichen Umgang mit der eigenen Vergangenheit, wiegt ungleich schwerer als das ökonomische, das politische, das kulturelle oder das ökologische Desaster, dessen Ausmaße man erst im nachhinein realisieren konnte.

12. Unübersehbar ist die ideologische Offensive rechtsorientierter Intellektueller und die Defensive bzw. Selbstblockade großer Teile der linken Intelligenz. Trotz dieser Angriffswelle darf es kein Wiederaufleben eines bloß taktisch bestimmten Umgangs mit der Antifaschismuskritik geben. Der Antifaschismus ist und wird trotz aller in ihrer Grundintention respektablen Bemühungen ein vergifteter Begriff bleiben. Die in den letzten Jahren erlebten Attacken sollten nicht dazu verleiten, einen historisch hinfällig gewordenen Begriff trotzig aufrechterhalten zu wollen. Statt dessen ist eine ernsthafte Debatte vonnöten, um zu klären, mit welcher Kategorie die Ablehnung des Nationalismus, des Neonazismus und seiner Adepten am treffendsten zu bezeichnen ist.

Die auf dem linken Auge blinde Linke
Antifaschismus und Totalitarismus (1994)

Diskussionsbeitrag zu der von der Wochenzeitung *Die Zeit* durchgeführten
Reihe »Umdenken. Deutschland, seine Rolle, seine inneren Umbrüche«.

Zur Erklärung ihrer anhaltenden Sprachlosigkeit führt die Linke
oft an, das Jahr 1989 sei ein ideengeschichtlicher Epochenbruch
gewesen. Diese These ist irreführend, denn erstens hat die Sprachlosigkeit andere Gründe, und zweitens war 1989 keine Stunde
Null. Zwar konnte niemand den Fall der Mauer, die deutsche
Einigung und den Zusammenbruch der Sowjetunion prognosti-
zieren, doch viele der Revisionsversuche, die den intellektuellen
Diskurs heute bestimmen, waren bereits zuvor ausgeformt. Um
nur ein Beispiel zu nennen: Schon 1985 plädierte der Historiker
Martin Broszat für eine Historisierung des Nationalsozialismus
und für eine Neubewertung der Modernisierungsleistungen des
NS-Systems.

I. Der Historikerstreit als Pyrrhussieg der Linken

Die größte intellektuelle Irritationserfahrung in der zweiten Hälfte
der achtziger Jahre bewirkte zweifelsohne der Historikerstreit. Er
rührte wie keine andere Kontroverse sonst an die geistigen Wurzeln der alten Bundesrepublik. Die am weitesten verbreitete Einschätzung über den Ausgang des Streits lautet, Linke und Liberale
seien mit dem Versuch einer Neubewertung der nationalsozialistischen Judenvernichtung zwar stark herausgefordert worden, hätten schließlich aber doch einen Punktsieg davontragen können. In
einer ideologischen Abwehrschlacht, in der es letztlich um die
demokratiestiftenden Lehren aus der Vergangenheit ging, habe ein
Erfolg errungen werden können. Doch dem ist nicht so.

Zur Erinnerung: Ausgangspunkt des Historikerstreits waren die Römerberggespräche im Juni 1986 in Frankfurt. Seitens der Referenten waren zwei inhaltliche Provokationen vorgesehen. Doch nur eine zündete, und dies nur auf Umwegen.

Das Eröffnungsreferat zum Thema »Politische Kultur – heute?« hielt der Schriftsteller Jorge Semprun.[1] Er plädierte zur allgemeinen Überraschung für eine Wiedervereinigung Deutschlands. Diese sei nur denkbar, wenn es in Europa einen entscheidenden Fortschritt der demokratischen gegenüber den totalitären Staaten gebe. Es dürfe keinen blinden Friedenswillen geben. Die Demokratie sei die Wurzel des Friedens und nicht umgekehrt. Am Ende seines Vortrags wandelte der Mann, der der Résistance angehört hatte, KZ-Häftling in Buchenwald und bis 1964 ZK-Mitglied der Kommunistischen Partei Spaniens war, ein bekanntes Diktum Max Horkheimers um: »Wer aber vom Stalinismus nicht reden will, der sollte auch vom Faschismus schweigen.«[2] Semprun prangerte vor allem eine »mehr oder weniger gewollte Blindheit« gegenüber den sozialen Realitäten des Sowjetkommunismus an. Sie sei eines der Haupthindernisse für ein angemessenes historisches Bewußtsein der Deutschen.

Doch dieser Versuch, den schwach entwickelten Antitotalitarismus der bundesdeutschen Linken herauszufordern, fand kaum Resonanz. Er blieb von einer größeren Öffentlichkeit so gut wie unbemerkt.

Umso stärker zündete dagegen eine Rede, die zwar vorgesehen war, aber wegen der angeblichen Ausladung des Referenten gar nicht gehalten wurde und erst auf dem Umweg eines Abdrucks in der *Frankfurter Allgemeinen Zeitung* am 6. Juni 1986, dem Eröffnungstag der Römerberggespräche, für Schlagzeilen sorgte: Ernst Noltes Pamphlet »Vergangenheit, die nicht vergehen will«.[3] Darin

1 Jorge Semprun, »Stalinismus und Faschismus«, in: Hilmar Hoffmann (Hg.), *Gegen den Versuch, Vergangenheit zu verbiegen. Eine Diskussion um politische Kultur in der Bundesrepublik aus Anlaß der Frankfurter Römerberggespräche 1986*, Frankfurt am Main 1987.
2 Jorge Semprun, a.a.O., S. 49.
3 Ernst Nolte, »Vergangenheit, die nicht vergehen will. Eine Rede, die geschrieben, aber nicht gehalten werden konnte«, in: *Frankfurter Allgemeine Zeitung* vom 6. Juni 1986.

wurden die nationalsozialistischen Verbrechen mit der in Fragen eingekleideten These relativiert, daß der Archipel Gulag »ursprünglicher« als Auschwitz und der »Klassenmord« der Bolschewiki dem »Rassenmord« der Nazis vorausgegangen sei. Hitler habe seine »asiatische Tat« vielleicht nur deshalb begangen, weil er sich selbst als potentielles oder wirkliches Opfer einer früheren »asiatischen Tat« betrachtet habe.

Der Streit brach noch während der Römerberggespräche aus. Jürgen Habermas, der vom ersten Moment an als Hauptkontrahent Noltes auftrat, warf ihm vor, er versuche Auschwitz zu relativieren und damit die deutsche Geschichte wieder positiv besetzbar zu machen. Einem solchen Musterbeispiel für eine funktionalistische Geschichtsbetrachtung, der es um die Rekonstruktion nationaler Kontinuität gehe, so forderte er seine Zuhörer auf, müsse mit aller Entschiedenheit entgegengetreten werden.[4]

Damit waren die Fronten für einen mehr als zwei Jahre andauernden Grabenkrieg in den Feuilletons abgesteckt: Der Herausforderung durch einen historischen Relativismus wurde ein moralischer Rigorismus entgegengesetzt. Der Versuch, das aus der Politikwissenschaft stammende Totalitarismus-Paradigma nun in die Auseinandersetzung um die NS-Geschichte einzubringen, wurde mit der Singularitätsdoktrin beantwortet.

Doch indem die Linke ihre Auschwitz-Interpretation zu Recht verteidigte, entzog sie sich zugleich dem von Nolte als Systemvergleich definierten Terrain, in dem die Gegenüberstellung von Bolschewismus und Nationalsozialismus ihren logischen Ort hat. Sie verteidigte abstrakt ihre Haltung, um sich nicht konkret mit dem auseinandersetzen zu müssen, was Nolte schließlich 1987 mit seinem Schlüsselwerk »Der europäische Bürgerkrieg 1917-1945«[5] glaubte, historisch unter Beweis stellen zu können – die Priorität der Oktoberrevolution für das dann in Europa folgende totalitäre Geschehen. Offenbar wollte sich keiner der Nolte-Gegner auf einen Vergleich der beiden totalitären Systeme einlassen, weil man

4 Jürgen Habermas, »Diskussionsbeitrag«, in: Hilmar Hoffmann (Hg.), a.a.O., S. 142.
5 Ernst Nolte, *Der europäische Bürgerkrieg 1917-1945. Nationalsozialismus und Bolschewismus*, Frankfurt am Main / West-Berlin 1987.

damit die moralisch begründete Singularitätsthese hätte in Frage stellen müssen.

Die Totalitarismus-Dimension wurde von den Nolte-Kritikern nicht erkannt. Und kaum einer von ihnen hat sich der Anstrengung unterzogen, seine Kritik historisch ausreichend abzusichern. Diese Vernachlässigung geschichtlicher Sachverhalte trug nicht unerheblich dazu bei, daß der öffentliche Konflikt vor allem in der Form eines ideologischen Schlagabtauschs ausgetragen wurde.

II. Die Antifaschismusfalle der Linken

Welche Schlagseite die Defensivposition der Linken hatte und immer noch hat, ist in einem Streitgespräch deutlich geworden, das Jürgen Habermas im November 1999 in Warschau mit Adam Michnik geführt hat.[6]

Der Frankfurter Philosoph gesteht darin freimütig ein, daß er sich weder theoretisch noch politisch mit dem Stalinismus gründlich auseinandergesetzt hat. Er habe befürchtet, führt er zu seiner Entschuldigung an, andernfalls dem Antikommunismus und mit diesem wiederum einer fatalen Kontinuität deutscher Geschichte Vorschub zu leisten. Er begründet die politische Haltung, zum Stalinismus weitgehend geschwiegen zu haben, letztlich mit seinem Antifaschismus. In der Bundesrepublik sei der Antikommunismus von Anfang an benutzt worden, um eine ideologische Kontinuität der deutschen Geschichte wiederherzustellen. Mit einer dezidierten Stalinismuskritik wäre man unweigerlich Gefahr gelaufen, in dieses Fahrwasser zu geraten.

Und genau darin, in der antifaschistisch begründeten Berührungsfurcht vor dem Antikommunismus, liegt die Wurzel für die Blindheit gegenüber dem kommunistischen System als solchem und dem SED-Regime im besonderen. Nicht, daß sich Habermas Illusionen über die politischen Zustände in der Sowjetunion oder in der DDR gemacht hätte – er hat das stalinistische System aus seiner gesellschaftstheoretischen Analyse ausgespart, um nicht denen Munition zu liefern, die er für die eigentliche Gefahr hielt.

6 *Die Zeit*, Nr. 51/1993.

150

Für die intellektuelle Linke in der Bundesrepublik war der Antifaschismus eine so selbstverständliche Doktrin, daß er in aller Regel nicht eigens erklärt werden mußte. Der Antikommunismus war dagegen ein Tabu. Diese Antifaschismusfalle schnappte ein ums andere Mal ein und exkulpierte graduell höchst unterschiedlich, was im Ostblock der Fall war: Die DKP sah in KPdSU und SED nicht nur ihre Schwesterparteien, sondern die Garanten des welthistorischen Fortschritts; die aus dem SDS hervorgegangenen Fraktionen der Neuen Linken kritisierten zwar die poststalinistischen Verhältnisse, sahen jedoch in der Oktoberrevolution ein revolutionäres Erbe, an das es auf dem Weg immanenter Kritik – immer auf die Vorleistung einer vermeintlichen Vergesellschaftung der Produktionsmittel bauend – anzuknüpfen gelte; und die Sozialdemokraten sahen trotz aller bitteren Erfahrungen, die sie mit den Kommunisten hatten machen müssen, in ihnen einen unverzichtbaren Partner in Sachen Realpolitik – mit der Legitimation, dies führe nicht nur zu menschlichen Erleichterungen, sondern diene letztlich der Entspannung, der Sicherheit und dem Frieden.

Doch die Hoffnung, es werde eine historische Dialektik in Gang kommen, war ein Trugschluß, der auf einer Fehleinschätzung des zwar modifizierten, in seinem Kern aber unangetastet totalitären Charakters der Ostblockstaaten basierte. Aus dem, was beschönigend als »Staats-« oder »Realsozialismus« bezeichnet wurde, ließ sich kein »Sozialismus mit menschlichem Antlitz« entwickeln. Und daß dies nicht möglich war, lag vermutlich nicht allein daran, daß reformkommunistische Ansätze wie 1956 in Polen und Ungarn und 1968 in der Tschechoslowakei von sowjetischen Panzern niedergewalzt wurden. Die Strukturen eines totalitären Staates dürften sich kaum in eine demokratische Gesellschaft transformieren lassen.

Am deutlichsten traten die Illusionen der bundesdeutschen Linken 1989/90 hervor: die Fluchtbewegungen aus der DDR in Richtung Westen wurden als Ausdruck einer Systemopposition begriffen. Mit der Theorie der *civil society* wurde einem ökonomisch zusammenbrechenden Staatensystem ein Demokratisierungsimpuls zugesprochen, der nur in einer Minderheit aktiv war. Als dann die ersten nationalistischen Sprechchöre laut wurden und sich rasch herausstellte, daß die Bürgerrechtsorganisationen unter der Kontrolle der Stasi standen, schienen die immer noch ungebrochenen Anhänger des Sozialismus – von denen einige für einen Moment sogar gedacht hatten, daß die Rätedemokratie zum Greifen nah sei – aus allen Wolken zu fallen.

Dieses schreckliche Erwachen aus den Bürgerrechtsträumen von 1989 hält immer noch an. In Wellenbewegungen ist seitdem die totalitäre Struktur eines als »Realsozialismus« etikettierten Systems freigelegt und ein linker Traum fortgespült worden.

Wer die klassische Sechs-Punkte-Definition des Totalitarismus-Begriffs von Carl J. Friedrich aus den fünfziger Jahren zugrundelegt – die Existenz einer chiliastischen Ideologie, einer zentralistischen Massenpartei und einer terroristischen Geheimpolizei, die Kontrolle aller Massenkommunikationsmittel, das Monopol über die Kampfwaffen und die zentrale Lenkung der Wirtschaft –,[7] kann keinen Zweifel hegen: Die DDR war ein totalitärer Staat – mit einer Besonderheit: sie war dies als Dependance der UdSSR.

Auch wenn es in den siebziger Jahren keine Alternative zur Ostpolitik Willy Brandts gegeben hat, so ist doch zu sagen, daß ihr ein selbstkritisches Maß für die Dialektik der Stabilisierung des SED-Regimes, das durch sie politisch und finanziell unfreiwillig unterstützt wurde, gefehlt hat. Timothy Garton Ash hat das kürzlich in einem Streitgespräch mit Egon Bahr, dem Spiritus rector der Entspannungspolitik, vorgebracht und sich dabei bitter über den sozialdemokratischen Etatismus beklagt.[8]

Für die SPD habe nur gezählt, was mit den kommunistischen Staaten auszuhandeln war. Regimekritische Gruppen wie Solidarność und Charta 77, einzelne Oppositionelle wie Havemann, Biermann und Bohley galten in dieser eindimensionalen Logik mehr oder weniger als Störenfriede. Mit ihnen auch nur Kontakt aufzunehmen, erschien bereits als potentielle Infragestellung der friedlichen Koexistenz. Niemand wird behaupten können, daß sich die SPD in Osteuropa in der Frage der Menschenrechte besondere Meriten erworben hat.

---

7 Carl J. Friedrich / Zbigniew K. Brzezinski, »Die allgemeinen Merkmale der totalitären Diktatur«, in: Bruno Seidel / Siegfried Jenkner (Hg.), *Wege der Totalitarismus-Forschung*, Darmstadt 1968, S. 600-617.

8 *Die Wochenpost*, Nr. 2/1994.

Der Schock von 1989/90 sitzt bei der deutschen Linken in allen ihren Facetten so tief, daß man sich des Eindrucks nicht erwehren kann, viele ihrer intellektuellen Vorreiter seien in eine Art innere Emigration gegangen und die wenigen, die sich überhaupt noch zu Wort melden, leckten ihre Wunden, indem sie die Kommunitarismusdebatte amerikanischer Linksliberaler aufnehmen, in der der Restbestand sozialer Utopie so weit zur Wirkungslosigkeit verurteilt ist, daß er keinen politischen Schaden mehr anrichten kann.

Was macht eine der entscheidenden Schwächen der Linken gegenüber einer sich neu formierenden intellektuellen Rechten aus? Es ist die Tatsache, daß sie auf dem Feld versagt hat, welches seit der Französischen Revolution, also von Anfang an, ihr ureigenstes Terrain war: dem Universalismusanspruch ihrer Gesellschaftskonzeption, ihrer Idee von Freiheit, Demokratie und sozialer Gerechtigkeit. Weil die Linke blind war für den totalitären Charakter des kommunistischen Systems hat sie eine Glaubwürdigkeitslücke hinterlassen, die ihr eigenes Selbstverständnis bedroht.

Wenn die Herrschaftskritik in einer Sphäre, die ideologische Gemeinsamkeiten vorgaukelt, versagt und sich als partikular erweist, dann stellt sich die Frage, ob es nicht doch Gründe gibt, die eigene theoretische Fundierung – der Marxismus – dafür verantwortlich zu machen. Eine Gesellschaftstheorie jedenfalls, die radikale Kritik und zugleich totalitäre Ideologie ist, stellt sich letztlich auch selbst zur Disposition.

III. Die Aktualität des Totalitarismus

Die Fehlinterpretationen der Schah-Opposition am Ende der siebziger Jahre hätten bereits eine Warnung sein müssen: Was sich damals als Khomeini-Regime etablierte, war nicht Ausdruck einer Fundamentaldemokratisierung, wie viele zunächst meinten, sondern, wie wir alle inzwischen wissen, die Geburt des islamischen Fundamentalismus.

Diese unmittelbar religiöse Form des Totalitarismus in den arabischen Staaten mit ihren terroristischen Wellen, wie sie gegenwärtig Algerien und Ägypten erschüttern, verstellt jedoch nur zu leicht den Blick auf die totalitären Konstellationen im zerfallenen Ostblock. Die immer häufigeren Koalitionen zwischen Altkommunisten und Militärs auf der einen und Nationalisten und Neofaschisten auf der anderen Seite zeigen, wie empfänglich das in der Vergangenheit vom kommunistischen System unter Kuratel gehaltene Osteuropa für totalitäre Strömungen von heute ist.

Die Virulenz des Totalitarismus in Ost- und Südosteuropa zwingt dazu, die Berührungsängste gegenüber der Totalitarismustheorie als einem vermeintlichen Produkt des Kalten Krieges zu überdenken. Was von Gerhard Leibholz bereits 1946 in einer berühmten BBC-Rede festgestellt worden ist, daß der totale Staat *das* politische Phänomen des 20. Jahrhunderts sei,[9] ist von Raymond Aron, Karl Dietrich Bracher und André Glucksmann – um nur einige bedeutende Analytiker des Totalitarismus zu nennen – zu Recht als Grunderfahrung unseres Jahrhunderts bezeichnet worden.

Das »Jahrhundert des Totalitarismus«, wie Nadeshda Mandelstam in ihrer 1971 erschienenen Autobiographie »Das Jahrhundert der Wölfe« geschrieben hat,[10] ist jedoch nicht das Produkt von 1917, wie Nolte behauptet,[11] sondern eines von 1914. Nationalsozialismus, Faschismus und Kommunismus sind Folgen des Ersten Weltkrieges, der Selbstzerstörung Europas, die in ihrer nihilistischen Tiefendimension offenbar bis auf den heutigen Tag anhält.

Auch wenn es viele falsche Freunde der Totalitarismustheorie gibt – nichts wird sie so weit diskreditieren können, um ihre Renaissance zu verhindern. Der Vergleich zwischen den totalitären Systemen ist unabdingbar. Wer einen Vergleich zwischen dem nationalsozialistischen und dem kommunistischen Herrschaftssystem, dem Archipel Gulag und Auschwitz, der Gestapo und dem NKWD a priori untersagt, der versucht, seine moralische, seine intellektuelle oder politische Identität vor Verletzungen zu bewahren.

Es geht nicht darum, Opfer, Vernichtungskapazitäten oder Lagergrößen gegeneinander aufzurechnen. Es kann nur darum gehen, die Unterschiede der jeweiligen Herrschafts- und Terrorsysteme zu

---

9 Gerhard Leibholz, »Das Phänomen des totalen Staates«, in: Bruno Seidel /
   Siegfried Jenkner (Hg.), a.a.O., S. 123.
10 Nadeshda Mandelstam, *Das Jahrhundert der Wölfe*, Frankfurt am Main 1971.
11 Ernst Nolte, *Der Europäische Bürgerkrieg 1917-1945*, a.a.O., S. 3ff.

erkennen. Wer die Singularität von Auschwitz postuliert, der hat bereits einen Vergleich hergestellt.

Was Hannah Arendt, Franz Borkenau, Franz Neumann, Sigmund Neumann und andere deutsche Emigranten, zumeist jüdischer Herkunft, vorgedacht haben, zählt zu den wichtigsten theoretischen Traditionen, mit denen man im Übergang zum 21. Jahrhundert einen klaren Kopf bewahren kann. Nur mit einer universalistisch ansetzenden Herrschaftskritik kann das analytische Vertrauen zurückgewonnen werden, das für eine demokratische Erneuerung nötig ist.

Auch die Linke ist ein »unvollendetes Projekt«

Brief an Jürgen Habermas (1994)

Zu dem Beitrag »Die auf dem linken Auge blinde Linke« nahm Jürgen Habermas mit folgenden Leserbrief an die *Zeit* (vom 25. März 1994) Stellung:

Kraushaar bezieht sich auf ein mit Adam Michnik geführtes Interview (*Zeit* Nr. 53/1993), das übrigens von mir nicht autorisiert worden ist. Er behauptet, daß ich das stalinistische System aus meiner Analyse »ausgespart« habe, um nicht denen Munition zu liefern, die ich »für die eigentliche Gefahr« gehalten hätte. Erstaunlich finde ich den Versuch, die These von der Einäugigkeit der Linken ausgerechnet an mir zu demonstrieren und mich zu einer Rechtfertigung in einer Angelegenheit zu nötigen, in der ich nach bestem Wissen eine apologetische Stellungnahme nicht nötig habe:

1. In meinen soziologischen Arbeiten habe ich mich im wesentlichen auf Strukturen, Entwicklungsmuster und Probleme der westlichen Gesellschaften konzentriert, weil ich stets davon überzeugt war, daß hier die Modernisierungsprozesse am weitesten fortgeschritten sind. Deshalb habe ich mich beispielsweise auch nicht mit den politisch ebenso dringlichen Problemen der Dritten Welt beschäftigt. »Aussparen« kann man nur einen Teil, der eigentlich zum geplanten Ganzen gehörte. Philosophisch habe ich mich bereits in einem Literaturbericht von 1957 mit der stalinistischen Orthodoxie unmißverständlich auseinandergesetzt.

2. In meinen politischen Schriften reagiere ich fast ausschließlich auf aktuelle deutsche Probleme und kehre vor der eigenen Tür. Aus dieser Perspektive sind der Nationalsozialismus und dessen Erbschaft auf eine ganz andere Weise »unser« Problem als der Stalinismus. Diese Erbschaftsverhältnisse haben sich erst 1989 (etwas) geändert. Für jeden, der politisch in der Adenauerzeit sozialisiert worden ist, bildete damals der Antikommunismus den selbstverständlichen Hintergrund; Kraushaar ist offenbar zu jung, um sich daran zu erinnern, daß im Laufe der fünfziger und sechziger Jahre der Antifaschismus der ersten Stunde gegen den alsbald halbierten »antitotalitären Konsens« mühsam wieder zu Bewußtsein gebracht werden mußte. Mit einer Geringschätzung der sowjetischen Gefahr hatte das nichts zu tun.

3. Kraushaar billigt mir zu, keine Illusionen über die politischen Zustände in der Sowjetunion oder der DDR gehegt zu haben; das wäre auch in der

Umgebung – und der Tradition – von Horkheimer und Adorno etwas schwierig gewesen. Da ich Sowjetmarxismus und Staatssozialismus immer abgelehnt habe und mit seinen Funktionären nie in Berührung gekommen bin, kann ich auch nicht sehen, warum ich mit dem Stalinismus in der Weise hätte abrechnen sollen, wie es viele ehemalige Parteikommunisten, Trotzkisten, Maoisten usw. aus lebensgeschichtlich verständlichen und politisch überzeugenden Gründen getan haben. Das Bedürfnis einiger Alt-68er, sich nachträglich eine solche Renegatenrolle zuzulegen, spricht eher dafür, daß sie den ganz anderen historischen Stellenwert des eigenen Protestes immer noch nicht richtig einschätzen.

Daß ich auf dem linken Auge blind gewesen sei, muß ich mir weder von den Spezies der anderen Seite noch von denen sagen lassen, für die ich doch früher stets zu »liberal« gewesen bin; ich denke an die Zeiten, als das Hessische Ministerium auf mein Betreiben Leszek Kołakowski als Nachfolger Adornos berufen hat. Etwas anderes sind die legitimen Fragen von Adam Michnik, die mich über mögliche Fehleinschätzungen nachdenken lassen. Wer hält sich schon für politisch unfehlbar? Und natürlich fragt man sich, ob man nicht anderes hätte sagen sollen und anderes hätte tun können, als über die Jahrzehnte mit Dissidenten in Jugoslawien, Ungarn, der Tschechoslowakei und Polen nur auf dem ohnmächtigen Wege von Protestbriefen, Resolutionen und Besuchen Solidarität zu üben und nach einer Ausreise die üblichen Hilfestellungen zu geben.

Auf diesen Leserbrief bezieht sich folgender Brief vom 26. April 1994.

Lieber Herr Habermas,

auch wenn Ihre Stellungnahme in der *Zeit* schon einige Zeit zurückliegt, so möchte ich sie doch nicht unkommentiert stehen lassen. Gestatten Sie deshalb bitte, daß ich zu einigen darin angeschnittenen Punkten meinerseits Stellung nehme.

Sie reagieren auf meinen Text »Die auf dem linken Auge blinde Linke«, der zweifelsohne als Herausforderung gedacht war, ausschließlich in der Form einer persönlichen Rechtfertigung und nicht in der einer Auseinandersetzung mit einer Sache – den Ursachen für die offenkundigen Legitimationsprobleme der Linken –, um die es mir vor allem ging. Daraus resultieren einige Verschiebungen, die ich hier nicht etwa zurechtrücken, sondern nur dort, wo sie auf falschen, meine Person betreffenden Voraussetzungen basieren, korrigieren möchte.

157

Indem Sie sich für etwas zu rechtfertigen versuchen, wofür es weniger persönliche als sachliche Gründe gibt und wozu ich Sie schon gar nicht »nötigen« wollte, erheben Sie zugleich eine Reihe von Vorwürfen gegen mich, die kaum einer genaueren Überprüfung standhalten können. Sie werfen mir vor, ich sei einerseits zu jung, andererseits zu alt, würde mir eine Renegatenrolle zulegen und überdies illegitime Fragestellungen aufwerfen. Erlauben Sie mir, daß ich meine Zurückweisung Ihrer Vorwürfe im einzelnen begründe.

1. Zum Vorwurf, lebensgeschichtlich zu jung gewesen zu sein, um mich an den Antikommunismus der Adenauer-Ära als »selbstverständlichen Hintergrund« erinnern zu können:

Lassen Sie mich mit einer Gegenfrage beginnen: Was würden Sie sagen, wenn Ihnen jemand vorhielte, Sie könnten sich nicht begründet zum Nationalsozialismus äußern, weil Sie zu jung gewesen seien, um ihn bewußt bzw. in seiner politischen Dimension erlebt zu haben? Ich denke, daß sich ein solcher Einwand von selbst erübrigt. Anderenfalls könnten wir uns immer nur zu solchen historischen Sachverhalten äußern, die wir auch als Zeitgenossen erfahren haben.

Nun kommt aber in meinem Falle noch etwas anderes hinzu, wovon Sie vermutlich nicht wissen. Im Laufe der letzten fünf Jahre habe ich mich mit kaum etwas anderem als mit dem Thema Protest und Politik der fünfziger Jahre befaßt.[1] Dabei habe ich mich mit dem Antikommunismus in der Bundesrepublik ebenso intensiv auseinandersetzen müssen wie mit dem staatlichen Antifaschismus in der DDR. Wenn Sie so wollen, war es mein Dauerthema, mich mit den Formen und Wirkungen der ideologischen Munition im Kalten Krieg zu befassen. Vielleicht können Sie sich vorstellen, wie merkwürdig es für einen klingen muß, wenn man gesagt bekommt, man habe ja keine Ahnung, wovon man eigentlich spreche. Ich habe nicht Tag für Tag die ideologischen Verstellungen jener Jahre durchdekliniert, um mir das vorwerfen lassen zu müssen. Wenn es

---

1 Inzwischen erschienen: Wolfgang Kraushaar, *Die Protest-Chronik 1949-1959. Eine illustrierte Geschichte von Bewegung, Widerstand und Utopie,* Bd. I-IV, Hamburg 1996.

Differenzen in der Einschätzung eines Ideologems wie dem Anti-kommunismus gibt, dann sollten diese benannt werden, anstatt einfach Unkenntnis zu behaupten.

2. Zum Vorwurf, ich könnte als »Alt-68er« den »ganz anderen« historischen Stellenwert des eigenen Protestes« immer noch nicht richtig einschätzen:

Zunächst finde ich es bedauerlich, daß auch Sie in einer Aus-einandersetzung, die nichts mit dem je eigenen Verhältnis zu 1968 zu tun hat, auf ein Klischee zurückgreifen, das schon immer eine Negativfunktion besaß, aber im öffentlichen Diskurs seit 1990 meines Erachtens eine antidemokratische, verkappt nationa-listische Rolle spielt. Mit dieser Etikettierung werden jene als überholt abgestempelt, denen es in erster Linie, wie Sie 1988 selbst festgestellt haben, um eine »Fundamentalliberalisierung« gegangen ist.[2]

Obwohl ich mir vorstellen kann, was Sie mit der »ganz anderen« Bedeutung der Protestbewegung meinen, so möchte ich mich an dieser Stelle nicht spekulativ mit Ihrer Interpretation der 67/68er-Bewegung auseinandersetzen. Die Möglichkeit, dies fundierter zu tun, haben Sie selbst nicht zugelassen. Sie erinnern sich gewiß noch daran, daß Sie vor einiger Zeit auf meine Bitte, ein Gespräch zum Thema »Studentenbewegung und Kritische Theorie« zu führen, zunächst mit der Forderung reagiert haben, die Fragen zuvor schriftlich einzureichen, und danach in brüsker Form ihre münd-lich erklärte Bereitschaft zu einem solchen Gespräch wieder zu-rückgezogen haben. Mir ist unverständlich, warum Sie derart aller-gisch bereits auf Fragen reagieren, die Sie selbst noch in ihren Implikationen hätten korrigieren können. Oskar Negt sind seiner-zeit im Kern die gleichen Fragen gestellt worden. Er hatte, wenn ich das an dieser Stelle kurz erwähnen darf, keinerlei Probleme damit und wollte das Gespräch unabhängig von der geplanten Publikation verbreiten, weil er der Ansicht war, daß es ihm auf eine

---

2 »Der Marsch durch die Institutionen hat auch die CDU erreicht. Der Frankfur-ter Philosoph und Soziologe Jürgen Habermas im Gespräch mit Rainer Erd über die politische Kultur in der Bundesrepublik Deutschland nach 1968«, in: *Frankfurter Rundschau* vom 11. März 1968.

159

besonders geeignete Weise die Möglichkeit geboten hat, seine Stellung zu den damaligen Ereignissen zu kommentieren.[3]

Auch wenn ich für die Protestbewegungen am Ende der sechziger Jahre keine modernisierungstheoretische Interpretationsvariante favorisiere, so bin ich dennoch überzeugt davon, daß Sie überrascht wären, wenn Sie erführen, in welcher Weise sich Ihr bereits frühzeitig gegenüber Teilen des SDS erhobener Dezisionismusvorwurf mit neuem Material unterfüttern ließe. Aus der für die antiautoritäre Revolte zentralen Dezisionismusproblematik läßt sich eine Struktur herausfiltern, die ihren eigentümlichen, in vieler Hinsicht kontraproduktiven Verlauf sehr viel genauer erklärt als bisherige Ansätze. Da es keine Gelegenheit gibt, Ihnen einen solchen Argumentationszusammenhang vorzustellen, muß es auch weiterhin der Spekulation überlassen bleiben, was Sie davon halten könnten.

3. Zum Vorwurf, ich hätte das Bedürfnis, mir nachträglich eine Renegatenrolle zuzulegen:

Im Vorwort zu den von Ihnen herausgegebenen »Stichworten zur ›Geistigen Situation der Zeit‹«[4], so erinnere ich mich zumindest, haben Sie aus einem Text von mir einige Stellen positiv zitiert, in denen es um die unterschiedlichen historischen Kostümierungen von Ex-68ern ging, die zu Beginn der siebziger Jahre glaubten, ihren politischen Bedeutungsverlust aufhalten zu können, indem sie in bestimmte revolutionaristische Rollen schlüpften. Glauben Sie im Ernst, daß jemand, der so etwas geschrieben hat, persönliche Motive haben könnte, sich nun – nochmals fünfzehn Jahre danach – in eine Renegatenrolle zu begeben? Entschuldigen Sie, das ist einfach absurd. Ich gehöre nicht zu den »Tauben von damals«, wie Kurt Hiller das einmal formuliert hat, die »heute den Ohrenarzt spielen« wollen. Wenn ich in meiner politischen Biographie etwas gegenüber immer völlig immun war, dann sind es die unterschiedlichen Ausformungen eines linken Totalitarismus gewesen.

---

3 Inzwischen erschienen: Wolfgang Kraushaar (Hg.), *Frankfurter Schule und Studentenbewegung. Von der Flaschenpost zum Molotow-Cocktail 1946 bis 1995. Chronik, Dokumente, Aufsätze*, Bd. 1-3, Hamburg 1998.

4 Jürgen Habermas (Hg.), *Stichworte zur »Geistigen Situation der Zeit«*, Frankfurt am Main 1979, S. 7-35.

Auch wenn ich das vor 25 Jahren anders bezeichnet hätte, so hat es bei mir niemals einen Punkt gegeben, an dem ich mit irgendeiner Form von Leninismus, Trotzkismus, Maoismus, geschweige denn Stalinismus geliebäugelt hätte. Insofern kann es bei mir auch kein Bedürfnis geben, mich im nachhinein in Renegatenmanier von etwas abzuwenden.

Gleichwohl hatte ich in diesen Jahren immer wieder das Interesse, mich mit Autoren zu beschäftigen, die als Renegaten abgestempelt worden sind. Und bereits in dem von Ihnen seinerzeit zitierten »Autonomie oder Getto?«-Aufsatz werden mit Koestler, Sperber, Silone, Valtin u.a. deren wichtigste Namen aufgeführt.[5] Der Blick auf den Stalinismus ist derartig verstellt gewesen, daß man sich über lange Zeit der autobiographischen Literatur solcher Autoren bedienen mußte, um mehr darüber zu erfahren. Daß dies sicher nur eine Embryonalform historischer Erkenntnis sein konnte, muß dabei nicht erwähnt werden. Auch wenn Michael Rohrwasser in seiner Studie über die Renegaten-Literatur den Versuch unternommen hat, den Begriff des Renegaten affirmativ zu wenden,[6] so bleiben an diesem die bedenklichen Spuren wohl unauslöschlich. Das Verratssyndrom, mit dem dieser Begriff belastet ist, zeigt nur zu genau, woher er kommt: aus dem Stalinismus. Er ist selbst stalinistischer Provenienz, und diejenigen, die ihn heute noch als Negativ-Etikettierung verwenden, durchschauen nicht, in welchem semantischen Feld sie sich bewegen.

Von dieser Problematisierung abgesehen, hielte ich es heute außerdem für vollends lächerlich, sich immer noch in die Rolle des Renegaten begeben zu wollen. Selbst in China, Nordkorea und Kuba, wo es überaus aktuelle Gründe gibt, sich von den jeweiligen Regimen abzuwenden, erschiene mir die Verwendung dieser Figur, die mir eine europäische Konnotation aufzuweisen scheint, als unangemessen.

Auch wenn ich mich nur ungern für bestimmte Konflikte der Vergangenheit in eine Art Kollektiv-Haftung nehmen lasse, zumal

5 Wolfgang Kraushaar (Hg.), *Autonomie oder Getto? Kontroversen über die Alternativbewegung,* Frankfurt am Main 1978.
6 Michael Rohrwasser, *Der Stalinismus und die Renegaten. Die Literatur der Exkommunisten,* Stuttgart 1991.

ich nichts, aber auch gar nichts mit dem einen von Ihnen erwähnten Fall zu tun habe, so möchte ich doch etwas dazu anmerken. Was den seinerzeit gescheiterten Versuch anbetrifft, Leszek Kołakowski auf den Lehrstuhl Adornos zu berufen,[7] so kann man dies auch dann für einen Fehler halten, wenn man dessen antistalinistische Haltung zu würdigen weiß. Die Lesart, die Sie dem damaligen Streitfall geben, kann ich auch heute noch nicht teilen. Doch lassen Sie mich ein anderes Beispiel erwähnen. Sicher können Sie sich noch an die Veranstaltung »Solidarität mit der Praxis-Gruppe« erinnern, an der Sie 1975 zusammen mit Iring Fetscher, Rudi Dutschke und Wolf-Dieter Narr teilgenommen haben.[8] Die Unterdrückung der jugoslawischen Philosophen und Soziologen, deren Texte wir seit Mitte der sechziger Jahre mit großer Aufmerksamkeit rezipierten, hat uns seinerzeit ebenso beschäftigt wie die damals einsetzenden Berufsverbote. Es war, was Sie sicher nicht wissen, meine Idee, diese Veranstaltung, die auf außerordentlich große Resonanz stieß, durchzuführen und ich habe sie, obwohl es nicht wenige Stimmen gab, die davor warnten, Habermas und Dutschke in einer Diskussionsveranstaltung miteinander zu konfrontieren, damals auch moderiert. Ich erwähne das vor allem deshalb, weil ich glaube, daß es nie wirkliche Meinungsverschiedenheiten zwischen Ihnen und Leuten wie mir, die wir bei Ihnen studiert haben und uns danach als Linksradikale glaubten verstehen zu können, im Verhältnis zu Dissidenten, zur Sowjetunion, der DDR und den anderen osteuropäischen Staaten gegeben haben dürfte.

Insgesamt finde ich es erstaunlich, wie defensiv sie reagiert haben. Es beginnt bereits mit dem Hinweis darauf, daß das Interview Adam Michniks von Ihnen nicht autorisiert worden sei. Das ist natürlich ein Vorwurf, den Sie an das Organ, in diesem Falle die *Zeit*, richten müssen, das ein solches Gespräch publiziert, und nicht an diejenigen, die in Unkenntnis solcher Probleme daraus zitieren. Dann führen Sie an, daß Sie sich theoretisch auf Strukturen und Probleme westlicher Gesellschaften konzentriert und sich politisch nahezu ausschließlich »auf aktuelle deutsche Probleme«

7 Vgl. Wolfgang Kraushhar (Hg.), *Frankfurter Schule und Studentenbewegung*, a.a.O., Bd. 1, S. 468-490.
8 A.a.O., S. 545f.

bezogen hätten. Auch wenn Sie auf diese Weise den Geltungsanspruch Ihrer Arbeiten einschränken, so schützt das nicht davor, daß ein universalistisch ansetzender Theoretiker wie Sie auch auf Probleme angesprochen wird, die außerhalb des von Ihnen markierten Bedeutungshorizontes liegen. Insbesondere deshalb nicht, weil Sie hierzulande über Ihre wissenschaftlichen Arbeiten hinaus im öffentlichen Diskurs die Rolle eines Protagonisten der intellektuellen Linken spielen. Und diese Rolle, ob Sie dies wollen oder nicht, läßt sich nicht auf bundesdeutsche, westeuropäische oder westliche Verhältnisse begrenzen.

Lassen Sie es mich kraß formulieren: Jemand, der vorgibt ein Linker zu sein, zugleich aber behauptet, er sehe keinen Anlaß, sich in seinem Selbstverständnis von dem tangiert zu fühlen, was – unter welchen funktionalistisch-legitimatorischen Gründen auch immer – mit dem Begriff »links« in der Sowjetunion, der DDR und anderen staatskommunistischen Ländern angerichtet worden ist, weckt bei mir Zweifel an seiner Glaubwürdigkeit. Das Verständnis dessen, was auch heute noch links zu heißen hätte, läßt sich nicht geopolitisch aufspalten.

Bei aller Vorsicht vor einem Vergleich: Es ist ein wenig so wie mit der Rolle der NS-Vergangenheit für die Nachgeborenen. Auch wenn es für die Kinder und Enkel keine Verantwortung in einem unmittelbaren Sinne für die Taten ihrer Väter und Großväter geben kann, so sind sie dennoch in einen Schuldzusammenhang hinein geboren worden, von dem sie sich nicht künstlich abgrenzen können. So wie sich die Bundesdeutschen immer wieder aufs neue mit der NS-Zeit auseinandersetzen müssen, so müssen dies Marxisten und Linke immer wieder mit dem, was sich von seinem Problemkern her am treffendsten als Stalinismus bezeichnen läßt. Wer sich heute noch als Linker zu definieren können glaubt, der kommt nicht umhin, sich dem zu stellen, was im Namen von Linken in diesem Jahrhundert begangen worden ist. Wie sonst sollte es noch eine Chance geben, die Linke zu reaktualisieren, wenn nicht durch die Auseinandersetzung mit ihrer wechselvollen, zum Teil aber auch Abgründe offenbarenden Geschichte hindurch? Auf die Gefahr hin, daß dies als ein Wortspiel mißverstanden wird: Auch die Linke ist »ein unvollendetes Projekt«.

Es hilft wenig, in diesem Zusammenhang auf die westeuropäischen Traditionen des Marxismus zu verweisen, um darauf zu hoffen, man könne auf diesem Weg dem stalinistischen Schuldzusammenhang entrinnen. Nehmen Sie nur den Lukács von »Geschichte und Klassenbewußtsein«. Es dürfte nicht sonderlich schwierig sein, aus dem transzendentalen Begründungszusammenhang seiner politischen Theorie die Wurzeln für seinen in den dreißiger Jahren an den Tag gelegten stalinistischen Totalitarismus herauszuarbeiten. Und Lukács ist hier keineswegs als die große Ausnahme anzusehen, dessen Weg allein von Heidelberg nach Moskau geführt hat.

Sie haben sich aus guten Gründen mit Bekenntnissen immer sehr zurückgehalten. Im Zweifelsfall waren Sie zumeist aber dann doch bereit, eine Position einzunehmen und sich als neo-marxistisch und links zu definieren. Im September 1980, kurz vor der Verleihung des Adorno-Preises an Sie, hat Peter Iden ein mit Ihnen aus diesem Anlaß geführtes Gespräch mit der schönen Überschrift »Alles Linke auf seine Kappe« versehen.[9] Wenn ich mich richtig erinnere, dann war damit in einem konkreten Sinne lediglich beabsichtigt, bestimmte Arbeiten und Positionen am Max-Planck-Institut für Sozialwissenschaften zu schützen und gegebenenfalls zu verteidigen. Gleichzeitig wurde damit aber auch mehr gemeint, vielleicht auch nur suggeriert. Iden sprach damals von Ihnen als einer »Leitfigur der politischen Linken«, einer Leitfigur, die sich dieser Rolle durchaus bewußt sei. Ich kann mich nicht daran erinnern, daß Sie in einer der folgenden Ausgaben der *Frankfurter Rundschau* die Wiedergabe dieses Gespräches – und sei es auch nur in einem seiner Aspekte – dementiert hätten.

Zu den Denkwürdigkeiten Ihrer Stellungnahme in der *Zeit* zählt auch, daß Sie am Ende doch noch eine Reihe von Fragen zulassen, die man zu Beginn bereits als unstellbar geglaubt hatte abhaken zu müssen. Sie sprechen von »möglichen Fehleinschätzungen« und fragen sich, ob Sie vielleicht doch anderes hätten sagen sollen und anderes hätten tun können. Das alles bleibt jedoch so allgemein und

9 Peter Iden, »Alles Linke auf seine Kappe. Ein Gespräch mit Jürgen Habermas, aus Anlaß seiner Auszeichnung mit dem Adorno-Preis«, in: *Frankfurter Rundschau* vom 11. September 1980.

unverbindlich, daß es schwerfällt, in dieser Schlußbemerkung mehr als eine Geste zu erkennen.

Vor allem aber bleibt offen, warum Fragen, die an Sie gerichtet, und Antworten, die von Ihnen gegeben werden, in Polen autorisiert, in Deutschland aber illegitim sein sollen?

Warum sind Sie nur an einem fremden Ort, in Warschau, bereit, »vor der eigenen Tür« zu kehren?

Warum lassen Sie bestimmte Fragen, wenn sie von Adam Michnik gestellt werden, zu und wenn sie von anderen gestellt werden, nicht?

Ist es nicht geradezu paradox, mit welcher Vehemenz Sie es einerseits ablehnen, sich auf Probleme osteuropäischer Gesellschaften theoretisch sowie auf den Stalinismus, den Antikommunismus und die Renegatenrolle politisch einzulassen, Sie andererseits aber an einem Ort, in einem Land und mit einem Gesprächspartner, die zusammengenommen jene von Ihnen so gemiedenen Problemzonen auf eine fast schon idealtypische Weise in sich vereinigen, auf ähnliche, wenn nicht gar dieselben Fragestellungen einzugehen bereit sind?

Lieber Herr Habermas, um zu keinen weiteren Mißverständnissen Anlaß zu geben: ich erwarte keine Antwort auf mein Schreiben. Wenn eine Auseinandersetzung in einer Sache als Nötigung einer Person mißverstanden wird, dann gibt es, so denke ich zumindest, keinen Anlaß, sich irgendwelche Illusionen zu machen. Was ich mir erhoffe, das steht auf einem anderen Blatt und tut hier nichts zur Sache.

Eines möchte ich auf diesem Wege jedoch klargestellt haben, daß mein Schweigen nicht als unwidersprochene Billigung Ihrer Vorwürfe ausgelegt wird. Auch wenn es keine Möglichkeit gibt, auf einen Leserbrief öffentlich zu replizieren, so sollen Sie hiermit zumindest meine private Antwort in einer Angelegenheit erhalten, die trotz einiger persönlicher Momente im Kern eine politische ist.

Der Lackmus-Test
Die Linke und die Totalitarismustheorie (2000)

> Die grundlegende Illusion der Linken heutzutage liegt in dem beruhigen-
> den Glauben, sie habe sich ihrer Illusionen entledigt.
>
> Tony Judt

Von Gegnern wie von Befürwortern wird behauptet, daß in den
neunziger Jahren eine Renaissance der Totalitarismustheorie oder
einzelner ihrer zum Teil stark voneinander abweichenden Varianten eingesetzt habe. Mancherorts ist die Rede von einer »Blütezeit«,
einer »Karriere«, einer »Hochkonjunktur«, gar einem »Siegeszug«
dieser Denkfigur. An derartig hochtrabenden Einschätzungen, in
deren Wortwahl sich ganz unterschiedliche Beurteilungen nieder-
schlagen, sind jedoch erhebliche Zweifel angebracht. Wer die nach
der historischen Zäsur von 1989/90 zwar nicht überraschenden, in
ihrem Verlauf jedoch eigenartigen Ansätze zu einer Renaissance
der Totalitarismustheorie verfolgt hat, dem wird nicht verborgen
geblieben sein, daß es in dieser Frage zu einer Spaltung der scientific community ebenso wie der interessierten Öffentlichkeit insgesamt gekommen ist. Der unüberprüften Stilisierung der Totalitarismustheorie zum wissenschaftlichen Instrumentarium auf der einen
Seite entspricht eine nicht weniger markante Ablehnung des Terminus als Weltanschauungsvehikel auf der anderen. Kaum zu bestreiten ist allerdings, daß sich die Reaktualisierung der längst
totgeglaubten, für viele mit der Ära des Kalten Krieges verknüpften
politischen Theorie bislang unter Politikwissenschaftlern und Zeithistorikern – von wenigen, jedoch nicht nur konservativen Vertretern einmal abgesehen – nicht hat durchsetzen können. Insbesondere ein erheblicher, wenn nicht gar der überwiegende Teil der

linksliberalen Intelligenz hat mit einer tiefgreifenden Blockade auf die Herausforderung reagiert, ein Erklärungsmodell zu überprüfen, das man als Ideologem des Kalten Krieges abzulehnen gewohnt war. Auch wenn hier und da vom »Stillen Sieg eines Begriffes« gemunkelt wird[1] und sich mit Jürgen Habermas der unbestrittene Meinungsführer der linksliberalen Intellektuellen nicht gescheut hat, 1994 vor der Enquete-Kommission zur »Aufarbeitung von Geschichte und Folgen der SED-Diktatur« vom »antitotalitären Konsens« zu sprechen,[2] so darf das nicht darüber hinwegtäuschen, daß dem Terminus gerade in großen Teilen der Linken noch immer die Aura eines politischen Kampfbegriffs anhaftet.

Die Warntafeln, die in Ost wie West aufgestellt worden waren, konnten einfach nicht übersehen werden. So warf der Hamburger Politikwissenschaftler Peter Reichel 1992 in der links-alternativen *tageszeitung* die besorgniserregende Frage auf, ob »ausgerechnet zu Beginn des postkommunistischen Zeitalters die antikommunistische Totalitarismustheorie wieder« auflebe,[3] und der Berliner Philosoph Wolfgang Harich erneuerte zwei Jahre später im ehemaligen SED-Zentralorgan *Neues Deutschland* ganz unmißverständlich das zu DDR-Zeiten geltende Verdikt.[4] Diese beiden Stimmen, die eine eine linksliberale und die andere eine postkommunistische Strömung verkörpernd, waren durchaus repräsentativ. Im öffentlichen Raum steht auch heute noch ein von maßgeblichen

---

1 So der Titel eines Aufsatzes in einer Wochenzeitung: Jürgen Braun, »Stiller Sieg eines Begriffes«, in: *Das Parlament* vom 11./18. November 1994, 44. Jg., Nr. 45/46, S. 1.

2 Jürgen Habermas, »Die Bedeutung der Aufarbeitung der Geschichte der beiden deutschen Diktaturen für den Bestand der Demokratie in Deutschland und Europa«, in: Deutscher Bundestag (Hg.), *Materialien der Enquete-Kommission »Aufarbeitung und Folgen der SED-Diktatur in Deutschland«* (12. Periode des Deutschen Bundestages), Bd. IX: Formen und Ziele der Auseinandersetzung mit den beiden Diktaturen in Deutschland, Protokoll der 76. Sitzung am 4. Mai 1994, Red. Marlies Jansen, Baden-Baden / Frankfurt am Main 1995, S. 690.

3 Der Titel seines Kommentars hörte sich wie ein heimliches Stoßgebet an: Peter Reichel, »Bitte keine neue Totalitarismus-Debatte! Gegen die schrecklichen Vereinfacher, die uns die Rot-gleich-Braun-Linie der antikommunistischen fünfziger Jahre wieder aufzwingen wollen«, in: *die tageszeitung* vom 4. März 1992.

4 Wolfgang Harich, »Der Totalitarismus-Begriff ist völlig unbrauchbar«, in: *Neues Deutschland* vom 21. Juni 1994.

Teilen der Linken ausgesprochenes intellektuelles Berührungs-
verbot.

Allerdings darf auch nicht übersehen werden, daß es sich kaum
eine der im Bundestag vertretenen Parteien, selbst die PDS nicht,
leisten kann, sich nicht vom Totalitarismus abzugrenzen.[5] Auch
wenn dies im Zweifelsfall ein bloß abstraktes Bekenntnis zum
Zentralbegriff eines Wertekatalogs ist, so ist damit das Verfassungsverständnis der Gründungsväter und -mütter nach der deutschen Einigung bis zu einem gewissen Grad wiederbelebt worden.
Dieser implizite bzw. explizite Antitotalitarismus ist zwar vor
allem ein Schlagwort, jedoch wäre es falsch, seine Verwendung
darauf zu reduzieren. Nach alledem, was die Bundesrepublik in
ihrem Verfassungsverständnis an Kontroversen und Konflikten
erlebt hat, ist damit immerhin eine Richtung eingeschlagen.

Unabhängig davon ist die Behauptung zu überprüfen, ob es im
vereinigten Deutschland tatsächlich – und wenn auch nur in bestimmten Bereichen – zu der behaupteten Renaissance der Totalitarismustheorie gekommen ist.[6] Und für die Linke muß in zuge-
spitzter Form gefragt werden, ob sie in der Auseinandersetzung
mit der für die Bundesrepublik grundlegenden Denkfigur eine Art
Lackmus-Test auf die Fähigkeit bestanden hat, sich vom Untergang des Staatskommunismus zu erholen und erneut in der politischen Arena zu bewähren. Dabei muß die Frage nach den Ursachen

5 Der Entwurf für ein Sondervotum der PDS in der Enquete-Kommission »Aufarbeitung von Geschichte und Folgen der SED-Diktatur in Deutschland«, in
dem konzediert werden sollte, daß das Totalitarismuskonzept »überlegenswerte
sozialwissenschaftliche Ansätze für den Vergleich diktatorischer Herrschaftssysteme« biete, mußte allerdings wieder zurückgezogen werden. Der PDS-De-
legierte Dietmar Keller konnte sich damit innerhalb der SED-Nachfolgerin
nicht durchsetzen. Entwurf für das Sondervotum, zit. nach: Uwe-Jens Heuer,
»Totalitarismus – Karriere eines Begriffs«, in: *Marxistische Blätter*, 33. Jg.,
Heft 3, 1995, S. 65f.

6 Diese Frage ist vor über anderthalb Jahrzehnten schon einmal aufgeworfen und
mit vorsichtiger Zustimmung beantwortet worden: »Mustert man die Literatur
der letzten Jahre durch, so läßt sich die weitverbreitete Meinung, die Totalitarismustheorie werde in der Forschung überwiegend abgelehnt, nicht (mehr)
aufrechterhalten. Die Tendenzen, den Totalitarismusbegriff aus dem wissenschaftlichen Sprachgebrauch zu streichen, sind rückläufig.« Eckhard Jesse
(Hg.), »Renaissance der Totalitarismuskonzeption? Zur Kontroverse um einen
strittigen Begriff«, in: *Neue Politische Literatur*, 28. Jg., Heft 4, 1983, S. 484.

für die Verweigerungen und Blockierungen, die zum Teil immer noch tiefsitzende Abwehrhaltung, eine besondere Rolle spielen. Denn nur wenn es gelingt, die Wurzeln des Anti-Antitotalitarismus sichtbar zu machen, wird es auch eine Chance geben können, die Denk- und Verhaltensschablonen einer sich immer noch in falscher Selbstgewißheit wiegenden Linken zu lockern und vielleicht sogar aufzulösen.

Renaissancen und Reaktionen

Seit der durch den Mauerfall eingeleiteten Epochenzäsur ist in viele weltanschauliche Überzeugungen Bewegung gekommen. Nicht nur die geopolitische, sondern auch die gesellschaftstheoretische Topographie hat sich maßgeblich verändert. Auch in manchen Bereichen der Sozialwissenschaften, die, was ihre prognostischen Fähigkeiten anbetraf, 1989 wieder einmal versagt hatten, kam es zu dramatischen Veränderungen. So erlebte die an der Konvergenztheorie orientierte DDR-Forschung eine dramatische Abwertung und die über zweieinhalb Jahrzehnte diskreditierte Totalitarismusforschung einen kaum mehr erwarteten Aufschwung. Der Untergang der kommunistischen Einparteienregime in Osteuropa setzte insbesondere in der Geschichts- und der Politikwissenschaft eine außerordentliche Schubkraft frei. Ein eigenes Institut für Totalitarismusforschung wurde gegründet,[7] ein Forschungsverbund SED-Staat[8] ins Leben gerufen, Dissertationen, Habilitationen und For-

7 Das Hannah-Arendt-Institut für Totalitarismusforschung an der Technischen Universität Dresden hat 1993 seine Arbeit aufgenommen. Seine Gründung geht auf einen Beschluß des Sächsischen Landtages zurück. Laut Satzung besteht seine vorrangige Aufgabe darin, »in interdisziplinärer Arbeit von Historikern und Sozialwissenschaftlern die politischen und gesellschaftlichen Strukturen von NS-Diktatur und SED-Regime sowie ihren Folgen für die Gestaltung der deutschen Einheit zu analysieren«.
8 Der Forschungsverbund SED-Staat wurde 1992 an der Freien Universität Berlin eingerichtet. In seinen Arbeiten spielt die Totalitarismustheorie eine zentrale Rolle. Er sah sich deshalb zum Teil heftiger Kritik ausgesetzt. Vgl. die Dokumentation einer studentischen Veranstaltung, auf der Peter Steinbach und Wolfgang Wippermann als Hauptreferenten aufgetreten sind: »Der Forschungsverbund SED-Staat und die Renaissance der Totalitarismustheorie«, in: *agent provocateur. Studierendenzeitung am Otto-Suhr-Institut*, Nr. 5, Juni 1998.

schungsprojekte wurden konzipiert sowie Tagungen, Konferenzen und Kongresse organisiert. Die ersten Ergebnisse liegen nun in der Form von Monographien und Sammelbänden vor. Dabei wird eine Frage aufgeworfen, deren skeptischen Unterton man nicht über-hören kann und die einer der jüngeren Forscher so formuliert hat: »Haben Totalitarismuskonzepte wegen ihrer höheren Leistungs-fähigkeit – d.h. ihrer größeren Erklärungskraft und ihres höheren deskriptiven Potentials – gegenüber anderen Ansätzen an Einfluß (wieder-) gewonnen? Berücksichtigt man, daß die Konjunktur eines Forschungsparadigmas gerade in den Geistes- und Sozialwissen-schaften auch durch Faktoren nicht-kognitiver Art – etwa durch politische Großwetterlagen oder allgemein durch Einflüsse des ›Zeitgeistes‹ – bestimmt wird, dann kann aus dem steigenden Ver-breitungsgrad eines bestimmten Paradigmas nicht direkt auf dessen höheren kognitiven Wert geschlossen werden. Im Fall der neuer-lichen Hochkonjunktur von Totalitarismustheorien wird man so-gar mit einem besonders ausgeprägten nicht-kognitiven Faktor rechnen müssen.«[9] Die Rolle, die solch »nicht-kognitive Faktoren« spielen können, darf nicht ignoriert und muß deshalb von Fall zu Fall in Rechnung gestellt und untersucht werden.

Die Verwendung des Totalitarismusbegriffs in Historiographien des 20. Jahrhunderts als »komparative Epochenkategorie«

Es gibt nur einen Theoretiker, der in der Geschichte der Bundesre-publik die Konjunkturen und Flauten des Totalitarismuskonzepts mehr oder weniger unbeschadet überstanden hat: Karl Dietrich Bracher. Wie ein Leuchtturm ragt der Bonner Historiker und Politikwissenschaftler aus den Umschwüngen des Zeitgeistes her-aus. Ob Hausse, ob Baisse – er hat sich in seinem Kurs nicht verunsichern lassen.[10] Er ist ein Musterbeispiel für Kontinuität und insofern das Gegenbeispiel für eine Renaissance. Im Grunde hat er

9 Achim Siegel, Einführung, in: ders. (Hg.), Totalitarismustheorien nach dem Ende des Kommunismus, Köln / Weimar 1998, S. 7.
10 Vgl. Karl Dietrich Bracher, Der umstrittene Totalitarismus: Erfahrung und Aktualität, in: ders., Zeitgeschichtliche Kontroversen. Um Faschismus, Totali-tarismus, Demokratie, München 1984, S. 33-61.

der Legitimität der Totalitarismustheorie eine Brücke zwischen den fünfziger und sechziger Jahren auf der einen und den neunziger Jahren auf der anderen Seite geschlagen. Für ihn ist das 20. Jahrhundert nichts anderes als »das Jahrhundert des Totalitarismus«.[11] Er hat sich allerdings weniger damit hervorgetan, das analytische Potential des Terminus unter Beweis zu stellen, er hat ihn vor allem zur historischen Interpunktion benutzt. Im Grunde war er der erste, der den Terminus in der Bundesrepublik als »komparative Epochenkategorie«[12] verwendet hat. Ihm geht es bei der Durchdringung der totalitären Systeme zwar auch um eine Demokratietheorie ex negativo, vor allem aber um eine tragfähige Gesamtkonstruktion der Zeitgeschichte.

Andere Ziele verfolgt ein Historiker, der ebenfalls das Totalitarismuskonzept adaptiert und mit seinen Forschungsarbeiten in den letzten anderthalb Jahrzehnten wie kein zweiter die geschichtspolitischen Debatten polarisiert hat. Der Berliner Historiker Ernst Nolte hatte bereits seit längerem die Absicht verfolgt, die Geschichte des 20. Jahrhunderts aus totalitarismuskritischer Perspektive zu schreiben und damit der Totalitarismustheorie zugleich eine »Ergänzung« zu liefern. Sein Schlüsselwerk, das er 1987 unter dem Titel »Der europäische Bürgerkrieg 1917-1945. Nationalsozialismus und Bolschewismus«[13] vorgelegt hat, führte bereits im Vorfeld wegen seiner revisionistischen Kernthese, daß der Bolschewismus die Nationalsozialisten zu ihren Massenverbrechen getrieben und deshalb als der ursprünglich Schuldige zu gelten habe, zu einem Skandal ungeahnten Ausmaßes, dem »Historikerstreit«. In der politisch aufgeladenen Auseinandersetzung konnte zwar eine Durchsetzung von Noltes Perspektivenwechsel in der Öffentlichkeit verhindert werden, dieser Erfolg hatte jedoch seinen Preis darin, daß er mit einer Selbstimmunisierung von Teilen der Linken gegenüber durchaus gerechtfertigter Kritik verbunden war. Wie illusionär ihr

11 Vgl. vor allem: Karl Dietrich Bracher, *Die totalitäre Erfahrung*, München 1987, S. 14f.
12 Karsten Fischer, »Totalitarismus als komparative Epochenkategorie«, in: Alfons Söllner / Ralf Walkenhaus / Karin Wieland (Hg.), *Totalitarismus. Eine Ideengeschichte des 20. Jahrhunderts*, Berlin 1997, S. 284-296.
13 Ernst Nolte, *Der europäische Bürgerkrieg 1917-1945. Nationalsozialismus und Bolschewismus*, Frankfurt am Main / West-Berlin 1987.

historisches Selbstverständnis immer noch war, wurde jedoch bereits kurze Zeit später mit dem Epochenwechsel von 1989/90 auf das schmerzlichste bewußt. Mit dem Ende der deutschen Teilung, des Sowjetkommunismus und der Ost-West-Konfrontation insgesamt war nicht nur die Herausforderung einer neuen Historisierung verknüpft, sondern auch die Frage nach der Gültigkeit der entsprechenden zeitgeschichtlichen Koordinatensysteme.

Dem hat sich auch Nolte nicht entziehen können. Inzwischen hat er sich an einer methodologischen Klärung seines eigenen Ansatzes versucht. Unter der Vielzahl unterschiedlicher Ansätze unterscheidet er zwischen drei Hauptversionen der Totalitarismustheorie: der politologisch-strukturellen, der sozialreligiösen und der historisch-genetischen.[14] An der politologisch-strukturellen Version, als deren wichtigste Exponenten er Hannah Arendt, Carl J. Friedrich und Zbigniew Brzezinski hervorhebt, kritisiert er, daß der strukturelle Vergleich die Frage nach dem Zusammenhang zwischen dem westlichen Verfassungsstaat und den totalitären Regimen sowie die nach dem zwischen den totalitären Staaten selber vermissen lasse. An der sozialreligiösen Version, als deren Vorläufer er Ernst Bloch ansieht und als deren Hauptexponenten er Eric Voegelin und Norman Cohn nennt, streicht er, ohne deren Mängel und Einseitigkeiten explizit zu machen, die Bedeutung des apokalyptischen Fanatismus für die als »politische Religionen« bezeichneten Totalitarismen heraus. Für die historisch-genetische Version, die er für sich selbst in Anspruch nimmt und als deren Vorläufer er Jacob Leib Talmon und Karl August Wittfogel ansieht, führt er vier Kriterien an. Erst wenn diese Voraussetzungen erfüllt seien, könne von der Ausbildung einer solchen Version gesprochen werden. Als wichtigste nennt er, daß Faschismus und Nationalsozialismus nicht nur nach Strukturmerkmalen untersucht werden dürften, sondern »in ihrer jeweiligen Ganzheit« thematisiert werden müßten, in »ihrer äußeren und inneren Bezogenheit auf den Marxismus

---

14 Ernst Nolte, »Die historisch-genetische Version der Totalitarismustheorie: Ärgernis oder Einsicht?«, in: *Zeitschrift für Politik*, 43. Jg., 1996, S. 111-122; eine erweiterte Fassung, nach der hier zitiert wird, ist unter dem Titel »Die drei Versionen der Totalitarismustheorie« erschienen in: Achim Siegel (Hg.), *Totalitarismustheorie nach dem Ende des Kommunismus,* Köln / Weimar 1998, S. 106-124.

bzw. den Bolschewismus«.[15] Es geht ihm nach seinen eigenen Worten um die Gegensätzlichkeit zwischen den beiden Totalitarismen ebenso wie um ihre Ähnlichkeit, allerdings mit dem Unterschied, daß dem einen eine »größere Ursprünglichkeit zugeschrieben« werden müsse. Was er damit genauer meint, hat er bereits in seinem ersten Werk »Der Faschismus in seiner Epoche« umrissen: »Faschismus ist Antimarxismus, der den Gegner durch die Ausbildung einer radikal entgegengesetzten und doch benachbarten Ideologie und die Anwendung von nahezu identischen und doch charakteristisch umgeprägten Methoden zu vernichten trachtet, stets aber im undurchbrechbaren Rahmen nationaler Selbstbehauptung und Energie.«[16] Nolte charakterisiert seine Verfahrensweise als phänomenologische Methode.[17] Unter Phänomenen versteht er keine Erscheinungen im allgemeinen, sondern soziale Gebilde, die eine eigene Ideologie besitzen und für die sie konstitutiv sind. Als Beispiele nennt er u.a. den Katholizismus und den Marxismus. Die phänomenologische Methode bietet ihm die Möglichkeit, soziale Bewegungen von ihrem Selbstverständnis her zu verstehen, Philosophie und Geschichtswissenschaft auf eigene Weise miteinander zu verknüpfen. Nur unter dieser Voraussetzung konnte er unter Rekurs auf den philosophischen Begriff der Transzendenz den Faschismus als ein »transpolitisches Phänomen« bestimmen. Nolte wechselt nun gegenüber dem herrschaftsanalytischen Ansatz der klassischen, von ihm als »politologisch-strukturelle Version« bezeichneten Totalitarismustheorie die Perspektive. Er ersetzt den externen durch einen nach innen verlagerten, internen Blickwinkel.

Der Politikwissenschaftler Karsten Fischer, der die Logik dieses Perspektivenwechsels unter die Lupe genommen hat, kommt zu dem Schluß, daß Nolte keine Erweiterung der Totalitarismustheorie vorgenommen habe, sondern ihre Substitution: »An die Stelle der liberalen Demokratie als analytisches Kontrastmittel, das die herkömmliche Totalitarismustheorie benötigt, um überhaupt einen

---

15 A.a.O., S. 117f.
16 Ernst Nolte, *Der Faschismus in seiner Epoche*, München 1963, S. 51.
17 Dazu näher: Ernst Nolte, »Zur Phänomenologie des Faschismus«, in: *Vierteljahreshefte für Zeitgeschichte*, 10. Jg., 1962, S. 403; Ernst Nolte, *Der Faschismus in seiner Epoche*, a.a.O., S. 53.

Begriff von totalitärer Herrschaft entwickeln zu können, tritt in Noltes historisch-genetischer Theorie die phänomenologische Analyse des nationalsozialistischen Totalitarismus als einer Reaktion auf den Bolschewismus.«[18] Er unterscheide nicht primär zwischen den Totalitarismen auf der einen und dem demokratischen Verfassungsstaat auf der anderen Seite, sondern markiere lediglich die ideologischen Unterschiede zwischen den totalitären Systemen: »In Noltes phänomenologischer Perspektive erscheint der Nationalsozialismus daher janusgesichtig als nicht nur radikal antidemokratisch, sondern paradoxerweise gleichzeitig antitotalitär, insofern er antibolschewistisch ist, so daß man cum grano salis von einem totalitären Antitotalitarismus sprechen könnte.«[19] Noltes methodischer Ansatz führt also in eine Paradoxie, die, ob gewollt oder ungewollt, eine objektiv exkulpierende Funktion besitzt. Als ein historisch-ideologisches Phänomen, das nur in seinem Konstitutions- und Spannungszusammenhang zu einem anderen, dem Bolschewismus, zum Untersuchungsgegenstand werden kann, wird der Nationalsozialismus als ein nachgeordneter Schuldzusammenhang prinzipiell entlastet.[20] In all seinen Aktionen – bis hin zur jüdischen Massenvernichtung – ist er immer nur Reaktion.[21] Hier

18 Karsten Fischer, a.a.O., S. 288; vgl. außerdem: ders., »Das unsichtbare Dritte: Demokratie und Totalitarismustheorie in Ernst Noltes philosophischer Geschichtsschreibung«, in: *Leviathan*, 23. Jg., 1995, S. 580ff.
19 Karsten Fischer,»Totalitarismus als komparative Epochenkategorie«, a.a.O., S. 289.
20 Dieser Relationismus führt Nolte zu solch offen exkulpierenden Feststellungen wie: »So *totalitär* Deutschland 1939 neben England und Frankreich erschien, so *liberal* mußte es sich für jeden ausnehmen, der einen genuinen Vergleich mit der Sowjetunion vornehmen konnte. Das gilt auch für die Konzentrationslager und nicht nur unter quantitativen Gesichtspunkten.« Ernst Nolte, *Der europäische Bürgerkrieg 1917-1945*, a.a.O., S. 370 (Kursivsetzungen im Original).
21 In einer Bilanzierung des »Historikerstreits«, die er der fünften Auflage seines Bandes *Der europäische Bürgerkrieg 1917-1945* als Vorwort vorangestellt hat, faßt Nolte seinen Kerngedanken so zusammen:»Indem dem Bolschewismus ursprünglichere Vernichtungsintention und -aktion zugeschrieben werden als dem Nationalsozialismus und indem dessen Vernichtungsintention und -aktion als Antwort oder Re-Aktion gefaßt werden, wird der Kampf der beiden Regime viel ernster genommen als von seiten der strukturanalytischen Totalitarismustheorie, und der ›westliche Verfassungsstaat‹ wird nicht glorifiziert, sondern zwar als Gegensatz zu den totalitären Regimen gesehen, aber auch als deren Mutterboden. Die historisch-genetische Version der Totalitarismustheorie ist

liegt die Quelle für jene überaus berechtigte Empörung, die der *FAZ*-Artikel im Juni 1986 in der Öffentlichkeit ausgelöst hat. In Noltes historisch-genetischer Version, so Fischer, verwandle sich die parlamentarische Demokratie vom »Tertium comparationis für den Vergleich der totalitären Regime« zur eigentlichen »Quelle der totalitären Bewegungen«. Indem sie als Ursprung lokalisiert werde, könne das »liberale System«, wie es Nolte klassifiziert, »zum *unsichtbaren Dritten* hinter den Totalitarismen« werden.[22] Mit anderen Worten, Noltes Substitution der klassischen Totalitarismustheorie durch die von ihm geprägte historisch-genetische Version führt nicht nur zu einer folgenreichen Veränderung im Verhältnis zwischen Nationalsozialismus und Bolschewismus, sondern in ihrer epochensetzenden Distinktion zu einer gravierenden Umplazierung der politischen Topographie.

Unter den bedeutendsten Historikern der Gegenwart gibt es ganz unterschiedliche Beispiele für die Rezeption der Totalitarismustheorie, für ihre Ablehnung ebenso wie ihre Akzeptanz. Als einer der prominenten Fälle wird häufig der junge Holocaust-Forscher Daniel J. Goldhagen genannt, der es 1996 bekanntlich fertiggebracht hat, mit der in seiner Studie »Hitlers willige Vollstrecker« präsentierten These, daß ein unter den Deutschen verankerter »eliminatorischer Antisemitismus« zum Holocaust geführt habe, in der deutschen Öffentlichkeit eine monatelange Debatte auszulösen. Goldhagen äußert sich nur an einer entlegenen Stelle seines voluminösen Werks zum Totalitarismuskonzept. Als er im Rahmen seiner Einleitung seine Grundthese vorstellt, grenzt er sich in einer Anmerkung von dem Ansatz des Rechtswissenschaftlers Herbert Jäger ab.[23] Dabei stößt er sich an dessen Verwendung des Totalita-

also ein eigenständiges Paradigma, und es läßt sich nicht leugnen, daß sie eine größere Nähe sowohl zum Kommunismus wie zum Nationalsozialismus aufweist als die strukturanalytische Version, da sie dasjenige übernimmt, was beiden Bewegungen bzw. Regimen gemeinsam ist, nämlich ihr Selbstverständnis als ›Aktion‹ bzw. als ›Re-Aktion‹.« Ernst Nolte, »Dieses Buch und der ›Historikerstreit‹. Eine Bilanz nach zehn Jahren«, in: ders., *Der europäische Bürgerkrieg 1917-1945*, 5. überarbeitete und erweiterte Auflage, München 1997, S. 29f.

22 Karsten Fischer, »Das unsichtbare Dritte: Demokratie und Totalitarismustheorie in Ernst Noltes philosophischer Geschichtsschreibung«, a.a.O., S. 585.

23 Herbert Jäger, *Verbrechen unter totalitärer Herrschaft*, Olten 1967.

rismusbegriffs und stellt ebenso bündig wie brüsk fest, daß »dieses Modell grundfalsch« sei.[24] Was er dabei mit einem »Modell« meinen könnte, bleibt allerdings ungeklärt. Ziemlich vage ist in diesem Zusammenhang lediglich von einer »Totalitarismusvorstellung der fünfziger Jahre über das nationalsozialistische Deutschland« die Rede. Auffällig ist bei Goldhagen das Mißverhältnis zwischen ephemerer Erwähnung und fundamentaler Verwerfung. Über die Gründe und Motive, die ihn zu einem derartig harschen Urteil geführt haben, muß nicht lange spekuliert werden. Ein Historiker, der mit dem »eliminatorischen Antisemitismus« eine monokausale Erklärung für den Holocaust bietet, sieht offenbar keinerlei Anlaß, auch nur einen Vergleich mit ähnlichen Regimen herzustellen, geschweige denn sich mit theoretischen Schlußfolgerungen aus einer Herrschaftskomparatistik zu befassen. Im Gegenteil, struktur-analytische Parallelen oder Synchronitäten im historischen Ablauf zwischen verschiedenen Terrorregimen könnten den Monismus des eigenen Ansatzes eher stören.

Der britische Historiker Alan Bullock, der in den fünfziger Jahren eine der ersten umfassenden Hitler-Biographien vorgelegt hat,[25] grenzt sich in der Vorbemerkung zu seiner Doppelbiographie »Hitler und Stalin« zwar ebenfalls überaus deutlich von der Totalitarismuskonzeption ab, er äußert dies jedoch mit einem we-niger fundamentalistischen Unterton. »Ohne auf die kritischen Einwände einzugehen, durch die der Begriff des Totalitarismus inzwischen außer Gebrauch gekommen ist,« stellt er fest, »möchte ich betonen, daß mein Interesse niemals einem allgemeingültigen Modell galt, sondern dem Vergleich zweier bestimmter geschicht-licher Regime in einem begrenzten Zeitraum, und zwar unter Be-tonung der Unterschiede oder Gegensätze ebenso wie der Ähnlich-keiten. Ich habe nicht die Absicht zu zeigen, daß die beiden Regime sich als Unterarten einer Gattung definieren lassen, sondern ich möchte mit den Mitteln des Vergleichs gerade die unverwechselbare, individuelle Wesensart des einen wie des anderen beleuchten.«[26]

24 Daniel Jonah Goldhagen, *Hitlers willige Vollstrecker. Ganz gewöhnliche Deut-sche und der Holocaust,* Berlin 1996, S. 559, Endnote 32.
25 Alan Bullock, *Hitler. Eine Studie über Tyrannei,* Düsseldorf 1953.
26 Alan Bullock, *Hitler und Stalin. Parallele Leben,* Berlin 1991, S. 8.

Bullock zieht sich auf die Zusicherung zurück, er habe nichts anderes getan, als parallele Lebensläufe zu untersuchen, die sich ebensowenig schneiden oder berühren könnten wie parallele Linien in der Geometrie.

Ein anderer britischer Historiker hat eine Geschichte des 20. Jahrhunderts vorgelegt, deren Titel bereits auf eine komparative Epochensicht und damit auf eine Prädestination für den Totalitarismusansatz hinzuweisen scheint.[27] Doch wer sich eingehender mit dem »Zeitalter der Extreme« befaßt, der bemerkt rasch, daß sich Eric Hobsbawm der totalitarismuskritischen Perspektive immer wieder zu entziehen versucht. Obwohl er weit davon entfernt ist, das Bild des Bolschewismus und des Stalinismus zu beschönigen, so sträubt er sich doch hartnäckig dagegen, der Sowjetunion das Attribut »totalitär« anzuheften. Sein als Abbreviatur formuliertes Urteil lautet: »So brutal und diktatorisch das sowjetische System auch war: Es war nicht ›totalitär‹ ... Es hat keine wirkungsvolle ›Gedankenkontrolle‹ ausgeübt, ganz zu schweigen davon, daß ihm ›Gehirnwäsche‹ gelungen wäre. Im Gegenteil, es hat die Bürger in erstaunlichem Maße entpolitisiert.«[28] Obwohl Hobsbawm an anderer Stelle den Stalinismus als eine »Autokratie« solchen Ausmaßes beschreibt, daß er »die totale Kontrolle über die gesamte Lebenswelt und das Denken ihrer Bürger durchzusetzen versuchte«,[29] bleibt er gegenüber der Totalitarismustheorie resistent und äußert starke Zweifel »an der Nützlichkeit dieses Begriffes«. Vielleicht liegt es daran, daß der Sozialhistoriker und Marxist[30] durch die Vermeidung bestimmter Termini einer Auseinandersetzung aus dem Weg gehen möchte, die auch seine eigenen Überzeugungen in Frage stellen könnte.

Ganz anders sieht es mit einem seiner Kollegen aus, der zuletzt oft in einem Atemzug mit ihm genannt worden ist – dem französischen Historiker François Furet. Er war in seiner Jugend selbst

27 Eric Hobsbawm, *Das Zeitalter der Extreme. Weltgeschichte des 20. Jahrhunderts,* München / Wien 1995.
28 A.a.O., S. 490f.
29 A.a.O., S. 483.
30 Vgl. seine Aufsatzsammlung: Eric J. Hobsbawm, *Revolution und Revolte. Aufsätze zum Kommunismus, Anarchismus und Umsturz im 20. Jahrhundert,* Frankfurt am Main 1977.

Kommunist, sagte sich wie nicht wenige andere nach dem Volksaufstand in Ungarn los, und hat sich vor allem als Historiker der Französischen Revolution einen Namen gemacht.[31] Als 1995 sein voluminöses Werk »Le passé d'une illusion« erschien,[32] das im Untertitel lediglich beansprucht, ein Essay über die kommunistische Idee im 20. Jahrhundert sein zu wollen, löste er in Frankreich umgehend eine breite Debatte über die Vergleichbarkeit von Faschismus und Nationalsozialismus mit dem Kommunismus aus.

Furets Absicht war es nicht, wie der anders akzentuierte deutsche Titel seines Werkes vielleicht nahelegen könnte, die Geschichte eines gescheiterten Experiments, des Kommunismus, zu verfassen. Es geht ihm in erster Linie darum, eine Passion, eine Leidenschaft zu ergründen: die zur kommunistischen Bewegung als einem historischen Projekt.[33] Dabei verfaßt er zugleich zwar auch – allerdings vornehmlich aus französischer Perspektive – eine Historiographie des Kommunismus im 20. Jahrhundert, im Zentrum jedoch steht ganz zweifelsohne die Frage nach den intellektuellen Affinitäten eines totalitären Projekts, nach seiner Magie, seiner Aura, seiner quasi-religiösen Heilserwartung. Furet weiß nur zu genau, wovon er spricht; deshalb konzentriert er sich immer wieder auf den intellektuellen Philokommunismus in seinen unterschiedlichen Spielarten.

Ganz besonders kommt es ihm darauf an, herauszufinden, worin die »magische Aura« des Kommunismus, genauer der »charme universel d'Octobre« bestanden haben könnte. Dieser Frage nach der »universellen Faszination der Oktoberrevolution« widmet er ein ganzes Kapitel, eines seiner gelungensten. Seine Antwort lautet: »Es ist die Sichtbarwerdung des Willens in der Geschichte, die Erfin-

---

31 Vgl. François Furet / Denis Richet, *Die Französische Revolution*, Frankfurt am Main 1968; François Furet, *1789. Vom Ereignis zum Gegenstand der Geschichtswissenschaft*, Frankfurt am Main 1980; ders., *1789. Jenseits des Mythos*, Hamburg 1989.

32 François Furet, *Le passé d'une illusion. Essai sur l'idée communiste au XXe siècle*, Paris 1995; dt. Übersetzung: *Das Ende der Illusion. Der Kommunismus im 20. Jahrhundert*, München / Zürich 1996.

33 Furet schreibt an zentraler Stelle seines Vorworts: »In diesem Essay geht es um eine eingegrenzte, jedoch zentrale Problematik: um die Funktion der ideologischen Leidenschaft, insbesondere innerhalb der kommunistischen Bewegung. Sie ist das Charakteristikum des 20. Jahrhunderts.« François Furet, a.a.O., S. 14.

dung des Menschen durch sich selbst – die Metapher schlechthin für die Autonomie des demokratischen Individuums. Die Franzosen des ausgehenden 18. Jahrhunderts waren die Helden gewesen, denen die Wiedergewinnung ihrer selbst nach langen Jahrhunderten der Abhängigkeit gelang; und nun treten die Bolschewiki an ihre Stelle … Das Seltsame ist auch, daß Lenin die Oktoberrevolution im Namen von Marx führt, und das ausgerechnet in demjenigen der großen europäischen Länder, das am wenigsten kapitalistisch ist. Aber umgekehrt könnte dieser Widerspruch zwischen dem Glauben an die Allmacht der Tat und der Idee von historischen Gesetzmäßigkeiten gerade ein Teil dessen sein, was dem 17. Oktober intellektuell eine solche Faszination verleiht: Dem Willenskult, diesem durch den russischen Populismus gefilterten jakobinischen Erbe, fügt Lenin die Gewißheiten einer Wissenschaft hinzu, die er dem ›Kapital‹ entnommen hat. Die Revolution nimmt diesen Religionsersatz, der ihr zu Ende des 18. Jahrhunderts in Frankreich so sehr gefehlt hat, mit in ihr ideologisches Arsenal auf. Durch das Zusammenrühren dieser beiden modernen Elixiere par excellence, das jeglicher Logik widerspricht, kreiert die Revolution ein Gebräu, das stark genug ist, um ganze Generationen von Aktivisten in einen Rauschzustand zu versetzen.«[34] Indem Furet den Voluntarismus der Oktoberrevolution mit dem der Französischen Revolution, genauer deren jakobinischer Periode, verknüpft, gelingt es ihm, die Leidenschaft des Kommunismus insgesamt genauer herauszuarbeiten. Detailliert beschreibt er, welch ungeheure Wirkung die Oktoberrevolution Anfang der zwanziger Jahre auf die linken französischen Intellektuellen hatte. Sie sahen in ihr die logische Fortsetzung dessen, was 1789 mit dem Sturm auf die Bastille und 1793 mit der Diktatur der Bergpartei begonnen hatte. Entscheidend ist hierbei die Wiederentdeckung einer Kategorie, die als Garant für die revolutionäre Authentizität zu stehen scheint: der Universalismus. Im Universellen ist die Idee der Gleichheit fundiert, die dem im Kapitalismus freigesetzten Egoismus, dem Kampf jedes gegen jeden, entgegengestellt ist. Das von den Revolutionären, Jakobinern wie Bolschewiki, gegebene Versprechen der Gleichheit

34 A.a.O., S. 88f.

schaffe einen »imaginären Horizont«, der zwar nie erreicht werden könne, dem revolutionären Prozeß jedoch eine unvergleichliche Dynamik vermittle. Für die französischen Intellektuellen, diese »Meister des Universellen«, gehe es »um nichts Geringeres als das Schicksal der Menschheit«: »Hundertachtundzwanzig Jahre nach der Französischen Revolution haben die Bolschewiki deren Befreiungsgedanken wiederaufgegriffen, um ihn noch weiter fortzuführen.«[35] Beide Revolutionen würden zu einer Vision des historischen Fortschritts vereint, in der der Marxismus die Philosophie der Aufklärung ablöse. In einem Atemzug nennt Furet hier Rousseau, Robespierre und Lenin. Indem der Oktoberrevolution der »Status eines universellen Ereignisses« zuerkannt werde, könne sie sich in die revolutionäre Tradition Europas einreihen und ihre Machteroberung als einen im Namen der gesamten Menschheit begangenen Akt mystifizieren. Unter dieser Voraussetzung habe noch die diktatorischste Maßnahme als Ausdruck einer demokratischen Absicht ausgegeben werden können.

In einem anderen Reflexionsschritt stellt Furet die Durchleuchtung einer Überzeugung heraus, die ursprünglich gar keine genuin kommunistische war, auf die der Kommunismus aber schon bald ein Monopol beansprucht hat – die des Antifaschismus. Diese moralische Leidenschaft, die auch in der Sozialdemokratie, im Christentum und selbst im konservativen Bürgertum Anhänger hat und die deshalb so leicht als Instrument zur Blockbildung benutzt werden kann, nimmt in seiner Interpretation eine Schlüsselrolle ein. Da sich im Antifaschismus häufig antitotalitäre mit totalitären Momenten vermischen, läßt sich mit ihm und von ihm ausgehend ein Netz von Bedeutungslinien aufspannen, das einen komplexen Sachverhalt erfaßt. Der Begriff steht thematisch für einen Nexus zwischen Kommunismus und Faschismus, er verknüpft deren Kraftfelder und zwingt zur dauernden Reflexion auf deren totalitäre Implikationen.

Obwohl der Totalitarismusbegriff nicht im Mittelpunkt seiner Untersuchung steht, finden sich in seinem Werk eine Reihe von bedenkenswerten Überlegungen zur Frage seiner Verwendbarkeit.

35 A.a.O., S. 343.

Furet vertritt die Ansicht, daß er unbedingt erforderlich sei, um das Neuartige an der Schreckensherrschaft, die weder als Despotismus oder Tyrannei noch als Diktatur zu charakterisieren sei, terminologisch zu bannen. Der Begriff dürfe jedoch nicht undifferenziert und nur eingeschränkt eingesetzt werden. Ausführlich setzt er sich mit Hannah Arendts Standardwerk »Elemente und Ursprünge totalitärer Herrschaft«[36] auseinander, dessen Entstehungsgeschichte er nachzeichnet und dessen wichtigste Implikationen er rekapituliert.[37] Furet stimmt ihr ausdrücklich zu, daß die Wiege des Totalitarismus die Demokratie sei und daß sich sein Wesen vor allem im Faktum der Konzentrationslager enthülle.

Der Versuch, Ähnlichkeit und Differenz der beiden totalitären Systeme genauer zu bestimmen, führt Furet in eine sichtbare Nähe zu Deutungsmustern, wie sie sich auch bei Ernst Nolte finden lassen. Am stärksten tritt das im zentralen Kapitel »Kommunismus und Faschismus« in Erscheinung: »Der Nationalsozialismus ist ein Bolschewismus, der gegen den ursprünglichen Bolschewismus gerichtet ist ... Hitler erfüllt besser noch als Stalin das totalitäre Versprechen Lenins. Auch besser als Mussolini, der die Monarchie, die Kirche und die bürgerliche Gesellschaft hat weiterbestehen lassen. Im nationalsozialistischen Deutschland wird der Bolschewismus am perfektesten in die Tat umgesetzt. Die politische Macht umfaßt hier tatsächlich alle Bereiche des Lebens, von der Wirtschaft bis hin zur Religion, von der Technik bis hin zur Seele. Die Ironie der Geschichte, besser gesagt ihre Tragödie, besteht darin, daß sich jedes der beiden totalitären Regime – die identisch sind, was ihr Streben nach unumschränkter Macht über entmenschlichte Wesen angeht – als Ausweg aus der ihm durch das andere Regime drohenden Gefahr anbietet. Sie stellen in ihrer Propaganda vor allem das in den Vordergrund, was ihre Feindschaft verstärkt, und nicht das, worin sie sich ähneln.«[38] Da sich Furet der Problematik eines solchen Vergleichs, der die Entwicklung beider Regime stark ineinander verschränkt, ebenso bewußt ist wie der Brisanz des aus

36 Hannah Arendt, *Elemente und Ursprünge totalitärer Herrschaft*, Frankfurt am Main 1955.
37 François Furet, a.a.O., S. 541-548.
38 A.a.O., S. 268f.

ähnlichen Gründen in der Bundesrepublik ausgefochtenen »Historikerstreits«, hat er offenbar eine Notwendigkeit gesehen, sein Verhältnis zum Werk des umstrittenen, von nicht wenigen seiner Kollegen als revisionistisch eingeschätzten deutschen Historikers genauer zu klären.

In einer inzwischen berühmt gewordenen, zweieinhalb Seiten umfassenden Fußnote würdigt und kritisiert Furet Noltes Werk zugleich.[39] Zunächst räumt er ein, daß ihm das Verdienst gebühre, das insbesondere in Deutschland stark tabuisierte Vergleichsverbot von Kommunismus und Nazismus durchbrochen zu haben. Er stimmt ihm zu, daß man die Ideologien beider Regime nicht getrennt voneinander untersuchen könne. Das gesamte 20. Jahrhundert habe »unter dem Einfluß ihrer Komplementarität-Rivalität« gestanden. Er könne durchaus nachvollziehen, warum Noltes Publikationen die bundesdeutsche Nachkriegsgeneration so sehr schockiert hätten. Er wendet gegen eine derartige Abwehrhaltung jedoch ein: »In Wahrheit verhindert das Veto gegen solche Ansatzpunkte eine Aufarbeitung der Geschichte des Faschismus; es entspricht im historischen System der Wirkung, die der Antifaschismus sowjetischer Prägung im politischen System hatte. Indem er die Kritik am Antifaschismus verbietet, verhindert dieser Typus historiographischen Antifaschismus auch das Verständnis des Faschismus.«[40] Bedauerlich sei allerdings, daß Nolte seine Position »durch die Übersteigerung seiner These« schwäche, indem er die Juden zu organisierten Gegnern Hitlers mache, die sich mit dem Feind verbündet hätten. In diesem Zusammenhang schiebe er pseudorationale Argumente nach, die schockierend und falsch seien. Als ein Hauptmotiv seiner Publikationen sei ein »gedemütigter deutscher Nationalismus« zu erkennen. Dies könne jedoch nicht das Werk und eine Interpretation diskreditieren, »die zu den tiefschürfendsten der letzten fünfzig Jahre« gehörten.

Bekanntlich ist es nicht zu einer direkten Auseinandersetzung, geschweige einem Briefwechsel zwischen den beiden führenden Kontrahenten im »Historikerstreit«, zwischen Jürgen Habermas und Ernst Nolte, gekommen. Zustande gekommen ist statt dessen

39 A.a.O., Kapitel 6, S. 648-651, Endnote 13.
40 A.a.O., S. 650.

eine Korrespondenz zwischen Nolte und Furet. Der erste Brief stammte zwar von Nolte, der Anstoß dazu ging jedoch letztlich von Furets Fußnote aus. Als Auslöser fungierte die in Paris erscheinende Zeitschrift *Le Débat*. Sie hatte Nolte darum gebeten, näher auf Furets Kommentar einzugehen. Nachdem Nolte dem nachgekommen war,[41] ergriff die in Rom erscheinende Zeitschrift *Liberal* die Initiative, beide Sympathisanten respektive Kontrahenten zu einem ausführlicheren Gedankenaustausch zu ermuntern. Sowohl Nolte als auch Furet ließen sich ohne größere Umschweife darauf ein. Für Furet war das keineswegs selbstverständlich, da er bei einem Teil seiner linken Kollegen bereits wegen des Nolte-Kommentars auf geharnischte Kritik gestoßen war. In einem seiner Briefe spricht er sogar davon, daß seine Fußnote bei der Linken einen »Pawlowschen Reflex« ausgelöst habe. Seine beiden britischen Kollegen Eric Hobsbawm und Tony Judt hätten ihm bereits die Tatsache, daß er Nolte überhaupt zitiert habe, zum Vorwurf gemacht.

Umso wichtiger ist es, daß es trotzdem zu dem Briefwechsel gekommen ist und er nun auch dem deutschen Publikum vorliegt.[42] Erst jetzt gibt es die Gelegenheit, sich mit den Parallelen, den Überschneidungen und den Differenzen zwischen den beiden Historikern eingehender zu befassen. Zweifelsohne steht im Zentrum der Korrespondenz die Frage, ob das, was Nolte als den »rationalen Kern‹ des nationalsozialistischen Antijudaismus« bezeichnet, haltbar ist. Und hier, am Nervpunkt der bereits mit dem »Historikerstreit« aufgebrochenen Auseinandersetzung, läßt Furet keinerlei Zweifel an seiner ablehnenden Haltung. Nach einer ausführlichen Würdigung von Noltes Arbeiten kommt Furet auf diesen Punkt zu sprechen: »Mir scheint, daß Sie den in bezug auf den Kommunismus reaktiven Charakter des Faschismus zu sehr betonen, das heißt die Tatsache, daß der Faschismus in der chronologischen Abfolge später aufgekommen ist und durch die Oktoberrevolution bestimmt wurde. Ich persönlich sehe in den beiden Bewegungen zwei

41 Ernst Nolte, »Sur la théorie du totalirisme«, in: *Le Débat*, Nr. 89, März / April 1996, S. 139ff.
42 François Furet / Ernst Nolte, *»Feindliche Nähe. Kommunismus und Faschismus im 20. Jahrhundert. Ein Briefwechsel*, München 1998.

potentielle Ausformungen der modernen Demokratie, die aus derselben Geschichte hervorgehen … Mussolini hat nicht bis 1917 gewartet, um die Verknüpfung der revolutionären Idee mit der nationalen zu erfinden. Die deutsche extreme Rechte und sogar die Rechte insgesamt brauchen den Kommunismus nicht, um die Demokratie zu verabscheuen. Die Nationalbolschewiken haben Stalin bewundert … Die Behauptung, ›daß der Gulag vor Auschwitz existiert hat‹, ist nicht falsch, und sie ist auch nicht irrelevant, aber sie hat nicht die Bedeutung einer Beziehung von Ursache und Wirkung.«[43] Obwohl Furet einräumt, daß es ein historisches Nacheinander zwischen Gulag und Auschwitz gegeben hat, so ist er doch weit davon entfernt, eine kausale Verbindung zwischen beiden erkennen zu können. Er stellt sich zwar dem historischen Gesamtzusammenhang des Deutungsfeldes, was entscheidend für die Inanspruchnahme der Totalitarismustheorie ist, zerschlägt aber das, was Nolte als »kausalen Nexus« bezeichnet. Für Furet ist weder der Faschismus noch der Nationalsozialismus eine »Re-Aktion« auf den Bolschewismus. Ganz im Gegenteil, er betont gerade die »politische Autonomie des Faschismus«, seinen »endogenen Charakter innerhalb der europäischen Kultur«. Als Beweis für diese Behauptung führt er an, daß der Faschismus der europäischen Rechten einen Ausweg aus der Sackgasse der gegenrevolutionären Idee gewiesen habe, als radikale Kritik an den Ideen von 1789 lediglich eine Reaktion auf die Französische Revolution zu sein. Der Faschismus sei kein sekundäres Phänomen, keine bloße Reaktionsbildung, sondern etwas eigenes, er sei »selbst die Revolution«.

Obwohl Furet betont, daß er Nolte weder für einen Antisemiten noch für einen Holocaust-Leugner halte, verurteilt er dessen exkulpierende Grundtendenz. Er fragt ihn, warum er unbedingt den Eindruck erwecken wolle, daß Erklärungen für den Faschismus vor allem »in einem Präzedenzfall, der unter einem anderen Regime und in einem anderen Land auftrat«, also in der Sowjetunion, zu suchen seien. Furet konfrontiert Nolte mit dem Verdacht, daß er mit seiner Behauptung, das eine totalitäre Regime habe Primär- und das andere Sekundärcharakter gehabt, den Nazismus entschul-

43 A.a.O., S. 33–35.

digen und den Bolschewismus belasten wolle. Obwohl sein Briefpartner beteuert, daß er kein Revisionist sei, bleibt er auf die meisten dieser Fragen eine Antwort schuldig.

In Deutschland war ein solcher Disput im Spannungsfeld zwischen Linksliberalismus und Rechtskonservatismus offensichtlich nicht möglich. Da der »Historikerstreit« ja bereits mit einer Ausladung Noltes von den Frankfurter Römerberggesprächen, d.h. mit einer Kommunikationsverweigerung, begann,[44] sei die Frage gestattet, was eigentlich mehr geschadet hat – die Weigerung oder die Bereitschaft zur Korrespondenz? Ist Ausgrenzung oder Integration die angemessene Haltung? Hätte eine offene Debatte über Noltes Thesen deren Aufwertung zur Folge? Oder vielleicht eher das Gegenteil? Soweit bekannt ist, hat es weder von der einen noch von der anderen Seite einen Anstoß zu einem solchen Disput gegeben. Wie auch immer eine solche, von vielen bestimmt als Zumutung angesehene Auseinandersetzung ausgegangen wäre – eines ist sicher, die Positionen, die Furet in seinem Briefwechsel mit Nolte vertreten und die Ansichten, die er auf diesem Wege geradegerückt hat, sind keine, derentwegen es im nachhinein einen Grund zum Bedauern geben sollte.

Neuere Forschungsergebnisse

Wer sich ein Bild davon machen will, wie es um den gegenwärtigen Forschungsstand bestellt ist, der muß zuerst die inzwischen erschienenen Monographien zu einzelnen Aspekten der mit dem Totalitarismuskonzept verbundenen Frage- und Problemstellungen unter die Lupe nehmen. Denn nur in diesem Genre, in dem verlangt werden kann, daß empirische ebenso wie methodologische Ansprüche einer Überprüfung unterzogen werden können, ist

---

44 Da Nolte im Juni 1986 sein Referat nicht halten konnte, erschien sein Redetext mit dem Untertitel »Eine Rede, die geschrieben, aber nicht gehalten werden konnte« in der *Frankfurter Allgemeinen Zeitung*. Zu den Hintergründen vgl. die freilich selbstlegitimatorische Darstellung des damaligen Kulturdezernenten der Stadt Frankfurt: Hilmar Hoffmann (Hg.), *Gegen den Versuch, Vergangenheit zu verbiegen. Eine Diskussion um politische Kultur in der Bundesrepublik aus Anlaß der Frankfurter Römerberggespräche 1986*, Frankfurt am Main 1987.

er in der Lage, einen zuverlässigen Eindruck zu gewinnen, inwieweit es gelungen ist, Erkenntnisfortschritte zu erzielen.

Es ist durchaus zwingend, daß sich eine ganze Reihe neuerer Arbeiten auf das als »klassisch« apostrophierte, zur Hochzeit des Kalten Krieges erschienene Werk »Totalitäre Diktatur« von Carl J. Friedrich und Zbigniew Brzezinski beziehen, das mit seinem ebenso berühmten wie umstrittenen Sechs-Punkte-Katalog zur Addition von Merkmalen totalitärer Herrschaft das Modell der identifizierenden Totalitarismustheorie verkörpert.[45] In einer Vielzahl von Teiluntersuchungen ist die Kritik, die seit den sechziger Jahren zum Kanon der Auseinandersetzung um das strukturanalytische Totalitarismuskonzept gehört,[46] ausgeweitet und vertieft worden.[47] Andererseits hat es allerdings auch nicht an Versuchen gemangelt, mit Konzessionen gegenüber einigen grundlegenden Einwänden und einigen Modifikationen an Friedrichs idealtypischem Modell festzuhalten.[48]

Es gibt jedoch eine bahnbrechende Studie, die die bislang weitgehend unbekannte theoretische Vorgeschichte von Friedrichs Ansatz minutiös rekonstruiert, seine demokratietheoretischen Implikationen problematisiert und sein Modell sowohl geistesgeschichtlich als auch politisch neu einzubetten weiß.

45 Carl J. Friedrich / Zbigniew Brzezinski, *Totalitarian Dictatorship and Autocracy*, Cambridge/Mass. 1956; dt. Ausgabe: Carl J. Friedrich, unter Mitarbeit von Zbigniew Brzezinski, *Totalitäre Diktatur*, Stuttgart 1957.

46 Etwa: Peter Christian Ludz, »Offene Fragen der Totalitarismusforschung«, in: *Politische Vierteljahresschrift*, 2. Jg., S. 319-348; Otto Stammer, »Aspekte der Totalitarismusforschung«, in: *Soziale Welt*, 12. Jg., Heft 2, 1961, S. 97-128; wiederabgedruckt in: ders., *Politische Soziologie und Demokratieforschung. Ausgewählte Reden und Aufsätze zur Soziologie und Politik*, Berlin 1965, S. 259-278.

47 Exemplarisch: Lothar Fritze, »Unschärfen des Totalitarismusbegriffs. Methodologische Bemerkungen zu Carl Joachim Friedrichs Begriff der totalitären Diktatur«, in: *Zeitschrift für Geschichtswissenschaft*, 7. Jg., 1995, S. 629-641.

48 Mit solchen Versuchen hat sich vor allem ein Mitarbeiter des Dresdener Hannah-Arendt-Instituts für Totalitarismusforschung hervorgetan: Achim Siegel, »Der Funktionalismus als sozialphilosophische Konstante der Totalitarismuskonzepte Carl Joachim Friedrichs. Methodologische Anmerkungen zur Entwicklung von Friedrichs Totalitarismuskonzept in den sechziger Jahren«, in: *Zeitschrift für Politik*, 43. Jg., 1996, S. 123-144; ders., »Carl Joachim Friedrichs Konzeption der totalitären Diktatur. Eine Neuinterpretation«, in: ders. (Hg.), *Totalitarismustheorien nach dem Ende des Kommunismus*, Köln / Weimar 1998, S. 273-307.

Die ungeteilte Aufmerksamkeit gebührt Hans J. Lietzmanns Habilitationsschrift, die kürzlich unter dem Titel »Politikwissenschaft im ›Zeitalter der Diktaturen‹ – Die Entwicklung der Totalitarismustheorie Carl Joachim Friedrichs« erschienen ist.[49] In einem vorweg veröffentlichten Aufsatz hatte Lietzman die scientific community bereits mit der Feststellung überrascht, daß derjenige, der Friedrichs Totalitarismustheorie verstehen wolle, Carl Schmitt lesen müsse. Die Geburtsstätte der Theorie der »Totalitären Diktatur« liege nicht, wie bislang angenommen, in den Vereinigten Staaten, sondern in der Weimarer Republik, genauer in der seinerzeit unter Staatsrechtlern geführten Auseinandersetzung um die Legitimität der vom deutschen Reichspräsidenten praktizierten Notverordnungen.

Da sich inzwischen ein Großteil der kritischen Literatur zur Geschichte und Geltung der Totalitarismustheorie mit dem Friedrichschen Modell beschäftigt hat und insofern in nicht geringer Hinsicht redundant ist, erübrigt es sich, jene Elemente in Lietzmanns Darstellung nachzuzeichnen, die um die Typologie totalitärer Herrschaft und die Versuche ihres Autors kreisen, die über Jahrzehnte hinweg kontinuierlich fortschreitende Erosion ihres Merkmalskatalogs einzudämmen. Es wird noch einmal bestätigt, daß es sich bei der Totalitarismustheorie des deutsch-amerikanischen Politologen, der im Unterschied zu Hannah Arendt, Franz oder Sigmund Neumann übrigens kein Emigrant war, der sich vor den Nazis hätte in Sicherheit bringen müssen, um eine »generalisierende Beschreibung«, ein idealtypisches Modell im Weberschen Sinne handelt, das durch einen etatistischen Grundzug, der auf seine Herkunft aus der deutschen Staatswissenschaft verweist, geprägt ist.

Die wesentlichsten der neuen Erkenntnisse, die sich aus Lietzmanns Untersuchung ziehen lassen, lauten:

49 Hans J. Lietzmann, *Politikwissenschaft im »Zeitalter der Diktaturen«. Die Entwicklung der Totalitarismustheorie Carl Joachim Friedrichs,* Opladen 1999; eine Zusammenfassung ist bereits im Vorfeld erschienen: ders., »Von der konstitutionellen zur totalitären Diktatur. Carl Joachim Friedrichs Totalitarismustheorie«, in: Alfons Söllner / Ralf Walkenhaus / Karin Wieland (Hg.), *Totalitarismus. Eine Ideengeschichte des 20. Jahrhunderts,* Berlin 1997, S. 174-192.

Erstens: Friedrichs Begriff der »totalitären Diktatur« ist ein Gegenbegriff zu dem der »konstitutionellen Diktatur«. Dieser in seiner Polarisierung für Friedrichs Denken charakteristische Begriffsdualismus verrät etwas von seiner Genese. Beide Termini sind durch ihre jeweiligen historischen Kontexte bestimmt; während sich der erstere in den Anfangsjahren des Kalten Krieges herausgeschält hat, entpuppte sich der letztere in der krisenhaften Endphase der Weimarer Republik. Einen Unterschied in beiden Diktaturtypen kann Lietzmann nur in normativer Hinsicht erkennen: »Er liegt in der inhaltlichen Programmierung der Diktatur selbst, und nicht darin, ob sie rechtsstaatlich gebändigt oder ohne formelle Rückbindungen auftritt. Die Differenz liegt im Zweck, den die Diktatur verfolgt, und nicht darin, wie sie dies tut. Die konstitutionelle Diktatur ist nicht deswegen nicht-souverän oder ›eingeschränkt‹, weil sie *formelle* Verfahrensregeln einhält oder ihnen unterworfen ist, sondern weil sie sich selbst an die *inhaltlichen* Vorgaben der bestehenden Verfassung hält. Und es ist für diese Eingruppierung völlig gleichgültig, ob sie dies freiwillig tut oder aus Gründen der Nötigung oder dank wirksamer Kontrollen. Umgekehrt ist die nicht-konstitutionelle Diktatur nicht durch den Mangel an formellen Bindungen zentral bestimmt, sondern vielmehr dadurch, daß ein ›Autokrator‹ (worunter auch eine oligarchische Gruppe verstanden werden kann) die Zwecke selbst und unabhängig von der Verfassung setzt.«[50] Beide Diktaturen unterscheiden sich vor allem in ihrem Verhältnis zur Verfassung – die eine will den Rechtsstaat abschaffen, die andere ihn angeblich bewahren.

Zweitens: Einer der wichtigsten Stammväter dieser Begriffskonstruktion ist der präfaschistische Staatsrechtler Carl Schmitt. Da Friedrich am Ende der Weimarer Republik wie viele andere deutsche Staatswissenschaftler auf der Suche nach Argumenten zur Rechtfertigung einer Ausweitung der exekutiven Machtbefugnisse ist, greift er zentrale Überlegungen eines Werks auf, das 1921 erschienen war: Schmitts Buch über »Die Diktatur«.[51] Er steht

---

50 Hans J. Lietzmann, *Politikwissenschaft im »Zeitalter der Diktaturen«*, a.a.O., S. 289f.

51 Carl Schmitt, *Die Diktatur. Von den Anfängen des modernen Souveränitätsgedankens bis zum proletarischen Klassenkampf*, München 1921.

zunächst so sehr im Bann dieses Werks, welches er als »epochale Abhandlung« feiert, daß er zahlreiche Überlegungen daraus übernimmt und dessen Übersetzung ins Amerikanische vorschlägt. Das Interesse beider besteht in der Kontinuitätssicherung der politischen Verhältnisse. Dies zu erreichen sei nur möglich, so ihre gemeinsame Überzeugung, durch eine Restriktion der parlamentarischen Demokratie zugunsten einer umgekehrt komplementären Ausweitung der Exekutive. Während Schmitt von einer »kommissarischen Diktatur« spricht, ist bei Friedrich von einer »konstitutionellen« die Rede. Beide geben mit ihren Begriffsfassungen vor, sich immer innerhalb der Grenzen des geltenden Verfassungsrahmens zu bewegen. Vorübergehend eine Diktatur einführen, um letztlich die Demokratie zu retten – so hätte ihre paradox anmutende Formel lauten können.[52] Später hat Friedrich versucht, offenbar über lange Zeit erfolgreich, die Spuren von Schmitts Urheberschaft zu verwischen.

Drittens: Das Konzept der »totalitären Diktatur« ist ein indirekter Rechtfertigungsversuch der amerikanischen Besatzungspolitik im Nachkriegsdeutschland. Mit dem Begriff sollte die sowjetische Besatzungsmacht angeprangert und mit seinem Widerpart die US-amerikanische legitimiert werden. »Das unmittelbare Anliegen der dualistischen Gegenüberstellung der konstitutionellen und der totalitären Diktatur lag also in der Zerstreuung letzter Zweifel darüber, daß die konstitutionelle Variante (und mit ihr die amerikanische Besatzungspolitik), wenn sie auch nicht demokratisch sei, sondern einer Diktatur gleichkomme, die Demokratie doch zu errichten trachte. Es ging Friedrich um die glaubwürdige Rechtfertigung und die politikwissenschaftliche Legitimation einer konstitutionellen Diktatur der amerikanischen Besatzungsmacht und damit zugleich in erheblichem Maß um eine Selbstrechtfertigung, da er die amerikanische Militärregierung mehrere Jahre als ›Governmental Affairs Adviser‹ im Stab General Clays in Fragen der Ver-

---

52 Wie verbreitet solch kontradiktorische Gedanken in der damaligen Atmosphäre waren, läßt sich an einem anderen Beispiel, den Überlegungen, die ein enger Freund Carl J. Friedrichs in einem Vortrag an der Hochschule für Politik anstrengte, erkennen: Alexander Rüstow, »Diktatur innerhalb der Grenzen der Demokratie, Vortrag an der deutschen Hochschule für Politik, Berlin am 5. Juli 1929«, in: *Vierteljahresschrift für Zeitgeschichte*, 7. Jg., 1959, S. 85-111.

fassungs- und Regierungsstruktur, beraten hatte.«[53] Bereits zu Beginn der dreißiger Jahre hatte Friedrich angesichts der andauernden Schwächen der Weimarer Demokratie mit einer »konstitutionellen Diktatur« geliebäugelt.[54] Ihm schwebte dabei eine vorübergehende Aufhebung der Gewaltenteilung und eine Suspendierung einzelner Verfassungselemente vor, um die Verfassung letztlich wiederherzustellen. Zur Rettung der Verfassung sollten Teile von ihr außer Kraft gesetzt, die Legitimität über die Legalität gestellt und eine zeitweilige Diktatur etabliert werden.

Die letzte und wichtigste Schlußfolgerung, die Lietzmann für die Politikwissenschaft gezogen hat, lautet, daß es künftig nicht mehr möglich sein sollte, unter Berufung auf die klassische Totalitarismustheorie in vertrauter Naivität eine Alternative von ›Totalitarismus‹ und ›Demokratie‹ zu behaupten: »Das Gegensatzpaar, das der klassischen Totalitarismustheorie entspricht, lautet vielmehr: ›totalitäre‹ oder ›konstitutionelle Diktatur‹. Von Demokratie ist bei alledem nur am Rande die Rede ... man kann nicht Antitotalitarismus und Demokratie umstandslos für dasselbe halten, wie es sich im Kalten Krieg so schön einbürgerte und nach der deutschen Einheit bisweilen fortgesetzt wird. Die Disjunktion von Totalitarismus und Demokratie ist – gemessen an der Totalitarismustheorie – ein propagandistisch geprägter Wunschtraum und ohne theoretische Grundlage.«[55] Damit ist eine der wichtigsten Begriffsklammern aufgesprengt und eine ideologische Funktionalisierung des Totalitarismusbegriffs nur noch schwer möglich.

Der Friedrich-Schüler Klaus von Beyme hat sich in der Einleitung zu Lietzmanns Studie nicht gescheut, seiner Überraschung Ausdruck zu geben und eingeräumt, daß die bereits in den dreißiger Jahren von seinem akademischen Lehrer entwickelte »Theorie legitimer Diktaturen« die Perspektive der Totalitarismustheorie »in einem bislang nicht zur Kenntnis genommenen Ausmaß« be-

53 Hans J. Lietzmann, »Von der konstitutionellen zur totalitären Diktatur«, a.a.O., S. 178.
54 Vgl. Carl J. Friedrich, »Dictatorship in Germany?«, in: *Foreign Affairs,* 9. Jg., 1930, S. 118-132; ders., »The Development of Executive Power in Germany«, in: *American Political Science Review,* 27. Jg., 1933, S. 185-203.
55 Hans J. Lietzmann, »Von der konstitutionellen zur totalitären Diktatur«, a.a.O., S. 191.

stimme. Nicht ohne der Studie zu konzedieren, daß es sich bei ihr um »eine umfassende und schlüssige Rekonstruktion« handle, gelangt er zu dem ernüchternden Ergebnis: »Die Totalitarismustheorie erweist sich aus dieser Sicht als eine positive Theorie der Diktatur.«[56] Damit müßte der demokratietheoretische Anspruch, der in der Politikwissenschaft bislang mit dem Friedrichschen Modell ex negativo verknüpft wurde, aufgegeben werden.

Im letzten Jahrzehnt sind zweifelsohne noch eine ganze Reihe weiterer bemerkenswerter Studien zum Totalitarismuskonzept entstanden – politikwissenschaftliche, philosophisch-methodologische ebenso wie historisch-geistesgeschichtlich orientierte.[57] Auffällig ist, daß auch in den USA und in Großbritannien das Interesse wieder deutlich gestiegen ist. Selbst in Italien, das sich, obwohl der Totalitarismusbegriff ja dort seinen Ursprung hatte,[58] so lange in Abstinenz geübt hat,[59] scheint inzwischen der Damm gebrochen zu sein.

Von den jüngeren US-amerikanischen Wissenschaftlern hat Michael Halberstam den Faden wieder aufgenommen.[60] Was immer man auch gegen seinen Band »Totalitarianism and the Modern Conception of Politics« einwenden mag, den Vorwurf, einer reinen Historisierung des Totalitarismusansatzes das Wort geredet zu haben, wird

56 Klaus von Beyme, »Einleitung«, in: Hans J. Lietzmann, *Politikwissenschaft im »Zeitalter der Diktaturen«*, a.a.O., S. 17.
57 Z.B. David Bosshart, *Politische Intellektualität und totalitäre Erfahrung. Hauptströmungen der französischen Totalitarismuskritik*, Berlin 1992; Abbott Gleasons, *Totalitarianism. The Inner History of the Cold War*, New York / Oxford 1995; Norbert Kapferer, *Der Totalitarismusbegriff auf dem Prüfstand. Ideengeschichtliche, komparatistische und politische Aspekte eines umstrittenen Terminus*, Dresden 1995.
58 Vgl. Jens Petersen, »Die Entstehung des Totalitarismusbegriffs in Italien«, in: Manfred Funke (Hg.), *Totalitarismus. Ein Studienreader zur Herrschaftsanalyse moderner Diktaturen*, Düsseldorf 1978, S. 105-122; ders., »Die Geschichte des Totalitarismusbegriffs in Italien«, in: Hans Maier (Hg.), *»Totalitarismus« und »Politische Religionen«. Konzepte des Diktaturvergleichs*, Paderborn 1996, S. 15-35.
59 Ein Umstand, der Furet zu der Bemerkung geführt hat: »In einem Land wie Italien, in dem die Ideologie des Antifaschismus ihr größtes Echo fand, konnte sich die Konzeption des Totalitarismus nie einbürgern. Diese Vorstellung wurde in jenem Land, in dem das Wort geprägt worden war, ignoriert, ja geradezu verboten.« François Furet, a.a.O., S. 214.
60 Michael Halberstam, *Totalitarianism and the Modern Conception of Politics*, New Haven 1999.

man ihm ganz sicher nicht machen können. Er stellt sich dem Phänomen des Totalitarismus, auch wenn er in dessen Ergründung bis auf die Klassiker der griechischen Philosophie zurückgeht, in einer höchst gegenwärtigen Weise. Er hat allerdings weder eine soziologische noch eine politikwissenschaftliche Studie verfaßt. Was er vorgelegt hat, ist letztlich nichts anderes als eine philosophische Monographie. Auch wenn er nicht müde wird, klassische Autoren der Philosophiegeschichte von Aristoteles bis Heidegger zur Absicherung seiner Argumentation heranzuziehen, so versteckt er sich nicht hinter deren vermeintlicher Autorität, sondern nutzt die auf diese Weise aufgezeigten Zusammenhänge im Sinne einer Schärfung und Radikalisierung seines eigenen Entwurfs.

Dies macht er bereits im ersten Gedankengang seiner Einleitung deutlich – einem Zitat im Zitat. Halberstam zitiert Jakob L. Talmon, der Alexis de Tocqueville zitiert, um damit zugleich eine bestimmte Tradition von Frage- und Problemstellungen zu referieren. Es geht darum, einen Begriff für eine neue Form der Unterdrückung zu finden, für die der Terminus Despotismus ebenso unpassend ist wie der der Tyrannei. Auch wenn Tocqueville das Spezifikum totalitärer Herrschaft nicht antizipieren konnte, so glaubt Talmon, der mit seinem Buch über »Die Ursprünge der totalitären Demokratie«[61] eines der klassischen Werke zum Thema vorlegen hat, mit seinem Zitat einen Hinweis auf die Entstehung des Totalitarismus aus der Tradition des modernen demokratischen Denkens geben zu können.

Diesem Vorbild folgt Halberstam analytisch, indem er die Logik totalitärer Herrschaft systematisch aus den Ursprungsideen des Liberalismus zu rekonstruieren versucht. So stellt er in einem ersten Schritt einen überraschenden, provokativ anmutenden Zusammenhang zwischen dem Totalitarismus und dem modernen Ideal der politischen Emanzipation her. Weder Liberalismus noch Totalitarismus, so eine seiner Grundthesen, könnten unabhängig voneinander verstanden werden. Der Idee des Totalitarismus seien dieselben Grundprobleme inhärent wie der liberalen Idee von Politik, beide entstammten der Tradition der Aufklärung.

---

61 Jacob L. Talmon, *Die Ursprünge der totalitären Demokratie*, Köln / Opladen 1961.

Im Gegensatz zur Ansicht des Liberalismus, daß der Totalitarismus seine Antithese sei, begreift er ihn als einen Auswuchs der Modernität. Er sei in der Krise der Moderne auf einem bestimmten Kulminationspunkt entstanden und hänge eng mit den ihr eigenen Rationalisierungs- und Säkularisierungsprozessen zusammen. Zur Diagnose des Phänomens bevorzugt Halberstam eine »phänomenologische Perspektive«, die er als »aesthetic approach to politics« charakterisiert. Er versucht sich damit von vornherein von der liberalen Konzeption der Rationalität abzugrenzen. Geschmack, Stil und Stimmung (»mood«) spielen für seine Auffassung, die auf eine Erneuerung der Urteilskraft abzielt, eine erhebliche Rolle. Mit seiner Analyse will er einen Beitrag zur postmodernen Konzeption des Politischen leisten.

Ohne hier seine bei der für die Moderne zentralen Idee, daß die Gesellschaft ein Artefakt sei, einsetzende Gedankenführung im einzelnen nachzeichnen zu wollen, soll zumindest erwähnt werden, daß er die für den Liberalismus wesentlichen, aus der Aufklärung stammenden Kategorien – wie Emanzipation, Individualität, Autonomie, Freiheit usw. – dekonstruiert und deren totalitäre Potentiale jeweils auszuloten versucht. Über eine Adaption bestimmter Distinktionen aus Hannah Arendts »Vita activa«[62], wie der Unterscheidung zwischen Herstellen und Handeln, ihrem an der Polis orientierten Politikmodell und unter Zuhilfenahme Heideggerscher Grundbegriffe wie der Kategorie des »In-der-Welt-Seins« gelangt er zum Bild einer durch Entfremdung und Verdinglichung gezeichneten Massengesellschaft, deren totalitäre Implikationen in einem vollständigen Verlust des Urteilsvermögens gipfeln. Als totalitären Archetypus greift er das von Arendt in »Eichmann in Jerusalem« gelieferte Bild auf.[63] Mit dem von ihr zitierten Satz, daß Eichmann niemals realisierte, was er getan hatte, liefert er eine schlüssige Sequenz für den Verlust des Selbst in einer totalitären Gesellschaft.

Eine der eindringlichsten Darstellungen gelingt Halberstam in seinem Abschnitt »Terror und absolute Freiheit«, in dem er die von

62 Hannah Arendt, *Vita activa oder Vom tätigen Leben*, Stuttgart 1960.
63 Hannah Arendt, *Eichmann in Jerusalem. Ein Bericht von der Banalität des Bösen*, München 1964.

Hegel in der »Phänomenologie des Geistes« gelieferte Analyse des von den Jakobinern während der Französischen Revolution praktizierten Terrors nachzeichnet und in seine Rekonstruktion der Logik des Totalitären integriert. Hier knüpft er an den von Talmon aufgezeigten Zusammenhang von Rousseauismus und Jakobinismus mit der totalitären Demokratie an.[64]

Halberstam hat ein sehr beunruhigendes Buch geschrieben. Für ihn ist der Totalitarismus nicht das längst in deskriptiven Konventionen erstarrte doppelgesichtige Herrschaftsphänomen aus dem letzten, von vielen bereits als »vergangen« abgehakten Jahrhundert, sondern ein Produkt der Moderne und insofern eine durchaus gegenwärtige Gefahr, die gegebenenfalls wieder eine politische Form annehmen kann. Er hat die Logik des Totalitarismus aus den konzeptionellen Voraussetzungen des Liberalismus heraus zu rekonstruieren versucht. Darin folgt er der Sichtweise Hannah Arendts, die einmal mit dem für sie charakteristischen Sarkasmus bemerkt hat, der Totalitarismus sei nicht einfach vom Himmel gefallen, sondern schließlich aus einer nichttotalitären Gesellschaft hervorgegangen.

Für Halberstam sind Totalitarismus und Liberalismus in gewisser Weise komplementäre Erscheinungsformen. Ohne die geistigen Konstruktionsprinzipien der bürgerlichen Gesellschaft, so seine Überzeugung, hätte es deren Radikalisierung in einer Utopie der menschlichen Omnipotenz nicht geben können. In der Rationalitätskonstruktion der Moderne sieht er die Wurzeln für das Gespenst totalitärer Herrschaft. Er ist der Überzeugung, daß es eine Analogie zwischen dem cartesianischen Rationalitätsbegriff und dem totalitären Alptraum gebe. Mit der Radikalisierung des Zweifels als Grundlegung von Erkenntnis sei ein Bruch zwischen Subjekt und Welt vollzogen worden, der schließlich in der Vorstellung einer vollkommen selbstimmanenten Gesellschaft, dem Totalitarismus, geendet habe. Doch dies sei eine »transzendentale Illusion«.

Der Band, der hierzulande unter Umständen die Chance hätte, eine Diskussion über die »Ursprünge« des Totalitarismus – weniger über seine »Elemente« – auszulösen, die nicht noch einmal den Frontlinien des Kalten Krieges folgen und damit in unfrucht-

64 Jacob L. Talmon, a.a.O., S. 34-45.

barer Weise verlaufen müßte, ist schlüssig aufgebaut und in den Grundzügen seiner Argumentation konsistent. Halberstams Ansatz ist zwar nicht unbedingt als originell zu bezeichnen – er baut ganz entscheidend auf Arendts Analyse der modernen Massengesellschaft als Konstitutionszusammenhang totalitärer Herrschaft auf –, seine Durchführung jedoch ist von einer seltenen Konsequenz bestimmt. Auch wenn er besser beraten gewesen wäre, die von ihm beanspruchte »phänomenologische Perspektive« stärker an Husserls »Krisis der europäischen Wissenschaften«[65] als an Heideggers »Sein und Zeit«[66] zu orientieren, so gelingt es ihm doch, das dem cartesianischen Rationalitätsbegriff innewohnende Gefahrenpotential stringent herauszuarbeiten.

Der Titel ist übrigens in einer Hinsicht irreführend. Halberstam hat weniger eine »moderne Konzeption der Politik« vorgelegt als die konstitutiven Voraussetzungen des Totalitarismus im modernen Denken aufzudecken versucht. »Totalitarismus und Moderne« wäre sicher zutreffender. Seine Überschneidungen mit dem als »historisch-genetisch« apostrophierten Ansatz von Ernst Nolte sind bis hin zur Inanspruchnahme eines methodischen Ansatzes, der sich ebenfalls als »phänomenologisch« ausgibt, zwar unübersehbar, jedoch scheint sein Entwurf vor solch kurzschlüssigen Argumentationen, wie sie beim Auslöser des »Historikerstreits« mit Denkfiguren wie dem »kausalen Nexus« zwischen »Klassenmord« und »Rassenmord« zu finden sind, gefeit zu sein.

Erste Bilanzierungen der Reaktualisierungsversuche

Wie wichtig es ist, einen Diskussionsstand sichtbar zu machen, läßt sich bereits daran erkennen, daß auch nach dreißig Jahren immer noch auf einen Reader zurückgegriffen wird, der die in den ersten Jahrzehnten über die Totalitarismustheorie geführten Debatten dokumentiert hat.[67] Eine ähnliche Rolle wird für längere Zeit ver-

---

65 Edmund Husserl, *Die Krisis der europäischen Wissenschaften und die transzendentale Phänomenologie. Eine Einleitung in die phänomenologische Philosophie,* hg. von Walter Biemel, Den Haag 1976.
66 Martin Heidegger, *Sein und Zeit,* Tübingen 1967.
67 Bruno Seidel / Siegfried Jenkner (Hg.), *Wege der Totalitarismus-Forschung,* Darmstadt 1968.

mutlich ein anderer Reader spielen, den Eckhard Jesse vor vier Jahren herausgebracht hat, um damit eine Zwischenbilanz der internationalen Forschung nach dem Zusammenbruch des Kommunismus in Europa zu bieten.[68] Der Chemnitzer Extremismusforscher stimmt am Ende seines Überblicks der Ansicht zu, daß das Totalitarismuskonzept eine »notwendige Denkfigur des 20. Jahrhunderts« sei,[69] und gibt der Hoffnung Ausdruck, daß nach dem Verschwinden der meisten totalitären Systeme die theoretische Auseinandersetzung über Sinn und Grenzen seiner Verwendbarkeit künftig gelassener geführt werden könnte.

Dennoch gibt es wenig Anlaß zu übertriebenen Hoffnungen. Was der frühere bayerische Kultusminister Hans Maier festgestellt hat, trifft auch fünf Jahre danach immer noch zu: »Eine umfassende Theorie der Despotien des 20. Jahrhunderts steht gleichwohl trotz wichtiger Vorarbeiten noch aus.«[70] Es mangelt ganz sicher an einer von der Gegenwart aus verfaßten Totalitarismustheorie, die dem aktuellen Forschungsstand zur Geschichte von Faschismus, Nationalsozialismus und Sowjetkommunismus auch nur annähernd angemessen wäre. Maier hat einen Sammelband, der sich thematisch an der Tradition des von Eric Voegelin entwickelten Totalitarismuskonzepts der »politischen Religionen«[71] orientiert, herausgegeben,[72] der Mitarbeiter des Dresdener Hannah-Arendt-Instituts Achim Siegel einen anderen, der seinen Schwerpunkt in den aktuellen Kontroversen um die Totalitarismusansätze und in der Neuinterpretation und Weiterentwicklung der als klassisch geltenden Versionen sucht.[73]

Der vielleicht innovativste Sammelband der letzten Jahre trägt den Titel »Totalitarismus. Eine Ideengeschichte des 20. Jahrhun-

---

68 Eckhard Jesse (Hg.), *Totalitarismus im 20. Jahrhundert*, Baden-Baden 1996.

69 Die Formulierung stammt von Alfons Söllner: »Totalitarismus. Eine notwendige Denkfigur des 20. Jahrhunderts«, in: *Mittelweg 36*, 2. Jg., Heft 2, März / April 1993, S. 83-88.

70 Hans Maier, »›Totalitarismus‹ und ›Politische Religionen‹. Konzepte des Diktaturvergleichs«, in: *Vierteljahreshefte für Zeitgeschichte*, 43. Jg., 1995, S. 387-405.

71 Eric Voegelin, *Die politischen Religionen*, Wien 1938.

72 Hans Maier (Hg.), a.a.O.

73 Achim Siegel (Hg.), *Totalitarismustheorien nach dem Ende des Kommunismus*, Köln / Weimar 1998.

derts«.[74] Er ist aus einer vom Hamburger Institut für Sozialforschung unter dem Titel »Totalitarismus und Modernitätskritik« im Juli 1994 veranstalteten Tagung hervorgegangen.[75] Der Herausgeber Alfons Söllner, der sich besonders mit Studien zur Emigration deutsch-jüdischer Politikwissenschaftler einen Namen gemacht hat[76] und dem es vor allem um die ideengeschichtliche Rekonstruktion der Totalitarismustheorie geht,[77] schlägt in der Einleitung einen bemerkenswerten Perspektivenwechsel vor.

Er geht davon aus, daß es sich bei dieser Denkfigur um ein »theoretisch-politisches Zwitterwesen« handle, dessen zwischen den Polen Ideologie und Wahrheit aufgebautes Spannungsverhältnis weder nach der einen noch nach der anderen Seite hin aufgelöst werden könne. Statt dessen fordert er die »methodische Paradoxie«, den Widerspruch auszuhalten, die »totalitäre Erfahrung« beim Wort zu nehmen, sie ins Zentrum der Analyse zu stellen und erst dort an ihrer Auflösung zu arbeiten. Er will sich damit von den konventionellen Fragen der Wissenschaftsgeschichte verabschieden, die lediglich an den »Objektbeziehungen« des Totalitarismuskonzepts interessiert seien. »Gefragt wird statt dessen und zum andern, welche politischen Erfahrungen das Konzept auf den Weg gebracht haben, welche wissenschaftlichen Ambitionen und theoretischen Reflexionen sich an ihm kristallisiert haben und welche Schlußfolgerungen daraus gezogen wurden. In den Vordergrund

74 Alfons Söllner / Ralf Walkenhaus / Karin Wieland (Hg.), *Totalitarismus. Eine Ideengeschichte des 20. Jahrhunderts*, Berlin 1997.

75 Vgl. die Ankündigung in der Hauszeitschrift des Hamburger Instituts für Sozialforschung: Alfons Söllner, »Totalitarismustheorie und Modernitätskritik. Ankündigung einer theoriegeschichtlichen Konferenz am 8. und 9. Juli 1994«, in: *Mittelweg 36*, 2. Jg., Heft 5, Oktober / November 1993, S. 66-68; und die in ihrer Kritik pauschalisierende Nachbetrachtung: Lothar Fritze, »Totalitarismus und Modernitätskritik«. Anmerkungen zu einer Konferenz des Hamburger Instituts für Sozialforschung«, in: *Mittelweg 36*, 3. Jg., Heft 4, August / September 1994, S. 60-64.

76 Vgl. Alfons Söllner, *Geschichte und Herrschaft. Studien zur materialistischen Sozialwissenschaft 1929-1942*, Frankfurt am Main 1979; ders., *Deutsche Politikwissenschaftler in der Emigration. Studien zu ihrer Akkulturation und Wirkungsgeschichte*, Opladen 1996.

77 Bereits in seinem Band *Geschichte und Herrschaft* setzt sich Söllner am Beispiel des Spätwerks von Franz L. Neumann mit der Totalitarismustheorie auseinander: a.a.O., S. 202-208.

tritt damit, was die Totalitarismustheorie über seine Urheber aussagt, über die Intellektuellen, die das Konzept erfunden und entwickelt, die es gebraucht, verändert oder auch kritisiert und fallengelassen haben. Es geht um die Rekonstruktion von politisch-existentiellen Erfahrungen, um deren Transformation in wissenschaftliche Theorien und schließlich darum, wie beides, politische Erfahrungen und theoretische Reflexion, kumulativ für eine Geschichte der politischen Intelligenz im 20. Jahrhundert genutzt werden kann. Totalitarismus als Erfahrungsgrund – Antitotalitarismus als kritische Schlußfolgerung – positive Bewertung der Demokratie ...«[78] Angesichts des zentralen Stellenwerts, dem der Erfahrungszusammenhang der jeweiligen Theoretiker eingeräumt wird, ist es naheliegend, daß Söllner diesen Schlüsselpunkt weiter zu konkretisieren versucht.

Die Gemeinsamkeiten, die zur Formierung der Totalitarismustheorie geführt hätten, argumentiert er, konzentrierten sich »... in der Tatsache, daß so gut wie sämtliche Protagonisten der Totalitarismustheorie in den dreißiger Jahren nicht nur Gegner diktatorischer Regime waren, sondern daß sie von ihnen – nicht nur potentiell, sondern tatsächlich – mit dem Tode bedroht und außer Landes getrieben wurden. Auch wenn gewisse Modifikationen für das faschistische Italien anzubringen sind, trifft die Verallgemeinerung zu, daß die ›Erfinder‹ dieser Theorie in ihrer Mehrzahl exilierte Intellektuelle waren, also prädestinierte Opfer entweder des Hitler- oder des Stalin-Regimes, die der Todesdrohung oft nur mit knapper Not entrinnen konnten – bisweilen waren sie sogar von beiden Regimen gleichzeitig verfolgt, sie gerieten von der einen Verfolgung in die andere, und wie die zynischen Variationen und Überlagerungen des totalitären Terrors zwischen den Fronten ansonsten gegnerischer Regime sich auch gestalten mochten. Wenn irgendwo, dann zeigt sich hier das offene Geheimnis der Totalitarismustheorie und damit der Erfahrungskern einer ganzen Intellektuellengeneration: ihr Ursprung aus der physischen Todesdrohung und deren existentielle Umwendung in Kritik.«[79]

78 Alfons Söllner, »Das Totalitarismuskonzept in der Ideengeschichte des 20. Jahrhunderts«, in: Alfons Söllner / Ralf Walkenhaus / Karin Wieland, a.a.O., S. 16.
79 A.a.O., S. 17f.

Was Söllner fordert, ist nichts anderes als eine Abkehr von der strukturanalytischen Perspektive der klassischen Totalitarismustheorie, ihrem insgeheimen Etatismus, und eine Hinwendung zu den einzelnen Subjekten, zur Individualität, zum Erfahrungszusammenhang ihrer Schöpfer und Protagonisten. Indem er die Biographien der Totalitarismustheoretiker hervorkehrt, deren bedeutendsten Vertretern das Exil als historische Signatur einbeschrieben ist, macht er Ernst mit dem im Antitotalitarismus aufgehobenen Anspruch auf individuelle Freiheit.

Das Totalitarismuskonzept im Schatten des Streites um »Das Schwarzbuch des Kommunismus«

Obwohl mit dem Holocaust fast immer die Zahl der sechs Millionen ermordeten Juden genannt oder zumindest assoziiert wurde, weil sie offenbar eine Ahnung von dem unvorstellbaren Ausmaß des Massenmordens vermitteln sollte, ist die quantitative Dimension des Genozids zumeist abgewertet, wenn nicht gar diskreditiert worden. Wenn sich jemand auf die Frage nach der Anzahl der Opfer einließ, womöglich in Relation zu der anderer Opfergruppen, dann lief er umgehend Gefahr, daß seine moralische Glaubwürdigkeit in Zweifel gezogen wurde. Die qualitative Dimension wurde hingegen, nicht zuletzt unter Linken, fast zu einer Art Glaubensbekenntnis. Die umstandslose Verdammung des numerischen Faktors ist jedoch gleich in mehrfacher Hinsicht kurzsichtig.

Weder muß der Versuch, das Ausmaß eines Genozids genauer bestimmen zu wollen, noch der, die Zahlen verschiedener Opfergruppen miteinander zu vergleichen, notwendig zu der sonst nicht zu Unrecht gescholtenen »Opferarithmetik« führen. Es kommt allerdings darauf an, eine solche Untersuchung nicht auf ihre quantitative Dimension zu reduzieren und eine Bewertung nur in Relation zum jeweiligen gesellschaftshistorischen Kontext, in dem die Verbrechen begangen wurden, vorzunehmen. Weder kann es um eine Vernachlässigung der Quantität gehen noch um ihre Verabsolutierung. Ein Beispiel für einen verantwortungsvollen Umgang mit Opferzahlen hat der Osteuropa-Experte René Ahlberg kurz nach dem Ende der Sowjetunion geliefert. In einem Aufsatz hat er die Schwierigkeit geschildert, die Anzahl der Gulag-Opfer genauer zu fixieren, und zugleich deutlich gemacht, in welchem Maße amtliche Zahlenangaben manipuliert worden sind.[80] Inzwischen gibt es, nicht zuletzt auch als Gegenreaktion auf revisionistische Zahlenmanipulationen, insbesondere die zunehmenden Versuche, die Anzahl der jüdischen Opfer zu reduzieren, wenn nicht ganz zu leugnen, eine seriöse Literatur über die quantitative Dimension der in Auschwitz bzw. in den NS-Lagern insgesamt begangenen Massenmorde.[81] Dennoch kann, wie ein jüngeres Beispiel lehrt, die Publikation von Opferzahlen, deren Objektivierung die Forschung immer noch vor immense Probleme stellt, in der Öffentlichkeit heftige Reaktionen auslösen.

Als ich 1992 zur Klärung einiger offener Fragen im Rahmen des »Projekts 1995«[82] im Hamburger Institut für Sozialforschung meinen Kollegen ein Papier unterbreitete, in dem die Möglichkeiten und Grenzen einer Verwendung des Totalitarismuskonzepts gegeneinander abgewogen wurden, führte ich im Anhang auch mögliche Forschungsschwerpunkte und Arbeitsvorhaben auf. Unter der letzten Rubrik fand sich der – freilich nicht realisierte – Vorschlag: »5. Die Herausgabe dreier Schwarzbücher: – Über die Anzahl der Holocaust-Opfer / – Über die Anzahl der Gulag-Opfer / – Über die Anzahl der Opfer von Makroverbrechen nicht-totali-

---

80 Ahlberg beschreibt am Beispiel der Schatunowskaja-Kommission, wie selbst ein auf Initiative Chruschtschows von der Parteispitze der KPdSU erteilter Auftrag, die genaue Anzahl der in der Stalin-Periode in Arbeitslager deportierten und dort umgekommenen oder umgebrachten Bürger zu ermitteln, zwar zu einem internen Ergebnis führte, es jedoch an dem politischen Willen mangelte, diese Zahlen auch in der Öffentlichkeit bekanntzugeben: René Ahlberg, »Stalinistische Vergangenheitsbewältigung. Auseinandersetzung über die Zahl der GULAG-Opfer«, in: *Osteuropa*, 42. Jg., Nr. 11, 1992, S. 921-937.
81 Vgl. Franciszek Piper, *Die Zahl der Opfer von Auschwitz*, Oświęcim 1993; Wolfgang Benz, *Dimension des Völkermords. Die Zahl der jüdischen Opfer des Nationalsozialismus*, München 1996.
82 Vgl. das erste Konzeptpapier: Bernd Greiner / Wolfgang Kraushaar / Jan Philipp Reemtsma, »Projekt 1995«, in: Hamburger Institut für Sozialforschung (Hg.), *Bulletin 1995*, April / Mai 1992, Nr. 1, S. 54-57, den Zwischenbericht: Hamburger Institut für Sozialforschung (Hg.), »Projekt 1995. Zivilisation und Barbarei«, in: *Bulletin 1995*, April / Mai 1993, Nr. 7, S. 43-48 und den späteren Ausstellungsbegleitband: Hamburger Institut für Sozialforschung (Hg.), *200 Tage und ein Jahrhundert. Gewalt und Destruktivität im Spiegel des Jahres 1945*, Hamburg 1995.

tärer Staaten nach 1945.«[83] Vorbild war ein anderes Schwarzbuch, die damals gerade in Vorbereitung befindliche deutsche Übersetzung des Schwarzbuchs über den Genozid an den sowjetischen Juden.[84] In der Tatsache, daß gleich drei »Schwarzbücher« erstellt werden sollten, spiegelte sich der für die Topologie des »Projekts 1995« maßgebliche Gedanke, eine Trias von Makroverbrechen – gemeint waren Auschwitz, Gulag und Hiroshima – genauer analysieren zu wollen.[85]

Als dann 1997 in Paris »Le livre noir du communisme« erschien,[86] wurde rasch klar, daß die von ihm ausgelöste Debatte sich nicht um Genese, Struktur und Dynamik des kommunistischen Systems drehte, sondern in erster Linie um das Volumen und die Validität der in diesem Zusammenhang aufgeführten Opferzahlen.[87] Daß diese Verkehrung eintrat, lag nicht nur an der geschmacklos-zynischen Weise, mit der der Verlag Robert Laffont einen Teil der Startauflage mit einer Bauchbinde in die französischen Buchläden ausliefern ließ, auf der mit »100 Millionen Toten des Kommunismus« geworben wurde. Es lag vor allem an Stéphane Courtois, der in seiner Einleitung dafür eine Art Steilvorlage bot, indem er die Opfer kommunistischer Staaten, Bewegungen und Organisationen addierte und so weltweit auf eine Bilanz von hundert Millionen Toten kam.[88] Hinzu kam allerdings auch ein in der Öffentlichkeit ausgetragener Streit unter den Autoren. Die Angriffe richteten sich

83 Wolfgang Kraushaar, *Sich aufs Eis wagen. Plädoyer für eine Auseinandersetzung mit der Totalitarismustheorie,* Hamburg 1992 (Ms.), S. 41.
84 Wassili Grossmann / Ilja Ehrenburg (Hg.), *Das Schwarzbuch. Der Genozid an den sowjetischen Juden,* dt. Ausgabe hg. von Arno Lustiger, Reinbek 1994.
85 Vgl. zur Problematisierung des wieder aufgegebenen Trias-Gedankens: Jan Philipp Reemtsma, »Die ›Signatur des Jahrhunderts‹. Ein kataleptischer Irrtum?«, in: *Mittelweg 36,* 2. Jg., Heft 5, Oktober / November 1993, S. 18f.
86 Stéphane Courtois / Nicolas Werth / Jean-Louis Panné / Andrzej Paczkowski / Karel Bartosek / Jean-Louis Margolin, *Le livre noir du communisme. Crimes, terreur, répression,* Paris 1997.
87 Vgl. Philippe Cusin, »Das Jahrhundert des Kommunismus in einer Schreckensbilanz«, in: *Le Figaro* vom 5. November 1997; Jean-François Revel, »Kommunismus. 85 Millionen Tote!«, in: *Le Point* vom 15. November 1997; Nicolas Weill, »Ein Massengrab, so groß wie die Erde«, in: *Le Monde* vom 21. November 1997.
88 Stéphane Courtois, »Die Verbrechen des Kommunismus«, in: ders. u.a., *Das Schwarzbuch des Kommunismus. Unterdrückung, Verbrechen und Terror,* München / Zürich 1998, S. 16.

vor allem gegen Teile der Einleitung, die ursprünglich François Furet hätte verfassen sollen.[89] Die Kritik von Jean-Louis Margolin, Karel Bartosek und Nicolas Werth wandte sich gegen die Gleichsetzung von kommunistischer Doktrin und der in ihrem Namen begangenen Verbrechen und zielte insofern indirekt ins Zentrum der Totalitarismusproblematik. Werth, der mit seinem Beitrag über die Sowjetunion nicht nur den umfangreichsten, sondern auch den gewichtigsten Teil des Sammelbandes verfaßt hat,[90] stellte in einem Interview klar, worin für ihn das Problem im Vergleich der totalitären Regime bestehe: »Der Vergleich ist sicher legitim. Aber nachdem man ein paar ziemlich banale Dinge über die Ideologie der Ausgrenzung und Führerkulte gesagt hat, muß man anfangen weiterzuarbeiten, wie es auf seriöse Art Historiker wie Ian Kershaw und Moshe Lewin gemacht haben. Das läßt sich nicht auf fünf Seiten erklären, wie das Courtois in seinem Vorwort tut. Courtois sagt auch, daß die Nationalsozialisten mit ihrem Konzentrationslagersystem dem Beispiel der Sowjetunion gefolgt sind, die bereits vorher Lager eingerichtet hatte. Es gibt eine weitgehende Simultaneität. Die ersten Lager in der Sowjetunion entstehen 1931, 1932 und 1933. Aber man müßte erst einmal zeigen, daß die Nationalsozialisten das Modell der Sowjetunion kopiert haben. Vielleicht haben sie das. Bislang haben wir keinen Beweis dafür.«[91] Werth wandte sich damit sowohl gegen eine mögliche Vereinnahmung von Teilen des »Schwarzbuchs des Kommunismus« durch Ernst Nolte als auch gegen die Gefahr, ihm und anderen seiner Historikerkollegen revisionistische Tendenzen zu unterstellen.

Noch bevor die deutsche Übersetzung erschien, zeichnete sich auch in der deutschen Presse ein heftiger Schlagabtausch zwischen Gegnern und Befürwortern ab. Vor allem der Streit unter den Autoren bot einigen der in der Defensive befindlichen Linken eine passende Gelegenheit, sich zu positionieren. Es konnte deshalb

---

89 Furet war 1997 überraschend verstorben. Die Autoren widmeten ihm wegen seiner mit dem Band *Le passé d'une illusion. Essai sur l'idée communiste au XXe siècle* errungenen Verdienste das *Schwarzbuch des Kommunismus*.

90 Nicolas Werth, »Ein Staat gegen sein Volk. Gewalt, Unterdrückung und Terror in der Sowjetunion«, in: Stéphane Courtois u.a., a.a.O., S. 45-295.

91 »Das läßt sich nicht auf fünf Seiten erklären«, Interview mit Nicolas Werth, in: *die tageszeitung* vom 1. Dezember 1997.

nicht überraschen, daß sich bereits innerhalb kürzester Zeit die Gegner in einem eigenen Sammelband zu Wort meldeten.[92] Ein Jahr später erschien ein weiterer Sammelband, in dem die in Frankreich und Deutschland geführten Kontroversen aus der Sicht der Befürworter dokumentiert wurden.[93]

Auffällig ist, daß in beiden Fällen mit einem illegitimen Titel gearbeitet wird. Während die linken Kritiker für ihre Kritik am »Schwarzbuch des Kommunismus« als Haupttitel »>Roter Holocaust‹?« wählen, obwohl diese Bezeichnung im gesamten Buch nicht auftaucht, dabei jedoch so vorsichtig sind, ihn als Zitat aufzuführen und mit einem Fragezeichen zu versehen, fallen bei ihren Kontrahenten alle Vorsichtsmaßnahmen weg, indem sie ebenso affirmativ wie plakativ »Der rote Holocaust und die Deutschen« schreiben. Auf diese Weise werden die nationalsozialistische Judenvernichtung und die Linke insgesamt, keineswegs nur der Kommunismus, miteinander verschweißt. Es wäre simplifizierend, hier lediglich von einer Gleichsetzung von Nationalsozialismus und Kommunismus sprechen zu wollen. Es geht in Wirklichkeit um eine ganze Serie von Identitätssetzungen. »Roter Holocaust« heißt: rot=links, links=marxistisch, marxistisch=kommunistisch, kommunistisch=verbrecherisch, kommunistische Verbrechen=nationalsozialistische Verbrechen, Kommunismus=Holocaust. Selten ist ein derartiger historischer Unsinn in einer einzigen Formel zusammengepreßt worden. Dies war in gewisser Weise der Super-GAU in der durch das »Schwarzbuch« ausgelösten zeitgeschichtlichen Debatte.

Daß ein solcher Kardinalfehler in einer Auseinandersetzung passieren konnte, in der es fortwährend nicht nur um die Frage nach der Legitimität von Vergleichen, sondern indirekt immer auch um die Singularität von Auschwitz ging, ist um so überraschender, als ein Jahr zwischen dem Erscheinen beider Bände lag. Was die orthodox-marxistische Linke den vermeintlichen »Schwarzbuch«-Apologeten unterstellte, daß sie selbst vor einer emblematischen

92 Jens Mecklenburg / Wolfgang Wippermann (Hg.), *»Roter Holocaust«? Kritik des Schwarzbuchs des Kommunismus*, Hamburg 1998.
93 Horst Möller (Hg.), *Der rote Holocaust und die Deutschen. Die Debatte um das »Schwarzbuch des Kommunismus«*, München 1999.

Identifizierung wie dem Vulgarismus vom »roten Holocaust« nicht zurückschrecken würden, fand postwendend seine Bestätigung. Dadurch konnte sich der Teil der Linken, der ohnehin nichts Besseres weiß, als auf den ihr gegenüber erhobenen Vorwurf, sie sei ideologisch unbelehrbar, mit Stolz zu reagieren, ein weiteres Mal bestätigt fühlen. Auf die zynisch-ironische Frechheit der Untersteller wurde seitens des Herausgebers nicht mit einer Zurückweisung, sondern mit einer Flucht nach vorne geantwortet.

Horst Möller, seines Zeichens Direktor des Instituts für Zeitgeschichte, versucht, Vorwürfe, die ihm wegen des rechtspopulistisch-reißerischen Titels hätten gemacht werden können, gleich zu Beginn seines Vorworts auszuräumen. Die Frage, die er als Kriterium für die Verwendbarkeit aufwirft, lautet: »Sind die Verbrechen kommunistischer Diktaturen des 20. Jahrhunderts derart massenhaft, daß eine ursprünglich für den Massenmord an den Juden verwandte Wortprägung auch das Wesen weltweit millionenfach verübter kommunistischer Verbrechen trifft?«[94] Damit aber wertet er die Bestimmung der quantitativen Dimension zur alleinigen Bedingung für die Möglichkeit einer Gleichsetzung auf. Das Tertium comparationis ist die Massenhaftigkeit der unter verschiedenen Vorzeichen begangenen Verbrechen, nichts sonst. Dadurch aber wird der Holocaust nivelliert. Indem vom Rassismus der Verfolgung, von der Selektivität der Opfer, der industrialisierten Form ihrer Vernichtung und vielem mehr abgesehen wird, kann die Singularität der von den Nazis begangenen Ermordung der europäischen Juden geleugnet werden. Und genau das geschieht. Im selben Abschnitt stellt Möller die Behauptung auf, daß jedes der von den totalitären Diktaturen begangenen Massenverbrechen »singulär« sei. Durch die Multiplizierung der Singularität löst sich jedoch jene Singularität auf, die kraft ihrer Einzelheit diesen Namen allein verdient. Auschwitz würde wahllos eingereiht in eine Kette von Orten, an denen andere Massenmorde verübt worden sind. Damit aber wären »die Deutschen«, um die es in dem besagten Titel ja ebenfalls geht, zumindest teilexkulpiert. Zwar versucht sich Möller darauf zurückzuziehen, daß es sich bei der Redeweise vom

94 A.a.O., S. 11.

»roten Holocaust« nur um eine Analogie handle und weder um eine Apologie noch um eine Gleichsetzung, jedoch kann dies als durchsichtige Schutzbehauptung abgetan werden. Indem er die vulgäre Vorstellung bedient, man habe es bei den im Namen des Kommunismus begangenen Verbrechen mit einem »rotlackierten« Holocaust zu tun, fällt er auf jene Rot=Braun-Gleichsetzungsmanie aus der Hochzeit des Kalten Krieges zurück, das Generalkritiker des Totalitarismusansatzes schon immer im Visier hatten und das sie aus guten Gründen zu attackieren nicht müde geworden sind.

Auch im Zentrum des anderen, konträr ausgerichteten Sammelbandes steht die Totalitarismusproblematik. Mit Wolfgang Wippermann behauptet einer seiner beiden Herausgeber zwar nicht ganz zu Unrecht, daß das umstrittene »Schwarzbuch des Kommunismus« in bestimmter Hinsicht »Faktor und Indikator einer erneuten Renaissance des Totalitarismusbegriffs« sei,[95] geht in seiner Gegenargumentation allerdings zu weit, wenn er eine Interview-Äußerung dahingehend verallgemeinert, die Autoren des »Schwarzbuchs« hätten den Terminus systematisch als »Analyserahmen« verwendet.[96] Sicher kann man den Beiträgen des Werkes nicht absprechen, daß damit eine totalitarismuskritische Perspektive eingeschlagen worden ist, jedoch finden sich für eine Analyse, bei der explizit mit einem solchen Ansatz gearbeitet worden wäre, keine Anhaltspunkte. Der Begriff Totalitarismus wird darin weder erörtert, definiert noch problematisiert. Eher dürfte es wohl so sein, daß sich Wippermann selbst einen »Rahmen« zu schaffen versucht hat, um seine Generalkritik besser zur Geltung bringen zu können.

In einem anderen Beitrag des Gegen-»Schwarzbuchs« scheut sich Wippermann nicht, eine pathologisierende Formel zu gebrauchen, um antitotalitär eingestellte Linke abzuqualifizieren. Da der Kommunismus genauso tot wie seine ehemals führenden Repräsentanten von Lenin bis Pol Pot sei, der Antikommunismus hingegen nicht nur nicht tot, sondern »äußerst lebendig« wäre, könne es sich, so argumentiert er, bei der »Beziehung zum toten Kommunis-

---

95 Wolfgang Wippermann, »Totalitarismus als ›Analyserahmen‹«, in: Jens Mecklenburg / Wolfgang Wippermann (Hg.), a.a.O., S. 74.
96 Wolfgang Wippermann bezieht sich auf eine Äußerung von Stéphane Courtois, in: *Die Zeit* vom 21. November 1997, 52. Jg., Nr. 48, S. 18.

mus« um nichts anderes als um einen »nekrophilen Antikommunismus« handeln.[97] Vom Mißbrauch klinischer Termini zur Diskreditierung politischer Gegner und dem Gebrauch einer geschmacklosen Metaphorik einmal ganz abgesehen, sind die Voraussetzungen, die Wippermann konstatiert, problematisch, wenn nicht gar verkehrt. Wie »tot oder lebendig« der Kommunismus ist, müßte überhaupt erst einmal näher geklärt werden. Die Frage ist jedenfalls nicht einfach damit beantwortet, daß man, wie es Wippermann tut, die restlichen kommunistischen Regime aufführt, nicht ohne in der Aufzählung von China und Kuba noch Nordkorea ganz zu vergessen. Um sich ein Urteil zu bilden, wäre neben der Fortexistenz einzelner kommunistischer Staaten, denen gegenüber nur zu häufig seitens mancher Linker auf eine Art Mitleidseffekt gesetzt wird, vor allem nach Parteien, Organisationen und formellen wie informellen Netzwerken zu fragen, die alles andere als tot sind und die es fertiggebracht haben, das vermeintliche Ende des Kommunismus mindestens ein Jahrzehnt zu überleben. Auch die Karriere eines ehemaligen KGB-Chefs, der es in atemberaubender Geschwindigkeit fertiggebracht hat, russischer Staatspräsident zu werden, gehört in diesen Komplex mit hinein. Die Frage nach Macht und Ohnmacht ehemaliger Kommunisten ist nicht mit nominalistischen Tricks zu beantworten. Es müßte dabei zugleich auch immer um die Transformation von Machtstrukturen und Einflußsphären gehen, die von außen zwar nicht umstandslos als kommunistische identifizierbar sind, die aber auch ohne explizite Ideologisierung nach wie vor als Prolongierung totalitärer Strukturen qualifiziert werden könnten.

Und warum der Antikommunismus immer noch so verwerflich sein sollte, wie von einem Teil der Linken unverändert behauptet wird, wäre eine andere Frage. Der Antikommunismus, den Daniel Cohn-Bendit bereits 1968 für sich in Anspruch zu nehmen sich nicht scheute,[98] war jedenfalls seinerzeit eine kulturelle Leistung, die erst viel zu spät gewürdigt worden ist, eine Leistung, die im

---

97 Wolfgang Wippermann, »Der nekrophile Antikommunismus der ›aufgeklärten‹ Linken««, in: Jens Mecklenburg / Wolfgang Wippermann (Hg.), a.a.O., S. 239.
98 Gabriel und Daniel Cohn-Bendit, *Linksradikalismus. Gewaltkur gegen die Alterskrankheit des Kommunismus*, Reinbek 1968.

übrigen keine Anpassung gegenüber den in der Bevölkerung vorhandenen stereotypen Vorurteilsmustern bedeutete, sondern in erster Linie an die Adresse der Linken selbst gerichtet war. Hätte sich die bundesdeutsche Linke dieser Haltung gegenüber nicht so verschlossen gezeigt, wären ihr in den siebziger Jahren vermutlich manche Irrwege erspart geblieben.

Wie sich am Verlauf der Auseinandersetzung über das »Schwarzbuch des Kommunismus« erkennen läßt, kommt es nach wie vor darauf an, eine im Nachbarland Frankreich breit geführte Diskussion aufzunehmen,[99] anstatt sie erneut durch Tabus zu erschweren.[100] Ganz verkehrt ist es, sie in einer fragwürdigen Parallelisierung der Bezeichnungen als »französischer Sonderweg« auszugrenzen, wie es Wippermann versucht hat.[101] Auch wenn es sich hierzulande immer noch als besonders schwierig erweisen sollte, sich den im letzten Jahrhundert unter linken Vorzeichen begangenen Verbrechen zu stellen,[102] so wird auch in Zukunft kaum ein Weg an einer solch unverzichtbaren Auseinandersetzung vorbeiführen.

Die totalitarismuskritische Grundorientierung der Enquete-Kommission

Mit welcher Semantik ein Land einen Teil seiner Vergangenheit aufarbeitet, ist immer von großer Bedeutung, ganz besonders jedoch,

---

99 Vgl. die Darstellung der französischen Debatte: Pierre Rigoulot / Ilios Yannakakis, *Un pavé dans l'Histoire. Le débat français sur Le Livre noir du communisme*, Paris 1998. Ein Plädoyer für eine deutsch-französische Debatte über die mit dem »Schwarzbuch des Kommunismus« zusammenhängenden Fragen hat Ulrike Ackermann vorgelegt: *Sündenfall der Intellektuellen. Ein deutsch-französischer Streit von 1945 bis heute*, Stuttgart 2000.
100 Wie das z.B. Rudolf Walther macht, indem er die selbstimmunisierende Parole ausgibt: »Nolte läßt grüßen«, in: *Die Zeit* vom 21. November 1997.
101 Wolfgang Wippermann, »Totalitarismus als ›Analyserahmen‹«?, a.a.O., S. 76.
102 Wie dies aussehen kann, hat mit André Brie einer der führenden PDS-Politiker gezeigt. Er hat zum einen den überwiegenden Teil des *Schwarzbuchs* als »ernst zu nehmende neue Ergebnisse der empirischen Forschung« gewürdigt, zum anderen die pauschal ablehnenden Reaktionen seitens vieler Linker verurteilt. »Gerade die sozialistische Linke,« schreibt er, »wird sich undogmatisch und sich selbst nicht schonend mit der benannten Materie auseinandersetzen müssen, kritisch und selbstkritisch, ob es nun schmerzt oder nicht.« André Brie, »Die Mühen der Diskussion«, in: *die tageszeitung* vom 11. Juli 1998.

wenn dieser Entschluß vom Parlament ausgeht, das zu diesem Zweck Historiker sowie Zeitzeugen einlädt und eigene Anhörungen durchführt. Ein solcher Schritt war nach der deutschen Einigung fällig. Schließlich lastete nach dem NS-Staat mit dem untergegangenen SED-Staat DDR eine zweite deutsche Vergangenheit auf dem Rücken der bundesdeutschen Demokratie. Die Bundesrepublik hatte vier Jahrzehnte zuvor von sich aus zunächst kaum irgendwelche Anstrengungen unternommen, die Vergangenheit aufzuarbeiten, eher im Gegenteil. Auch nur einige der Versäumnisse nachzuholen, benötigte es in einem schmerzhaften öffentlichen Prozeß mehrere Jahrzehnte. Nun gab es die Chance, es von vornherein anders zu machen. Im März 1992 war es dann soweit. Auf sozialdemokratische Initiative setzte der Bundestag eine Enquete-Kommission zur »Aufarbeitung der Geschichte und der Folgen der SED-Diktatur« ein. Sechzehn Abgeordnete und elf Sachverständige nahmen die von Anfang an nicht unumstrittene Aufgabe wahr, Aufklärungs- und Erinnerungsarbeit über den so überraschend implodierten und ohne erkennbare Gegenwehr untergegangenen SED-Staat zu leisten.

Die Aufgabenstellung bestand u.a. darin, die Strukturen, Strategien und Instrumente des von der SED beherrschten und gesteuerten Staatsapparates zu untersuchen, die Rolle des Marxismus-Leninismus und des Antifaschismus für die Staatsideologie herauszuarbeiten, sich ein Bild von der Verletzung der Menschenrechte wie der Repressionspraxis insgesamt zu machen sowie Möglichkeiten und Formen abweichenden, widerständigen und oppositionellen Handelns bzw. Verhaltens zu erforschen. Dabei war zunächst nicht klar, mit welchem theoretischen Instrumentarium diese Arbeit geleistet werden sollte. Durch die Vorträge von Historikern wie Alexander Fischer, Manfred Wilke und Georg Brunner schälte sich jedoch nach einiger Zeit heraus, daß dem Totalitarismusmodell bei der Analyse des SED-Staats eine wichtige, wenn nicht gar dominante Rolle einzuräumen sei.

In welchem Maße es in der Folgezeit offenbar gelang, den totalitarismuskritischen Ansatz in der Arbeit der Enquete-Kommission durchzusetzen, machte eine Feststellung des FDP-Bundestagsabgeordneten Dirk Hansen während der abschließenden öffentlichen

Anhörung am 3. Mai 1994 im Plenarsaal des Berliner Reichstagsgebäudes deutlich. »Vor zwei Jahren, als wir unseren Arbeitsauftrag formulierten, hatten wir ja offensichtlich auch interne Schwierigkeiten, das Stichwort Totalitarismus nicht nur zu diskutieren, sondern überhaupt in die Beschlußempfehlung ... hineinzubringen ... Es hat immerhin zwei Jahre gedauert. Ich erinnere mich ganz gut an die internen Debatten vor zwei Jahren, wo ich mit dem Argument konfrontiert wurde: Ach, das sind doch alles alte Debatten; Totalitarismus hat sich doch erledigt!«[103] Die Durchsetzung des Totalitarismusbegriffs als analytischer Zentralkategorie vollzog sich demnach für nicht wenige der Beteiligten überraschend und ist offenbar keineswegs ohne Widerspruch verlaufen.

Mit dieser Anhörung, die die »Auseinandersetzung mit den beiden Diktaturen in Deutschland in Vergangenheit und Gegenwart« zum Thema hatte, sollte eine erste Bilanz aus der Arbeit der Enquete-Kommission gezogen werden. In ihren einleitenden Vorträgen beriefen sich sowohl Horst Möller als auch Jürgen Kocka auf das Totalitarismusmodell als analytisches Instrument. Der Direktor des Instituts für Zeitgeschichte und der Leiter des Potsdamer Forschungsschwerpunkts Zeithistorische Studien ließen keine Zweifel daran aufkommen, daß sie von der Fruchtbarkeit dieses lange Zeit diskreditierten Ansatzes überzeugt seien. Doch während Möller, der sich methodisch eng an Noltes historisch-genetische Version der Totalitarismustheorie anlehnte, nichts unversucht ließ, um die grundsätzliche Subsumierbarkeit von »NS- und SED-Diktatur« unter dieses Modell unter Beweis zu stellen, insistierte Kocka auf maßgeblichen Unterschieden zwischen dem NS-Staat und der DDR; er hielt es deshalb auch für geboten, für die Vergleichsanalyse von »modernen« anstatt von »totalitären Diktaturen« zu sprechen. Die stärkste Kritik an der Adaption des Totalitarismusansatzes wurde anschließend von der Soziologin Sigrid Meuschel vorgebracht, die sich mit einer Studie zur relativen Stabilität der SED-Herrschaft in der DDR einen Namen gemacht hat.[104] Sie bemängelte, daß die klassische Totalitarismustheorie von Carl

103 Deutscher Bundestag (Hg.), a.a.O., Bd. IX, S. 627.
104 Sigrid Meuschel, *Legitimation und Parteiherrschaft. Zum Paradox von Stabilität und Revolution in der DDR 1945-1989*, Frankfurt am Main 1992.

J. Friedrich und Zbigniew Brzezinski nicht dazu in der Lage sei, die soziale und politische Dynamik solcher »moderner Diktaturen« zu erklären.

Der wichtigste Schritt lag jedoch darin, daß am Tag darauf eine Art Schulterschluß zwischen Karl Dietrich Bracher und Jürgen Habermas vollzogen wurde. Der Bonner Politikwissenschaftler und der Frankfurter Sozialphilosoph wurden schließlich nicht nur unterschiedlichen politischen Lagern zugeordnet, einem liberal-konservativen und einem linksliberalen, sondern auch verschiedenen politik- und sozialwissenschaftlichen Topoi. Während Bracher nie einen Hehl daraus gemacht hatte, daß er an der Totalitarismus-theorie als der für ihn maßgeblichen Grundorientierung festhalten würde, ließ Habermas, der sich politik- oder geschichtswissenschaftlichen Zuordnungen weitgehend entzog, nie einen Zweifel daran aufkommen, daß er eine seiner Hauptaufgaben darin sehe, die Erinnerungspolitik gegenüber der NS-Geschichte zu aktivieren.[105] So wie die Überzeugungen des einen annäherungsweise mit denen der CDU in Einklang zu bringen waren, so waren es die des anderen mit jenen der SPD. Bei beiden war jedoch erkennbar, daß sie nicht einer vorgegebenen politischen Linie folgten, geschweige denn sich einer Parteiräson unterwarfen, sondern nichts anderem als ihren eigenen wissenschaftlichen und demokratischen Überzeugungen zu folgen bereit waren.

Beide hatten die Aufgabe, zu vier von der Enquete-Kommission aufgeworfenen Fragen Stellung zu nehmen, die um das Problem kreisten, wie mit den Ergebnissen der Anhörungen umgegangen werden sollte, um die politische Kultur zu fördern und die Stabilität des demokratischen Verfassungsstaats zu erhöhen. Zum Eingang seiner Antwort auf die Frage, wie die »Kenntnis über die beiden deutschen Diktaturen in der politischen Bildung vermittelt« werden könne, gab Habermas zunächst zu bedenken, daß diese »doppelte Vergangenheit« der Deutschen außergewöhnlich hohe »Anforderungen an Augenmaß und Differenzierungsvermögen, an

---

105 Das hatte beide nicht davon abgehalten, im Mai 1965 an dem vom SDS in Bonn veranstalteten Kongreß »Demokratie vor dem Notstand« teilzunehmen. Sie hatten sich damals als Referenten an einem Arbeitskreis über »Die Presse im Notstandsfall« beteiligt.

Urteilskraft, Toleranz und Selbstkritik« erforderlich machen würde. Danach ging er auf die Polarisierung im politischen Spektrum ein: »Das Links-Rechts-Schema, das man nicht voreilig verabschieden sollte, macht sich gerade beim Vergleich der beiden Diktaturen auf störende Weise bemerkbar. Wo die Rechten zu Angleichungen neigen, wollen die Linken vor allem Unterschiede sehen. Die Linken dürfen sich über die spezifischen Gemeinsamkeiten totalitärer Regime nicht hinwegtäuschen und müssen auf beiden Seiten denselben Maßstab anlegen; die Rechten dürfen wiederum Unterschiede nicht nivellieren oder herunterspielen ... Heute kann sich zum ersten Mal ein antitotalitärer Konsens bilden, der diesen Namen verdient, weil er nicht selektiv ist. Dieser sollte eine gemeinsame Basis sein, auf der sich dann erst linke und rechte Positionen voneinander differenzieren. Das mag jüngeren und nachwachsenden Generationen – ich sage das selbstkritisch – leichter fallen als uns älteren. Erst wenn sich die politische Sozialisation nicht unter dem polarisierenden Generalverdacht gegen innere Feinde vollzieht, können liberale Haltung und demokratische Gesinnung der Geburtshilfe durch Antikommunismus und Antifaschismus entbehren.«[106] In der nachfolgenden, zum Teil heftigen Debatte mit ehemaligen Bürgerrechtlern wie Jürgen Fuchs räumte Habermas auch ein, es habe in der Vergangenheit »linke Einäugigkeiten« gegeben.

Seine Bereitschaft, die eigene Haltung zu modifizieren, die totalitarismuskritische Perspektive zu übernehmen und sie zugleich in das universalistische Selbstverständnis einer aufgeklärten Linken einzubinden, war zweifelsohne ein Brückenschlag über die innen- und deutschlandpolitischen Gräben der beiden großen Parteien hinweg, die vor dem Hintergrund der Vergangenheit des SED-Staates wieder aufgeworfen worden waren. Es war ihm gelungen, die für die Väter und Mütter des Grundgesetzes maßgebliche antitotalitäre Orientierung zu reaktivieren und damit an das Verfassungsverständnis der bundesrepublikanischen Gründergeneration anzuknüpfen.

Als der Bundestag dann am 17. Juni 1994 über einen Entschließungsantrag diskutierte, mit dem der Abschlußbericht der

---

106 Deutscher Bundestag (Hg.), a.a.O., S. 689f.

Enquete-Kommission verabschiedet werden sollte, war im Hinblick auf die Reaktualisierung der totalitarismuskritischen Perspektive der Damm gebrochen. Mit Ausnahme der PDS, die sich in einem Sondervotum dagegen wehrte, daß der SED-Staat DDR als »totalitäres System« definiert wurde, waren die anderen Parteien sich darin einig, daß im Zuge der von Abgeordneten, Geschichts- und Sozialwissenschaftlern sowie Zeitzeugen gemeinsam geleisteten historischen Arbeit der antitotalitäre Konsens erneuert worden sei.

Die linksliberalen Verweigerungen

Trotz dieses bemerkenswerten Entwicklungsprozesses in der Enquete-Kommission wurde rasch klar, daß ein erheblicher Teil linker Sozialwissenschaftler nicht dazu bereit war, seine ablehnende Haltung gegenüber dem Totalitarismuskonzept aufzugeben oder doch zumindest zu überdenken. Ein exemplarischer Fall für diese im linksliberalen Milieu verbreitete Reserve ist der Soziologe Helmut Dubiel. Der Habermas-Schüler trägt in seiner jüngsten Publikation seine Kritik bedächtig und ohne jegliche Züge eines weltanschaulichen Eiferers vor. Am Ende seiner verdienstvollen Studie, in der er unter dem Titel »Niemand ist frei von der Geschichte« die Bundestagsdebatten über die NS-Vergangenheit untersucht hat,[107] wirft er die Frage nach einem für das vereinte Deutschland geeigneten Erinnerungsmodus auf. In diesem Zusammenhang untersucht er noch einmal die Grundmuster der Erinnerungspolitik beider deutscher Staaten – den Antifaschismus und den Antitotalitarismus. Die Haltung, die Dubiel dabei einnimmt, ist die einer sorgfältig gewahrten Äquidistanz.

Während die DDR es fertiggebracht habe, sich mit dem Antifaschismus »der historischen Verantwortung für die Menschheitsverbrechen der Deutschen zu entziehen«, habe die Bundesrepublik es mit ihrer Alternative des Antitotalitarismus geschafft, ein »zen-

---

107 Helmut Dubiel, *Niemand ist frei von der Geschichte. Die nationalsozialistische Herrschaft in den Debatten des Deutschen Bundestages,* München / Wien 1999. Dubiel gelangt darin zu dem Ergebnis, daß die Nachkriegspolitiker zwar nicht einfach zur NS-Vergangenheit geschwiegen, es jedoch auch lange Zeit nicht fertiggebracht hätten, vom Völkermord der Deutschen an den Juden zu sprechen.

trales Moment der deutschen Ideologie in und nach der Hitler-Zeit« zu erneuern und damit die Kontinuität des Antikommunismus zu sichern. Dubiel zeigt sich insbesondere von der ideologischen Leistungsfähigkeit des Antitotalitarismus »beeindruckt«. Für die Zeit der frühen Bundesrepublik sei diese Figur »eine geradezu geniale Konstruktion« gewesen: »Sie erlaubte es, die neue geopolitische Rolle der Bundesrepublik im westlichen Bündnis zu rechtfertigen; sie erlaubte weiterhin die Abgrenzung von der eigenen totalitären (sprich: nationalsozialistischen) Vergangenheit bei gleichzeitiger Verleugnung ihrer unbewältigten Erbschaft. Diese drei Leistungen wurden möglich durch die Markierung eines klar konturierten Feindbildes: des Kommunismus.«[108] Indem Dubiel beide Haltungen jeweils ideologischen Konstruktionen als zentralen Figuren zuordnet, stellt er die tragende und zu keinem Zeitpunkt in Frage gestellte Verfassungsüberzeugung der Bundesrepublik auch noch ein Jahrzehnt nach dem Mauerfall mit der der untergegangenen DDR auf eine Stufe.

Wie nicht anders zu erwarten, fällt auch sein Urteil gegenüber der Totalitarismustheorie uneingeschränkt negativ aus. Ohne Umschweife schreibt er: »Die auf den Nationalsozialismus und den Stalinismus bezogene klassische Theorie des Totalitarismus hat nach der Erosion des kommunistischen Imperiums ihre Realitätsgrundlage verloren. Schon für die ›liberalisierten‹ Varianten nachstalinistischer Regime war die empirische Treffsicherheit dieser Theorie angezweifelt worden. Und völlig unbestritten ist, daß jene Theorie zur Entschlüsselung der nachtotalitären Szenarien nichts mehr beizutragen hat.«[109] Der Umstand, daß er dabei nur von einer »klassischen« Version spricht, ist offenbar nichts anderem als der Sorge geschuldet, sich für alle Fälle ein Hintertürchen offen halten zu können. Weder klärt er, welches Modell er im Auge hat, wenn er von einer solchen Version spricht, noch kommt er im weiteren Verlauf auf eine oder mehrere andere Versionen zurück. So wäre es nicht nur unter theoriegeschichtlichen Gesichtspunkten wichtig zu erfahren, wie ein Sozialwissenschaftler, der eine bedeutende Studie über die Forschungsorganisation des Frankfurter Instituts für So-

108 A.a.O., S. 281.
109 A.a.O., S. 283.

213

zialforschung vorgelegt[110] und sich dem Werk Hannah Arendts gegenüber immer stärker geöffnet hat, seine pauschale Abwehrhaltung gegenüber dem Totalitarismuskonzept etwa mit der Position Franz Neumanns in Einklang bringt oder sich von ihr abgrenzt.[111]

Für Dubiel sind Antifaschismus und Antitotalitarismus gleichermaßen nichts anderes als »Hypotheken«. Die Tatsache, daß beiden »ideologischen Schablonen« durch die Zäsur von 1989 »die Geschäftsgrundlage entzogen« worden sei, begreift er als Hoffnung, daß künftige Generationen in ein Demokratieverständnis hineinwachsen könnten, das ohne derartige »innerstaatliche Feindbilder« auskommen könne. Da er sich darüber im klaren ist, daß er mit einem solchen Verdikt Gefahr liefe, mit der von Jürgen Habermas vor der Enquete-Kommission des Bundestags zum Ausdruck gebrachten Hoffnung zu konfligieren, es gebe nun endlich eine Chance zu einem »antitotalitären Konsens«, der seinen Namen auch verdiene, zieht er es vor, diese als quasi untheoretische Formulierung herabzustufen. Er tut sie deshalb als eine »erstaunliche Formulierung« ab, die zwar von einer demokratischen Verfassungskonzeption »inspiriert«, aber nicht weiter erläutert worden sei. Die Reaktion hätte jedoch auch ganz anders ausfallen können: die seiner Ansicht nach mangelnde theoretische Fundierung als Aufgabe anzusehen, die es aufzugreifen und nachzuholen gälte.

Es ist alles andere als überraschend, daß nicht nur kritische Soziologen, sondern auch linksliberale Geschichtswissenschaftler mit der Totalitarismuskonzeption ihre besonderen Schwierigkeiten haben. Sie glauben darin in einem beträchtlichen Maße die Erträge ihrer Forschungen zur Geschichte des Nationalsozialismus bedroht zu sehen. Diese Befürchtung trat bereits am Ende der siebziger Jahre bei einer Veranstaltung des Instituts für Zeitgeschichte zur Tauglichkeit der miteinander konkurrierenden Begriffe

---

110 Helmut Dubiel, *Wissenschaftsorganisation und politische Erfahrung. Studien zur frühen Kritischen Theorie,* Frankfurt am Main 1978.
111 Neumann hatte sich noch kurz vor seinem Tod mit dem Problem der theoretischen Fundierung einer Diktaturenlehre befaßt. In einem nichtvollendeten Aufsatz unterschied er zwischen einer »einfachen«, einer »caesaristischen« und einer »totalitären Diktatur«. Vgl. Franz Neumann, »Notizen zur Theorie der Diktatur«, in: ders., *Demokratischer und autoritärer Staat. Beiträge zur Soziologie der Politik,* Frankfurt am Main 1967, S. 147-170.

Totalitarismus und Faschismus auf.[112] Dort vertrat der Bochumer NS-Historiker Hans Mommsen die Ansicht, daß die Totalitarismustheorie grundsätzlich »einer sozialgeschichtlichen Erklärung im Wege« stehe. Indem sie von einer monolithischen Herrschaftsstruktur ausgehe, verfehle sie das für den Nationalsozialismus typische »polykratische Chaos« der Herrschaftsbeziehungen. Diese für viele seiner Kollegen, die einen funktionalistischen Ansatz zur Interpretation der NS-Geschichte verfechten, exemplarische Abwehrposition hat Mommsen kurze Zeit später so ausformuliert: »Die Totalitarismus-Theorie, die als ideologischer Reflex des Kalten Krieges und als statisches Erklärungsmodell von der Forschung weitgehend beiseite geschoben worden war, wird erneut als maßgebliche Interpretationsgrundlage für die Deutung kommunistischer wie faschistischer Systeme der als marxistisch beeinflußt hingestellten Faschismus-Theorie entgegengesetzt ... Das Festhalten an der Totalitarismus-Theorie durch Historiker und Publizisten, die auf ihrem Weg durch die Mitte längst bei der Rechten angelangt sind, und die Wiederaufnahme einer Ideologie von der allein freiheitsichernden Rolle der bürgerlichen Tradition sind für einen Trend bezeichnend, dem zufolge der Untergang der Demokratie von Weimar dazu herhalten muß, eine unerwünschte politische Polarisierung als demokratiegefährdend zu denunzieren.«[113] Mommsen glaubte seinerzeit in Totalitarismus- und Extremismus-Theorie die Leitideologien für ein rollback des Neokonservatismus erkennen zu können. Mit anderen Worten, für ihn waren unter der Dominanz dieser beiden Termini nicht nur die verkehrten Deutungsmuster für die NS-Geschichte angesetzt, sondern bereits die falschen Lehren aus Weimar gezogen worden.

Erheblich vorsichtiger äußerte er sich anderthalb Jahrzehnte später, als er sich die Problematik des Diktaturenvergleichs zum

112 Als Referenten traten auf der am 24. November 1978 durchgeführten Tagung Karl Dietrich Bracher, Martin Broszat, Jürgen Kocka, Hans Mommsen, Ernst Nolte und Wolfgang Schieder auf. Die Hauptbeiträge wurden dokumentiert in: Institut für Zeitgeschichte (Hg.), *Totalitarismus und Faschismus. Eine wissenschaftliche und politische Begriffskontroverse*, München 1980.
113 Hans Mommsen, »Die Last der Vergangenheit«, in: Jürgen Habermas (Hg.), *Stichworte zur »Geistigen Situation der Zeit«*, 1. Band: Nation und Republik, Frankfurt am Main 1979, S. 174f.

Thema machte.[114] Zwar warnt er immer noch davor, das SED-Regime als Fortsetzung des NS-Regimes zu betrachten und Stalin auf die gleiche Stufe mit Hitler zu stellen, jedoch betont er auch – angesichts der nicht auszuräumenden Gefahr ebenso leichtfertiger wie plumper Gleichsetzungen – eine grundsätzliche Legitimität des Vergleichs. Da für ihn Faktoren wie Stabilität und Dauer der Herrschaftssysteme eine besonders große Bedeutung haben, geht er sogar davon aus, daß sich nach 1991 die »Vergleichbarkeit« des sowjetischen Systems mit dem NS-Regime erhöht habe. Schließlich ist der Kommunismus in Europa ebenfalls untergegangen und so dem Nationalsozialismus gefolgt. Der Punkt jedoch, an dem er die Differenz am stärksten betont, ist der der Weltanschauung. Hier möchte er sich offenbar nicht einmal darauf festlegen lassen, ob man es beim Kommunismus mit einer Ideologie oder in Teilen auch mit einer Wissenschaft zu tun habe. Es dürfte schwer zu bestreiten sein, hält er fest, daß sich der Kommunismus »substantiell« von faschistischen Ideologien unterscheide. Der Grund liege darin, daß er in seinen Ursprüngen »reale gesellschaftliche Interessen« verfochten, wohingegen der Faschismus primär auf die Mobilisierung »gesellschaftlicher Ressentiments« gesetzt habe. Da Mommsen offenbar bewußt ist, wie rasch sich Einwände gegen seine Unterscheidung, in deren Zuge die Differenzen zwischen Faschismus und Nationalsozialismus wiederum verschwimmen, formulieren ließen, macht er kleine Einschränkungen wie »ursprünglich« oder »primär«. Entscheidend ist jedoch, daß er dem Kommunismus eine Art Reserve einräumt, die als »substantiell« eingestuft wird und die einer Vergleichbarkeit mit dem gegnerischen Regime grundsätzlich entgegensteht. Worin dieses Unvergleichliche jedoch besteht, ob es als Interesse, als Theorie, Ideologie oder Weltanschauung zu verstehen ist, wird offengelassen.

Ein anderer Historiker, der sich eingehend mit der Legitimität des Diktaturenvergleichs auseinandergesetzt hat, ist der britische NS-Forscher Ian Kershaw, der sich zuletzt mit einer zweiteiligen Hitler-Biographie auch bei einem größeren Publikum einen Namen

114 Hans Mommsen, »Nationalsozialismus und Stalinismus. Diktaturen im Vergleich«, in: Klaus Sühl (Hg.), *Vergangenheitsbewältigung 1945 und 1989 – Ein unmöglicher Vergleich? Eine Diskussion*, Berlin 1994, S. 109-126.

gemacht hat.[115] In einem 1988 erstmals in deutscher Sprache erschienenen Kompendium der geschichtswissenschaftlichen Ansätze zur
Interpretation des NS-Staats hat er, was seinen deutschen Kollegen
sicher schwerfiele, den Totalitarismus- und den Faschismusbegriff
in einem Atemzug problematisiert: »›Totalitarismus‹ und ›Faschismus‹ sind keine ›sauberen‹ wissenschaftlichen Begriffe. Beide haben
von Beginn ihres Gebrauchs an eine Doppelfunktion: einerseits als
ideologisches Mittel für eine negative politische Kategorisierung,
wobei sie im allgemeinen Sprachgebrauch eher pejorativ verwandt
werden, und andererseits als heuristisches wissenschaftliches Instrument, das dazu dienen soll, politische Systeme einzuteilen und
zu klassifizieren. Diese Begriffe als ›neutrale‹, von politischen Konnotationen losgelöste wissenschaftliche Analysewerkzeuge zu behandeln, ist so gut wie unmöglich. Die wissenschaftliche Debatte
über die Verwendung dieser Begriffe zeigt vor allem, wie eng
Geschichte, Politik und Sprache miteinander verflochten sind. Dies
spiegelt sich auch in dem Umstand, daß in bezug auf den Gebrauch
der Begriffe oder deren genaue Definition keine Übereinstimmung
besteht.«[116] Die Beurteilung ist nicht neu, doch wird sie meist nur
von einer Seite aus gegeben, von liberal-konservativer für den
Faschismus- und von linksliberaler für den Totalitarismusbegriff.
Von dieser stark negativ eingefärbten Doppelcharakterisierung
gelangt Kershaw zu einem Plädoyer für die Beibehaltung beider
Termini, jedoch für eine restriktivere Verwendung des Totalitarismusbegriffs.[117] Deutlich grenzt er sich in diesem Zusammenhang
auch von Michael Burleigh und Wolfgang Wippermann ab, die
die Überzeugung vertreten, daß weder die Totalitarismustheorie
noch eine global ansetzende Faschismustheorie als ein heuristisches
Instrument zur Erklärung des Nationalsozialismus geeignet seien.[118]
Kershaw spricht am Ende die Vermutung aus, daß sich in der seit
Beginn der neunziger Jahre wieder verstärkt praktizierten Vergleichs-

---

115 Ian Kershaw, *Hitler 1889-1936*, Stuttgart 1998; ders., *Hitler 1937-1945*, Stuttgart 2000.
116 Ian Kershaw, *Der NS-Staat. Geschichtsinterpretation und Kontroversen im
Überblick*, Reinbek 1994, S. 62f.
117 A.a.O., S. 79f.
118 Vgl. Michael Burleigh / Wolfgang Wippermann, *The Racial State. Germany
1933-1945*, Cambridge 1991, S. 307.

analyse »die Aussicht auf ein tiefergehendes Verständnis beider Systeme und der zu ihrer Aufrechterhaltung beitragenden Gesellschaften« abzeichne.[119] In einer jüngeren Publikation, in der er noch einmal Möglichkeiten und Grenzen eines komparativen Ansatzes zu fixieren versucht hat, gelangt er zwar zu einer Reihe von Akzentverschiebungen, bleibt seiner einmal eingeschlagenen, eher nüchtern-pragmatischen Richtung aber treu.[120] »Als vergleichender Begriff,« so sein Urteil, »kann der Totalitarismus Verwendung finden, um vor allem den ›totalen Anspruch‹ auf die jeweilige Gesellschaft und die Unterhöhlung der formalen Regierungsstrukturen auszuloten.«[121] Er solle deshalb nur dazu verwendet werden, eine von außerordentlicher Gewaltanwendung gegen die eigene Gesellschaft begleitete revolutionäre Übergangsphase einer modernen Diktatur zu beschreiben. Totalitarismus sei kein dauerhaftes Phänomen. Die »Kurzfristigkeit der Herrschaft« sei dem Begriff immanent. Er sollte nicht statisch, sondern dynamisch betrachtet werden. Totalitarismus sei »an und für sich kein System«, eher seine Bedrohung.

Auch wenn es in Kershaws Diagnose eine Reihe von Aspekten gibt, die zum Widerspruch herausfordern,[122] so hebt sich seine unaufgeregte Art und Weise, sich den analytischen Schwierigkeiten zu stellen, doch wohltuend von der vieler deutscher Historiker ab. Er kann es zulassen, den Totalitarismusbegriff für »ideologisch belastet« zu halten, sich seine Verwendung dennoch aber in gewissen Grenzen vorstellen zu können. Ihm fehlt vor allem der bekennerhafte Gestus. Er führt keine Gesinnung im Gepäck. Er muß nicht den Anschein erwecken, in irgendeinem Weltanschauungskrieg an der Front zu stehen. Deshalb läßt sich mit ihm auch nur schlecht ein Kulturkampf zwischen linker und rechter Lesart der Erinnerungspolitik ausfechten.

119 Ian Kershaw, a.a.O., S. 362.
120 Ian Kershaw, »Nationalsozialistische und stalinistische Herrschaft. Möglichkeiten und Grenzen des Vergleichs«, in: Mittelweg 36, 3. Jg., Heft 5, Oktober / November 1994, S. 55-64.
121 A.a.O., S. 63.
122 Eine eingehende Kritik an Kershaws restriktivem Umgang mit der Totalitarismustheorie formuliert beispielsweise ein Pariser Politikwissenschaftler: Pierre Bouretz, »Das totalitäre Rätsel des 20. Jahrhunderts«, in: Alfons Söllner / Ralf Walkenhaus / Karin Wieland (Hg.), a.a.O., S. 223f.

Es ist evident, warum ein komparativ-herrschaftskritischer Ansatz wie der der Totalitarismustheorie in kommunistischen Staaten grundsätzlich stigmatisiert werden mußte. Das galt insbesondere für die DDR. Nicht nur aus ideologischen, sondern auch aus geopolitischen Gründen. Die mit der deutschen Teilung einhergehende Blockkonfrontation erfuhr schließlich in der Spaltung Berlins in gewisser Weise ihre Verdoppelung und ihre Zuspitzung. Da mit Hans-Joachim Lieber, Peter Christian Ludz, Richard Löwenthal, Otto Stammer u.a.m. die wichtigsten deutschsprachigen Totalitarismustheoretiker in West-Berlin forschten und lehrten, lag insbesondere vor dem Mauerbau die Gefahr nahe, daß totalitarismuskritische Ansätze in die als »Hauptstadt der DDR« bezeichneten Ostteile einsickern und sich von dort aus weiter ausbreiten konnten. Die SED hat deshalb von Anfang an große Anstrengungen unternommen, eine derartige Infiltration als subversiv angesehener Theorien zu unterbinden. Sie hat dies jedoch nicht nur durch die Kontrolle und Konfiskation verdächtiger Schriften an den Grenzkontrollstellen zu verhindern versucht, sondern auch durch die systematische Diskreditierung und Diffamierung der Totalitarismustheorie als einem angeblich ideologischen Instrument des imperialistischen Gegners.[123] Bereits symptomatisch war dabei der Umstand, daß hier nicht von einer theoretischen Variante die Rede war, sondern von einer Doktrin, der »Totalitarismus-Doktrin«, ganz so als würde der Westen damit eine einheitliche, starre, ja monolithische Lehre vertreten wollen.

Der in der DDR seit Mitte der sechziger Jahre führende »Antitotalitarismustheorietheoretiker« (Jochen Staadt) war Gerhard Lozek, Professor an der Akademie für Gesellschaftswissenschaften beim ZK der SED. Mehr oder weniger stereotyp hat er über Jahrzehnte hinweg die Abwehr des als gefährlich eingeschätzten Ideologems kanonisiert.[124] Entscheidend war hierbei die Eindi-

123 Vgl. die Rekonstruktion: Eckhard Jesse, »Die ›Totalitarismus-Doktrin‹ aus DDR-Sicht«, in: ders. (Hg.), *Totalitarismus im 20. Jahrhundert*, a.a.O., S. 424-449 und Ralph Jessen, »DDR-Geschichte und Totalitarismustheorie«, in: *Berliner Debatte Initial*, 5. Jg., Heft 4/5, 1995, S. 17-24.
124 Vgl. Gerhard Lozek, »Genesis, Wandlung und Wirksamkeit der imperialisti-

mensionalisierung des Totalitarismusansatzes: Während auf der einen Seite der Antikommunismus verabsolutiert wurde, mußte der Antinazismus auf der anderen ebenso radikal ausgeblendet werden. Die Standardgleichung lautete deshalb: »Totalitarismusdoktrin – Kernstück des Antikommunismus«.[125] Es ging um nichts anderes als die Leitideologie im Kampf mit dem sogenannten Klassenfeind.

Dieser Sichtweise haben sich in der Bundesrepublik Autoren wie Frank Deppe, Georg Fülberth, Reinhard Kühnl und Reinhard Opitz z.B. uneingeschränkt angeschlossen.[126] Eine der drastischsten Kampfformeln stammt von dem inzwischen verstorbenen Opitz, der die Totalitarismustheorie einmal als »das raffinierteste ideologische Mittel« bezeichnet hat, »das sich monopolkapitalistische Kreise« ausgedacht hätten, um zu verhindern, daß der Faschismus »von allen Schichten unseres Volkes als ihr gemeinsamer Feind« erkannt werde.[127] Aus dieser Perspektive durfte er offensichtlich auch nicht den leisesten Verdacht aufkommen lassen, daß die eine Abwehrhaltung etwas mit der anderen zu tun haben könnte. Die im Antitotalitarismus ineinander verschmolzenen Seiten wurden deshalb von ihm in schärfster Weise voneinander separiert: »Antifaschismus und Antikommunismus sind unverträglich miteinander, weil der Antikommunismus das ätzende Gift ist, das die Bildung einer breiten antifaschistischen Abwehrfront in der Gesellschaft paralysiert.«[128] In solchen Formulierungen werden Emotionen sicht-

schen Totalitarismus-Doktrin«, in: *Zeitschrift für Geschichtswissenschaft*, 14. Jg., 1966, S. 525-541; ders., »Die antikommunistische ›Totalitarismus-Doktrin‹«, in: W. Berthold u.a. (Hg.), *Kritik der bürgerlichen Geschichtsschreibung. Handbuch*, Köln 1977; A. Loesdau / Gerhard Lozek, »Die Totalitarismus-Doktrin als Grundelement antikommunistischer Geschichtsklitterung«, in: *Einheit*, 39. Jg., 1984, S. 357-363; Autorenkollektiv unter Leitung von Gerhard Lozek, *Die Totalitarismus-Doktrin im Antikommunismus. Kritik einer Grundkomponente bürgerlicher Ideologie*, Ost-Berlin 1985.

125 So der Titel eines Aufsatzes des westdeutschen Kommunisten Fritz Krause, in: *Marxistische Blätter*, 14. Jg., Heft 6, 1976, S. 51-55.

126 Reinhard Opitz, »Zur Entwicklungsgeschichte der Totalitarismustheorie«, in: Frank Deppe u.a. (Hg.), *Marxismus und Arbeiterbewegung. Josef Schleifstein zum 65. Geburtstag*, Frankfurt am Main 1980, S. 106-122.

127 Reinhard Opitz, *Liberalismus – Faschismus – Integration*, Bd. II: Faschismus, hg. von Illina Fach und Roland Müller, Marburg 1999, S. 412.

128 A.a.O.

bar, der Haß auf jene, die die feindlichen Elemente vermischt und damit dem Gegner in die Hände gespielt haben, zugleich aber auch das Pathos, mit dem man sich in den Dienst des antifaschistischen Kampfes zu stellen bereit war.

Im Unterschied zu der auch nach 1989 unverändert aufrechterhaltenen Marburger Abwehrfront hat mit Gerhard Lozek sozusagen der Chefideologe der Antitotalitarismustheorie in der DDR eine Wandlung vollzogen, die ein DDR-Forscher als »einen erstaunlichen Lernprozeß« zu würdigen wußte.[129] In einem Vortrag, den er im März 1995 unter dem Titel »Totalitarismus – (k)ein Thema für Linke« im Berliner Verein zur Förderung von Politik, Bildung und Kultur hielt, hat Lozek seine frühere Position in einem nicht unerheblichen Maße verändert. Dabei räumt er selbstkritisch ein, daß die Totalitarismustheorie für die deutsche Linke offenbar zu den schwierigsten Themen zähle. Nach Abwägung ihrer Vor- und Nachteile kommt er zu dem Schluß: »Totalitarismus-Begrifflichkeit und -Auffassung bilden einen brauchbaren weltgeschichtlichen Ansatz für die kritische Gesellschaftsanalyse im 20. Jahrhundert.«[130] Das sagt ein ehemaliger Marxist-Leninist über ein Konzept, von dem er früher überzeugt war, daß es ein »Produkt des Kalten Krieges« sei, dessen einzige Aufgabe darin bestehe, dem »sozialistischen Lager« zu schaden.

Eine der ersten resümierenden linken Gegenschriften zur Renaissance der Totalitarismustheorie stammt von einem jüngeren Exponenten der sogenannten Marburger Schule. Michael Schöngarth hat die in der ersten Hälfte der neunziger Jahre vollzogene Entwicklung nachgezeichnet[131] und dabei besonderen Wert darauf gelegt, das jeweils vorherrschende Meinungsbild anhand von in der *Frankfurter Allgemeinen Zeitung* publizierten Kommentaren abzubilden, die ihm offensichtlich als das Organ gilt, in dem sich das Weltbild der konservativen Eliten am ehesten widerspiegelt.

---

129 Vgl. Jochen Staadt, »Linke Weltanschauung und Mordmaschinerie«, in: *Zeitschrift des Forschungsverbundes SED-Staat*, 5. Jg., Nr. 8, 2000, S. 30.

130 Gerhard Lozek, »Totalitarismus – (k)ein Thema für die Linke? Die Totalitarismus-Auffassung in der europäischen und deutschen Geschichte vor und nach 1945«, in: *Pankower Vorträge*, Heft 1, Berlin 1995, S. 29.

131 Michael Schöngarth, *Die Totalitarismusdiskussion in der neuen Bundesrepublik 1990 bis 1995*, Köln 1996.

Bereits an dieser Verknüpfung läßt sich unverkennbar die Grundtendenz ablesen, die gesamte Debatte über das Für und Wider des Totalitarismusansatzes unter Ideologieverdacht zu stellen.

Bereits die in der Einleitung aufgeführten »Einschätzungen« machen deutlich, in welch obsessiver Weise der Autor sich zum Chefideologen in eigener Sache macht. Er geht davon aus, daß der Totalitarismustheorie »ein instrumenteller Charakter untrennbar implementiert« sei und schließt messerscharf: »Totalitarismustheorie ist Instrumentalismus.«[132] Er ist überzeugt, daß »*die* Totalitarismustheorie« nicht zu rekonstruieren und ihr »taktischer Gebrauchswert« den Inhalt »chamäleonartig wechseln« lasse. Er meint, daß die Karriere des Begriffs nicht ohne die Simplizität der Rot=Braun-Gleichung möglich gewesen wäre. Und er denkt, daß die identifizierende Version kein Spezialfall, sondern das »Wesensmerkmal der Theorie« sei. Mit dem Sachverhalt, daß die meisten Befürworter des Totalitarismusansatzes die identifizierende Theorie der »Totalitären Diktatur« von Carl J. Friedrich und Zbigniew Brzezinski längst fallengelassen haben, setzt er sich mit keinem Wort auseinander. Indem er aber die dem Totalitarismusbegriff inhärente Komparation auf den Grenzfall Identifikation reduziert, bringt er die damit arbeitende Theorie um eines ihrer genuinen Grundelemente. Stereotype Vorwurfsmuster passen ihm offenbar besser in sein in den erkenntnisleitenden Prämissen bereits zutage getretenes Perzeptionsraster.

Die beiden Fragen, die er dann aufwirft, um den Horizont seines politischen Erkenntnisinteresses sichtbar zu machen, lauten: »In welchen totalitarismusparadigmatischen Formen wurde das Konzept der konservativen Hegemonie in den neunziger Jahren ausgebaut, um die Errungenschaften des Fortschritts, der Aufklärung und auch der Fundamentalliberalisierung zurückzudrängen? Und: Welchen Charakter nahm der Versuch an, die Geschichte der sozialistischen Staatensysteme unter dem Begriff des Totalitarismus zu subsumieren, wie ging dieser politische *Kampf um das Geschichtsbild* vorläufig aus, welche gesellschaftlichen Gruppen besitzen heute Hegemonie?«[133] Für ihn ist also a priori klar, daß es den konservativen Kräften mit einem der Totalitarismusparadigmata

132 A.a.O., S. 11.
133 A.a.O., S. 17f.

222

gelungen sei, ihre Hegemonialrolle weiter auszubauen und alles, was Linke und Liberale an geschichtsphilosophischen Überzeugungen aufzubringen haben, in die Defensive zu zwingen. An Belegen für diese extrem zugespitzte Implikation seiner Fragestellungen wird nichts geliefert, wenn man von der Heranziehung des einen oder anderen *FAZ*-Leitartikels einmal absieht.

In einem weiteren Schritt konfrontiert Schöngarth den Leser mit vier Thesen, die den Fortgang seiner Darstellung vorstrukturieren sollen, von denen jedoch eine entgrenzter als die andere ist. Er behauptet, die »Totalitarismus-Keule« hätte um so stärker geschwungen werden müssen, je mehr der totalitäre Feind nach dem Wegfall der Systemkonkurrenz geschwunden sei. Und er ist der Überzeugung, daß die Bundesrepublik das verdächtige Konzept instrumentalisiert habe, um die als Folge der Desintegrationstendenzen des Weltkapitalismus entstandenen Migrationsbewegungen abwehren zu können: »Totalitarismustheorie wurde Werkzeug gegen Einwanderung, Asylgewährung und Grundgesetzverteidigung.«[134] Auch dies ein Vorwurf, der durch nichts belegt wird und ins Reich der Phantasie gehört.

Am Ende bringt Schöngarth seinen eigenen Versuch, Bilanz zu ziehen, mit den ersten Zwischenergebnissen der Totalitarismusforschung nach 1990 in Zusammenhang. Mehrdeutig meint er, daß zum Bilanzieren die »Abrechnung« gehöre, unter Einnahmen und Ausgaben werde ein »Schlußstrich« gezogen: »Der Schlußstrich dient als Schlußstrich unter die faschistische Vergangenheit Deutschlands, das nunmehr als vollberechtigter Machtstaat neben die anderen treten will.«[135] Zu diesem Bild paßt, daß er der alten Bundesrepublik zuvor bereits den Totenschein ausgestellt hat. Im Zusammenhang mit den als »Pogromherbst 1992« bezeichneten fremdenfeindlichen Übergriffen und Mordanschlägen, die mit den Namen Rostock-Lichtenhagen und Mölln verknüpft sind, stellt er selbstgewiß fest: »Der liberale Rechtsstaat der alten Bundesrepublik ist im Terror der neofaschistischen Gruppen 1992 untergegangen.«[136] Diese Tatsachenbehauptung, die jeglicher Grundlage

134 A.a.O., S. 19.
135 A.a.O., S. 121.
136 A.a.O., S. 102.

entbehrt, legt die Vermutung nahe, daß sich hier jemand deshalb so fiktional äußert, weil er den realen Untergang eines anderen deutschen Staates nicht verwinden kann und deshalb dieses Szenario zu seiner eigenen Entlastung auf die Bundesrepublik projizieren muß.

Eine Behauptung nach der anderen ist so extrem, daß sie wegen mangelnden Realitätsgehalts umgehend wieder in sich zusammenstürzt. Schöngarths Monographie geriert sich zwar hochtheoretisch, fabriziert jedoch argumentativ eine Kette von Kurzschlüssen. Fast jeder Ansatz zu einem eigenen Argumentationszusammenhang in Sachen Totalitarismuskonzept wird überlagert von dem Generalverdikt, alles sei nur Teil eines ideologischen Hegemonialbestrebens seitens der ohnehin schon politisch dominierenden konservativen Kräfte. Dieses Bild, in dem man nach den Gründen für die Reaktualisierungstendenzen des verpönten Ansatzes vergeblich sucht, ist so überzogen, daß es kaum mehr als das überaus einseitige Weltbild seines Autors spiegelt. Was 1989/90/91 in Osteuropa, der DDR und der Sowjetunion geschehen ist, tritt nicht einmal schemenhaft hervor, sondern bleibt hinter dem Vorhang einer Methode verborgen, die der Autor unter Berufung auf Wolfgang Abendroth als »politische Soziologie« bezeichnet. Seine eigene Auffassung gibt Schöngarth selbstredend als »antistalinistische Position« aus, die auf den Analysen des 1969 verstorbenen Marburger Soziologen und Wirtschaftswissenschaftlers Werner Hofmann basiere. Wogegen sich diese Haltung allerdings richten könnte, ist völlig offen geblieben. Hauptsache, er hat sich in seiner Anti-Haltung keine Blöße gegeben, auch wenn sie ins Leere ging.

Um eine ganz eigene Form der Abrechnung geht es in einem anderen Fall. Der Berliner Historiker Wolfgang Wippermann, Ernst-Nolte-Schüler, bekennender Anti-68er und Burschenschaftler,[137] hat sich die Aufgabe gestellt, die verschlungene, facettenreiche und in vielerlei Hinsicht länderspezifische Geschichte der Totalitarismustheorien auf den neuesten Stand zu bringen. Seitdem Martin Jänicke und Walter Schlangen ihre kenntnisreichen Monographien

---

137 Zu seiner Biographie vgl. die von ihm verfaßten »Bekenntnisse eines Antikommunisten« in: Wolfgang Wippermann, *Der nekrophile Antikommunismus der »aufgeklärten Linken«*, a.a.O., S. 240f.

zum Thema publiziert haben, sind beinahe dreißig Jahre vergangen.[138] Wippermanns Abriß »Totalitarismustheorien«[139], der ein Pendant zu seinem Überblick »Faschismustheorien«[140] darstellt und in dessen Zentrum die Frage steht, ob es sich bei ihnen um wissenschaftliche Theorien oder eher um politische Ideologien handelt, taugt jedoch kaum dazu, die Rekonstruktion dort fortzusetzen, wo sie damals abgebrochen wurde.

Auch wenn es darin einige lesenswerte Kapitel zur Begriffsentstehung in der Frühzeit des italienischen Faschismus und zur totalitären Erfahrung von Ex-Kommunisten im Spanischen Bürgerkrieg, der Geburtsstunde des klassischen Renegaten, gibt, so macht es der Autor dem Leser mit einer Reihe von Pauschalurteilen und polemischen Seitenhieben schwer, seine Sicht der Theoriegeschichte nachzuvollziehen. So ist z.B. die Aussage, kaum eine andere historische Theorie sei »durch die Geschichte selber so völlig widerlegt worden«, wie das von Carl J. Friedrich und Zbigniew Brzezinski vor vierzig Jahren in ihrem Standardwerk »Totalitäre Diktatur« entwickelte Totalitarismusmodell, selbst ein nur schwer haltbares Verdikt. Daß die poststalinistischen Regime nicht mehr unter ihren berühmten Fünf- bzw. Sechs-Punkte-Katalog zu fassen seien, daran haben die beiden prominenten Autoren später selbst keinen Zweifel gelassen.[141] Mit dem Wegfall des Terrors als einem zunächst für unverzichtbar gehaltenen Merkmal allein stürzt jedoch noch nicht die gesamte Figur der »totalitären Diktatur« in sich zusammen. Erst durch den von Lietzmann erbrachten Nachweis, daß sich dahinter die Idee der »konstitutionellen Diktatur« verbirgt und es sich insofern auch bei Friedrichs Alternativmodell

---

138 Martin Jänicke, *Totalitäre Herrschaft. Anatomie eines politischen Begriffs,* West-Berlin 1971; Walter Schlangen, *Die Totalitarismus-Theorie. Entwicklungen und Probleme,* Stuttgart 1976.

139 Wolfgang Wippermann, *Totalitarismustheorien. Die Entwicklung der Diskussion von den Anfängen bis heute,* Darmstadt 1997.

140 Wolfgang Wippermann, *Faschismustheorien. Die Entwicklung der Diskussion von den Anfängen bis heute,* Darmstadt 1972, 7. Auflage, 1997.

141 So wurde z.B. der Terror aus dem Merkmalskatalog gestrichen und durch das Merkmal eines aufgezwungenen Konsenses ersetzt. Vgl. Carl J. Friedrich, »The Theory of Political Leadership and the Issue of Totalitarianism«, in: Robert B. Farrell (Hg.), *Political Leadership in Eastern Europe and the Soviet Union,* Chicago 1970, S. 26.

nicht um eine Form der Demokratie, sondern um eine »Theorie der Diktatur« handelt, hat diese Variante der klassischen Totalitarismustheorien ihre Legitimationskraft verloren. Doch das ist ein gravierender Unterschied. Der entscheidende Verlust an Glaubwürdigkeit für Friedrichs Modell wurde nicht durch die Entstalinisierung heraufbeschworen, sondern durch den Nachweis, daß der geistige und politische Kontext seiner Entstehungsgeschichte in der Krise der Weimarer Demokratie lag. Im Kern besteht das Problem darin, daß sich von einem erklärten Gegner der Totalitarismustheorie – um den es sich bei Wippermann zweifelsohne handelt[142] – keine angemessene Darstellung ihrer Genese und ihres historischen Kontextes erwarten läßt. Immer wieder schlagen Werturteile durch, wo die Distanz des Historikers gegenüber dem von ihm umrissenen Gegenstand zu erwarten wäre.

Angeblich befinden sich deutsche Intellektuelle wieder einmal auf einem gefährlichen Sonderweg, indem sie sich – nun der deutschen Einigung wegen – dem Totalitarismusthema anzunähern versuchen. Indem sie zwei deutsche Diktaturen miteinander verglichen, liefen sie Gefahr, so Wippermann, die DDR zu dämonisieren und den Nationalsozialismus zu relativieren. Eine besondere Rolle spielt deshalb für ihn die Frage, wie Wissenschaftler und Intellektuelle in vergleichbaren westlichen Staaten auf die Herausforderungen von Faschismus und Kommunismus reagiert haben.

Einem krassen Fehlurteil sitzt Wippermann auf, wenn er schreibt, in Frankreich habe es vor dem sogenannten »Gulag-Schock«, der Rezeption von Alexander Solschenizyns »Archipel Gulag« Mitte der siebziger Jahre, keine entwickelte Totalitarismusdiskussion gegeben. Er selbst nennt nur Boris Souvarine, Bernard Lavergne und Raymond Aron als angebliche Ausnahmen. In Wirklichkeit jedoch hat es, wie der Zürcher Politikwissenschaftler David Bosshart in einer 1992 erschienenen Dissertation nachweisen konnte, im Frankreich der Nachkriegszeit eine ungemein heftige Auseinanderset-

---

142 An seiner strikt ablehnenden Haltung hat Wippermann schon früher keinen Zweifel gelassen. Vgl. ders., »Zur Kritik der Totalitarismustheorie«, in: *Der einäugige Blick. Vom Mißbrauch der Geschichte im Nachkriegsdeutschland, 3. Buchenwald-Geschichtsseminar 1992*, Weimar 1993, S. 15-18; ders., »Ist Rot gleich Braun? Totalitarismus-Theorien und ihre Renaissance«, in: *Evangelische Kommentare*, 7/1995, S. 386-388.

zung um die totalitären Systeme gegeben.[143] Der Trotzkist David Rousset war der Prototyp des antitotalitären Intellektuellen in einer Debatte, in der es um die Existenz der sowjetischen Lager im besonderen und die politische Bewertung des Stalinismus und dessen Vergleichbarkeit mit dem Nationalsozialismus im allgemeinen ging.[144] Die Zerwürfnisse des bis zum Ungarn-Aufstand prokommunistisch eingestellten Sartre mit Maurice Merleau-Ponty und Albert Camus haben in diesen Fragen ihre Wurzeln.[145] In der Bundesrepublik hingegen, wo einerseits die Weltanschauung der Verfassungsväter ohne die Totalitarismustheorie undenkbar gewesen wäre, konnte sich andererseits eine Margarete Buber-Neumann, die mit ihrem Buch »Als Gefangene bei Stalin und Hitler« eines der klassischen Zeugnisse vorgelegt hat,[146] immer nur am Rande der öffentlichen Diskussion bewegen.

Seine Resistenz gegenüber dem gesamten Totalitarismuskonzept rührt vor allem daher, daß er befürchtet, durch einen Vergleich zwischen Nationalsozialismus und Stalinismus werde eine Relativierung bzw. Nivellierung der Singularität des Holocaust heraufbeschworen. Diese Gefahr ist bei einem komparativen Ansatz zunächst einmal nicht von der Hand zu weisen und deshalb auch ernst zu nehmen. Doch Wippermann versteigt sich zu der abstrusen Behauptung, daß »alle Totalitarismustheorien die Singularität des Holocaust leugnen« würden.[147] Allein der Blick in Hannah Arendts Standardwerk »Elemente und Ursprünge des Totalitarismus« würde ihn eines Besseren belehren.[148] Arendt schrieb bereits

---

143 David Bosshart, *Politische Intellektualität und totalitäre Erfahrung. Hauptströmungen der französischen Totalitarismuskritik*, Berlin 1992. Das änderte allerdings nichts daran, daß es erst des 1974 von Alexander Solschenizyns Buch ausgelösten »Gulag-Schocks« bedurfte, um dem Totalitarismusmodell die Möglichkeit zu verschaffen, sich in der Wissenschaft ebenso wie in der Öffentlichkeit dauerhaft etablieren zu können.

144 David Rousset, *L'univers concentrationnaire*, Paris 1946.

145 Vgl. das Kapitel »Sartre und der Ultra-Bolschewismus« in: Maurice Merleau-Ponty, *Die Abenteuer der Dialektik*, Frankfurt am Main 1968.

146 Margarete Buber-Neumann, *Als Gefangene bei Stalin und Hitler*, München 1949.

147 Wolfgang Wippermann, *Totalitarismustheorien*, a.a.O., S. 83.

148 Für Arendt sind die Konzentrationslager zwar »die konsequenteste Institution totaler Herrschaft« und können so ein zentrales Merkmal beider totalitärer Systeme bilden, die Vernichtungslager jedoch bleiben dem NS-Regime vorbe-

1950 in einer Studie über Konzentrationslager, daß Hitler »nicht schlimmer« als andere große Verbrecher in der Geschichte gewesen sei, sondern »absolut anders«.[149] Wippermann heftet den Befürwortern der Totalitarismustheorie einen essentiellen Negativismus an, der sie als grundsätzliche Relativierer der nationalsozialistischen Judenvernichtung ausgibt und sie damit fast in die Nähe von Holocaust-Leugnern rückt. Es gibt jedoch keinen Nexus zwischen einer Verwendung des Totalitarismusansatzes und der Leugnung der Singularitätsthese. Bei einem solchen Verdikt handelt es sich um nichts anderes als eine weitere Instrumentalisierung des Holocaust.[150]

Furet hat denjenigen, die einen Vergleich systematisch zu unterbinden versuchen, nicht zu Unrecht vorgeworfen, sie würden eine Atmosphäre der Intoleranz verbreiten und das Nachdenken über die Tragödien des 20. Jahrhunderts verhindern. »Die Einzigartigkeit des Nazismus,« schreibt er in einem seiner Briefe an Nolte, »wurde … fast überall hervorgehoben, aber nicht, um zu einem besseren historischen Verständnis dieses Phänomens zu kommen, sondern im Gegenteil, um seine Analyse zu verbieten, aus Entsetzen wegen der von ihm begangenen Verbrechen. Wenn jeder Versuch,

halten. Hannah Arendt, *Elemente und Ursprünge totaler Herrschaft*, Frankfurt am Main 1955, S. 698.

149 »Die größte Gefahr beim Versuch, die jüngste Geschichte plausibel zu erklären, liegt in der allzu verständlichen Neigung des Historikers, Analogien zu ziehen. Man muß jedoch begreifen, daß Hitler kein Dschingis Khan und nicht schlimmer als irgendein anderer großer Verbrecher war, sondern absolut anders. Das einzigartige ist weder der Mord an sich, noch die Zahl der Opfer, ja nicht einmal ›die Anzahl der Personen, die sich zusammengetan haben, um all dies zu verüben‹. Viel eher ist es der ideologische Unsinn, die Mechanisierung der Vernichtung und die sorgfältige und kalkulierte Errichtung einer Welt, in der nur noch gestorben wurde, in der es keinen, aber auch gar keinen Sinn mehr gab.« Hannah Arendt, »Die vollendete Sinnlosigkeit«, in: dies., *Nach Auschwitz. Essays und Kommentare*, hg. von Eike Geisel und Klaus Bittermann, West-Berlin 1988, S. 30.

150 Zu einem sehr ähnlichen Urteil ist Winkler gelangt: »Alles, was Wissenschaftler tun, um die Untaten, die durch und im Namen von Kommunisten begangen wurden, aufzuklären, ist nach Meinung mancher Historiker suspekt, weil es angeblich darauf hinausläuft, Auschwitz zu relativieren. Eine ärgere Instrumentalisierung des Holocaust ist kaum denkbar. Der Judenmord als Argument gegen die Aufarbeitung von Verbrechen kommunistischer Regime: es fällt schwer, dieses Denkmuster nicht zynisch zu nennen. Apologetisch ist es allemal.« Heinrich August Winkler, »Schlagt nach bei Marx«, in: *Frankfurter Allgemeine Zeitung* vom 19. Juni 1998.

den Faschismus (und Nazismus) zu historisieren und a fortiori ihn mit anderen Phänomenen der Gegenwart zu vergleichen, als ein schuldhafter Versuch des ›Verstehens‹ im Hinblick auf die von diesem Regime begangenen Verbrechen betrachtet wird, dann bleibt den Historikern des 20. Jahrhunderts nichts anderes übrig, als zu schweigen, da sie befürchten müssen, einer posthumen Komplizenschaft bezichtigt zu werden.«[151] Die Singularitätsthese kann das Produkt einer komparativen Analyse und damit eines Vergleichs sein, jedoch nicht die Warntafel, die einen solchen verhindert.

Die Abrechnungsschrift, in der die gezieltesten Anstrengungen unternommen werden, eine prinzipielle Abwehrhaltung zu begründen, stammt von dem Hamburger Mediziner und Historiker Karl Heinz Roth.[152] Der ehemalige Wortführer des Hamburger SDS,[153] der 1983 einen Verein zur Erforschung der nationalsozialistischen Gesundheits- und Sozialpolitik mitbegründet hat, aus dem drei Jahre später die von ihm geleitete Stiftung für Sozialgeschichte des 20. Jahrhunderts hervorgegangen ist, hat mit einer ganzen Reihe von Dokumentationen und Untersuchungen zur Rolle von Banken und Konzernen im NS-Staat Aufmerksamkeit gewonnen.[154] Doch bereits frühzeitig wurde massive Kritik am Apriorismus des methodischen Ansatzes von Roth und seiner Forschergruppe laut.[155] Einer der Punkte, die dabei im Zentrum stan-

151 François Furet / Ernst Nolte, a.a.O., S. 114.

152 Karl Heinz Roth, *Geschichtsrevisionismus. Die Wiedergeburt der Totalitarismustheorie*, Hamburg 1999.

153 Zu seiner Biographie vgl. die autobiographischen Angaben vor Gericht: Karl Heinz Roth, »Erklärung zur Person«, in: Klaus Dethloff u.a., *Ein ganz gewöhnlicher Mordprozeß. Das politische Umfeld des Prozesses gegen Roland Otto, Karl Heinz Roth und Werner Sauber*, West-Berlin 1978 sowie die von einem unbekannten Autor unter Pseudonym verfaßte Skizze: »Frombeloff, Politische Biographie«, in: ders. (Hg.), *... und es begann die Zeit der Autonomie. Politische Texte von Karl Heinz Roth*, Hamburg 1993, S. 9-28.

154 Vgl. die Festschrift zu Roths 50. Geburtstag: Karsten Linne / Thomas Wohlleben (Hg.), *Patient Geschichte. Für Karl Heinz Roth*, Frankfurt am Main 1993; darin insbesondere die kommentierte Bibliographie: Angelika Ebbinghaus, »Zwischen Politik und Wissenschaft«, a.a.O., S. 21-49.

155 So warf ihnen der Konstanzer Publizist Ernst Köhler einen Mangel an Kritik und Distanz vor, der »die an sich interessanten Forschungsansätze und Überlegungen« stark entwerten würde. Ihre Texte könnten sich nicht entscheiden, »ob sie nun ein Stück linker Subkultur ... oder Geschichtswissenschaft« sein wollten. Köhler, der unter diesen Ansatz auch die Forschungsarbeiten von

den, war der Vorwurf, daß Roth die Rationalitätshypothese, die er in seinen Analysen der nationalsozialistischen Vernichtungspolitik unterstelle, so weit überstrapaziere, daß er zur Hypostasierung einer »Logik« gelange, die weiträumige und divergierende Entwicklungsstränge nur noch summarisch und entdifferenziert erfassen könne. Diese »Wer a sagt, sagt auch b-Historie« (Ernst Köhler) arbeite mit einer starren Kontinuitätsthese, die insgeheim einem Platonismus fröne. Was hier als Kritikmuster für die Vergangenheit herausgearbeitet worden ist, das könnte unter politisch-ideologischen Vorzeichen auch für die Gegenwart und Zukunft gelten – die Behauptung einer sich unter deutschen Vorzeichen mit innerer Zwangsläufigkeit reproduzierenden Kontinuität.

Bereits im Vorwort seines Bandes läßt Roth keinerlei Zweifel daran aufkommen, daß er die Wiederbelebung der Totalitarismustheorie nur im Zusammenhang einer grundlegenden Wende der geschichtswissenschaftlichen Imperative betrachten kann. Wie brisant ihm persönlich diese Vorgänge offenbar erscheinen, wird an der Bemerkung deutlich, daß es hier um »Identitätsfragen« gehe, die die »oftmals so gemütlich eingerichtete Werkstatt des Historikers« explodieren lassen würde. Der ihm in jeder Hinsicht mißliebige Ansatz steht in seinen Augen für die Durchsetzung eines Geschichtsrevisionismus auf den unterschiedlichsten Ebenen. Die Rahmenargumentation ist vergleichsweise simpel, ihre Holzschnittartigkeit entspricht den Reaktionsmustern, die innerhalb

Götz Aly und Susanne Heim subsumiert, schreibt: »Ich behaupte, daß diese Geschichte der nationalsozialistischen Gesellschaftsplanung die konkrete Entscheidung für Mord, für den Massenmord und für den Völkermord, in einer epochalen Kontinuität eugenischer, rassenhygienischer, neuropsychiatrischer und bevölkerungspolitischer Programme verschwinden läßt – so, als gebe es da eine ›Logik‹ (das Wort taucht in den Texten immer wieder auf), ein gedanklich-politisches Kontinuum, das von den gesellschaftssanitären Utopien und den Sterilisationsgesetzen der ersten Jahrzehnte des 20. Jahrhunderts in die Vernichtungspolitik des Dritten Reiches reicht …« Ernst Köhler, »Das Morden theoretisch eingeebnet. Zur Wissenschaftskritik der ›Hamburger Schule‹«, in: Wolfgang Schneider (Hg.), »Vernichtungspolitik«. Eine Debatte über den Zusammenhang von Sozialpolitik und Genozid im nationalsozialistischen Deutschland, Hamburg 1991, S. 89f. Die Beiträge waren aus einem Symposion hervorgegangen, das das Hamburger Institut für Sozialforschung im Juni 1989 unter dem Titel »Wissenschaft und Massenvernichtung. Zur Rationalität nationalsozialistischer Vernichtungspolitik« organisiert hatte.

der orthodoxen Linken nach der historischen Zäsur von 1989/90 immer wieder zu hören waren: Der Geschichtsrevisionismus beziehe seine »politisch-legitimatorische Matrix« aus dem Untergang der UdSSR und ihrer Blockstaaten, insbesondere der DDR; in Osteuropa sei »auf den Ruinen des Realsozialismus« erneut der kapitalistische Nationalstaat auf die Tagesordnung gesetzt worden; mit dem »Anschluß der DDR an das Hoheitsgebiet der Bundesrepublik« sei ein großdeutsches Nationalbewußtsein wiedererweckt worden; die Geschichtswissenschaft habe in diesem Zusammenhang die Aufgabe übernommen, als »Legitimationswissenschaft des kapitalistischen Nationalstaates« zu fungieren; die westdeutschen Historiker hätten sich dieser Umdefinition in ihrer Mehrheit angeschlossen und die Nationalgeschichte wieder »zum Dreh- und Angelpunkt ihrer Arbeit« gemacht. Kein Zweifel, im Querpaß zwischen historischer Epochenzäsur und den daraus erwachsenen neuen Aufgabenstellungen für bundesdeutsche Historiker entwirft Roth ein geschlossenes, um nicht zu sagen fugendichtes Interpretationssystem.

Wer aber sind die Akteure, die sich derart willfährig zu ideologischen Handlangern eines »erneuerten Großmachtchauvinismus« machen lassen? Roths Antwort lautet: Dies seien »nekrophile Renegaten« zusammen mit »etablierten Machtstaatsaposteln« und »getäuschten Exponenten der Bürgerrechtsbewegung« in der DDR. Welches sind die Mittel, mit denen sie konzeptionell vorgehen? Antwort: Die Totalitarismusdoktrin, die mit ihrem Antikommunismus im Kalten Krieg insgeheim die Volksgemeinschaft fortgesetzt habe. Und worin besteht die Funktion der Totalitarismustheorie für die Renegaten? Antwort: Sie sei ein geradezu »ideales Modell«, um »einen bruchlosen Seitenwechsel« zu ermöglichen, ohne deshalb gleich die Freund-Feind-Schemata in Frage stellen zu müssen.

Mit derartigen Konkretisierungen eines als dramatisch eingeschätzten Paradigmenwechsels gelangt Roth zu drei wesentlichen Schlußfolgerungen:
– Bei der Totalitarismustheorie handle es sich um den »argumentativen Kern« eines historischen Revisionismus;
– mit ihr hätten sich ihre Protagonisten und Anhänger eine kulturelle Hegemonialstellung erobert und

– sie diene dazu, die »sozialistische Linke« zu marginalisieren und sie insgesamt zu einem »Auslaufmodell« zu machen.

Zentrales Beispiel für die Durchsetzung des Totalitarismuskonzepts stellt in seinen Augen seine Aufnahme durch die Enquete-Kommission zur Aufarbeitung der SED-Diktatur dar. Mit Ausnahme der PDS, der er eine »differenzierendere Analyse der deutsch-deutschen Geschichte« attestiert, seien letztlich alle im Bundestag vertretenen Parteien der Indoktrinierung verfallen und hätten sich vor dem »Geßlerhut der ›wehrhaften Demokratie‹« verneigt. Die Adaption des Totalitarismuskonzepts unter sozialdemokratischen und linksliberalen Mitgliedern wird von ihm durchgängig im Sprachduktus von Kapitulationsformeln gebrandmarkt.

Als besonders abschreckend und lehrreich erscheint ihm dabei das Verhalten »einiger Abtrünniger aus der westdeutschen Linken«. Überrascht stellt er fest, sie hätten sich in ihrem Habitus und ihrer Diktion nicht verändert, sondern sich lediglich »um ihre Achse gedreht«. Exemplarisch für zwei unterschiedliche Fraktionen der früheren Linken nennt er als Enquete-Mitglieder einen Hamburger Ex-Kommunisten sowie einen Berliner Ex-Trotzkisten und rubriziert Teile ihrer politischen Biographie unter dem Aspekt des Renegatentums. Die Ablösung des einen schildert er als ebenso überraschende wie abrupte Kehrtwendung, die des anderen als einen langjährigen, sich in Etappen vollziehenden Prozeß. Nicht ohne Selbstgerechtigkeit versucht sich Roth an einer psychologischen Deutung der politisch-biographischen Richtungswechsel: »Solchen Menschen scheint der normative Manichäismus der Totalitarismustheorie besonders adäquat zu sein. Er schützt sie letztlich vor dem Erschrecken über die diktatorischen Innenansichten aller Varianten traditionell-sozialistischer Politik, die ihre Biographien so entscheidend geprägt haben. Uns selber steht dieses Erschrecken wohl an. Vor jeden Neuanfang linkssozialistischer Politik ist eine lange Phase des selbstkritischen Nachdenkens gesetzt – jenseits der legitimationswissenschaftlichen Funktionen des Totalitarismusmodells.«[156] Der Abscheu gegenüber der Abwendung ehemaliger Linker ist das Pathos komplementär, mit dem er sich die Angemessenheit einer subjektiven Reaktion auf das »Erschrecken über die diktato-

156 A.a.O., S. 86.

rischen Innenansichten aller Varianten traditionell-sozialistischer Politik« in nicht minderem Maße als die Fähigkeit zur Selbstreflexion attestiert. Hier taucht immerhin eine mögliche Begründung für die Abwehrreaktionen seitens der Linken auf. Was mit dem Diktatorischen jedoch genauer gemeint sein könnte, bleibt vage und letztlich ungeklärt.

Immerhin versucht Roth die Totalitarismustheorie ansatzweise einer Methodenkritik zu unterziehen. Dabei referiert er, vermutlich in Anspielung auf Friedrichs sechs Punkte umfassenden Merkmalskatalog, ebenfalls in sechs Punkten die in der Sekundärliteratur als Standards formulierten Einwände, die vom Manichäismus einer »Schwarz-Weiß-Typologie« bis zur Reduktion des Herrschaftsbegriffs auf ein »makropolitisches Oberflächenphänomen« reichen.[157] Sein Resümee lautet: Die Theorie, die er vornehmlich als »Doktrin« bezeichnet, sei eine »Pseudowissenschaft«, zugleich aber auch eine »gefährliche Ideologie«. Sein Urteil gipfelt schließlich darin, daß die normativ aufgeladene Herrschaftstypologie auf dem Wege ihrer Sanktionierung durch die große Mehrheit des Bundestags, die nicht davor zurückgeschreckt sei, den SED-Staat als »totalitäres System« festzuschreiben, zur »›politischen Religion‹ der Bundesrepublik Deutschland« aufgestiegen sei. Die Verfechter des Totalitarismusansatzes qualifiziert er dabei als »Schamanen der neuen politischen Religion« ab.

Die als »Leitdoktrin« charakterisierte vergleichende Herrschaftstypologie, lautet sein Vorwurf, gehe weit über den politikwissenschaftlich-staatstheoretischen Rahmen hinaus und vertrete gegenüber den Sozialwissenschaften insgesamt einen »universellen Dominanzanspruch«. Es wird suggeriert, daß Staat und Kapital selbst hinter dem uneingeschränkten Geltungsanspruch dieser als »Doktrin« ausgegebenen Theorie stünden. Da es für eine solche Annahme jedoch keinerlei Anhaltspunkte gibt, wird auch nicht der Versuch unternommen, explizit in diese Richtung zu argumentieren. Dabei verrät sich jedoch etwas Symptomatisches: Da Roth durchgängig meint, eine »Doktrin« bekämpfen zu müssen, bewegt er sich in seiner Kritik auf einer rein etatistischen Ebene. Er argumentiert so, als würde der Chefideologe eines Staates die Doktrin eines anderen

157 A.a.O., S. 60-64.

demontieren wollen. Die Perspektive, die er dabei einnimmt, steht in einem grundlegenden Widerspruch zu dem, was er als ein der autonomen Bewegung nahestehender Historiker ansonsten wortreich für sich beansprucht – Geschichte aus einem Blickwinkel von unten, aus der Sicht der sozial Ausgegrenzten verfassen zu wollen. An keiner einzigen Stelle seiner Philippika geht es jedoch um Erfahrungsgehalte, die subjektive Dimension jener, die die Opfer von totalitären Systemen waren. Doch der von seinen Anhängern als »Edelautonome« charakterisierte Historiker führt einen reinen Staatsdiskurs. Es geht um Ideologie, nicht um Erfahrung. Damit verfehlt er aber in einem nicht unerheblichen Maße den Gegenstand seiner Kritik. Warum wagt er es nicht, sich mit Hannah Arendts Analyse auseinanderzusetzen, warum nicht mit der von Franz Neumann? Das würde ihn beispielsweise zwingen, eine sozioökonomische Analyse der NS-Herrschaft, wie sie Neumann im »Behemoth« vorgelegt hat,[158] von ihren totalitarismuskritischen Dimensionen zu separieren. Das aber wäre, wenn man sich nur das Kapitel über die ökonomischen Voraussetzungen des totalitären NS-Staates vor Augen führt, das die Überschrift »Die totalitäre Monopolwirtschaft« trägt,[159] ein Ding der Unmöglichkeit. Es mangelt statt dessen an der Bereitschaft, sich wirklich auf den Gegenstand der Kritik einzulassen.

Ein besonderer Dorn im Auge scheint Roth das Hamburger Institut für Sozialforschung zu sein, mit dem er und die von ihm geleitete Hamburger Stiftung für Sozialgeschichte des 20. Jahrhunderts in der zweiten Hälfte der achtziger Jahre auf das engste kooperiert haben. Der Totalitarismus-Debatte, die dort im Rahmen des »Projekts 1995« geführt wurde und die sich in einer Reihe von Publikationen in der Institutszeitschrift *Mittelweg 36* niedergeschlagen hat, widmet er eine eigene Abhandlung.[160] Dabei konzentriert er sich, wie bereits der Titel seiner Polemik deutlich

---

158 Franz Neumann, *Behemoth. Struktur und Praxis des Nationalsozialismus 1933-1944,* Frankfurt am Main 1977.

159 A.a.O., S. 269-422.

160 Karl Heinz Roth, »›Sich aufs Eis wagen‹. Zur Wiederbelebung der Totalitarismustheorie durch das Hamburger Institut für Sozialforschung«, in: ders., *Geschichtsrevisionismus. Die Wiedergeburt der Totalitarismustheorie,* a.a.O., S. 118-131.

macht, auf mein 1993 zuerst publiziertes Plädoyer, die mehrfach unterbrochene Tradition der Totalitarismustheorie nicht länger zu ignorieren und damit deren Tabuisierung seitens der Linken zu durchbrechen.[161] Roth wirft mir nun, für mich alles andere als überraschend, vor, ich hätte einen »folgenreichen Paradigmenwechsel« betrieben und damit das Hamburger Institut »endgültig« von seiner Vergangenheit, »den kritisch-sozialwissenschaftlichen Intentionen seiner Gründerjahre«, abgetrennt.[162] Dabei geht er so weit, mir zu unterstellen, das theoretische Interesse sei nichts anderes als ein »Vehikel« gewesen, um »im Zeichen des allgemeinen Wertewandels unter die bisherige höchstpersönliche politische Sozialisationsgeschichte einen Schlußstrich« zu ziehen.[163] Mein »Kurswechsel« habe schließlich in der Umgebung des Instituts »eine rasch wachsende Anhängerschaft« gefunden. So hätte es geschehen können, daß sich die »Totalitarismusdoktrin« innerhalb nur eines Jahres im Umfeld des Hamburger Instituts »zum politischen Kampfinstrument« gemausert habe. In der Folge seien in der Institutszeitschrift »Pamphlete« publiziert worden, wie sie in der Maßlosigkeit ihrer Abrechnungsmanier gewöhnlich nur in rechtsextremistischen Zeitungen zu finden seien.

Es würde sich nicht lohnen, auch nur ein Wort über ein derartig hybrides Enthüllungstraktat zu verlieren, wenn sich darin nicht zugleich eine Haltung verriete, die symptomatisch für das Ganze ist. Es ist nicht nur so, daß er in seiner Darstellung eine ganze Reihe von Fehlinformationen gibt, wie z.B. der, daß er mit Karl Dietrich Bracher und Dan Diner Teilnehmer einer Podiumsdiskussion aufführt, die überhaupt nicht zugegen waren, sondern er sitzt insgesamt einem gravierenden Fehlurteil auf. Das Hamburger Institut hat seinerzeit zwar, was selbst von einem prinzipiellen Gegner des Totalitarismusansatzes wie Michael Schöngarth eingeräumt wird,[164]

---

161 Wolfgang Kraushaar, »Sich aufs Eis wagen. Plädoyer für eine Auseinandersetzung mit der Totalitarismustheorie«, in: *Mittelweg 36*, 2. Jg., Heft 2, April / Mai 1993, S. 6-29; im vorliegenden Band S. 59-86.
162 A.a.O., S. 122.
163 A.a.O., S. 123.
164 »Wenn man unter (wissenschaftlicher) Diskussion einen zielgerichteten Meinungsaustausch versteht, fand eine Totalitarismusdiskussion nur sehr eingeschränkt statt: vor allem in der Zeitschrift des Hamburger Instituts für Sozial-

eine offene und ausführliche Debatte über die angefeindete herrschaftskritische Denkfigur geführt, sich jedoch wegen verschiedener Bedenken dafür entschieden, im Rahmen des »Projekts 1995«
nicht mit diesem Konzept zu arbeiten. Das wiederum hat jedoch
nichts daran geändert, daß einzelne seiner Mitarbeiter sich auch
weiterhin der Perspektive des totalitarismuskritischen Ansatzes
verpflichtet fühlen und an dem gewonnenen Fragen- und Proble-
matisierungsstand festhalten.

Mit anderen Worten, Roth verrennt sich, zumindest was das
Hamburger Institut als Einrichtung betrifft, in seiner Feinderklärung. Sie hat, zumindest in dem, was er zu attackieren nicht müde
wird, kein fundamentum in re. Wenn er schon nicht davon ablassen
kann, eine solche Haltung einzunehmen, dann sollte er sie auch nur
auf die Personen beziehen, von denen er zumindest einige Texte zu
Rate gezogen hat, und sich nicht in völlig haltlosen Spekulationen
ergehen. Daß ihm eine solche Fehleinschätzung unterlaufen ist,
stellt jedoch keinen Ausrutscher dar, sondern ist eher Teil eines
seit langem ausgeprägten Verhaltenssystems. Sein ungebremster
Drang, Phänomene zu überzeichnen, Kausalzusammenhänge herzustellen, wo bestenfalls Zufallskonstellationen gegeben sind, und
Analysen so weit zuzuspitzen, daß sie ihre eigene Spitze abbrechen,
verrät sich nicht nur in seinem Verdikt gegenüber jeglicher Form
des Totalitarismusansatzes, von dem er der Überzeugung ist, daß
es sich dabei um nichts anderes als eine Staatsdoktrin handeln
könne, sondern auch in seinen eigenen Forschungsarbeiten. So hat
er in seiner jüngsten Publikation den Versuch unternommen, anhand von im Koblenzer Bundesarchiv gelagerten Akten nachzuweisen, daß 1990 die deutsche Einigung nach planerischen Vorgaben vollzogen worden sei, die bereits in den fünfziger Jahren von
Wissenschaftlern im Auftrag der Bundesregierung entwickelt wurden.[165] Diese »Untermauerung« der unter Altlinken nach wie vor
verbreiteten These, die DDR sei an die Bundesrepublik »angeschlossen« worden, wird in ihrer Problemsicht noch durch die

forschung, *Mittelweg 36*, die dem Thema 1994 eine Konferenz widmete ...«
Michael Schöngarth, a.a.O., S. 11.
165 Karl Heinz Roth, *Anschließen, angleichen, abwickeln. Die westdeutschen Pla-
nungen zur Übernahme der DDR 1952 bis 1990*, Hamburg 2000.

Behauptung gesteigert, daß es sich bei jenen Wissenschaftlern um solche gehandelt habe, die zuvor für den Nationalsozialismus gearbeitet hätten. Dadurch schließt sich für Roth offenbar die Kontinuitätslücke, und das Projekt der »Wiedervereinigung« wird in letzter Konsequenz als eine von intellektuellen Handlangern des NS-Regimes geplante Tat hingestellt. An einer solchen Darstellung pseudoobjektive, paranoid übersteigerte Züge zu erkennen, ist vermutlich keine Übertreibung. Denn Roth, der es im Mai 1968 fertiggebracht hat, wegen eines vergleichsweise harmlosen politischen Delikts – er hatte zur Überschreitung einer Bannmeile aufgerufen und sich danach seiner Festnahme entzogen – für ein Jahr unterzutauchen und mit der Polizei Katz und Maus zu spielen, ist seit jeher ein Verschwörungstheoretiker par excellence.

Was Ernst Köhler vor einem Jahrzehnt an Roths Drang, überall eine planerische Logik erkennen zu wollen, um, wo immer möglich, Kontinuitätslinien zum Nationalsozialismus herstellen zu können, eher vorsichtig als »Metaphysik«, als »Platonismus« und »Wer a sagt, muß auch b sagen-Historie« diagnostiziert hat, das gibt sich nun im Falle des angeblichen DDR-Anschlusses als verschwörungstheoretisches Phantasma zu erkennen. Es wäre mehr als verwunderlich, wenn diese Zwangsvorstellung nicht auch beim Verdikt gegenüber dem Totalitarismuskonzept eine entscheidende Rolle gespielt haben sollte.

Die Reaktionsmuster

Will man ein Jahrzehnt nach der historischen Zäsur von 1989/90/91 ein Resümee ziehen, dann muß man zunächst unterscheiden:
– Zwischen einer Reaktivierung des antitotalitären Konsenses in der Öffentlichkeit,
– einer steckengebliebenen Renaissance der Totalitarismustheorie in der wissenschaftlichen Debatte und
– einer – von wenigen Ausnahmen abgesehen – durch Abwehrreflexe, Trotzreaktionen und Reserviertheit geprägten Reaktionsform seitens der Linken.
Weder die Ergebnisse der vom Bundestag eingerichteten Enquete-Kommission zur Aufarbeitung der SED-Diktatur noch die publi-

zistische Konjunktur zum Totalitarismuskonzept sollten darüber hinwegtäuschen, daß es bislang nicht wirklich gelungen ist, eine antitotalitäre Perspektive gesellschaftspolitisch zu etablieren. Die Abwehrkräfte, die durch das Reizwort »Totalitarismus« evoziert werden, sind im vereinten Deutschland, das nach den Worten Jorge Sempruns besondere historische Gründe hat, sich mit den beiden Großtotalitarismen des letzten Jahrhunderts zu befassen, immer noch zu stark. Das zeigt sich nicht nur retrospektiv in der Auseinandersetzung um die Deutung von Nationalsozialismus und Sowjetkommunismus, sondern auch in den anhaltenden Konflikten um aktuelle Fragen wie der nach der Legitimität von Militärinterventionen im Bosnien- oder im Kosovo-Krieg. Es ist also durchaus Skepsis gegenüber Erfolgsmeldungen angebracht, die meinen, von einer breiten Akzeptanz ausgehen zu können.[166] Die Durchsetzung eines Trends läßt sich jedenfalls nicht an der gestiegenen Zahl von Tagungen, Publikationen und Forschungsprojekten ablesen.

Das Zwischenergebnis bei den Bemühungen um eine Reaktualisierung der Totalitarismustheorie nach dem Ende der kommunistischen Regime in Europa scheint klar zu sein:

Erstens: Es gibt keinen einzigen ernstzunehmenden Neuansatz zu einer komparativen Gesamtdeutung der Totalitarismen im 20. Jahrhundert. Die Kommunismusforschung hat damit begonnen, insbesondere nach den erleichterten Archivzugängen in der ehemaligen Sowjetunion, sich neue Bereiche zu erschließen; sie ist jedoch immer noch weit davon entfernt, ein gesichertes Gesamtbild der im Stalinismus praktizierten Herrschaftsmechanismen zu liefern. Erheblich anders ist die Situation sowohl in der Faschismus- als auch in der NS-Forschung. Dort geht es eher um den Konflikt zwischen miteinander konkurrierenden Großdeutungen, wie dies zuletzt die

---

166 Dies gibt mit Eckhard Jesse auch einer der entschiedensten konservativen Befürworter des Totalitarismuskonzepts zu bedenken. Man solle, schreibt er in der Einleitung zu seiner Dokumentation der neueren Forschungsansätze, »... die generelle Aufgeschlossenheit gegenüber der Totalitarismusforschung nicht überbewerten. Vielleicht ist sie nur ein augenblicklicher Reflex auf den Untergang der kommunistischen Systeme. Die Übernahme der Vokabel läßt noch nicht zwingend auf die dauerhafte Akzeptanz des Begriffs schließen.« Eckhard Jesse (Hg.), *Totalitarismus im 20. Jahrhundert. Eine Bilanz der internationalen Forschung*, a.a.O., S. 17.

Debatte um das Goldhagen-Buch deutlich gemacht hat. Während also auf der einen Seite nach wie vor das Terrain sondiert wird, zeichnet sich auf der anderen Seite immer noch keine Durchsetzung eines Paradigmas ab. Diese in doppelter Weise ungeklärte Situation könnte die Entwicklung eines ausgereiften Totalitarismusmodells noch auf unabsehbare Zeit blockieren.

Zweitens: Die Verwendung des Totalitarismusbegriffs als einer »komparativen Epochenkategorie« hat deutlich zugenommen. Wie ähnlich und unterschiedlich zugleich sie ausfallen kann, zeigen die Beispiele von Werken Ernst Noltes und François Furets auf ebenso erschreckende wie beeindruckende Weise. Während Nolte offenbar vorschwebte, aus Auschwitz einen »Fall von Putativnotwehr«[167] zu machen, um auf diesem Wege »Deutschlands nationale Ehre« zu retten, kam es Furet darauf an, die zwar geschwächten, aber immer noch nicht erloschenen Affinitäten zum Kommunismus zu ergründen. Indem sie einen konstitutiven Zusammenhang zwischen beiden Typen totalitärer Staaten und Regime herstellten, war es ihnen möglich, das vergangene Jahrhundert als Konflikt- und Spannungszusammenhang zu betrachten. Obwohl sich Nolte und Furet also historisch betrachtet auf ein- und demselben Terrain bewegten, so waren die Motive für ihre und die Ergebnisse von ihren Studien doch grundverschieden. Ging es dem einen darum, den Nationalsozialismus als »totalitären Antitotalitarismus« (Karsten Fischer) zu mystifizieren, so beabsichtigte der andere, den Kommunismus in seiner universalistischen Selbstmystifizierung bloßzustellen. Demnach wäre es falsch, dem Totalitarismus als »komparativer Epochenkategorie« umstandslos einen Vorrang gegenüber anderen Konzeptionen einräumen zu wollen. Gefahren und Chancen einer derartigen Deutung liegen eng beieinander. Es hängt ganz entscheidend davon ab, mit welchem Erkenntnisinteresse die Epoche untersucht wird. Es ist insofern zutreffender, davon auszugehen, daß sich das totalitarismustheoretische Deutungskonzept eine Konkurrenzposition gegenüber anderen erobert hat. Wie der Streit jedoch längerfristig ausgehen wird, muß offen bleiben.

167 So eine Formulierung Heinrich August Winklers: »Wider die linken Tabus«, in: *Die Weltwoche* vom 18. Dezember 1997.

Drittens: Eine der beiden als »klassisch« eingestuften Versionen der Totalitarismustheorie scheint endgültig verabschiedet werden zu müssen. Carl J. Friedrichs Konzept der »Totalitären Diktatur«, das von Anfang an unter Beschuß stand,[168] ist nun als der Versuch, eine »konstitutionelle Diktatur« zu legitimieren, und damit als ein demokratieuntaugliches Unternehmen überführt worden. Die in den USA ausformulierte identifizierende Totalitarismustheorie ist im Grunde ein Kind der krisengeschüttelten Weimarer Republik. Währenddessen geht die seit dem Ende der siebziger Jahre wieder aufgenommene Diskussion über die andere »klassische« Version, den Ansatz von Hannah Arendt, ungebrochen weiter.[169] Ihre einzigartigen Leistungen sind dabei ebenso klar hervorgetreten wie ihre grundlegenden Schwächen, die im Hinblick auf ihre mangelnde Durchdringung der sowjetkommunistischen Herrschaft vor allem empirischer Natur sind.

Im einzelnen: Auch bei den meisten derjenigen, die sich der komparativen Herrschaftsanalyse gegenüber nicht verschlossen oder unzugänglich gezeigt haben, hat sich keine wirkliche Wiederbelebung vollzogen. Die dezidiertesten Versuche zu einer Neurezeption der verschiedenen Totalitarismustheorien sind bislang jedenfalls dem Umstand erlegen, daß sie zumeist zu verschiedenen Formen historischer Rekonstruktion und nicht zu einer wirklichen Reaktualisierung des totalitarismustheoretischen Ansatzes geführt haben. Seitdem sich der mainstream der mit ihm verbundenen Auffassungen auf die identifizierende Totalitarismustheorie hat festlegen lassen, mußte sie vor allem wegen der Diskrepanz zwischen dem theoretischen und dem empirischen Stellenwert des Terrors im kommunistischen System nach 1956 einen rapiden Bedeutungsverlust hinnehmen. Im Unterschied zu den USA oder zu

168 Friedrichs Darstellung erschien 1957 zu einem besonders ungünstigen Zeitpunkt. In den Machtkämpfen nach Stalins Tod hatte sich mit Chruschtschow ein Kommunist durchgesetzt, dem an einer ansatzweisen Entstalinisierung gelegen war. Weil der Terror mit Beginn der »Tauwetterperiode« als Merkmalsbezeichnung für die Sowjetunion wegfiel, war das Konzept der »totalitären Diktatur« deshalb von Anfang an erheblichen Akzeptanzproblemen ausgesetzt.

169 Zuletzt: Friedrich Pohlmann, »Der ›Keim des Verderbens‹ totalitärer Herrschaft. Die Einheit der politischen Philosophie Hannah Arendts«, in: Achim Siegel (Hg.), a.a.O., S. 201-234.

Frankreich sind in der bundesdeutschen Politikwissenschaft fast nur noch historische Arbeiten erschienen. Aus der offenkundigen Unfähigkeit, eine zeitgemäße Interpretation totalitärer Herrschaft vorzulegen, resultierte eine Grundtendenz zur Historisierung der Totalitarismustheorie. Auf dem Markt erschienen immer wieder historische Studien zu einzelnen Aspekten der Totalitarismustheorie oder Monographien zu ihren wichtigsten Exponenten. Strikt methodologisch orientierte Arbeiten bilden nach wie vor die Ausnahme.[170] Mit anderen Worten: Zumindest im deutschsprachigen Raum haben die Ansätze zu einer Reformulierung der Totalitarismustheorie eher in eine Sackgasse geführt. Solange jedenfalls die historisierenden Ansätze derartig dominant bleiben, wird es kaum eine Aussicht auf eine zeitgemäße Begriffsbestimmung und eine ungeteilte wissenschaftliche Akzeptanz geben.

Die Abwehrhaltung großer Teile der Linken

In einem nicht unerheblichen Maße scheint sich der Streit um eine der bedeutendsten und schillerndsten Theorien des vergangenen Jahrhunderts auch nach dem Ende des Kalten Krieges fortzusetzen.[171] Die Kontroversen werden zum überwiegenden Teil immer noch in einer Art Spiegelkabinett ausgefochten, das Söllner im Rückblick auf die bipolare Welt als Quidproquo beschrieben hat: »Wer die Totalitarismustheorie als Denkgrundlage akzeptierte, wurde (in der Regel von links) eines antikommunistischen Vorurteils verdächtigt; umgekehrt wurde (in der Regel von rechts) selber

170 Eine dieser Ausnahmen stammt von Achim Siegel: »Der Funktionalismus als sozialphilosophische Konstante der Totalitarismuskonzepte Carl Joachim Friedrichs. Methodologische Anmerkungen zur Entwicklung von Friedrichs Totalitarismuskonzept in den sechziger Jahren«, in: *Zeitschrift für Politik*, 43. Jg., Heft 2, 1996, S. 123-143; eine andere stammt von Lothar Fritze: »Essentialismus in der Totalitarismusforschung. Über Erscheinungsformen und Wege der Vermeidung«, in: Achim Siegel (Hg.), a.a.O., S. 143-166. Fritzes Position, die sich auf Karl R. Poppers Essentialismuskritik stützt, ist in ihrer radikalen Einseitigkeit zugunsten einer rein nominalistischen Definition des Totalitarismusbegriffs jedoch höchst problematisch.
171 Vgl. den ebenso informativen wie instruktiven Überblick: Steffen Kailitz, »Der Streit um den Totalitarismusbegriff«, in: Eckhard Jesse / Steffen Kailitz (Hg.), *Prägekräfte des 20. Jahrhunderts. Demokratie, Extremismus, Totalitarismus*, Baden-Baden 1997, S. 219-250.

totalitärer Neigungen beschuldigt, wer die Totalitarismustheorie ablehnte. In solch zwanghafter Polarisierung schlug der Geist des Kalten Krieges auf das wissenschaftliche Denken zurück, erwies sich die Totalitarismusdoktrin, ob gewollt oder nicht, als funktionaler Bestandteil einer politischen Freund-Feind-Konstellation.«[172] Doch vielleicht wird mit dem Bild vom Spiegelkabinett zu spiegelgetreu umgegangen und es hat sich inzwischen manches an der Symmetrie verschoben. Indem hier der Eindruck erweckt wird, als handle es sich bei den Bespiegelungen um reine Projektionsvorgänge, als wolle man sich links wie rechts durch Schuldabwälzung entlasten, bleibt das Problem der Psychologie vorbehalten. Dies ist jedoch nur zum Teil zutreffend. Bei einer Reihe von Fällen haben die schablonenartig ausgestanzten Schuldvorwürfe regelrecht System; ihre Ursachen sind jedoch nicht in den bekannten Mustern der Vorurteilsbildung zu suchen, sie lassen sich auf sehr viel manifestere Gründe zurückführen. Sie liegen, wie an den Beispielen Schöngarth, Wippermann und Roth deutlich geworden ist, in politischen Feinderklärungen, die den Rahmen einer individuellen Psychologie weit überschreiten.

Bei ihnen findet sich keinerlei Bereitschaft, der Totalitarismustheorie gegenüber zunächst einmal eine Art »Unschuldsvermutung« aufzubringen.[173] Sie wird, ganz im Gegenteil, a priori einem Generalverdacht ausgesetzt: die »Leitdoktrin« einer systemkonformen Legitimationswissenschaft zu sein. In völliger Absehung von ihrer historischen Genese – unter Flüchtlingen, vor allem in die USA emigrierten deutschen Juden – wird sie als eine Art Begriffsmonster betrachtet, das ein imperialistischer Staat auf linke Gegner loshetzen würde. Nicht nur die Akzeptanz der Theorie, sondern bereits die kritische Annäherung an sie wird deshalb in erheblichen Teilen der Linken immer noch mit einem Vorurteil gleichgesetzt: dem Antikommunismus. Das Reaktionsmuster, das der SED-Staat systematisch zur Abwehrdoktrin auszubauen versucht hat, wird auch ein Jahrzehnt nach seinem Ende von allen

---

172 Alfons Söllner, a.a.O., S. 11.
173 Das wünscht sich Bouretz, der bedauert, daß der Terminus »nie von einer Unschuldsvermutung profitiert« habe, als angemessene Voraussetzung für eine Beurteilung. Pierre Bouretz, a.a.O., S. 221.

neuen historischen Erkenntnissen unbeeindruckt prolongiert. Mehr noch, in der Aufkündigung der Tabuisierung einer Denktradition werden, wie Karl Heinz Roth nicht müde wird zu behaupten, gar Anzeichen für einen historischen Revisionismus gesehen.

Der Appell, die ideologischen Scheuklappen herunterzunehmen, wird also mit einem tiefreichenden Verdacht beantwortet, hinter dem nichts anderes als der Vorwurf des Verrats lauert. Die Stigmatisierung zum Antikommunisten ist gleichbedeutend mit der Behauptung, die Seiten gewechselt zu haben: Aus einem Linken sei ein Ideologe des Bestehenden, ein Verfechter des Kapitalismus und ein Apologet des Staates geworden.

Linke Kritiker bzw. Gegner der Totalitarismustheorie insgesamt benutzen dabei häufig einen Trick, um einen Delegitimierungseffekt zu erzielen: Verfechter der Totalitarismustheorie werden dem Zwang ausgesetzt, einen Nachweis zu erbringen, daß totalitäre Herrschaft auch wirklich »total« sei. Der Begriff, so wird behauptet, könne nur dann Bestand haben, wenn die gesamte Gesellschaft umfaßt, keine Nischen zugelassen und Herrschaft terroristisch bzw. exterministisch ausgeübt werde. Dies ist aber weder nötig noch aus begriffsimmanenten Gründen möglich. Mit anderen Worten, man versucht die Meßlatte so hoch zu legen, daß die SED-Herrschaft z.B. auf keinen Fall darunter subsumiert werden kann. Schließlich war die DDR eine Nischengesellschaft. Dem Politisierungsfuror des Staatssozialismus war kaum jemand uneingeschränkt ausgesetzt, fast jedem stand die Möglichkeit offen, sich der Umklammerung in seiner Datsche – und sei es nur fürs Wochenende – zu entziehen.

Demgegenüber wäre grundsätzlich festzuhalten, daß totalitäre Herrschaft kein Absolutum ist, sondern immer nur eine konkrete Tendenz, die jeweils graduelle Annäherung an einen Fixpunkt.[174]

---

174 Ähnlich sieht das Gerd Koenen: »Es handelte sich eben niemals um einen tatsächlichen Zustand oder ein vollendetes System, wie es die ›Totalitarismus‹-Theorien beschreiben wollten; dafür aber um eine ungeheure Ambition und ein hybrides Projekt, das sich über die sukzessiven Etappen seines Scheiterns hinweg in immer neuen Schüben radikalisierte, bevor es in einen langen, Jahrzehnte dauernden Prozeß der post-totalitären Dekomposition überging.« Gerd Koenen, »Zweierlei Projekte – Nationalsozialismus und Stalinismus im historischen Vergleich«, in: *Zeitschrift des Forschungsverbundes SED-Staat*, 5. Jg., Nr. 8, 2000, S. 59.

Sie bedient sich mitunter nur solcher Formen, die sich zur Sicherung einer Einparteienherrschaft als notwendig erweisen. Ziel eines solchen Systems ist es ja, die Gesellschaft zu homogenisieren und damit seine Herrschaftsform zu stabilisieren. Daß dies in keinem der Fälle gelungen ist, zeigt nur, daß ein totalitäres System offenbar aus innerer Notwendigkeit heraus letztlich zum Scheitern verurteilt ist. Michael Walzer hat diesem Umstand in der paradoxen Formulierung Rechnung getragen, daß «...jeder wirklich existierende Totalitarismus ein mißglückter Totalitarismus ist.«[175] Eine andere Übertreibung zur tendenziellen Diskreditierung besteht darin, skeptische Befürworter einer Überprüfung des Totalitarismuskonzepts in dezidierte Apologeten derselben zu verwandeln.[176] Diese Masche gehört zum Standardrepertoire vieler Linker, die sich auch weiterhin gegenüber der Totalitarismusproblematik abzuschotten versuchen, um ihr Weltbild nicht in Frage stellen zu müssen.

Idealtypisch betrachtet, existieren vier Typen linker Reaktionsformen bzw. Abwehrhaltungen gegenüber dem Totalitarismuskonzept:
erstens: die der Traditionskommunisten (KPD, DKP, PDS),
zweitens: die der Ex-Maoisten (KPD/AO, KBW, KB etc.),
drittens: die der ehemals undogmatischen Linken (SB, Neue Linke) sowie
viertens: die der Sozialdemokraten und der Linksliberalen.

Der *Typus des Traditionskommunisten* verfügt stärker als je zuvor über ein zur Ontologie erstarrtes Weltbild. Er hat gegenüber den im Namen des Kommunismus begangenen Verbrechen weder ein ausgeprägtes Schuld- noch Verantwortungsbewußtsein. Seine Haltung ist kontinuitätssetzend und zuweilen zynisch kokettierend. Seine Parole lautet: Augen zu und durch. Auf das affirmative Verhältnis zur Staatssicherheit angesprochen, wird meist mit einer Relativierung reagiert: Alle Staaten hätten Geheimdienste und wür-

---

175 Irwing Howe (Hg.), *1984 revisited. Totalitarism in our Century*, New York 1983.

176 So etwa Wolfgang Wippermann, der aus mir einen »vehementen Befürworter des Totalitarismuskonzepts« macht, um mich dann als »Ex-Linker« bezeichnen, also exkommunizieren zu können: Wolfgang Wippermann, »Totalitarismustheorie als ›Analyserahmen‹?«, in: Jens Mecklenburg / Wolfgang Wippermann (Hg.), a.a.O., S. 88, Endnote 67.

den von den auf klandestine Weise gewonnenen Erkenntnissen Gebrauch machen. Es sei nun einmal Pech, daß die Praktiken des MfS im Unterschied zu denen von CIA und BND durch den Untergang der DDR sichtbar geworden seien. Der Kommunist scheut die Totalitarismustheorie immer noch wie zu Hochzeiten des Kalten Krieges. Was Vertreter der Kommunistischen Plattform in der PDS im Januar 1995 mit warnendem Unterton feststellten, das trifft die nicht nur in ihren Reihen immer noch verbreitete Grundüberzeugung: »Wer sich auf die sogenannte Totalitarismuskonzeption einläßt, vergibt die Möglichkeit einer objektiven Bewertung auch der Stalinperiode und ersetzt sie durch die Pseudoeinschätzung ›Realsozialismus gleich Stalinismus gleich Faschismus‹ und stellt hiermit letztlich die Berechtigung kommunistischsozialistischer Standpunkte in Frage.«[177] In einer Hinsicht ist diese Erklärung allerdings durchaus zutreffend: Wer den Totalitarismusansatz übernimmt, der stellt in der Tat zugleich den Kommunismus in Frage. Ein antitotalitärer Kommunist wäre nach wie vor ein Widerspruch in sich.

Den *Typus des Ex-Maoisten* schien es zunächst in der Bundesrepublik nicht zu geben, sondern fast ausschließlich in Frankreich. Der erste, der als konvertierter Maoist von sich reden gemacht hat, war André Glucksmann. Der Schüler von Raymond Aron, der zu den Rebellen des »Pariser Mai« gehörte, reagierte mit seinem Buch »Köchin und Menschenfresser« auf den »Gulag-Schock«, den Alexander Solschenizyn 1974 in der französischen Öffentlichkeit durch seine Publikation über das sowjetische System der Straflager ausgelöst hatte.[178] Er attackierte vor allem die kommunistische Ideologie, die er für die Errichtung des Gulag-Systems mitverantwortlich machte, und plädierte für die Verwendung des Totalitarismuskonzepts.[179] Insbesondere durch Formulierungen wie die

---

177 Zit. nach Wolfgang-Uwe Friedrich, »Denkblockaden. Das Totalitarismusmodell aus der Sicht der PDS«, in: Rainer Eckert / Bernd Faulenbach (Hg.), *Halbherziger Revisionismus. Zum postkommunistischen Geschichtsbild*, München / Landsberg am Lech 1996, S. 125.
178 Alexander Solschenizyn, *Archipel Gulag*, Bern / München 1974.
179 Furet bemerkte zur Überwindung der Hürde, die sich der Linken mit der Totalitarismustheorie bot: »Mit Solschenizyn erwirbt das Konzept des Totalitarismus sein Bürgerrecht in Paris.« François Furet / Ernst Nolte, a.a.O.,

folgende fühlten sich in Frankreich viele Linke vor den Kopf gestoßen: »Dieser Sozialismus, der dem menschlichen Herzen so wenig aufgetan ist, erhält seinen Namen von der Vernunft. Wenn sie nicht wäre, käme uns ein anderer Name in den Sinn: Faschismus.«[180] Der Mann, der seine Kritik zu einer grundsätzlichen Auseinandersetzung mit den geistigen Wurzeln des totalitären Denkens ausweitete, die er bei Hegel, Marx und Nietzsche zu erkennen glaubte,[181] und bald darauf zusammen mit Bernard-Henri Lévy zu den Vordenkern der »Nouveaux Philosophes« gehörte, stieß seinerzeit in der Bundesrepublik auf heftige Ablehnung.[182] Insbesondere Oskar Negt glaubte postwendend klarstellen zu müssen, daß es sich bei der Kritik am Sowjetkommunismus um nichts anderes als eine erneute Form des Antimarxismus handle.[183] In der Bundesrepublik war trotz des offenkundigen Niedergangs der maoistischen Organisationen und einer breiten Debatte über die »Krise des Marxismus«[184] am Ende der siebziger Jahre die Zeit immer noch nicht reif für Konversionen.

S. 113. Das gilt zweifelsohne auch für Glucksmann, der ebenfalls des Anstoßes, der vom *Archipel Gulag* ausging, bedurfte.

180 André Glucksmann, *Köchin und Menschenfresser. Über die Beziehung zwischen Staat, Marxismus und Konzentrationslager,* West-Berlin 1976, S. 66.
181 André Glucksmann, *Die Meisterdenker,* Reinbek 1978.
182 Exemplarisch die redaktionelle Vorbemerkung der Zeitschrift *alternative* zu ihrem Themenheft »Die Intellektuellen und die Macht – Die Austreibung des Marxismus aus den Köpfen. Die sog. Neuen Philosophen in Frankreich«: »Neu an ihnen ist, daß sie Abtrünnige sind, Diversanten von links. Sie, die ehemals radikalsten der Neuen Linken, wenden sich heute offensiv gegen den Marxismus, gegen den ›Imperialismus der Vernunft‹, gegen die Geschichte, die Dialektik, gegen den ›Terror der Theorie‹, die Wissenschaft, gegen das Politische schlechthin, gleichgesetzt mit ›stalinistisch‹. Neu ist das Gewand, in das sie ihren Positionswechsel kleiden, ist die Affinität ihrer Mythen zum alten und neuen, auch linken Antikommunismus. Im Namen des ›Archipel Gulag‹ schwören sie von ihrem früheren Glauben ab.« *alternative*, 20. Jg., Heft 116, Oktober 1977, S. 181.
183 Oskar Negt, »Nicht das Gold, Wotan ist das Problem. Der jüngste Aufstand gegen die dialektische Vernunft: die ›Neuen Philosophen‹ Frankreichs«, in: *Literaturmagazin,* Band 9, Der neue Irrationalismus, Mai 1978, S. 37-51; ders., »Intellektueller Abgesang«, in: *alternative*, 20. Jg., Heft 116, Oktober 1977, S. 215-224.
184 Vgl. den gleichnamigen Themenband der Zeitschrift *alternative* (21. Jg., Heft 119, 1978) mit Beiträgen von Louis Althusser, Michel Foucault, Nicos Poulantzas und Karl Heinz Roth.

Erst lange nachdem sich die KPD/AO und der KBW aufgelöst hatten, meldeten sich einige ihrer ehemals führenden Funktionäre als Kommunismuskritiker zu Wort. Neben Joscha Schmierer, der seit 1982 die Zeitschrift *Kommune* herausgibt, haben sich vor allem Christian Semler und Gerd Koenen einen Namen als Osteuropa-Experten und als Stalinismuskritiker gemacht. Während der eine als Journalist den Zerfall der Sowjetunion und ihrer Satellitenstaaten begleitete, hat der andere als Historiker mit zwei Studien zum kommunistischen Führerkult und der Logik der Säuberung aufgewartet.[185] Von ihren biographischen Wurzeln her lassen sich bei ihnen eine Reihe von Parallelen zu denen des Mitherausgebers des »Schwarzbuch des Kommunismus« Stéphane Courtois ausmachen.

Was Furet dem französischen Maoismus zugestanden hat,[186] das gilt auch für den bundesdeutschen: Er war kein ausschließlich autoritativ-doktrinär geprägtes Gebilde, sondern besaß durchaus auch provokative und antiautoritäre Momente. Das entscheidende Bindeglied zwischen Antiautoritarismus und Parteikommunismus war zunächst die Idee der Kulturrevolution. Die ersten Maoisten in der Szene waren bezeichnenderweise die Mitglieder der Kommune I. Die Vorstellung, das Alltagsleben zu revolutionieren, ließ sich nur zu gut mit den Bestrebungen Maos verknüpfen, die Etablierung einer Bürokratie durch die Initiierung einer kulturrevolutionären Bewegung zu verhindern. Der Prototyp des Kulturrevolutionärs war Dieter Kunzelmann. Mit innerer Konsequenz wurde aus dem Situationisten der ersten Stunde später der Funktionär einer maoistischen Kadergruppe, der KPD/AO.

Die Vorstellung, daß Maoismus und Anarchismus polare Formen politischer Orientierung sein müßten, ist zumindest für erhebliche Teile der 68er-Linken verkehrt. Das Autoritäre und das Antiautoritäre waren keineswegs scharf voneinander getrennt, sondern hingen eng miteinander zusammen – etwa wie zwei Schichten, die

---

185 Gerd Koenen, *Die großen Gesänge. Lenin, Stalin, Mao Tse-tung – Führerkulte und Heldenmythen des 20. Jahrhunderts*, zweite, erweiterte Ausgabe, Frankfurt am Main 1991; ders., *Utopie der Säuberung. Was war der Kommunismus?* Berlin 1998.

186 »Aber selbst die maoistische Strömung war weit davon entfernt, ausschließlich neostalinistisch zu sein. Sie enthielt libertäre, ja anarchistische Komponenten, so grotesk das klingen mag.« François Furet / Ernst Nolte, a.a.O., S. 113.

sich gegenseitig überlagern. Mal war von außen die eine, mal die andere besser zu erkennen. Insofern sind die sich am Ende der siebziger Jahre abspielenden Konversionen auch leichter erklärbar. Die Häme, die den Ex-Maoisten seinerzeit entgegengeschlagen ist, war alles andere als überraschend. Die Anstrengungen, die ein Teil von ihnen unternommen hat, die verschiedenen Varianten des linken Totalitarismus zu untersuchen, jedoch psychologisierend auf rein persönliche Motive zu reduzieren,[187] ist nicht angemessen. Die Tatsache allein, daß es autobiographische Motive für einen Positions- und Perspektivenwechsel gibt, kann nicht diskreditierend sein. Ihre Beurteilung hängt statt dessen davon ab, ob eine politische oder theoretische Position unabhängig von ihrer Genese Geltung beanspruchen darf.

Die Abwehrhaltungen sind unterschiedlich ausgeprägt. Am überraschendsten sind vielleicht die beim *Typus des undogmatischen Linken*. Sie lautet: Man habe im Kern alles über den Stalinismus gewußt, man habe sich nichts vorzuwerfen und sei immer schon stalinismuskritisch gewesen.[188] Das Ergebnis der Selbstprüfung

187 Wie das beispielsweise in einem Kommentar von Rudolf Walther zur Rezeption des *Schwarzbuchs des Kommunismus* geschehen ist: »Man könnte sich die Antwort leicht machen, indem man sie ins Psychologische verlegt. Dabei schließt man aus der Tatsache, daß es vor allem ehemalige Stalinisten und Maoisten sind, die dieses Buch wie eine Erleuchtung begrüßen, auf ein Bedürfnis nach später Reue und späten Schuldbekenntnissen bei den Ultras von gestern. Diese kompensieren heute ihre alte ideologische Verblendung mit einer neuen und tauschen die Trugbilder vom ›real existierenden Sozialismus‹ und Kommunismus durch das vernagelte Weltbild ›Totalitarismus‹ aus.« Was hier als Möglichkeit zu einer simplifizierenden Interpretation ausgeführt wird, erweist sich kurz darauf als die maßgebliche Überzeugung des Autors: Rudolf Walther, »Die Legende von der linken Lebenslüge«, in: *die tageszeitung* vom 6. Juni 1998.
188 Exemplarisch wird diese Ansicht von dem früheren Redakteur der vom »Sozialistischen Büro« herausgegebenen Zeitschrift *links*, Rudolf Walther, vertreten. In einem Kommentar zum *Schwarzbuch des Kommunismus* schreibt er, vor allem an die Adresse der Ex-Maoisten gerichtet: »Als Linke konnte und mußte man sich schon seit langem damit auseinandersetzen, was die Umsetzung erst der leninistischen, dann der stalinistischen und maoistischen Dogmen in die Praxis bedeutete. Dank der Bücher von Karl Kautsky (1919), Leo Trotzki (1928), Maurice Merleau-Ponty (1947), Victor Serge (1951), David Rousset (1951), Albert Camus (1951) und vieler anderer war man frühzeitig – wenn auch unzureichend – über den Terror und die Verbrechen kommunistischer Regimes orientiert.« Rudolf Walther, »Die Legende von der linken Lebenslüge«, in: *die tageszeitung* vom 6. Juni 1998.

heiße: Der Kommunismus, mit dem man sich noch nie in einen Topf werfen lassen wollte, habe historisch zwar versagt, der Sozialismus jedoch gewinne erst jetzt seine einzigartige Chance. Warum man sich weder für die DDR noch die anderen osteuropäischen Länder interessierte, warum man weder das Schicksal von »Solidarność«, der »Charta 77«, noch der sowjetischen Dissidenten mit besonderer Aufmerksamkeit verfolgte, bleibt allerdings meist unbeantwortet. Von der Sowjetunion und ihren Satellitenstaaten schien immer nur eine Gefahr auszugehen, eine Gefahr für die eigene Hoffnung auf die Realisierbarkeit einer sozialistischen Gesellschaft. Weil man die kommunistischen Staaten aus dieser Perspektive weder positiv noch negativ besetzen konnte, zog man es vor, sie so weit als möglich zu ignorieren.

Das traf auch auf die Totalitarismustheorie zu, die mit ihrem Vergleichsgebot ja einen stillen Zwang ausgeübt hat, sich nicht nur mit dem NS-Staat, sondern auch mit der Sowjetunion zu befassen und schließlich die Risiken und Gefahren der eigenen politischen Utopien genauer unter die Lupe zu nehmen. Bereits 1978 hatte der Historiker Heinrich August Winkler nicht ohne Grund die starre Abwehrhaltung der Neuen Linken kritisiert: »Für die neue Linke hat die pauschale Abwehr der Totalitarismustheorie die fatale Wirkung, daß sie bei ihren Analysen des Faschismus oder Nationalsozialismus jene Elemente ausblendet, die den Vergleich mit kommunistischen Systemen provozieren könnten. Damit relativiert sie aber gerade diejenigen Kennzeichen faschistischer Herrschaft, die diesen Regimetyp von der repräsentativen Demokratie unterscheiden ... Würden die Herrschaftsmittel näher erforscht, ließen sich Parallelen zum Stalinismus nicht länger verbergen.«[189] Zu dieser Zeit war Winkler noch ein einsamer Rufer in der Wüste. Was der Berliner Historiker Jochen Staadt einmal auf SPD und SED gemünzt als »Unvereinbarkeitsbeschluß gegen den Totalitarismusansatz« bezeichnet hat, war seinerzeit ein für die gesamte Linke geltendes Verdikt, von dem keine ihrer Organisationen, Fraktionen oder Strömungen ausgenommen war.

189 Heinrich August Winkler, *Revolution, Staat, Faschismus*, Göttingen 1978, S. 115f.

Ein einstiger Vordenker der Neuen Linken wie Oskar Negt, der sich frühzeitiger als die meisten anderen mit dem Stalinismus und dessen auf Schablonen der Abbild- und Widerspiegelungstheorie erstarrten Denkformen auseinandersetzt hatte,[190] hat sich inzwischen in den Marxschen Kategorien eingebunkert wie in Katakomben. Die Auseinandersetzung mit der politischen Wirklichkeit erfolgt bei ihm seit einem Vierteljahrhundert nur noch selektiv. Ob Ökologie, ob Nationalismus, ob Totalitarismus – weder die bedrückende Gefahr der Atomkraftwerke noch die deutsche Einigung, der Untergang der DDR und der Sowjetunion haben in seinem theoretischen Selbstverständnis erkennbare Spuren hinterlassen.[191] Alles, was die Geltung der Marxschen Theorie hätte unterminieren und die Gültigkeit des Sozialismusmodells in Frage stellen können, ist von ihm sorgsam ausgespart worden. Das ist umso verwunderlicher, als der Soziologe, der die Bedeutung des Erfahrungsbegriffs für den politischen Diskurs so stark herausgestrichen hat,[192] keinerlei Anstrengungen hat erkennen lassen, jene Negativerfahrungen, die im letzten Jahrhundert unter kommunistischen wie sozialistischen Vorzeichen gemacht worden sind, genauer zu untersuchen. Gerade die Biographien jener Ex-Kommunisten, die umgehend als Renegaten diffamiert worden sind,[193] hätten Musterbeispiele für die Studien von Erfahrungszusammenhängen im Stalinismus bzw. im Parteikommunismus insgesamt sein können. Diese Quelle wurde jedoch weit-

190 Oskar Negt, »Marxismus als Legitimationswissenschaft. Zur Genese der stalinistischen Philosophie«, in: Abram Deborin / Nikolai Bucharin, *Kontroversen über dialektischen und mechanischen Materialismus,* Frankfurt am Main 1969, S. 7-48.

191 Vgl. die exemplarische Textsammlung: Oskar Negt / Alexander Kluge, *Maßverhältnisse des Politischen. 15 Vorschläge zum Unterscheidungsvermögen,* Frankfurt am Main 1992. Darin werden zwar die Atomkraftwerkskatastrophe von Tschernobyl, das Massaker auf dem Platz des Himmlischen Friedens in Peking und der Golfkrieg von 1991 gestreift, jedoch all jene Fragen, die mit der historischen Zäsur von 1989/90/91 zusammenhängen, vollständig ausgeblendet.

192 Vgl. Oskar Negt / Alexander Kluge, *Öffentlichkeit und Erfahrung,* Frankfurt am Main 1972; Oskar Negt, »Nicht nach Köpfen, sondern nach Interessen organisieren«, in: *links,* 4. Jg., Nr. 39, Dezember 1972, S. 9-11.

193 Vgl. Michael Rohrwasser, *Der Stalinismus und die Renegaten. Die Literatur der Exkommunisten,* Stuttgart 1991.

gehend ignoriert und blieb deshalb historisch wie politisch unge-
nutzt.

Der *Typus des Sozialdemokraten ebenso wie der des Linksliberalen* kann es sich leisten, pragmatischer und flexibler, in weitaus
geringerem Maße von weltanschaulichen Imperativen belastet, auf
neue politische Herausforderungen zu reagieren. Schließlich hatten
sie im Unterschied zu den drei radikalen Varianten der Linken auch
nicht die Absicht, das kapitalistische System zu stürzen und an
seiner Stelle ein anderes zu errichten, sondern eine Utopie zu
verwirklichen. Ihnen war es immer nur darum gegangen, gesellschaftliche Veränderungen durch Reformen im Rahmen der parlamentarischen Demokratie und des Verfassungsstaates umzusetzen;
insofern waren entscheidende Dimensionen der politischen Selbst-
problematisierung von vornherein ausgespart.

Dennoch sind die Befürchtungen, die das Totalitarismusmodell
bei ihnen in der Regel ausgelöst hat, kaum weniger gravierend
gewesen. Es war zum einen die keineswegs nur irrationale Angst,
daß Auschwitz nivelliert werden und die deutsche Gesellschaft
durch eine rapide Reduktion ihrer Erinnerungspolitik in riskanter
Weise »normalisiert« werden könnte, es war zum anderen die Furcht,
daß mit dem welthistorischen Scheitern des Kommunismus zugleich
auch das im Marxismus aufgehobene Erbe der Aufklärung aufgegeben werden könnte. Aus diesen beiden Befürchtungen lassen
sich eine ganze Reihe »allergischer« Reaktionen sozialgeschichtlich
orientierter, dem funktionalistischen Ansatz verpflichteter NS-
Historiker auf die Herausforderungen eines Systemvergleichs von
Nationalsozialismus und Sowjetkommunismus erklären. Die Singularität des Holocaust und die Universalität der Aufklärung waren vermutlich die beiden entscheidenden Punkte, aus denen sich
im sozialdemokratischen und im linksliberalen Milieu die Abwehrhaltungen gegenüber dem Totalitarismusmodell speisten.

Hinzu trat häufiger auch noch die Haltung einer Äquidistanz
gegenüber Antifaschismus und Antitotalitarismus, hinter denen
sich auch bestimmte, wenn auch unterschiedlich ausgeprägte Di-
stanzierungen gegenüber der DDR und der Bundesrepublik ver-
bargen. Beide Kampf- bzw. Abwehrformen wurden weitgehend
miteinander gleichgesetzt und als Hypotheken einer Vergangen-

heit betrachtet, die von Zeithistorikern inzwischen als Phase der Doppelstaatlichkeit bezeichnet wird. Indem man jedoch beide Einstellungen für innerstaatliche Feinderklärungen hält und sie gemeinsam unter einen generalisierten Ideologieverdacht stellt, wird nicht nur die Staatsideologie der SED über Bord geworfen, sondern auch ein tragendes Element der im Grundgesetz niedergelegten Verfassungsidee.

Für die Bundesrepublik Deutschland ist der Antitotalitarismus keine Überzeugung, der wie einer Ware mit begrenzter Haltbarkeit, einem Nahrungsmittel etwa, ein Verfallsdatum eingestanzt wäre. Wer meint, den Antitotalitarismus nach dem Ende der deutschen Teilung einfach ad acta legen zu können, der rührt an eine ihrer liberal-demokratischen Grundüberzeugungen. Das sollte für Linke wie Liberale, für Konservative wie für Rechte gleichermaßen selbstverständlich sein.

Der Lackmus-Test

Lackmuspapier ist bekanntlich ein mit einer Tinktur, dem aus verschiedenen Flechten gewonnenen Lackmus, getränkter Papierstreifen, der zur Unterscheidung von Säuren und Laugen dient, ein chemischer Indikator, der auf Säuren mit einer roten und auf Laugen mit einer blauen Einfärbung reagiert. Ein mit einem derartigen Lackmusstreifen vorgenommener Test wird heute nur noch als Säure-Base-Indikator verwendet.

Wollte man in diesem Bild bleiben, dann hätte die Aufgabe nicht darin bestanden, etwas zu übernehmen oder zu verweigern, in diesem Fall das Totalitarismuskonzept. Die Aufgabe wäre allein darauf beschränkt geblieben, eine Unterscheidung herbeizuführen, eine Unterscheidung zwischen zwei Alternativen: es für wichtig, wenn nicht gar für notwendig zu halten, ein Konzept zu überprüfen oder es als irrelevant abzutun.

Nun, es besteht kein Zweifel: Die Linke hat, von wenigen Ausnahmen abgesehen, dieser Frage nicht nur kein besonderes Gewicht eingeräumt, sondern im Gegenteil geglaubt, sich damit einer überflüssigen Gefährdung auszusetzen. Sie war in dem Glauben befangen, daß der Untergang der als »Staats-« bzw. »Realsozialismus«

ausgegebenen DDR ein realer Verlust sei und die Bundesrepublik als vermeintlicher »Siegerstaat« im Anschluß an die deutsche Einigung auch noch eine Art ideologischer Säuberung durchführen würde. Mit anderen Worten: Sie hat diesen Test schon deshalb nicht bestanden, weil sie nicht zu ihm angetreten ist. Die meisten haben sich ihm einfach nicht unterwerfen wollen, sie haben sich ihm mehr oder weniger systematisch entzogen.

Mein im November 1992 verfaßtes Plädoyer, sich mit der Totalitarismustheorie auseinanderzusetzen, war vor allem an die Adresse der Linken gerichtet.[194] Da ich mich, wie nicht anders zu erwarten, deshalb Angriffen von links ausgesetzt sehen mußte,[195] scheint es mir geboten, meine mit dem damaligen Appell verbundenen Intentionen im nachhinein zu explizieren.

Mein Vorschlag war:

Erstens: Das Totalitarismuskonzept durch die Beschreibung seiner Geschichte sichtbar und einer Überprüfung zugänglich zu machen, nicht aber es einfach zu übernehmen oder eine solche Übernahme anderen zu empfehlen, in ihm kein fertiges Werkzeug zur Analyse staatlich entgrenzter Herrschaftsformen, sondern vor allem ein heuristisches Instrument zu sehen. Anstatt einen Werkzeugkasten zu schließen, sollte eher ein Laboratorium eröffnet werden.

Zweitens: Da es keine Möglichkeit gab, an eine der zum Teil erheblich voneinander abweichenden, zum Teil sogar sich widersprechenden Varianten der Totalitarismustheorie direkt anzuknüpfen, den Versuch zu unternehmen, das herrschaftstypologisch restringierte Totalitarismuskonzept gesellschaftstheoretisch zu fundieren. Das sollte vor allem bedeuten, die für den Zusammenhalt totalitärer Gesellschaften entscheidende Frage »nach der Funktion von Angst und Furcht in der Politik«[196] genauer zu bestimmen.

194 Wolfgang Kraushaar, »Sich aufs Eis wagen. Plädoyer für eine Auseinandersetzung mit der Totalitarismustheorie«, a.a.O., in diesem Band S. 59-86.
195 Vor allem durch: Wolfgang Wippermann, *Totalitarismustheorien. Die Entwicklung der Diskussion von den Anfängen bis heute*, Darmstadt 1997, S. 101-106 und Karl Heinz Roth, »›Sich aufs Eis wagen‹. Zur Wiederbelebung der Totalitarismustheorie durch das Hamburger Institut für Sozialforschung«, a.a.O., S. 118-131.
196 So jedenfalls sah eines der wichtigsten Desiderate Franz Neumanns in dessen Entwurf zu einer Theorie der Diktaturen aus. Franz Neumann, a.a.O., S. 165ff.

Drittens: Eine komparative Perspektive auf die totalitären Einparteienregime einzunehmen, die ich für den Versuch einer Überprüfung und Reaktualisierung der Totalitarismustheorie als ebenso entscheidend ansah wie für die Überwindung des schier ins Bodenlose gehenden Glaubwürdigkeitsverlustes der Linken.

Viertens: Nur durch den Vergleich, so die Unterstellung, könne es der Linken gelingen, ihre universalistische Grundorientierung zurückzugewinnen. Sie müßte ihre Geschichte, ihre Theorie und ihr Handeln an denselben Normen und Werten messen lassen wie ihre politischen Gegner und Konkurrenten.[197]

Fünftens: Die Singularität des Holocaust, so die Überzeugung, würde durch einen Vergleich zwischen dem Nationalsozialismus und dem Stalinismus nicht eingeebnet, sondern noch stärker hervorgehoben werden. Fragen, die den Genozid an den europäischen Juden betreffen, dürfen der wissenschaftlichen Forschung bzw. der öffentlichen Debatte ohnehin nicht aus einem falsch verstandenen Schuldbewußtsein entzogen bleiben. Die Tabuisierung derartiger Frage- und Problemstellungen würde sich, so meine Befürchtung, früher oder später rächen.

Die Totalitarismustheorie ist, auch wenn es solche Gefahren durchaus gab, letzten Endes keine »Doktrin« geworden, wie linke Kritiker ihr gerne unterstellen. Ihre Tradition steht richtig verstanden nicht für Indoktrination, sondern für Irritation. Sie schließt den Diskurs nicht ab, indem sie Begriffsmerkmale kanonisiert, sondern sie öffnet ihn. Durch das ihr implizite Vergleichsgebot schafft sie Spannungszusammenhänge, stellt zum Teil überraschende Querverbindungen her und gibt einen ständigen Anstoß, den Unterschied zwischen Übereinstimmung, Ähnlichkeit, Differenz und Diskrepanz zu markieren.

Ganz unzweifelhaft erzeugt ihr kritisches Potential keine ausgleichenden oder gar harmonisierenden Effekte, eher führt es zu

---

197 Dies hat auch Jürgen Habermas vor der Enquete-Kommission des Bundestags hervorgehoben: »Die Linken dürfen sich über die spezifischen Gemeinsamkeiten totalitärer Regime nicht hinwegtäuschen und müssen auf beiden Seiten denselben Maßstab anlegen; die Rechten dürfen wiederum Unterschiede nicht nivellieren oder herunterspielen.« Jürgen Habermas, »Antworten auf Fragen der Enquete-Kommission des Bundestags«, in: ders., *Die Normalität einer Berliner Republik. Kleine Politische Schriften VIII*, Frankfurt am Main 1995, S. 52.

Spannungen und mitunter auch zu Polarisierungen. Das kann beunruhigend, ärgerlich und schmerzhaft sein. Zugleich ist es allerdings auch ein untrügliches Indiz dafür, daß dem Terminus eine Kraft innewohnt, latente Tendenzen zum Totalitarismus sichtbar zu machen, seine politischen Rationalisierungen aufzubrechen und zu attackieren.

Dennoch gilt: Nach wie vor ist Mißtrauen geboten, gegenüber den ungebrochenen Befürwortern der Totalitarismustheorie nicht weniger als gegenüber ihren von allen Debatten bislang unbeeindruckten Gegnern. Beiden Fundamentalpositionen mangelt es an der gebotenen Offenheit, sich auf Einwände einzulassen und sich nicht voreilig in eine vermeintliche Kontrollposition hineinzubegeben. Eine ernsthafte Auseinandersetzung kann nur jenseits der wechselseitigen Attitüde des Bekennerhaften liegen. Mit der Erkenntnis, daß die Topographie der Pro- und Kontra-Haltung nicht synonym ist mit dem im politischen Spektrum nach wie vor maßgeblichen Rechts-Links-Dualismus, wäre ein Anfang gemacht, die Denkschablonen zu durchbrechen.

Wenn es darum gehen soll, die historische Signatur in der umstrittenen Denkfigur zu erkennen, dann kommt man allerdings nicht umhin, sich zur Zwittergestalt des Totalitarismuskonzepts zu bekennen: Es geht hier, wie Alfons Söllner zu Recht herausgestellt hat, immer um die Verknüpfung von Erfahrung und Theorie; das eine läßt sich vom anderen nicht trennen. Mit anderen Worten, wer den Versuch unternimmt, den Schlüsselbegriff nach Weberscher Manier »wertfrei« zu rekonstruieren, der bringt ihn um seinen Erfahrungsgehalt. Die Totalitarismustheorie ist insofern a priori kontextabhängig und wertgebunden.

Unabhängig von der Frage, wie weit sich der totalitarismustheoretische Ansatz in den Sozialwissenschaften durchsetzen kann, in welchem Maße die Abwehrreflexe der Linken überwunden werden können – die mit dem Totalitarismus verbundene Herausforderung wird uns erhalten bleiben: ob als Epochensignatur, als theoretisches Paradigma oder als politischer Knotenbegriff, der Nervosität und Irritation auslöst und an dem sich die Geister scheiden. Bei jeder eingehenderen Beschäftigung mit dem vergangenen Jahrhundert werden wir mit diesem Phänomen auf eine Weise konfrontiert, als müßte es noch im nachhinein wie aus allen Poren ausgeschwitzt werden.

Die beiden Terrorregime, die einem ganzen Säkulum ihr Brandmal aufdrückten, haben sich gegenseitig bis zum letzten bekämpft, sie waren idealtypische und reale Gegner, zugleich waren sie sich jedoch in mancher Hinsicht ähnlicher, als viele es für möglich gehalten hätten. In der wechselseitigen Bewunderung, die sich Hitler und Stalin beim Abschluß ihres verbrecherischen Pakts gezollt haben,[198] ist das ungeheure Ausmaß des zynischen Machtinstinkts, dem selbst die gegenseitige Feindschaft keine Grenze mehr bot, überdeutlich geworden. In dem, was Margarete Buber-Neumann »Als Gefangene bei Stalin und Hitler« am eigenen Leib erlitten hat, verschränkt sich die »totalitäre Erfahrung« zur Doppelsignatur des Schreckens. Nie war die Moderne monströser als im Janusgesicht des nazistischen und kommunistischen Regimes.

---

198 Vgl. die Erinnerungen des sowjetischen Dolmetschers Bereschkow, in denen die Lobhudeleien und Trinksprüche, die Stalin am 23. August 1939 nach Unterzeichnung des Nichtangriffspaktes beim Festbankett im Kreml auf Hitler und diejenigen die Reichsaußenminister Ribbentrop in Hitlers Namen umgekehrt auf Stalin ausgestoßen hat, geschildert werden. Valentin M. Bereschkow, *Ich war Stalins Dolmetscher. Hinter den Kulissen der politischen Weltbühne*, München 1991, S. 285-289. Bereschkow kommt bei seinen Beobachtungen zu dem Schluß: »Ihre Konkurrenz schloß überhaupt nicht aus, daß sie sich gegenseitig bewunderten. Als Hitler seinen Kampfgefährten, den Sturmbannführer Ernst Röhm, und andere Kommandeure der SA niedermachen ließ, fand dieses Blutbad bei Stalin großen Anklang ... Das war im Sommer 1934. Und im Dezember wurde Stalins Kampfgefährte Kirow ermordet. Wie wir heute wissen, laufen die Fäden dieses Verbrechens beim ›Führer‹ der Völker‹ zusammen. Danach begannen die grausamen Repressalien ... Auf all das, was in den dreißiger Jahren geschah, reagierten die herrschenden Kreise in den westlichen Demokratien mit äußerster Ablehnung. Die Stalinschen Verfolgungen bestärkten sie in ihrer feindseligen Einstellung zur Oktoberrevolution in Rußland. Hitler dagegen imponierten diese brutalen Maßnahmen umso mehr. Einerseits lieferten sie einen zusätzlichen Beweis für die ›Gefahr des Bolschewismus‹, der sich zur Erpressung der westlichen Politiker verwenden ließ, andererseits halfen sie, die Proteste gegen das Vorgehen der Faschisten abzuschwächen, die Kommunisten und überhaupt alle Andersdenkenden verfolgten. Gleichzeitig bewunderte der ›Führer‹ die Schonungslosigkeit, Grausamkeit und Rücksichtslosigkeit Stalins; denn er besaß selbst die gleichen Eigenschaften.« A.a.O., S. 267f.

Antitotalitäre Geisterfahrer?

Zur Tradition des »Kongresses für kulturelle Freiheit« (2000)

> Kritische Theorie geht nicht auf Totalität sondern kritisiert sie. Das heißt aber auch, daß sie ihrem Inhalt nach anti-totalitär ist, mit aller politischen Konsequenz.
>
> Theodor W. Adorno, Zur Spezifikation der kritischen Theorie (1969)

Ort und Zeit schienen gut gewählt. Unter dem Titel »Freiheit in die Offensive« sollten im Juni 2000 in Berlin die Verdienste des »Kongresses für kulturelle Freiheit« gewürdigt und an seine angeblich ebenso antifaschistische wie antistalinistische Tradition angeknüpft werden. Ein halbes Jahrhundert zuvor war im Titania-Palast der Startschuß für eine Veranstaltung gefallen, die zugleich eine eigene Einrichtung begründete. Liberale Intellektuelle, unter ihnen zahlreiche Ex-Kommunisten, waren bereit gewesen, die kommunistischen Diktaturen zu geißeln und sich vorbehaltlos hinter die westlichen Demokratien zu stellen. Auf der Abschlußkundgebung am Berliner Funkturm hatte Arthur Koestler voller Pathos ausgerufen: »Freunde, die Freiheit hat die Offensive ergriffen.«[1] Der Kongreß war, auch mit historischem Abstand betrachtet, seinerzeit ein politisches, ein kulturelles und ein intellektuelles Ereignis gewesen. Er setzte vor allem dem Freiheitswillen ein Zeichen. Zur Hochzeit des Kalten Krieges kam keiner mehr an den Aktivitäten des Kongresses, der im Periodikum *Der Monat* über mehrere Jahrzehnte hinweg seine sichtbarste Gestalt annahm, vorbei.

Doch die Situation im Juni 1950 war eine ganz besondere. Die Berliner Blockade, mit der Stalin versucht hatte, West-Berlin der DDR und damit dem kommunistischen Staatensystem einzuverlei-

---

1 *Der Monat*, 3. Jg., Heft 22/23, Juli / August 1950, S. 472.

ben, war gerade ein Jahr vorüber. Die Teilung Deutschlands war durch die Gründung zweier deutscher Staaten vertieft worden und der Kalte Krieg hatte sich weiter zugespitzt. Wie es der Zufall wollte, platzte die Meldung in den gerade eröffneten Kongreß, daß nordkoreanische Truppen die Grenze überschritten und Südkorea angegriffen hätten. Die 1800 Teilnehmer waren wie elektrisiert. In Südostasien war aus dem kalten ein heißer Krieg geworden. Und in Europa prallten die Interessensphären der beiden Weltmächte nirgendwo härter aufeinander als in Berlin. Sollte nun etwa ein dritter Weltkrieg ausbrechen? Arthur Koestler sprang, worüber weder der *Monat* noch irgendein anderes Blatt berichtete,[2] von seinem Sitz auf, kletterte aufs Podium und rief die Schriftsteller voller Enthusiasmus zur Bildung einer Internationalen Brigade auf. So wie er mit seinen Ex-Genossen 1936 nach Spanien gezogen war, um die Republik zu verteidigen, sollten seine versammelten Kollegen nun Südkorea vor dem Angriff des kommunistischen Nordens schützen. Der Vorschlag, der den Veranstaltern offenbar nicht in die Regie paßte, verpuffte.

Der Koreakrieg, der beinahe zum Einsatz von Atomwaffen geführt hätte, ist längst Geschichte. Mit dem Mauerfall als Schlüsselereignis konnte die Trennung zwischen West- und Ost-Berlin sowie die deutsche Teilung insgesamt überwunden werden. Die vor einem halben Jahrhundert gültigen Koordinaten der Ost-West-Konfrontation sind außer Kraft gesetzt. Selbst in Korea vollzieht sich im Sommer 2000 eine bemerkenswerte Annäherung zwischen dem kommunistischen Norden und dem proamerikanisch-westlich orientierten Süden.

Andererseits aber haben die Kriege, die nationalen wie ethnischen Konflikte der neunziger Jahre deutlich gemacht, wie wichtig eine Orientierung am Wertekanon und den politisch-intellektuellen Imperativen des Kongresses vielleicht auch in Zukunft sein könnte. Der Verweis auf die Universalität von Menschen-, zum Teil auch von Völkerrechten spielte im Golfkrieg ebenso wie

---

2 Über den Vorfall berichtet die österreichische Schriftstellerin Hilde Spiel, die das Geschehen im Titania-Palast selbst verfolgt hat, im zweiten Band ihrer Erinnerungen: Hilde Spiel, *Welche Welt ist meine Welt? Erinnerungen 1946-1989*, München 1990, S. 127.

im Bosnien- und im Kosovokrieg als explizites Begründungsmuster zur Legitimation des militärischen Eingreifens eine zentrale Rolle.

Insofern hätten die konzeptionellen, aber auch die organisatorischen Voraussetzungen für eine derartige Jubiläumsveranstaltung kaum besser sein können. Die historische Situation war zwar entdramatisiert, die grundlegende Intention jedoch hatte in mancherlei Hinsicht nichts von ihrer Aktualität eingebüßt. Die Podien im Henry-Ford-Bau der Freien Universität waren sorgfältig besetzt: Mit Melvin Lasky, dem einstigen Begründer des *Monat*, dem Publizisten François Bondy und dem Historiker François Fejtö waren drei wichtige Protagonisten anwesend, mit Peter Coleman, Pierre Grémion und Michael Hochgeschwender die drei bedeutendsten Historiker, die sich mit der Geschichte des Kongresses befaßt haben, und mit Joachim Gauck, dem Bundesbeauftragten für die Stasi-Unterlagen, dem Europa-Abgeordneten Daniel Cohn-Bendit sowie dem Staatsminister für Kultur, Michael Naumann, drei Politiker, für die die antitotalitäre Tradition nach wie vor eine maßgebliche Rolle spielt. Der Frankfurter Publizistin und Politikwissenschaftlerin Ulrike Ackermann war es offenbar gelungen, Vergangenheit und Gegenwart der totalitären Erfahrung personell zu repräsentieren und so eng miteinander zu verzahnen, daß sich eine Kontinuität des antitotalitären Impulses anzukündigen schien. Und die wohlmeinende Presse hatte zuvor fleißig die Trommel gerührt. Die Vergangenheit einer Idee hätte als Vorgriff auf ihre Zukunft unter Beweis gestellt werden können.

Die Besucher erlebten jedoch eine Überraschung. Die Jubiläumsveranstaltung, bei der weder Mittel noch Kosten gescheut worden waren, erwies sich als herbe Enttäuschung. Im Grunde genommen fand sie in einem luftleeren Raum statt. Die einzelnen Vortragssektionen und Podiumsdiskussionen spielten sich vor halbleeren Rängen ab. Und das Publikum, das erschienen war, setzte sich weitgehend aus Bekannten der Referenten und aus Berichterstattern der Presse zusammen. Unter den Journalisten wiederum überwogen ehemalige Aktivisten der 68er-Bewegung, die den Auftrag wohl gesucht hatten, um zugleich über eine paradoxe Erfahrung ihrer eigenen politischen Biographie berichten zu können – die Erfahrung, mit dem linken Totalitarismus zeitweilig geflirtet und ihn schließlich wieder fallengelassen zu haben.

Insofern war es alles andere als überraschend, daß sich im Verlauf der Konferenz eine Konfrontation zwischen den als Zeitzeugen eingeladenen ursprünglichen Exponenten des Antitotalitarismus und den als Berichterstattern herbeigeeilten ehemaligen Protagonisten der 68er-Bewegung herausschälte, von denen inzwischen einige selbst mit jenen einst als antikommunistisch abgewehrten Positionen liebäugeln.

Der Vorwurf lautete, die linksradikalen Studenten hätten Ende der sechziger Jahre den antitotalitären Konsens der Bundesrepublik mißachtet und Politikmodellen den Vorzug gegeben, die sich an kommunistischen Führerfiguren orientierten und deshalb selbst totalitär geprägt gewesen seien. Damit hätten sie die Tradition des Kongresses verraten und nicht unerheblich dazu beigetragen, den zeitweiligen Niedergang einer gegen die Totalitarismen von rechts wie links ausgerichteten Kultur herbeizuführen, wie er am vorzeitigen Ende seines Organs, dem *Monat*, abzulesen gewesen sei.

Einer, der es selbst am genauesten hätte wissen müssen, der Journalist Arno Widmann, der seinerzeit nach dem Ende des SDS zur maoistischen KPD/ML übergewechselt war, faßte das Problem in der Frage zusammen: »Warum setzten so viele Intellektuelle, trotz der Arbeit des Kongresses, trotz der Kenntnis über den menschenmörderischen Charakter des Sowjetkommunismus, in den sechziger und siebziger Jahren lieber auf Klassenkampf und Revolution als auf den liberalen Rechtsstaat?«[3] Und sein Kollege Richard Herzinger spitzte den während der Konferenz gewonnenen Eindruck weiter zu: »Wie kam es, so lautete die von Diskutanten vorwurfsvoll gestellte Frage, daß 1968 eine junge Generation den Erfahrungsschatz der antitotalitären Intellektuellen einfach in den Wind schlug und sich den Heilsversprechen von Marx, Lenin, Mao und Ho Chi Minh hingab? Die 68er-Bewegung kristallisierte sich auf der Berliner Tagung als das nachhaltige, große Ärgernis für

3 Arno Widmann, »Wozu Politik da ist. In Berlin erinnerte eine Tagung an den ›Kongreß für kulturelle Freiheit‹«, in: *Berliner Zeitung* vom 26. Juni 2000.

die antitotalitäre Community heraus.«[4] Diese Beobachtung war auf den Diskussionsverlauf bezogen sicher zutreffend, ob sie jedoch auch einen Sachverhalt angemessen widerzuspiegeln in der Lage war, erscheint eher zweifelhaft.

Die Schuldigen für die angeblich so vollkommene Blindheit der 68er waren rasch ausgemacht. Ganz nach dem Klischee, daß hinter einem politischen Irrweg auch geistige Verführer stecken müßten, wurde die Kritische Theorie zur Verantwortung gezogen. Mit einem Mal saßen mit Max Horkheimer, Theodor W. Adorno und Herbert Marcuse deren drei wichtigste Repräsentanten auf einer imaginären Anklagebank. Sie galten Lasky & Co. als Feinde der »offenen Gesellschaft«, die die radikalen Studenten auf den Abweg von Neomarxismus, Kapitalismuskritik und einem fundamentalen Kulturskeptizismus gelotst hätten. Insbesondere der für die Gesellschaftstheoretiker der Frankfurter Schule maßgebliche Gedanke, daß der Konkurrenzkapitalismus mit seiner politischen Philosophie des Liberalismus die großen Kriege und Katastrophen des 20. Jahrhunderts verursacht habe, stieß auf entschiedene Ablehnung. Und Horkheimers in den sechziger Jahren zur politisch wohlfeilen Parole geronnene Satz, wer vom Kapitalismus nicht reden wolle, der solle auch vom Faschismus schweigen,[5] erschien den Kampfgefährten des »Kongresses für kulturelle Freiheit« als Sündenfall schlechthin. In ihren Augen war die Verknüpfung von Antifaschismus und Antikapitalismus die entscheidende Weichenstellung in Richtung auf den linksradikalen, die totalitären Erfahrungen mit dem Kommunismus ignorierenden Irrweg der 68er-Bewegung. Ein halbierter Antitotalitarismus mußte nicht nur ein Widerspruch in sich sein, schlimmer noch, er konnte nur die Hülle einer Haltung sein, die in ihrem Kern selbst zum Totalitarismus tendierte.

Ein Sachverhalt in der Wahrnehmung Laskys läßt sich zweifelsohne bestätigen: Der Niedergang des Antitotalitarismus, ablesbar an der sinkenden Auflage des *Monat*, ging Ende der sechziger Jahre

4 Richard Herzinger, »Netzwerk der Demokratie. Eine Berliner Tagung erinnert an die Gründung des ›Kongresses für kulturelle Freiheit‹ vor 50 Jahren«, in: *Tagesspiegel* vom 26. Juni 2000.
5 Siehe Max Horkheimer, »Die Juden und Europa«, in: ders., *Gesammelte Schriften* Bd. 4: Schriften 1936-1941, hrsg. von Alfred Schmidt, Frankfurt am Main 1988, S. 308f.

mit dem Aufstieg des Antifaschismus und den wachsenden Auf-
lagenzahlen von Publikationen aus dem Umfeld der Kritischen
Theorie einher. Insofern kreuzten sich beider Entwicklungen, sie
verhielten sich reziprok zueinander. Daraus jedoch den Schluß zu
ziehen, daß es sich bei den Frankfurter Philosophen und Sozialwissenschaftlern zugleich auch um Gegner des Antitotalitarismus handeln müsse, ist nicht nur vordergründig, sondern falsch. Nicht
zufällig hatten sich die Organisatoren des Kongresses 1950 darum
bemüht, auch Horkheimer für die Veranstaltung im Titania-Palast
zu gewinnen. Und ebensowenig zufällig zählte Adorno zu diesem
Zeitpunkt bereits zu den Autoren des *Monat*.[6] Bei beiden konnten
sich Lasky, Koestler u.a. sicher sein, es mit entschiedenen Gegnern
des Sowjetkommunismus zu tun zu haben. Sie weigerten sich im
Juli 1950 sogar, der Aufforderung linker Studenten zu folgen und
den vom Weltfriedenskomitee verabschiedeten »Stockholmer Appell« für ein absolutes Verbot aller Atomwaffen zu unterzeichnen.
Ihnen war klar, daß sie sich damit vor den Karren einer kommunistischen Kampagne hätten spannen lassen, die von der KPdSU aus
gesteuert und propagandistisch ausgeschlachtet wurde.[7]

Die führenden Köpfe der Kritischen Theorie standen dem Antitotalitarismus näher als es die meisten ihrer heutigen Kritiker wohl
für möglich halten würden. Auch wenn sich Horkheimer und

6 Er veröffentlichte dort seinen bereits 1938 in den USA gehaltenen Vortrag
»Spengler nach dem Untergang«: *Der Monat*, 3. Jg., Heft 20, 1950, S. 115-128.
7 In einer erst nach ihrem Tod veröffentlichten Stellungnahme begründen sie ihre
ablehnende Haltung: »Daß die Erhaltung des Friedens das dringendste Anliegen aller Menschen heute ist, und daß die neuen Waffen die endgültige Katastrophe herbeiführen können, ist selbstverständlich. Aber es ist Ausdruck der
verstrickten und verblendeten Situation, die auf jenes absolute Grauen hin-
treibt, daß sie noch die Wahrheit darüber in die Lüge zu verkehren droht, indem
sie sie in den Dienst der Lüge nimmt. Friedensaufruf und Ächtung der Atom-
waffe sind ein Stück der Sowjetpropaganda, die darauf abzielt, allerorten die
humanen Regungen dafür zu mißbrauchen, daß der Widerstand gegen die
Gewalt gebrochen werde, die von der Sowjetunion ausgeht und sie nicht zögern
wird, den Krieg zu entfesseln, wenn die Moskauer Gewaltherrscher glauben,
daß sie ihn gewinnen können. Das Verlangen nach dem Frieden, das die Völker
aller Länder teilen, wird dazu benutzt, für das neue totalitäre Unternehmen Zeit
zu gewinnen.« Theodor W. Adorno / Max Horkheimer, »Die UdSSR und der
Frieden«, in: Theodor W. Adorno, *Gesammelte Schriften* Bd. 20.1, Vermischte
Schriften I, Edition des Theodor W. Adorno Archivs, Frankfurt am Main 1986,
S. 390.

Adorno, die immer in Furcht waren, daß ihre Arbeiten ideologisiert werden könnten, nicht propagandistisch vom antikommunistischen »Kongreß für kulturelle Freiheit« ausbeuten lassen wollten, so offenbart ihr Denken doch eine gewisse Nähe zum Kritikpotential jener Totalitarismustheoretiker, die sich dem Kongreß verpflichtet fühlten. Dazu gehört auch, daß Horkheimer 1940 unter den Begriff des »autoritären Staates« sowohl den Staatskapitalismus wie auch den Staatssozialismus faßte.[8] Was er damals als »integralen Etatismus« bezeichnete, bezog die Sowjetunion durchaus in die Analyse mit ein. Mit anderen Worten, der NS-Staat und der Sowjet-Staat wurden von ihm damals bereits unter dieselben Kategorien gefaßt.

Die Tatsache, daß sich in der Tradition der Kritischen Theorie keine explizite Inanspruchnahme der Totalitarismustheorie finden läßt, sollte nicht darüber hinwegtäuschen, daß verschiedene ihrer Autoren dieser durchaus nahestanden. Am deutlichsten war das sicher bei Franz Neumann der Fall. Bereits in seinem erstmals 1942 erschienenen Hauptwerk »Behemoth« hatte er den Totalitarismusbegriff zur Analyse des Nationalsozialismus verwendet,[9] und ihn in seinen unvollendet gebliebenen »Notizen zur Theorie der Diktatur« als zentrales Charakteristikum ihrer modernsten Form eingesetzt.[10] Alfons Soellner hat den Stellenwert, den die Totalitarismustheorie in Neumanns Werk gespielt hat, frühzeitig erkannt.[11] Freilich hat er auch darauf verwiesen, daß in dieser Lesart die Totalitarismustheorie »stets als Element der marxistischen Gesellschaftstheorie konzipiert« gewesen sei. Im Unterschied zu den meisten Autoren des *Monat* war Marx für Neumann und die anderen Theoretiker des Instituts für Sozialforschung gerade kein Verfechter eines tota-

8 Max Horkheimer, »Autoritärer Staat«, in: ders., *Gesammelte Schriften* Bd. 5: »Dialektik der Aufklärung« und Schriften 1940-1950, hrsg. von Gunzelin Schmid Noerr, Frankfurt am Main 1987, S. 293-319.
9 Dt. Ausgabe: Franz Neumann, *Behemoth. Struktur und Praxis des Nationalsozialismus 1933-1944*, Frankfurt am Main 1977.
10 Er unterscheidet darin zwischen der einfachen, der caesaristischen und der totalitären Diktatur: Franz Neumann, »Notizen zur Theorie der Diktatur«, in: ders., *Demokratischer und autoritärer Staat. Beiträge zur Soziologie der Politik*, Frankfurt am Main 1967, S. 147-170.
11 Alfons Soellner, *Geschichte und Herrschaft. Studien zur materialistischen Sozialwissenschaft 1929-1942*, Frankfurt am Main 1979, S. 202-208.

litären Ansatzes. Im Gegenteil, sie sahen in der ursprünglichen, von Partei- und Staatsinteressen noch nicht überformten und zur Herrschaftsideologie geronnenen Marxschen Theorie ein wichtiges Instrument zur Analyse totalitärer Systeme.

Nicht unähnlich, aber komplizierter war das Verhältnis zur Totalitarismustheorie bei Herbert Marcuse, dem für die Protestbewegungen Ende der sechziger Jahre international wohl einflußreichsten Denker. Einerseits lehnte er eine Adaption des Totalitarismusbegriffs, wie er im Werk Karl Poppers entfaltet worden war,[12] in seiner Untersuchung des sowjetischen Marxismus explizit ab,[13] andererseits aber machte er an zentraler Stelle seines Spätwerks von einer anders gelagerten Begriffsvariante Gebrauch. In seiner 1964 in den USA erschienenen Studie »One Dimensional Man« stellte er die gesamte moderne Industriegesellschaft unter Totalitarismusverdacht: »Infolge der Art, wie sie ihre technische Basis organisiert hat, tendiert die gegenwärtige Gesellschaft zum Totalitären. Denn ›totalitär‹ ist nicht nur eine terroristische politische Gleichschaltung der Gesellschaft, sondern auch eine nichtterroristische ökonomisch-technische Gleichschaltung, die sich in der Manipulation von Bedürfnissen durch althergebrachte Interessen geltend macht. Sie beugt so dem Aufkommen einer wirksamen Opposition gegen das Ganze vor. Nicht nur eine besondere Regierungsform oder Parteiherrschaft bewirkt Totalitarismus, sondern auch ein besonderes Produktions- und Verteilungssystem, das sich mit einem ›Pluralismus‹ von Parteien, Zeitungen, ›ausgleichenden Mächten‹ etc. durchaus verträgt.«[14] Eine derartig pauschale, an ein bestimmtes Produktions- und Distributionssystem geknüpfte Verwendung des Totalitarismusbegriffs, bei dem eine politische Unterscheidung zwischen demokratischer und diktatorischer Herrschaft zweitran-

---

12 Karl Popper, *Die offene Gesellschaft und ihre Feinde*, Bern 1957.
13 »Der etikettierende Gebrauch des Wortes ›Totalitarismus‹ für die Platonische, Hegelsche, faschistische und Marxsche Philosophie dient leicht dazu, das historische Bindeglied zwischen dem Totalitarismus und seinem Gegenteil zu verdecken und die historischen Gründe, die den klassischen Humanismus dazu brachten, in seine Negation umzuschlagen.« Herbert Marcuse, *Die Gesellschaftslehre des sowjetischen Marxismus*, Neuwied / West-Berlin 1964, S. 207.
14 Herbert Marcuse, *Der eindimensionale Mensch. Studien zur Ideologie der fortgeschrittenen Industriegesellschaft*, Neuwied / West-Berlin 1967, S. 23.

gig wurde, verwischte jedoch auf provokative Weise die Grenzen zwischen liberalen und totalitären Regimen. Indem Marcuse die westlichen Industriestaaten vorbehaltlos unter eine Kategorie zu subsumieren bereit war, die die Politikwissenschaft Faschismus, Nationalsozialismus und Sowjetkommunismus vorbehalten hatte, schwächte er das politische Urteilsvermögen eher als es zu schärfen.

An diesem Punkt, der eine der entscheidenden Voraussetzungen für die Systemkritik der oppositionellen Bewegungen in den westlichen Staaten formulierte, entzündete sich auch die Empörung der Publizisten, Politik- und Sozialwissenschaftler aus dem Umfeld des »Kongresses für kulturelle Freiheit«. Diese gewiß nicht unberechtigte Abwehrhaltung machte jedoch zugleich auch blind gegenüber bestimmten Ähnlichkeiten zwischen den gesellschaftskritischen Ansätzen der Frankfurter Schule und den regimekritischen Entwürfen der antitotalitären Intellektuellen.

Die Überraschung unter den früheren Protagonisten des »Kongresses für kulturelle Freiheit« wäre sicher groß gewesen, wenn sie eine erst kürzlich entdeckte Notiz Adornos gekannt hätten, mit der dieser in der Auseinandersetzung mit der sich radikalisierenden Studentenbewegung Ende der sechziger Jahre seine eigene Position zu bestimmen versucht hat. In der dritten von acht Thesen »Zur Spezifikation der kritischen Theorie«, die undatiert, aller Wahrscheinlichkeit nach aber 1969, auf dem Höhepunkt des Konfliktes mit dem Frankfurter SDS, verfaßt worden sind, stellt er in komprimierter Form fest: »Kritische Theorie geht nicht auf Totalität sondern kritisiert sie. Das heißt aber auch, daß sie ihrem Inhalt nach anti-totalitär ist, mit aller politischen Konsequenz.«[15] Unmißverständlicher kann eine Positionsbestimmung kaum ausfallen. Sie beansprucht Gültigkeit sowohl für die Theorie als auch für die eigene politische Haltung. Der reflexive Duktus, den Adorno in seiner »Negativen Dialektik« entwickelt hat, ist im Unterschied zur Hegelschen Philosophie und der Marxschen Theorie weder daran orientiert, sich in Totalitätskategorien zu entfalten noch sich einem Anspruch zu unterwerfen, in dem der Praxisbegriff sich als Maßstab des Denkens aufspielt. Er insistiert deshalb darauf, daß

15 Theodor W. Adorno, *Zur Spezifikation der kritischen Theorie*, Theodor W. Adorno Archiv VI 15, 131.

philosophische Fragen prinzipiell »offen« bleiben müßten und nicht »durch Weltanschauung vorentschieden« werden dürften. Besonders auffällig ist, mit welchem Nachdruck Adorno den Antitotalitarismus als die seinem Denken angemessene politische Schlußfolgerung betont.

Die Jubiläumskonferenz, auf der ein Antitotalitarismus gefeiert wurde, der in Wirklichkeit eher ein Antikommunismus war, vermied jeglichen Anflug von Selbstzweifeln. Die Referate und Diskussionen trugen Züge der Verklärung, Kritikunfähigkeit und Überheblichkeit.[16] In mancher Hinsicht war das Treffen eine Geisterstunde, das vom Charme eines antiquierten Pathos, der historischen Selbststilisierung und der Mythologisierung lebte. Obwohl mit Melvin Lasky der erste und mit Michael Naumann der letzte Chefredakteur des *Monat* zugegen war, gab es keine wirkliche Überprüfung dessen, was der Kongreß damals wollte – anhand seiner Geschichte und aus einer Perspektive heraus, die der Gegenwart angemessen gewesen wäre. Der Journalist Thomas Schmid, einst ebenfalls Aktivist der 68er-Bewegung, der sein Heil jedoch nicht in maoistischen Politikmodellen suchte, faßte diesen Mangel anschließend in den Worten zusammen: »Kein einziges – philosophisches, politisches, essayistisches – Grundsatzreferat, kein Versuch, in einem Wurf die antitotalitäre Haltung und Erfahrung der unübersichtlichen Gegenwart auszusetzen und auf ihre Trag- wie Anschlußfähigkeit zu erproben.«[17] Dies ist nicht ganz zutreffend. Zwar hat es einen solchen Versuch von keinem der einstigen Protagonisten gegeben, jedoch gab es eine Reihe von Einwürfen und Anstößen, die den historisierenden Blickwinkel durchbrachen. Den Anfang damit machte paradoxerweise gerade eine Symbolfigur der 68er-Revolte.

16 Der einzige Berichterstatter, der das anders sah und von einem »Klassentreffen ohne Selbstgefälligkeit und Triumphalismus« sprach, war der Schweizer Publizist Jürg Altwegg. Da der Journalist jedoch als Moderator einer Podiumsdiskussion zugleich auch selbst aktiv am Verlauf der Konferenz beteiligt war, könnte in der Doppelfunktion von Kommentator und Teilnehmer eine Interessenkoalition vorgelegen haben. Vgl. Jürg Altwegg, »Das Klassentreffen. In Berlin sah sich der Kongreß für die Freiheit der Kultur wieder«, in: *Frankfurter Allgemeine Zeitung* vom 28. Juni 2000.
17 Thomas Schmid, »Die offene Gesellschaft als Schatz der Erinnerung. Ein halbes Jahrhundert nach dem ›Kongreß für kulturelle Freiheit‹ gerät das Gedenken zum Familientreffen«, in: *Die Welt* vom 26. Juni 2000.

In der Debatte über antitotalitäre Traditionen in Deutschland und Frankreich forderte Daniel Cohn-Bendit mit Vehemenz, daß in die Kritik der Menschenrechtsverletzungen auch jene einzubeziehen seien, die in den westlichen Demokratien verübt würden. Die parlamentarische Demokratie dürfe für einen Antitotalitarismus, der seine Glaubwürdigkeit nicht verlieren wolle, nicht sakrosankt sein. In exemplarischer Weise rief er deshalb zu Protesten gegen die Verhängung und Vollstreckung von Todesurteilen in den USA auf. Ähnlich wie er 1968 die französische wie die bundesdeutsche Linke mit dem Bekenntnis vor den Kopf stieß, daß er nicht nur Antikapitalist, sondern auch Antikommunist sei, eckte er nun bei den Honoratioren der antikommunistischen Publizistik vergangener Tage mit der Forderung nach einem politisch uneingeschränkten Antitotalitarismus an.

Ähnliche, obgleich moderater formulierte Töne waren nur noch von der italienischen Publizistin Barbara Spinelli, die das Schweigen der europäischen Intellektuellen gegenüber den russischen Massakern an den Tschetschenen anprangerte, und auf der abschließenden Podiumsdiskussion über »Demokratie und Menschenrechte im 21. Jahrhundert« im Französischen Dom am Gendarmenmarkt zu vernehmen. Der polnische Historiker Marcin Król gab der Befürchtung Ausdruck, daß es niemals zur Osterweiterung der EU kommen werde. Er sei davon überzeugt, daß kein westlicher Staat ernsthaft daran interessiert sei. Ironisch versicherte er, daß niemand in der EU Angst vor den Polen, Tschechen, Ungarn usw. haben müsse. Das ganze Projekt sei nichts anderes als eine soap opera. Die deutsch-rumänische Schriftstellerin Herta Müller konterte, daß allerdings alle genannten Länder Angst hätten – Angst vor Rußland. Solange Rußland Krieg führen könne, ohne deshalb befürchten zu müssen, Schwierigkeiten mit dem Westen zu bekommen, hätten die anderen osteuropäischen Staaten allen Grund, um ihre Unabhängigkeit zu fürchten. Die Autorin, die den Krieg der NATO gegen Serbien energisch verteidigte, bezeichnete es als Gewinn, daß es immerhin das Warten auf die EU-Mitgliedschaft gebe. Denn solange dieser Status anhielte, müßten die osteuropäischen Staaten nicht befürchten, von Rußland unterworfen zu werden. In solch düsteren Wortmeldungen vermittelte sich immerhin eine Ahnung davon, daß mit dem Untergang des Sowjetkommunismus weder das Ende der Geschichte gekommen noch eine Garantie für die Unabhängigkeit aller europäischen Staaten gegeben sein dürfte. Plötzlich stand eine Gefahr im Raume, die an die Bedrohung aus der Zeit des Kalten Krieges, diesmal allerdings ohne die bekannten ideologischen Vorzeichen, erinnerte und für die die meisten westeuropäischen Zeitgenossen – seien es nun Politiker, Publizisten oder Intellektuelle – offenbar blind sind.

Besonders auffällig war auf der Jubiläumskonferenz allerdings auch, daß niemand in der Lage oder willens war, die Glaubwürdigkeitslücke zu schließen, die die intellektuelle Legitimität des Kongresses seit über dreißig Jahren in Frage stellt. Gerüchte über die Beeinflussung der Aktivitäten des »Kongresses für kulturelle Freiheit« und der Redaktionspolitik seiner Zeitschriften durch amerikanische Geheimdienste hatte es von Anfang an gegeben. Sie reichten von der Annahme, daß Autoren finanziert, Artikel und Seminare manipuliert worden seien bis zur Vorstellung einer umfassenden politischen Steuerung des Apparates, in dem nichts dem Zufall überlassen worden wäre. In der Hochzeit des Kalten Krieges war das, zumal in West-Berlin, jedoch alles andere als unüblich. Es fehlte an Beweisen, und die Mitarbeiter des Kongresses stritten solche Verdächtigungen immer wieder ab. Erst Jahre später erhärteten sich die Vorwürfe. Besonders wichtig war dabei, daß sie nicht von kommunistischer Seite erhoben wurden. Sie tauchten in einer der angesehensten amerikanischen Tageszeitungen auf und setzten die führenden Köpfe des Kongresses umgehend unter Druck. Die *New York Times* meldete in ihrer Ausgabe vom 27. April 1966, daß zwei renommierte Stiftungen von der CIA finanziert würden und die Kongreß-Zeitschrift *Encounter* ihre Gelder vornehmlich aus diesen Quellen bezöge. Die Herausgeber des *Encounter*, Melvin Lasky, Stephen Spender und Irving Kristol, meldeten sich ebenso wie andere prominente Autoren – darunter John Kenneth Galbraith, George F. Kennan, J. Robert Oppenheimer und Arthur M. Schlesinger – in Leserbriefen zu Wort und stritten, wie gewohnt, alles ab. Doch diesmal verpufften die Gegendarstellungen, ein handfester Skandal war die Folge. »Die überwiegende Anzahl dieser Dementis«, schreibt Hochgeschwender, »waren Akte offener Unwahrheit. Fast alle Autoren, mit der möglichen Ausnahme Kristols und Spenders, wußten es längst besser.«[18] Galbraith gab ein Jahr später zu, daß er seit Mitte der fünfziger Jahre von der CIA-Verbindung informiert gewesen sei, und Lasky wußte für sich zur selben Zeit offenbar keinen anderen Ausweg, als einzuräumen, daß er von der CIA-Finanzierung des *Encounter* Bescheid gewußt habe. Allerdings, versuchte er seine Mitstreiter offenbar zu schützen, wären seine Mitherausgeber von alledem nicht informiert gewesen, und außerdem hätte die CIA keinerlei konkretere Absichten mit ihrem Engagement verfolgt. In der amerikanischen Öffentlichkeit hagelte es weiter Vorwürfe. Kommentatoren wie der später mit seiner Studie über »Das Zeitalter des Narzißmus« bekannt gewordene Christopher Lasch bezichtigte den Kongreß der Doppelmoral und Heuchelei. Als sich dann der ehemalige Vorgesetzte Michael Josselsons, der frühere Leiter des »covert action«-Departments der CIA, Thomas Braden, zu Wort meldete, brach der letzte Rest an Widerspruchsgeist in sich zusammen. In der *Saturday Evening Post* erklärte der Ex-Geheimdienstler schlichtweg, daß der »Kongreß für kulturelle Freiheit« eine verdeckte CIA-Operation gewesen sei.[19] Eine Woche zuvor hatten Josselson und J.C. Hunt auf einer Generalversammlung des »Kongresses für kulturelle Freiheit« in der Pariser Zentrale bereits zugegeben, daß sie seit 1950 Gelder von der CIA erhalten hätten, anfangs direkt, später über »dummy foundations«, und waren sofort von ihren Leitungsposten zurückgetreten. Im Gegensatz zu den USA und anderen westlichen Staaten gab es in der Bundesrepublik, in der ja nicht nur der *Monat* weiter erschien, sondern auch eine eigene Sektion des Kongresses mit Regionalbüros in Hamburg, Köln, München und West-Berlin existierte, keine öffentliche Auseinandersetzung über den Skandal.

Die insofern auf der Berliner Jubiläumskonferenz nachgeholte Debatte über die Rolle der CIA war weder geplant noch gewünscht; sie schuf sich eher naturwüchsig Bahn, führte dabei je-

18 Michael Hochgeschwender, a.a.O., S. 562.
19 In der Ausgabe der *Saturday Evening Post* vom 20. Mai 1967 heißt es: »We had placed one agent in a Europe-based organization of intellectuals called the Congress for Cultural Freedom. Another agent became an editor of Encounter.«

doch zu keiner differenzierteren und vor allem glaubwürdigeren Haltung der unmittelbar Angesprochenen. Es war entlarvend, wie Lasky zusammen mit Harpprecht die Flucht nach vorne anzutreten versuchte und sich lediglich darüber beklagte, wie wenig Geld man aus den Geheimdienstquellen erhalten habe.[20] Und mindestens ebenso fragwürdig war die Tatsache, daß der neben Lasky sitzende Staatsminister für Kultur sich eisern in Schweigen hüllte. Gerade gegen Naumann waren zwei Jahre zuvor massive Beschuldigungen laut geworden, er sei unter dem Decknamen »NORDDORF« als Journalist für den Bundesnachrichtendienst (BND) tätig gewesen. Der Geheimdienst-Experte Erich Schmidt-Eenboom hatte in seinem Band »Undercover« ein Dokument ausgewertet, das infolge des Machtwechsels in Bonn 1970 dem Koordinator für die Geheimdienste im Bundeskanzleramt, Staatssekretär Horst Ehmke, in die Hände gefallen war.[21] Darin waren 230 Journalisten, zu einem nicht unerheblichen Teil Chefredakteure und andere hochrangige Redakteure, als sogenannte »Presse-Sonderverbindungen« mit Klar- und Decknamen aufgeführt worden. Den Recherchen Schmidt-Eenbooms zufolge soll Naumann 1969 von dem BND-Verbindungsmann Kurt Wessel als Mitarbeiter für den *Münchner Merkur* rekrutiert worden sein.[22] Der junge Journalist, der zur 68er-Linken zählte, gerade über Karl Kraus promoviert hatte und schon bald zum Männermagazin *M* wechselte, sei dann direkt vom Leiter der BND-Dienststelle 923, dem 48jährigen E. Böhm

20 Ganz ähnlich hatte sich Harpprecht bereits vor einiger Zeit geäußert, um die Finanzierung durch die CIA zu verteidigen: »Die Zeitschrift ›Der Monat‹ wurde aus unvernünftig haushaltstechnischen Gründen aus den Fonds der CIA subventioniert, weil die Abgeordneten und Senatoren des amerikanischen Kongresses kaum bereit gewesen wären, die Mittel für solchen Luxus zu genehmigen. Nach meiner Erfahrung wurde auf die Redaktion und die Mitarbeiter dieser Zeitschrift niemals der geringste Druck ausgeübt. Ich habe auch nichts von einer Einflußnahme gespürt ... Wie gern hätte ich jedoch die CIA für die Autoren des ›Monat‹ weißbluten lassen! Die Agentur, die sich anderswo in der Welt die schrecklichsten Idiotien leistete und gewiß für manches Verbrechen verantwortlich ist, hat ihr Geld niemals für einen besseren Zweck ausgegeben.« Marko Martin, *Orwell, Koestler und all die anderen. Melvin J. Lasky und »Der Monat«*, Asendorf 1999, S. 21f.
21 Erich Schmidt-Eenboom, *Undercover. Wie der BND die deutschen Medien steuert*, Köln 1998; 2. aktualisierte und überarbeitete Auflage, München 2000.
22 A.a.O., S. 143f.

(Deckname ELZE) geführt worden. Als Besonderheit der neuge-
wonnenen BND-Kraft führt Schmidt-Eenboom an, daß der Kar-
rieremann, der später für die *Zeit* und den *Spiegel* arbeitete, die
Chefredaktion des *Monat* übernahm und im Auftrag des Holtz-
brinck-Konzerns Leiter des Rowohlt- und des amerikanischen
Henry-Holt-Verlags war, 1969 die Tochter des damaligen BND-
Präsidenten Gerhard Wessel, des unmittelbaren Nachfolgers von
Reinhard Gehlen, geheiratet hatte. Ebenso vergeblich wie der ehemalige *Bild*-Chefredakteur Peter Boenisch und der frühere ZDF-
Chefredakteur Reinhard Appel, die neben Marion Gräfin Dönhoff,
Henri Nannen und anderen Prominenten in der Liste aufgeführt
worden waren, hatte Naumann versucht, eine einstweilige Verfügung gegen die Auslieferung des Buches zu erwirken, indem er eine
Hamburger Kanzlei damit beauftragte, die entsprechenden Schritte
einzuleiten.[23] Der als BND-Mann verdächtigte Minister, der zuvor
kaum zu bremsen war, als es darum ging, die wundersame Geschichte seines ersten Zusammentreffens mit Lasky in Oxford und
die Übernahme der Rechte am *Monat* zu erzählen, rührte jedoch
keine Miene, als das Podium mit Fragen nach den Gegenleistungen
für die CIA-Finanzierung bombardiert wurde.

Die einzige Ausnahme unter den einstmals Beteiligten bildete
Bondy, der immerhin in einem Fernseh-Interview einzuräumen
bereit war, wie unangenehm es ihm gewesen sei, seinerzeit von der
CIA-Finanzierung erfahren zu müssen.[24] Mit Hochgeschwender
unternahm einer der Historiker den zaghaften Versuch, genauer zu
bestimmen, in welchen Fällen es zu Eingriffen gekommen sei.[25]

23 Vgl. Christiane Schulzki-Haddouti, »Michael Naumann geht gegen ›Undercover‹ vor«, in: *ix-magazin* vom 1. September 1998.
24 Auf die Frage, ob der »Kongreß für kulturelle Freiheit« am Ende nicht mehr als
»subtil gesteuerte CIA-Propaganda« gewesen sei, antwortete Bondy am 26. Juni
2000 in der 3-SAT-Sendung »Kulturzeit«: »Ich gestehe, daß wir nicht neugierig
genug waren. Wir hätten es wissen sollen, aber wir wußten es einige Jahre lang
nicht. Und als wir es wußten, gab es eine ziemlich arge Verwirrung. Nachträglich wissen wir, wieviel für diesen Kongreß vorgearbeitet worden war in Amerika, daß wir glaubten, Geschichte zu machen, während sie in Wirklichkeit
woanders gemacht worden ist. Wir lebten also in einer gewissen Illusion …
Inzwischen waren wir eher fremdgeleitet … Ich habe den Eindruck, daß die
entscheidenden Weichenstellungen in Amerika getroffen wurden.«
25 Aus den Quellen sei lediglich der Fall belegbar, daß Michael Josselson im
November 1961 dem Autor Boris Guldenberg, der Teile seines Buches *Latin*

Auch das Beispiel einer Verweigerung wurde genannt. Als eine Resolution nicht zustande kam, die sich gegen die intellektuellenfeindliche antikommunistische Hysterie von Senator Joseph McCarthy richtete, zog sich Hannah Arendt, die damals bereits zu den prominentesten Autorinnen zählte, zurück und weigerte sich, weiter in den Organen des Kongresses zu publizieren.

Eines steht jedenfalls fest – der Kongreß ist nicht am vorübergehenden Erfolg der 68er-Bewegung gescheitert. Was ihn wirklich zu Fall gebracht hat, ist seine mangelnde Glaubwürdigkeit. Wenn jemand fast zwei Jahrzehnte lang jeden Vorwurf einer geheimdienstlichen Unterstützung mit Empörung von sich gewiesen hat, und dann in einer Situation, in der es keine Ausflüchte mehr gibt, eingestehen muß, daß die vom politischen Gegner ausgesprochenen Verdächtigungen doch nicht ganz und gar unbegründet waren, dann verliert er jeglichen Kredit. Aus der Legitimationskrise, die für den Kongreß durch die Aufdeckung der CIA-Finanzierung während des Vietnamkrieges entstanden war, gab es keinen Ausweg mehr. Sein Niedergang war in erster Linie selbstverschuldet. Dabei hat gerade die vom Kongreß selbst forcierte Moralisierung der Politik eine entscheidende Rolle gespielt. Die antikommunistische Einrichtung, die die stalinistische Kulturpolitik mit großem Pathos und nicht zu Unrecht in Grund und Boden kritisiert hatte, wurde von einer Oppositionsbewegung attackiert, die sich selbst moralisch definierte, der Bewegung gegen den Vietnamkrieg. An einem Punkt wie der CIA-Connection der Lüge überführt worden zu sein, war für eine Einrichtung, die Wahrheit, Freiheit und intellektuelle Redlichkeit für sich in einer geradezu ausschließlichen Weise beanspruchte, verheerend. Der Niedergang, der seit 1967 folgte, war nicht mehr aufzuhalten. Der Kongreß, der es in materi-

America and the Cuban Revolution im Monat zu publizieren beabsichtigte, nahegelegt habe, Passagen umzuschreiben, in denen die Verwicklung von US-Außenminister John Foster Dulles und der United Fruit Company in die Militärintervention der USA 1954 in Guatemala deutlich geworden wäre. Vgl. Michael Hochgeschwender, *Freiheit in der Offensive? Der Kongreß für kulturelle Freiheit und die Deutschen*, München 1998, S. 168f. Der CIA-Agent Josselson war vermutlich die Schlüsselfigur des »Kongresses für kulturelle Freiheit«. Vgl. Peter Coleman, *The Liberal Conspiracy. The Congress for Cultural Freedom and the Struggle for the Mind of Postwar Europe*, New York / London 1989, S. 220-228.

eller Hinsicht ohnehin nicht mit den Propagandakampagnen der kommunistischen Staaten hätte aufnehmen können, hatte damals seine wichtigste Kraftquelle eingebüßt, seine Glaubwürdigkeit.

Und es ist nicht auszuschließen, daß sich eines Tages herausstellen wird, daß die Beziehung zur CIA nicht nur finanzieller Natur war. Auch wenn Lasky die Annahme, daß die CIA auch inhaltlich Einfluß genommen habe, immer noch in Bausch und Bogen verwirft, erscheint hier Skepsis angebracht. Wie weit die so oft beschworene Freiheit der Intellektuellen tatsächlich gereicht hat, bedarf erst noch der historisch nachprüfbaren Klärung. Versicherungen seitens der Beteiligten reichen bereits seit langem nicht mehr aus.

Der Kongreß kann gewiß auch nicht einfach für sich beanspruchen, eine antitotalitäre Unternehmung gewesen zu sein. Dies wird zwar immer wieder, nicht zuletzt von seinen Protagonisten, behauptet, hält einer genaueren historischen Überprüfung jedoch nicht stand. Selbst der in seiner Beurteilung eher zurückhaltend operierende Hochgeschwender gelangt in seiner quellengesättigten Untersuchung über die deutsche Sektion des Kongresses zu dem Schluß, daß der von ihm propagierte Antitotalitarismus »vornehmlich als Antikommunismus verstanden« werden müsse. Der herrschaftskritische Terminus hat demnach unverkennbar Züge eines Täuschungsmanövers getragen: »Als antitotalitäres Feigenblatt diente im Normalfall eine zurückhaltende Kritik am franquistischen Spanien, und sogar diese mußte von Salvador de Madriaga gelegentlich eigens angemahnt werden ... Der klassische Antitotalitarismus der ›New York Intellectuals‹ lief somit unversehens Gefahr, zu einem nur noch instrumentell verstandenen, praktisch aber zunehmend illiberal werdenden Faktor des breiten antikommunistischen Konsenses der westlichen Gesellschaft zu werden ... Die bloß antikommunistisch-polemisch begründete neue Sichtweise der Weltlage lief, entgegen der im Rückblick etwa von Manès Sperber versuchten Rechtfertigungen, darauf hinaus, ähnlich dualistisch-manichäische Züge zu entwickeln, wie sie für das Denken der linksintellektuellen ›fellow-travellers‹ der dreißiger Jahre kennzeichnend gewesen waren.«[26] Obwohl auch Sidney Hook in seinen

---

26 Michael Hochgeschwender, *Freiheit in der Offensive? Der Kongreß für kulturelle Freiheit und die Deutschen*, München 1998, S. 254f.

Erinnerungen behauptet, daß es in der ersten Hälfte der fünfziger Jahre eine Reihe von Aktionen gegen autoritäre, rechtspopulistische Regime wie den Peronismus in Argentinien gegeben habe,[27] so vermag Hochgeschwender nachzuweisen, einen »wie begrenzten Stellenwert nicht-antikommunistische Propaganda« im Kongreß seinerzeit hatte.

Ursprünglich war der Kongreß die Organisation zur Initiierung einer antikommunistischen Dauerkampagne, die eine Antwort auf die kommunistische Weltfriedensbewegung darstellen sollte. Mit den Friedenskongressen in Breslau, New York und Paris war es dem Stalinismus 1948/49 immer stärker gelungen, westliche Intellektuelle propagandistisch einzubinden. Dabei ging es keineswegs nur um Parteigänger des Kommunismus, sondern um Träger eines Bündnisses, das bis in die Kirchen und ins sogenannte bürgerlich-humanistische Lager hineinreichte. Angesichts der mit Aufrüstung, Wiederbewaffnung und insbesondere mit der Entwicklung von Atomwaffen verbundenen Gefahren besaßen Friedensbewegungen eine Attraktivität, die alles andere in den Schatten stellte und viele ihrer Anhänger blind für Möglichkeiten einer politischen Instrumentalisierung machte. Obwohl es der Sowjetunion nach dem Ende des Zweiten Weltkrieges gelungen war, sich einen osteuropäischen Staat nach dem anderen zu unterwerfen, galt sie in den Augen vieler Schriftsteller, Künstler und Wissenschaftler als stärkster Garant des Weltfriedens. Den Vereinigten Staaten hingegen hing nicht zuletzt wegen des Abwurfs der Atombomben über Hiroshima und Nagasaki der Makel an, auf eine Politik der Hochrüstung und Stärke zu setzen. Ideologisch betrachtet befanden sie sich am Ende der vierziger Jahre eindeutig in der Defensive.

Um aus dieser Situation zu gelangen, initiierte General Lucius D. Clay bereits im Oktober 1947 die Operation »Talk Back«, mit der die Werte der liberalen Demokratie in die Zonen Nachkriegsdeutschlands vermittelt werden sollten.[28] Nach zwölfjähriger In-

27 Sidney Hook, *Out of Step. An Unquiet Life in the 20th Century*, New York 1987, S. 458f. Hook (1902-1989) war der intellektuelle Lehrer Laskys. Zu dessen Biographie vgl. Cornelia Kunkat, *Sidney Hook. Intellektueller zwischen Marxismus und Pragmatismus*, Frankfurt / New York 2000.
28 Vgl. Harold Hurwitz, *Die Stunde Null der deutschen Presse. Die amerikanische Pressepolitik in Deutschland 1945-1949*, Köln 1972, S. 333-339; Wolfgang Schi-

doktrination durch die NS-Propaganda sollte unbedingt verhindert werden, daß nun ein größerer Teil der deutschen Bevölkerung in ideologische Abhängigkeit des stalinistischen Kulturapparats geriet. Die Ausrichtung war deshalb strikt antikommunistisch. Die Organisation lag in den Händen der zu diesem Zweck eigens gegründeten »Political Information Branch« (PIB) der »Information Control Division«. Unter den Historikern, die sich eingehender mit der Geschichte des Kongresses befaßt haben, besteht Einigkeit darin, daß der *Monat* ein unmittelbares Ergebnis der Operation »Talk Back« ist. Aller Wahrscheinlichkeit nach ist die Idee zu der antikommunistischen Zeitschrift direkt in der PIB entwickelt worden. Hochgeschwender vermutet, daß sogar General Clay selbst auf die Idee gekommen sei und anschließend Melvin Lasky für das Projekt gewonnen haben könnte.[29] Dessen immer wieder aufgetischte Behauptung, daß der *Monat* seine eigene Idee gewesen sei,[30] verweist er jedenfalls ins Reich der Legendenbildung.

An der Redaktionspolitik des *Monat* läßt sich nur zu genau erkennen, worin die Lücken der Berichterstattung und der kritischen Reflexion bestanden haben. Während Zeitgenossen dort über Prozesse, in denen es um die Existenz sowjetischer Lager ging, sorgfältig informiert wurden, erfuhren sie über die Nürnberger Prozesse, die sich mit dem Wilhelmstraßen-Prozeß gegen die Angehörigen des Auswärtigen Amtes, darunter Ernst von Weizsäcker, bis ins Jahr 1949 hinzogen, so gut wie überhaupt nichts. Zwar tauchten für die Anfangsjahre der Adenauer-Ära brisante Themen wie Wiederbewaffnung, Nationalismus und Antisemitismus durchaus auf, gemessen an der Ausführlichkeit, mit der sich die Zeitschrift jedoch dem sowjetischen Imperium in allen Facetten, mit besonderer Konzentration auf das Verhältnis von Ideologie und Terror, widmete, blieben sie eher Marginalien, denen vermutlich kaum anderes als eine Feigenblattfunktion zukam. Diese höchst ungleiche Gewichtung ist umso überraschender, als es mit der

velbusch, *Vor dem Vorhang. Das geistige Berlin 1945-1948*, München / Wien 1995, S. 192f.

29 Michael Hochgeschwender, a.a.O., S. 150.

30 Vgl. Laskys Ausführungen in: Marko Martin, *Orwell, Koestler und all die anderen. Melvin J. Lasky und »Der Monat«*, Asendorf 1999, S. 23.

Neuen Zeitung eine von der Amerikanischen Besatzungsmacht herausgegebene Tageszeitung gab, die den Antitotalitarismus sehr viel ernster nahm. In dem bis 1955 existierenden Blatt gab es eine zum Teil vorbildliche Berichterstattung, die sich den antidemokratischen Gefährdungen von rechter Seite mit ähnlicher Gründlichkeit widmete wie denen von der linken.

Eine weitere Legende hielt sich auf der Jubiläumskonferenz hartnäckig – die Behauptung, es habe in der Bundesrepublik einen antitotalitären Konsens gegeben. Das trifft zwar auf die als Provisorium bis zur Wiedervereinigung gedachte Verfassung, das Grundgesetz, zu, mit dem beansprucht wurde, die immer wieder bemühten Lehren aus dem Scheitern der Weimarer Republik gezogen zu haben. Davon kann jedoch, was die Öffentlichkeit angeht, die über lange Zeit gespalten war, kaum die Rede sein.[31] Die Vorbehalte gegenüber der Bundesrepublik, die von Strömungen von links wie rechts als ein Werk der Besatzungsmächte und damit als ein politisches Diktat angesehen wurde, waren so stark, daß es ein bis zwei Jahrzehnte dauerte, bis die Westorientierung auch im Bewußtsein der Bevölkerungsmehrheit vollzogen und der damit verbundene Wertekanon der liberalen Demokratie akzeptiert war.

31 In etwas veränderter Lesart präsentiert Thomas Schmid diese Legende in einem im Vorfeld der Jubiläumskonferenz publizierten Artikel. (»Freiheit und Frieden sind untrennbar‹. Vertane Chance: Vor 50 Jahren tagte in Berlin der ›Kongreß für kulturelle Freiheit‹«, in: *Die Welt* vom 23. Juni 2000) Er bezeichnet darin die verbreitete Ansicht, daß es die von der Gruppe 47 repräsentierte linksliberale Intelligenz gewesen sei, die die in der Adenauer-Ära vorherrschende Restaurationstendenz durchbrochen und einer zivilgesellschaftlich orientierten Republik zum Aufstieg verholfen habe, kurzerhand als frei erfundene »Mär«. An ihrer Stelle hätten antitotalitäre Intellektuelle wie Hannah Arendt, Raymond Aron, Isaiah Berlin, Sidney Hook, Arthur Koestler, Ludwig Marcuse, Richard Löwenthal und Dolf Sternberger den Provinzialismus der Nachkriegszeit aufgesprengt und eine »Internationale der Freiheit« begründet. Doch was hier mit ungebremstem Pathos als eine Art alternativer, vermeintlich aus freien Geistesstücken gegründeter Komintern daherkommt, ist selbst das Musterstück einer Legendenbildung. Zwar hat es ganz unzweifelhaft solche und ähnliche Namensverbindungen unter den Autorinnen und Autoren des *Monat* gegeben, jedoch wäre es vermessen, diese als funktionierendes Netzwerk für die bundesdeutsche Öffentlichkeit unterstellen zu wollen. Nicht ohne Grund muß sich Schmid die Namen prominenter Intellektueller aus den USA, Frankreich und Großbritannien ausleihen, um seiner Fata Morgana einen Anstrich von Realitätshaltigkeit zu vermitteln.

Angesichts dessen pauschal von einem antitotalitären Konsens sprechen zu wollen, verrät ein erhebliches Maß an Wunschdenken. Insofern ist auch die Hypothese, daß dieser Konsens von der 68er-Bewegung einseitig aufgekündigt worden wäre, nicht aufrechtzuerhalten.

Wie unter einem Brennspiegel hat die Jubiläumskonferenz höchst unfreiwillig Problemstellungen deutlich werden lassen, die nicht einfach dem Aufgabenbereich von Historikern überlassen werden dürfen. Nach dem vergeblichen Versuch, an die Tradition des »Kongresses für kulturelle Freiheit« anknüpfen und die ungebrochene Aktualität des Antitotalitarismus vor Augen führen zu können, drängen sich insbesondere drei zentrale Fragen auf:

Ist der »Kongreß für kulturelle Freiheit« durch die CIA-Finanzierung nich (tiert worden? Oder soll etwa der Steuerung durch westliche Geheimdienste ein anderer Stellenwert als der durch östliche eingeräumt werden?

Muß der Liberalismus als die politische Ideologie der westlichen Demokratien als totalitäre Gefahrenquelle nicht in die Analyse mit einbezogen werden?

Welche Aktualität besitzt der Antitotalitarismus überhaupt noch? Ist der Begriff nach 1989/90, dem Untergang des Kommunismus und dem Ende der Blockkonfrontation überhaupt noch brauchbar? Ist er nicht vielmehr antiquiert, ein ideologisch aufgeladenes Schlagwort, das nach dem Ende des Kalten Krieges in der Mottenkiste verschwinden sollte?

Erstens: Unter den heutigen Befürwortern der Kongreßtradition ist die Haltung verbreitet, die von der CIA eingesetzten pekuniären Mittel als »gut angelegtes Geld« anzusehen.[32] Diese Einstellung ist jedoch zynisch und kokettierend, sie ist gleich in mehrfacher Hinsicht problematisch und nicht überzeugend. Zunächst einmal wird die geheimdienstliche Beziehung auf ihre finanzielle Dimension reduziert. Die naheliegende Frage nach den Gegenleistungen wird dagegen entweder nicht gestellt oder als irrelevant verworfen. Las-

---

32 So der Tenor eines Artikels, in dem Pierre Grémions Band *Intelligence de l'anticommunisme. Le Congrès pour la liberté de la culture à Paris 1950-1975* (Paris 1995) besprochen worden ist: Hans Kluth, »Gut angelegtes Geld. Der Kongreß für kulturelle Freiheit und die Dollars der CIA«, in: *Frankfurter Allgemeine Zeitung* vom 13. Mai 1996.

kys Abwehrreaktion, es sei naiv, sich vorzustellen, irgendein Geheimdienst hätte Autoren vom Schlage Raymond Arons, Arthur Koestlers oder Ignazio Silones etwas in die Feder diktieren können, ist nur schwer anzuzweifeln. Dennoch bleibt ein Rest an Ungewißheit. Die Unsicherheit, ob die Autonomie derartiger Wissenschaftler, Publizisten und Schriftsteller auch tatsächlich gewahrt wurde, ist jedoch nur eine Seite des Problems. Die andere, sehr viel wichtigere, weil vorentscheidende liegt in der Redaktionspolitik bzw. den vielleicht für die Mehrzahl der Redakteure nicht erkennbaren Direktiven zur Steuerung eines Publikationsorgans. Über die Auswahl der Themen und Autoren, die Festlegung von Grundlinien der Berichterstattung und Kommentierung und insbesondere das Verbot, Themenstellungen mit einer bestimmten Brisanz zu behandeln,[33] lassen sich bereits im Vorfeld wichtige Weichen stellen. Auch wenn es vielleicht mehr als nur graduelle Unterschiede zwischen Geheimdiensten in totalitären und in demokratischen Staaten geben sollte, stellt sich hier ein Problem, das über solche möglicherweise existierenden Differenzen hinausgeht.

Wie das Beispiel einiger deutscher Emigranten lehrt, kann es zweifelsohne Situationen geben, in denen die Mitarbeit in der Forschungs- bzw. Analyseabteilung eines Geheimdienstes als sinnvoll, wenn nicht gar als geboten angesehen werden kann. Die Bereitschaft Franz Neumanns, Herbert Marcuses und Otto Kirchheimers, 1943 auf dem Höhepunkt des Zweiten Weltkrieges in die Research & Analysis Branch des Office of Strategic Services (OSS) einzutreten,[34] ist auch aus heutiger Perspektive und mit dem Wissen, daß es sich dabei um den Vorläufer der CIA handelte, vertretbar.[35] Für die Forschergruppe des von Frankfurt nach New York geflohenen Instituts für Sozialforschung ging es schließlich darum,

33 Nach Darstellung von Melvin Laskys ehemaligen Redaktionssekretär Harold Hurwitz existierte in den späten vierziger und frühen fünfziger Jahren für den *Monat* das Verbot, bestimmte innenpolitische Fragen anzuschneiden, die das Verhältnis der amerikanischen Besatzungsmacht zur Bundesrepublik hätten belasten können.
34 Zur Geschichte des OSS vgl. R. Harris Smith, *OSS. The Secret History of America's First Central Intelligence Agency,* Berkeley 1972.
35 Eine Auswahl von Marcuses Texten aus seiner Forschungsarbeit in der Research & Analysis Branch des OSS ist inzwischen unter dem Titel *Feindanalysen. Über die Deutschen* (Lüneburg 1998) erschienen.

mit den ihnen zur Verfügung stehenden sozialwissenschaftlichen und historischen Kenntnissen einen Beitrag zur Niederringung des Nationalsozialismus und zum Aufbau einer Demokratie im Nachkriegsdeutschland zu leisten.[36] Diese historische Aufgabenstellung war jedoch begrenzt. Bereits 1946/47 war klar, daß sich die Theoretiker mit ihren Analysen und Empfehlungen zur Entnazifizierung nicht durchsetzen konnten. Der Kalte Krieg hatte begonnen, und die Imperative der amerikanischen Besatzungspolitik hatten sich gewandelt. Die drei Wissenschaftler wechselten an verschiedene amerikanische Universitäten, Neumann ging kurze Zeit später nach West-Berlin, wo er dann auch an der Freien Universität und der Deutschen Hochschule für Politik lehrte.

Diese Geschichte geheimdienstlicher Aktivitäten deutsch-jüdischer Emigranten ist durch außerordentliche Bedingungen charakterisiert. Sie stellen kein Modell dar, eher markieren sie die Grenzen eines Ausnahmefalls. Es gibt eine Reihe guter Gründe dafür, daß sich eine Zusammenarbeit zwischen Intellektuellen und Geheimdiensten in demokratischen Rechtsstaaten prinzipiell verbietet. Der entscheidende dürfte darin liegen, daß solche Dienste allen Beteuerungen zum Trotz praktisch nicht demokratisch kontrollierbar sind. Es sind Einrichtungen, deren Abschaffung vermutlich utopisch bleiben wird. Leider gibt es immer noch Beispiele dafür, daß ehemalige Geheimdienstchefs Ministerämter übernehmen und sogar das Amt des Staatspräsidenten ausüben. In dieser Hinsicht unterschieden sich in der Vergangenheit kommunistische nicht von westlichen Staaten. Mit Juri Andropow war in der ersten Hälfte der achtziger Jahre ein Ex-KGB-Chef sowjetischer Staatsratsvorsitzender und mit George Bush wenige Jahre später ein Ex-CIA-Chef amerikanischer Staatspräsident. Und auch die Karriere des FDP-Politikers Klaus Kinkel, der nach seiner Rolle als Chef des Bundesnachrichtendienstes zunächst Bundesjustizminister und dann Bundesaußenminister werden konnte, wirft eine

---

36 Vgl. Alfons Söllner (Hg.), *Zur Archäologie der Demokratie in Deutschland*, Bd. 1: Analysen politischer Emigranten im amerikanischen Geheimdienst 1943-1945, Frankfurt am Main 1982; ders., *Zur Archäologie der Demokratie in Deutschland*, Bd. 2: Analysen von politischen Emigranten im amerikanischen Außenministerium 1946-1949, Frankfurt am Main 1986.

Reihe bis heute ungeklärter Fragen auf.[37] Von der Blitzkarriere, die mit Wladimir Putin den ehemaligen Chef des russischen Inlands-geheimdienstes FSB an die Staatsspitze einer so fragwürdigen De-mokratie wie Rußland katapultiert hat, ganz zu schweigen. Die nicht zu leugnende Möglichkeit, daß mit den Beziehungen und dem Herrschaftswissen einer früheren Geheimdienstpraxis Politik betrieben werden kann, spricht dafür, derartige Rollen prinzipiell voneinander zu trennen und den Aufstieg ehemaliger Geheim-dienstler in öffentliche Ämter als demokratiefeindlich anzupran-gern und künftig sogar mit Rechtsmitteln zu verhindern.

Was die Geschichte des »Kongresses für kulturelle Freiheit« anbetrifft, so bewegen sich frühere ebenso wie heutige Versuche, die Einbindung von Intellektuellen, Künstlern und Wissenschaft-lern in ein Propagandaprojekt der CIA zu verteidigen, auf schwachen Füßen. Intellektuelle Freiheit und geheimdienstliche Operationen schließen sich – von wenigen Ausnahmefällen einmal abgesehen – gegenseitig aus. Wenn es wirklich »eine axiomatische Wahrheit« sein sollte, wie es in dem am Ende des Berliner Kongresses verab-schiedeten Manifests heißt, daß die Freiheit des Geistes »eines der unveräußerlichen Menschenrechte« ist und diese Freiheit vor allem darin besteht, daß der einzelne seine Meinung äußern kann, auch wenn diese von der der Obrigkeit abweicht, dann ist dieses Axiom in der Praxis häufig mit den politisch-geheimdienstlichen Direkti-ven kollidiert. Durch die Aufdeckung der CIA-Finanzierung des Kongresses ist die dem Liberalismus verpflichtete Freiheitsphilo-sophie seiner Autoren so sehr kompromittiert worden, daß nicht nur der Niedergang dieser kulturellen Einrichtung unausweichlich war. Über den im *Monat* publizierten Texten liegt seitdem ein Schatten, der kaum wieder verschwinden dürfte.

Zweitens: Wenn der Antitotalitarismus überhaupt eine Chance haben soll, nicht zu einer hohlen Bekenntnisformel zu erstarren, dann bedarf es der prinzipiellen Möglichkeit, ihn auch auf das Gesellschaftssystem applizieren zu können, das ihn ermöglicht hat – den Liberalismus. Das soll nicht heißen, den totalitären Verdacht zu generalisieren und ihn pauschal auch auf alle nichttotalitären

---

37 Vgl. Erich Schmidt-Eenboom, *Der Schattenkrieger. Klaus Kinkel und der BND*, München 1995.

Staaten zu übertragen. Das bedeutet lediglich, die Genese einer totalitären Struktur ernst zu nehmen, um noch etwas dagegen unternehmen zu können, solange sich diese Struktur noch nicht politisch transformiert und als eigenständiges Herrschaftssystem etabliert hat.

Den Totalitarismus hat es bekanntlich vor dem 20. Jahrhundert nicht gegeben, er ist ein Produkt der modernen Massengesellschaft. Damit ist er, auch wenn dies gegenwärtig als unwahrscheinlich gelten mag, in Zukunft möglich. Insbesondere neue technologische Errungenschaften wie die einer elektronisch steuerbaren Informationsgesellschaft und die biogenetische Lenkung der Fortpflanzung stellen unabschätzbare Gefahrenquellen dar. Die parlamentarische Demokratie kann auch künftig ausgehöhlt und der Rechtsstaat von antidemokratischen Bewegungen und Organisationen außer Kraft gesetzt werden. Dem gilt es Rechnung zu tragen.

Die Antithese zwischen totalitären Staaten und freiheitlichen Demokratien darf allerdings nicht zu einem Klischee erstarren, mit der die Kritik an den westlichen Staaten für sakrosankt erklärt werden kann. Eine solche Immunisierung würde unweigerlich zu einer Selbstideologisierung des westlichen Wertesystems führen, zu seiner Einbindung in ein manichäisches Weltbild. Die entscheidende Frage, die der französische Politologe Pierre Hassner bereits vor anderthalb Jahrzehnten aufgeworfen hat, lautet, ob man antitotalitär sein könne, »…ohne aus der Antiideologie eine Ideologie, aus dem Antitotalitarismus einen Totalitarismus zu machen.«[38] Möglich dürfte das nur dann sein, wenn jegliche Form einer Ontologisierung der antiideologischen Einstellung vermieden wird.

Drittens: Die Versuche, die Totalitarismustheorie wiederzubeleben und den Antitotalitarismus als politische Einstellung zu aktualisieren, sind alles andere als selbstverständlich. Nachdem Faschismus und Nationalsozialismus nur durch einen Krieg von außen gestürzt werden konnten, hatte es mit Gorbatschows Glasnost-Politik eines von der Parteispitze ausgehenden Reformkurses bedurft, um die Auflösung des Sowjetkommunismus einzuleiten. Noch vor dem Ende des 20. Jahrhunderts hatte sich damit zur allgemeinen Überraschung auch das letzte der großen totalitären

---

38 Pierre Hassner, »Der totalitäre Spiegel. Der sowjetische Totalitarismus in westlicher Sicht«, in: *Europäische Rundschau*, 12. Jg., Heft 4, 1984, S. 16.

Systeme verabschiedet. Die Wiederbelebung des Antitotalitarismus ist insofern ein paradoxes Phänomen: Im Moment des Verschwindens der Totalitarismen ist er wiederaufgetaucht. Und die Reaktualisierung der Totalitarismustheorie setzte ebenfalls mit dem Untergang des letzten totalitären Regimes in Europa ein. Die Frage liegt deshalb nahe, ob sich diese Theorie und die mit ihr verbundene politische Haltung nicht überlebt haben. Oder anders gefragt: Wozu bedarf es des Antitotalitarismus heute überhaupt noch?

Eine mögliche Antwort bestünde in der Historisierung der Totalitarismen, des Begreifens und der gleichzeitigen Verabschiedung der Gewalt- und Katastrophengeschichte des 20. Jahrhunderts. Die Chance, diese Aufgabe wahrzunehmen, ist zweifelsohne besser als je zuvor. Der Grund dafür liegt vor allem darin, daß historische Aufklärung über die Genese, Struktur und Funktion dieser Regime nicht mehr wie zur Zeit der Ost-West-Konfrontation der eminenten Gefahr ausgesetzt wäre, umgehend politisch instrumentalisiert zu werden. Die Historisierung wäre eine wissenschaftliche, eine kulturelle und möglicherweise auch eine geschichtspolitische Reaktion. Diese zweifelsohne optimistische Variante ginge von der Voraussetzung aus, daß eine ernsthafte totalitäre Gefahr in Europa nicht mehr gegeben wäre.

Eine andere Antwort könnte darin bestehen, am Antitotalitarismus als einer Grundüberzeugung der bundesdeutschen Verfassung festzuhalten und seine aktuelle Aufgabe auch weiterhin in der Abwehr des Rechts- und des Linksextremismus zu sehen. Aus dieser Perspektive gäbe es zwar das Eingeständnis einer inneren Gefährdung des Verfassungsstaates, jedoch zugleich das Insistieren auf der Wehrhaftigkeit des demokratischen Rechtsstaates.

Eine dritte Antwort wäre denkbar, bei der die Tradition des »Kongresses für kulturelle Freiheit« in gewisser Hinsicht auch heute noch von Bedeutung wäre. Auch wenn die Inanspruchnahme einer unmittelbaren Kontinuität ausgeschlossen ist,[39] nicht nur weil der durch den CIA-Bezug bedingte Vertrauensbruch zu stark war, sondern weil sich der historische Kontext maßgeblich verändert

---

39 Diesen ehrenhaften, aber wenig aussichtsreichen Versuch unternimmt Ulrike Ackermann in ihrer jüngst erschienenen Monographie *Sündenfall der Intellektuellen. Ein deutsch-französischer Streit von 1945 bis heute*, Stuttgart 2000.

hat, so gibt es zumindest einen zentralen Gesichtspunkt, an den indirekt angeknüpft werden kann.

Im sechsten Punkt des von Arthur Koestler zum Abschluß des »Kongresses für kulturelle Freiheit« im Juni 1950 verlesenen Manifests hatte es geheißen: »Keine politische Ideologie, keine ökonomische Theorie kann sich das allgemeine Recht anmaßen, den Begriff der Freiheit zu bestimmen. Vielmehr muß der Wert aller Ideologien und Theorien nach dem Ausmaß der praktischen Freiheit beurteilt werden, die sie dem einzelnen gewähren.«[40] Dieses Kriterium hat auch heute noch nichts von seiner Gültigkeit verloren. In der Freiheit des einzelnen verrät sich, was es mit einem Regime, einem Gesellschafts- oder Staatssystem auf sich hat. Das gilt auch für den Liberalismus, der diesen Gedanken überhaupt möglich gemacht hat.

Und nicht zuletzt gilt das für die Linke. Ohne die bittere Lektion des Antitotalitarismus aufzunehmen, liefe sie weiterhin Gefahr, sich zur vermeintlichen Inkarnation historischer Notwendigkeit aufzuwerfen. Für sie geht es neben der unvermeidlichen Abkehr von der Vorstellung einer teleologisch ausgerichteten Geschichte vor allem darum, in ihrer herrschaftskritischen Perspektive an das eigene Gesellschaftsmodell denselben Maßstab anzulegen wie an irgendein diktatorisches, sei es ein kommunistisches, faschistisches oder nazistisches. Nur in dieser Gleichheit ist die Grundorientierung am Universalismus aufgehoben. Und diese wiederum ist für eine Linke essentiell, die in der Hoffnung fortexistiert, daß sie im letzten Jahrhundert mit der vom Sowjetkommunismus freigesetzten totalitären Dynamik nicht zugleich annihiliert worden ist.

40 »Manifest«, in: *Der Monat,* 3. Jg., Heft 22/23, Juli / August 1950, S. 483f. Dieser antiideologische Impuls war bereits drei Jahre zuvor in einem Band zum Tragen gekommen, in dem sich ein französischer Philosoph mit Koestlers Interpretation der Moskauer Schauprozesse auseinandergesetzt hatte. Maurice Merleau-Ponty schrieb im Vorwort von *Humanismus und Terror:* »Welche Philosophie immer man lehren mag, und sei es eine theologische: eine Gesellschaft ist nicht der Tempel jener Wert-Idole, die auf dem Giebel ihrer Monumente oder in ihren Verfassungstexten stehen, sie ist das wert, was in ihr die Beziehungen des Menschen zum Menschen wert sind … Jede ernsthafte Diskussion über den Kommunismus hat also das Problem so zu stellen wie er selbst, nämlich nicht auf dem Boden der Prinzipien, sondern auf dem der menschlichen Beziehungen.« Maurice Merleau-Ponty, *Humanismus und Terror,* Bd. 1, Frankfurt am Main 1966, S. 8f.

Zum Autor

Wolfgang Kraushaar, geb. 1948, Politikwissenschaftler, studierte an der Johann Wolfgang Goethe-Universität in Frankfurt am Main Politikwissenschaft, Philosophie und Germanistik. Kriegsdienstverweigerer, 1969-1970 Zivildienst in einer Psychiatrischen Klinik in Köppern im Taunus. 1968-1970 Mitglied im Sozialistischen Deutschen Studentenbund (SDS), 1972-1976 Mitglied in der Sozialistischen Hochschulinitiative (SHI), 1974/75 AStA-Vorsitzender in Frankfurt am Main. 1975-1977 Mitarbeit im Verlag Neue Kritik. 1982 Promotion mit einer Arbeit über den Strukturwandel der deutschen Universität. Seit 1987 am Hamburger Institut für Sozialforschung. Veröffentlichungen u.a.: Revolte und Reflexion (Frankfurt am Main 1990); Die Protest-Chronik 1949-1959, Bd. I-IV (Hamburg 1996); Frankfurter Schule und Studentenbewegung, Bd. 1-3 (Hamburg 1998); 1968 – Das Jahr, das alles verändert hat (München 1998); 1968 als Mythos, Chiffre und Zäsur (Hamburg 2000).

Wolfgang Kraushaar
REVOLTE UND REFLEXION
Politische Aufsätze 1976-87

200 Seiten, broschiert
ISBN 3-8015-0233-3

Mit scharfsinnigen und differenzierten Essays hat Wolfgang Kraushaar die Protestformen und -bewegungen der letzten fünfundzwanzig
Jahre kritisch begleitet: Beat-Ära und Subversive Aktion, Kom-
munarden und Weiberrat, antiautoritäre Fraktion und Stadtguerilla,
Kadergruppen und Parteigründer, Grüne und Alternative, Punks
und Autonome.

Die Texte sind keine Einkerbungen am Stammbaum einer ehemals
Neuen Linken. Wo sie Erinnerungen evozieren, da werden utopi-
sche Energien freigesetzt. Wo sie zu Ideen inspirieren, da werden
eingeschlafene Wünsche geweckt. Es handelt sich um Gedanken-
stationen am Strom der Bewegung. Die Partei der Grünen kann
nicht alles gewesen sein.

Inhalt: Kinder einer abenteuerlichen Dialektik / Time Is On My
Side. Die Beat-Ära / Autoritärer Staat und antiautoritäre Bewe-
gung. Zum Organisationsreferat von Rudi Dutschke und Hans-
Jürgen Krahl / Die Schleyer-Entführung: 44 Tage ohne Opposition.
Die Linke im Zirkelschluß von RAF und Staat / Autonomie oder
Getto. Thesen zum Verhältnis von Alternativ- und Fluchtbewe-
gung / Linke Geisterfahrer. Zum Solidaritätskongreß für Rudolf
Bahro / Über die Instrumentalisierbarkeit der linken Moral / Der
Tribut der Überproduktion / Realitäts-Dementi mit Knarre.

Verlag Neue Kritik • Kettenhofweg 53 • 60325 Frankfurt/Main

SUBVERSIVE AKTION
Der Sinn der Organisation ist ihr Scheitern

Herausgegeben und kommentiert von Frank Böckelmann
und Herbert Nagel. Mit Beiträgen von Rudi Dutschke,
Rodolphe Gasché, Dieter Kunzelmann, Bernd Rabehl u.a.
Mit einem Vorwort von Wolfgang Kraushaar
500 Seiten, br., Format 23,5 x 17 cm
ISBN 3-8015-0352-6

»Subversive Aktion« war der Name einer Gruppe, die zwischen
1963 und 1966 Kritik- und Aktionsformen kreierte, die eine wichtige Rolle in der folgenden Studentenrevolte spielen sollten. Die aus
der Künstlergruppe »Spur« – die kurze Zeit zur »Situationistischen
Internationale« gehört hatte – hervorgegangene Münchner Sektion
(Rodolphe Gasché und Dieter Kunzelmann) entwickelte gemeinsam mit der Berliner Sektion (Rudi Dutschke und Bernd Rabehl,
beide aus der DDR stammend) theoretische Positionen und Aktionsformen, die bewußt ihre Vermarktung und Organisierung in Massen-
parteien unmöglich machen sollten.

Neben bissig-ironischen Persiflagen auf die versteinerten Verhältnisse der fünfziger Jahre fand die Gruppe zu einer Form der Ideo-
logiekritik, die als öffentliche Manifestation staatliche, kirchliche
und kulturelle Institutionen gleichermaßen subversiv unterminierte
und völlig neuartige und für den traditionellen Marxismus provokative Ansätze zu einer Kritik der Kulturindustrie und des modernen
Alltagslebens eröffnete.

Der Band enthält zahlreiche Dokumente, Flugblätter und Collagen
sowie Kommentare der Herausgeber. Der Nachdruck der Ausgabe
von 1976 wird durch eine editorische Notiz der Herausgeber sowie
ein Personenverzeichnis ergänzt.

Verlag Neue Kritik • Kettenhofweg 53 • 60325 Frankfurt/Main